협동학습으로
토의·토론 달인 되기

이상우 지음

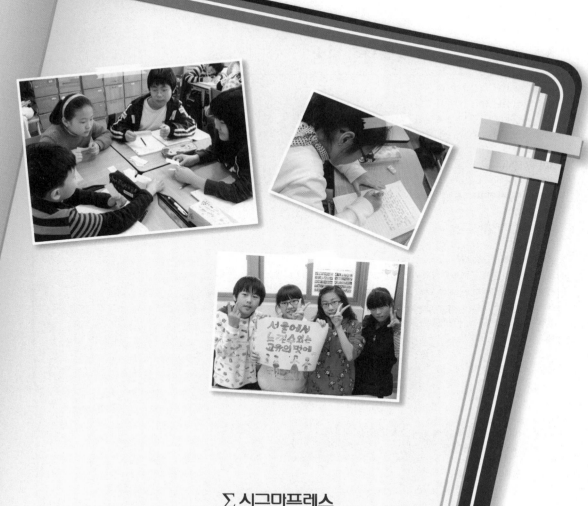

Σ 시그마프레스

협동학습으로 토의·토론 달인 되기

발행일 | 2011년 3월 7일 1쇄 발행
2011년 12월 1일 2쇄 발행
2013년 6월 1일 3쇄 발행
2015년 7월 1일 4쇄 발행

저자 | 이상우
발행인 | 강학경
발행처 | (주) 시그마프레스
편집 | 이상화
교정·교열 | 김성남

등록번호 | 제10-2642호
주소 | 서울특별시 영등포구 양평로 22길 21 선유도코오롱디지털타워 A401~403호
전자우편 | sigma@spress.co.kr
홈페이지 | http://www.sigmapress.co.kr
전화 | (02)323-4845, (02)2062-5184~8
팩스 | (02)323-4197

ISBN | 978-89-5832-931-2

들어가는 말

●

지금 우리는 불과 10년 전만 해도 쉽게 상상하지 못했던 방식으로 정보와 자료를 나누고 소통하면서 살고 있다. 고도로 발달한 초고속 통신망과 최첨단 기술은 전 지구상의 인류를 하나로, 더욱 가까이 묶어 주고 있다. 이를 반영하듯 우리 사회의 각계각층에서는 어른에서부터 아이들에 이르기까지 여기저기에 널려 있는 수많은 정보에 자유롭게 접근하여 나눌 뿐만 아니라 그를 바탕으로 새로운 지식과 정보를 창출하여 많은 사람들과 공유하기도 한다. 이런 과정에서 백과사전을 뛰어넘는 집단적 지성이 만들어지게 되었고, 그 결과 위키피디아(위키백과사전)가 탄생하기에 이르렀다.

위와 같이 다양한 지식과 정보의 창출 및 협동적 소통과 공유라는 말이 핵심어로 떠오르고 있는 변혁의 시대에 우리 교육은 과연 어디쯤 가고 있고, 무엇을 준비해야 하는가 하는 점 등을 생각해 보면 어떤 때는 답답한 마음이 밀려온다. 세계 여러 나라의 교육은 이미 시대의 변화에 발맞추어 빠르게 변해 가고 있고, 미래를 대비한 교육을 준비하고 실행하고 있는데 우리나라는 아직도 20세기 산업사회에 걸맞은 교육행정과 교과서 중심의 내용을 가지고 암기식, 일제식 수업을 하면서 학생들을 줄세우기식 교육으로 몰아가고 있으니 마음이 아프지 않을 수 있겠는가?

다행스럽게도 최근 몇 년 사이에 우리 교육 현장에도 새로운 변화의 바람이 불면서 혁신학교라는 이름으로 교육개혁 운동이 펼쳐지고 있는데, 아직은 초반이라서 시행착오도 있고 어려움도 많겠지만 긍정적인 면도 많아서 더 지켜봐야 할 것 같다.

어찌 되었든 시대가 변했고 앞으로도 지속적으로 변해 갈 것이라면 우리 교사들은 시대의 흐름과 변화의 본질을 정확히 파악하고, 이를 바탕으로 새로운 시대를 살아갈 아이들에게 가장 필요한 힘과 능력은 무엇이며, 지속 가능한 교육과 사회는 어떤 것인지 깊이 성찰하여 끊임없이 요구하고 교육 활동 속에 반영시키지 않으면 안 된다.

앞으로의 세상은 과거 산업사회(획일화, 대량화, 경쟁과 갈등)와는 달리 정보화를 바탕으로 한 협동과 소통, 다양화와 개별화, 연대와 나눔의 방향으로 나아갈 것이라 생각한다. 그리고 이미 그런 현상들이 많이 나타나고 있다(사회적 기업들이 매우 많이 늘어 가고 있고, 여기저기에서 집단 지성이 만들어지고 있다. 특히 초등교육계에서도 그 사례를 찾아볼 수 있는데, 너무나도 잘 알려진 '인디스쿨'이 바로 그것이다). 그렇다면 우리 교육은 지금 당장 무엇을 준비해야 하는가?

다가오는 21세기 이후의 세상을 '다 함께 잘 사는 사회'로 만들기 위해서는 존중, 배려, 민주, 협동, 생태적 관점 등을 중심에 둘 수 있는 교육이 필요하다. 특히 모두가 함께 평화롭게 살아갈 수 있는 지속 가능한 사회를 만들기 위해서는 더욱더 그러하다.

이제 우리는 과거와 현재의 경험을 통해 무한 경쟁과 신자유주의가 가져다준 폐해를 여실히 깨닫고(경제문제, 환경문제, 기아문제, 전쟁문제 등) 이를 극복할 수 있는 교육적 대안을 마련해야 할 때가 되었다. 우리 모두가 이제부터라도 개인적, 사회적, 국가적, 세계적 차원에서 인간과 자연과 우리 삶의 본질을 회복하고 우리 앞에 놓인 어려움을 극복하기 위해 지혜를 발휘하지 않으면 안 된다. 지금부터라도 경쟁을 넘어서 협동과 나눔으로 모두가 잘 살아갈 수 있는 지혜와 그 가치를 가르치는 교육을 해야만 한다. 이런 차원에서 필자는 앞으로의 미래 사회를 살아갈 우리 아이들에게 필요한 역량이면서 교육활동에 반드시 반영시켜야 할 내용으로 다음과 같은 것을 꼽고 싶다.

생명의 소중함과 생태적 관점, 인권과 민주, 자유와 평등, 정의, 사회적 약자에 대한 배려, 다 함께 잘 살기 위한 협동적 태도, 노동의 가치, 참여와 헌신, 자기 관리 · 자기주도적 학습과 태도 및 이를 바탕으로 한 평생학습능력, 자기에 대한 표현력과 의사소통능력, 바람직한 사회적 기술, 다양한 정보 수집 능력, 정보를 바탕으로 한 새로운 지식의 창출 능력, 봉사적 리더십, 문제해결 능력, 의사 조절 능력 등.

그런데 위와 같은 것들을 바탕으로 한 사회의 변화는 어느 한 개인만의 힘이나 아이디어만으로는 절대로 가능할 수 없는 일이다. 설령 지금까지는 그런 것들이 가능했던 시대였을지 모르겠지만 앞으로는 그런 것들이 점점 불가능한 상황으로 변해 가게 될 것이다. 다시 말해서 앞으로 똑똑한 몇 사람만의 지식은 집단 지성을 당해 낼 수 없는 사회가 되어 갈 것이라는 말이다. 따라서 우리 교육은 학생들로 하여금 더 많은 사람들과 함께 협동적으로 사고하고 활동하면서 다양한 정보와 지식, 소중한 경험과 가치를 나누고 다 함께 잘 살 수 있는 사회를 만들어

갈 수 있는 능력을 길러 줄 수 있는 환경을 만드는 데 심혈을 기울여야 한다. 그리고 그 과정 속에서 학생들은 스스로 배움의 주체가 되어 활동을 주도하고, 교사는 그 길에 적극적인 안내자가 되어야 한다면 협동학습과 토의 · 토론은 분명 큰 힘이 되어 줄 수 있을 것이라 믿어 의심치 않는다.

본고의 1부에서는 토의 · 토론에 대한 이해, 토의 · 토론 수업에 대한 이해를 통해 토의 · 토론에 대한 필수적인 사항을 짚어 보고자 하였고, 2부에서는 토의 · 토론과 협동학습과의 관계 및 협동학습으로 토의 · 토론 준비하기에 대한 안내를 통해 협동학습 및 토의 · 토론에 대한 인식 및 관점을 달리 가져 볼 필요가 있다는 점을 알리고자 노력하였다. 또한 3부에서는 협동학습으로 토의 · 토론 활동을 하는 데 필요한 도구 및 준비, 협동학습으로 토의 · 토론하기의 실제에 대한 사례 30여 가지를 소개하면서 협동학습 및 토의 · 토론에 대한 이해의 폭과 깊이를 좀 더 넓고 깊게 할 수 있도록 최선을 다하였다는 점을 미리 밝혀 둔다.

나의 첫 번째 작품 (『살아 있는 협동학습』)이 세상의 빛을 본 지 1년 여 시간이 흘렀다. 이제 다시 새로운 작업의 결과가 세상의 빛을 보려 한다. 지난 시간을 돌이켜 보면 바쁘게만 흘러간 것 같다. 그런 속에서 또 한 번의 집필 작업을 하느라 많은 신경을 써 주지 못했음에도 불구하고 말없이 묵묵히 지켜봐 준 나의 아내와 두 아이들에게 고마운 마음을 이렇게 글로써 전하고자 한다. 아울러 원고를 들고 찾아갈 때마다 흔쾌히 출판을 수락해 주신 (주)시그마프레스의 강학경 대표님, 고영수 부장님, 그리고 이 책이 출판되기까지 어려운 원고 수정 작업을 해 주신 편집부 여러분께도 감사의 마음을 전하고 싶다. 부디 이 글도 많은 분들에게 조금이나마 도움이 되었으면 좋겠다는 마음, 간절하다.

2011년 2월
이 상 우

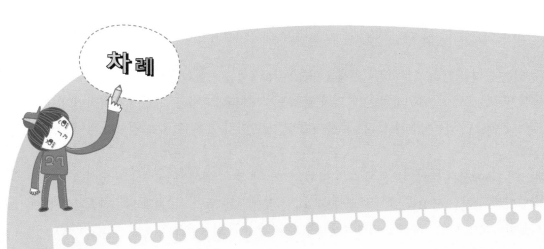

제 1 부

토의 · 토론 수업에 대한 이해

필자는 수업 가운데서도 토의·토론 수업이 제일 어렵고 힘들다.

토의·토론은 어렵지 않은데 토의·토론 수업은 매우 어렵다.

'왜일까?' 하고 생각해 보았더니 우리 사회 깊숙이 자리하고 있는

소통이라는 문화 때문이라는 결론에 도달하게 되었다.

가부장적인 전통 속에서 대화와 소통보다는 명령에 익숙한 우리들,

왕권체제 속에서 의견을 수렴하기보다는 자신과 의견이 다른 사람을 적으로 내몰았던 문화,

논리의 정당성을 바탕으로 소신껏 자신의 생각을 당당하게 말하면

상사의 심기를 불편하게 하는 버릇없는 사람이라 내몰리는 문화,

깊이 고민하지 않고 그냥 툭 던지듯이 주고받는 대화들,

생각에 반하는 이야기나 의문을 제기하면 공격하듯이 대응하는 사람들,

권력의 남용과 오용 속에서 상대방에 대한 배려보다는

자신의 자리를 지키기 위해서 대화를 단절하고 이해하려 들지 않는 지도층들의 모습,

언론 매체를 통해서 전해지고 있는, 말싸움과도 같은 지성인들의 토론문화,

깊은 생각이나 논리가 부족하고 상대방에 대한 배려와는 거리가 먼 지성인 문화,

나만 아니면 된다는 생각에서 '우리'보다는 '나'만을 먼저 생각하는 특권층의 시민의식,

오블리제 없는 노블리스를 생각하게 만드는 상류 계급층의 모습 — 의무를 망각한 신분집단.

이 모든 것들을 빠르고 쉽게 배워 나가는 우리 아이들,

그 속에서 자신의 생각을 솔직하게 표현하지 못하도록 만드는 여러 가지 환경 요소들.

학교에서 우리 아이들은 '토의·토론' 하자고 하면 침묵하는 교실이 된다.

어쩌면 이런 환경 속에서 자란 아이들을 데리고 토의·토론 수업을 한다는 것 자체가

불가능한 도전일 것이라고 생각해 본 적도 있다.

하지만 불가능을 가능하게 하는 것이 교육의 힘이라는 것 또한 믿어 의심치 않기에

학교에서 아이들과 토의·토론 수업을 꾸준히 해 나가고 있다.

토의 · 토론에 대한 이해

01장

토의 · 토론은 동서고금을 막론하고 오랜 세월 동안 정치, 경제, 사회, 문화, 교육 등 모든 분야에서 중요한 의사결정을 해 나가는 데 큰 역할을 해 왔다. 특히 민주주의사회에서 토의 · 토론은 그 사회를 지탱해 나가는 중요한 축이 되고 있고[1], 토의 · 토론 능력은 그 사회를 구성하고 있는 시민이 갖추어야 할 기본적인 자질이 되기에 학교 교육에서도 그 중요성과 가치를 높이 두어 적극적으로 지도하도록 하고 있다. 이 장에서는 토의 · 토론에 대한 이해의 폭을 넓히는 데 중점을 두어 살펴보고자 한다.

---

1 민주주의의 발전은 토의 · 토론, 회의 문화의 발전에 그 기반을 두고 있다. 오늘날 가정에서, 학교에서, 직장에서, 공공장소에서, 기업이나 정부, 국회나 법원 등에서 토의 · 토론은 끊임없이 진행되고 있으며 어떤 측면에서 보면 우리 일상생활의 한 부분이 되어 버렸다고 해도 과언이 아니다.

1 토의와 토론의 정의

'토의'라는 용어와 '토론'이라는 용어는 일반적으로 서로 분리되어 사용되고 있지만 혼용되기도 한다. 이 두 가지를 바라보는 올바른 시각은 뒤에서 따로 논하도록 하고, 여기에서는 별개의 개념으로 구분하여 살펴보도록 하겠다.

1.1 토의의 개념

토의에 대한 정의를 살펴보면 연구자들마다 조금씩 다른 점들이 있다.[2] 이러한 정의들을 바탕으로 종합해 볼 때 필자는 토의를 다음과 같이 정의해 보고자 한다.

> 토의는 참가자들이 특정한 주제나 문제를 놓고 사회자의 진행에 따라 각자의 의견을 협동적으로 제시하고 의논하며, 여러 가지 제시된 의견을 바탕으로 대안을 모색하거나 어떤 결론에 도달하려는 말하기 듣기 활동이자 문제 해결을 위한 집단의 의사소통 방식이다.

즉 토의란 구성원들에 의해 제시된 여러 의견들을 통합하면서 그 시비를 가리고 모순점들을 보완해 나가는 일련의 과정으로서, 이를 통해서 과정에 참가하는 사람들은 지식을 습득하기도 하고, 바르게 생각하고 말하고 경청하는 자세를 배우기도 한다. 이러한 토의는 다음과 같은 요소들이 있어야 가능하다.

2 대립된 의견을 통합시키기 위하여 집단 구성원이 각자의 의견을 제시하고 그 시비를 논의하는 과정(두산백과사전), 어떤 문제에 대하여 검토하고 협의하는 것(다음국어사전), 공공 관심사가 되는 어떤 문제에 대하여 가장 바람직한 해결 방안을 찾기 위하여 집단 구성원이 협동으로 의견을 내는 과정(이경철, 2000, p. 36), 공통의 관심사가 되는 어떤 문제의 가장 바람직한 해결 방안을 구하기 위해 여러 사람이 각자의 의견을 말하고 듣는 활동(정재찬 외, 1998, p. 364), 어떤 주제에 대해 여러 사람들이 정보와 의견을 교환하여 그 주제에 대해 학습하거나 문제를 해결하려는 말하기 듣기 활동(정문성, 2004, p. 150)

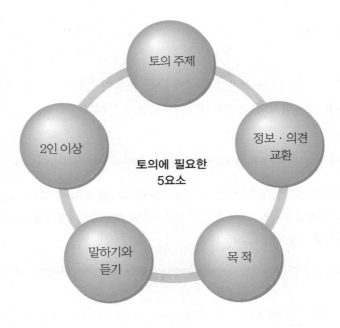

    토의가 이루어지기 위해서는 어떤 목적(문제 해결, 주제에 대한 학습이나 탐구, 지식의 공유 등)을 가지고 2인 이상의 사람들이 모여서 하나의 주제에 대하여 말하기와 듣기를 통해 정보와 의견을 교환해 나가는 과정이 있어야 한다. 그리고 경우에 따라서는 시간적(일자, 허용된 시간 등)·공간적(교실, 각종 회의 장소, 사이버 공간 등) 요소도 매우 중요한 것으로 포함시키기도 한다(최근 들어서 인터넷을 활용한 화상회의가 많이 이루어지고 있다).

1.2 토론의 개념

토론에 대한 정의 또한 연구자들마다 조금씩 다른 점들이 있다.[3] 이러한 정의들을 바탕으로 종합해 볼 때 필자는 토론을 다음과 같이 정의해 보고자 한다.

> 토론은 찬성과 반대의 입장이 뚜렷한 사람들이 정해진 규칙에 따라 상대방의 제안이나 의견에 대하여 근거를 들어 논리적으로 반박하고, 자신의 주장에 대한 정당성을 입증하여 상대방을 설득해 나가는 말하기 듣기 활동이다.

　즉 토론이란 상대방이 내세우는 주장의 오류를 지적해 내고 자신의 주장에 대한 정당성을 증명해 보임으로써 상대방으로 하여금 자기 주장을 인정하도록 하고 반론의 여지를 가지지 못하게 하는 활동으로서, 토론의 주된 목적은 자신의 주장을 끝까지 고수하는 것이 아니라 의견의 일치 및 대립된 주장을 통하여 바람직한 결론에 도달하는 데 있다. 이러한 토론은 아래와 같은 요소들이 있어야 가능하다.

　토론이 이루어지기 위해서는 공통된 관심사를 바탕으로 하되 서로 상반된 의견으로 나뉜 여러 사람이 있어야 하며, 논증과 실증을 바탕으로 한 설득과 논박이 정해진 규칙에 따라 말하기와 듣기 과정으로 나타나야만 한다. 특히 상대방의 주장에 대한 오류를 부각시키고, 그것을 바탕으로 자신의 주장을 더 강하게 말하기 위해서 적극적 듣기 과정은 매우 중요한 요소라 할 수 있다. 그리고 토의 활동과 마찬가지로 시간적(일자, 허용된 시간 등) · 공간적(교실, 각종 토론

3 두 개인이나 집단이 어떤 문제에 대해 대립되는 견해를 뒷받침할 논거를 제시하면서 공식적으로 또는 구두(口頭)로 대결하는 것(두산백과사전), 어떤 문제에 대하여 여러 사람이 각각 의견을 말하며 논의하는 것(다음국어사전), 어떤 문제에 대하여 찬반의 의견이 분명한 사람들이 각자의 주장을 내세워 그것이 옳고 그름을 입증하는 과정(이경철, 2000, pp. 35~36), 하나의 문제에 관련된 의견이나 제안에 대하여 찬반의 입장이 분명한 사람들이 나서서 그것에 대한 의사결정을 위해 함께 논의하는 방식(정재찬 외, 1998, p. 370), 어떤 의견이나 제안에 대해 찬성과 반대의 뚜렷한 의견 대립을 가지는 사람들이 자기 주장의 정당함과 합리성을 내세워 논리적으로 상대방을 설득하는 논의 형태(황경주, 1999, p. 64), 어떤 주제에 대해 서로 다른 주장을 하는 사람들이 논증과 실증을 통해 규칙에 따라 자기 주장을 정당화하여 다른 사람들을 설득하려는 말하기 듣기 활동(정문성, 2004, p. 150)

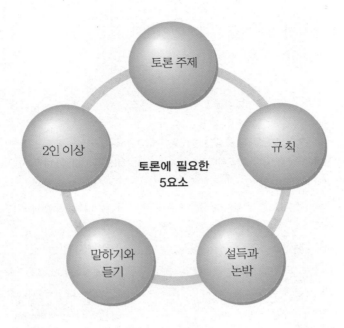

장, 사이버 공간, 방송 토론 등) 요소도 매우 중요한 것으로 포함시키기도 한다(최근 들어서 인터넷을 활용한 화상토론, 아고라 등의 게시판 토론이 많이 이루어지고 있다).

1.3 토의와 토론의 공통점과 차이점

우선, 토의와 토론에 대한 공통점부터 살펴보면 다음과 같다.

❶ 특정 주제나 문제를 해결하는 방안에 대해 논의함
❷ 의견의 일치를 구하고자 노력함
❸ 최선의 해결방안을 찾아 제시하는 방법임
❹ 둘 이상의 참가자가 '말하기와 듣기'를 번갈아, 반복하며 활동함

한편, 토의와 토론에 대한 차이점을 살펴보면 아래와 같다.

구분	토의	토론
목적	정보·의견 교환을 통해 의견 일치를 구하고 자 함(문제 해결 방안 모색)	주장과 설득을 통해 의견 일치를 구하고자 함 (논증과 실증이 바탕)
주장	여러 가지로 다양함	찬성과 반대 두 가지
말하는 사람	모든 참여자(발언 기회가 공평하게 주어지지 않음)	양측의 패널(발언 기회가 양측 모두에게 동일 하게 주어짐)
상호관계	서로 협동적임	서로 경쟁적임
의사결정	의견 개진과 검토, 의견 주고받기	갑론을박을 통한 결론 도출
방식	회의, 심포지엄, 포럼 등	2인 토론, 패널 토론 등
변화의 개념	대안 제시를 통한 변화 시도	정반합 과정을 통한 변화 시도
문제 해결 방식	집단 사고를 통해 최선의 해결책을 제시하고 선택하는 것	찬성과 반대, 양측 의견의 대립과 모순으로 인 한 갈등을 해소하는 것
말하기 듣기 방식	최선의 해결책 마련을 위한 합의와 이해 그리 고 적극적 듣기	논증과 실증을 바탕으로 한 설득과 논박, 그리 고 적극적 듣기
참가자의 태도	공동의 문제를 해결하기 위해 서로 협동하고 자 함	찬성(긍정)과 반대(부정)의 입장에서 서로 대 립함

토의와 토론에 대한 공통점과 차이점을 살펴보았지만 사실 이 두 가지는 서로 보완적인 관계에 있다. 왜냐하면 토론 결과를 가지고 토의로 이어 갈 수도 있고, 토의 결과로 도출된 안건들을 토론으로 이어 갈 수도 있기 때문이다. 그래서 현실적으로 토의와 토론을 함께 바라보며 두 용어를 결합한 '토의·토론'이라는 용어를 사용할 필요성이 생겨나게 된 것이다.[4]

---

4 "4대강 개발을 해야만 하는가?"라는 사안을 놓고 우리는 '토론'을 한다. 하지만 "천정부지로 치솟는 집값 상승 문제를 어떻게 해결할 것인가?" 하는 문제를 두고서는 서로 의견을 내고 해결책을 찾아 가면서 '토의'를 한다. 이렇게 토론과 토의는 서로 다른 개념이지만 현실적으로 엄밀하게 구분되지 않는 경우도 많은 만큼 억지로 구분할 필요는 없으며, 단지 '토론'에는 서로 '대립되는 쟁점'이 존재한다는 정도로만 기억해 두어도 좋을 것 같다.

2 토의·토론 함께 바라보기

앞에서 살펴본 바와 같이 토의와 토론은 서로 다른 것임에도 불구하고 일상에서는 명확히 구분하지 않고 사용하거나 서로 호환되어 사용되기도 한다. 다시 말해서 토론을 한다고 하면서 토의를 진행하기도 하고, 때로는 토의를 한다고 하면서 토론을 벌이고 있는 모습을 많이 보이기도 한다. 그 이유를 살펴보면 분명 토의와 토론은 구분이 되는 개념이기는 하지만 실생활 속에서는 이 두 가지가 서로 따로 떨어져서 이루어지는 경우는 오히려 드물고, 토론하는 도중에 토의가 이루어지기도 하고 토의하는 과정에서 토론이 이루어지기도 하기 때문이라는 것을 알 수 있다.[5] 그렇기 때문에 현실적으로 토의와 토론을 엄격히 구분하기란 여간 힘든 것이 아니다. 그래서 '토의·토론'이라는 개념을 만들어 사용하는 것이 더 바람직하다고 말하고 있는 것이다. 필자도 앞으로는 '토의·토론'이라는 용어를 사용하여 이후의 내용을 전개해 나가고자 한다.

2.1 토의·토론에 대한 용어의 정의

이 용어가 가지고 있는 의미를 살펴보면 다음과 같다.[6]

☞ **정의** : 목적한 바의 문제에 서로 다른 의견을 가지고 비판적으로 접근하여 합리적인 결정에 이르는 과정

☞ **정의가 함축하는 의미**

❶ 토의·토론은 최선의 해결책을 찾기 위한 목적 지향적인 활동이다.

---

5 ① 토론가미토의 : 토론을 토의 활동에 가미하는 것이다. ② 토의가미토론 : 토의를 토론 활동에 가미하는 것이다(천대윤, 2004, p. 14). 예를 들어 토론대회에 출전하는 반 대표를 뽑고자 할 때, 두 팀이 나와서 서로 나가겠다고 주장한다면 그 상황은 토론이 될 것이다. 이어서 대표 팀 선출에 필요한 기준을 마련하기 위해 논의를 하게 된다면 상황이 토론에서 토의로 전개될 것이다.

6 정문성, 2008, p. 18, 천대윤, 2004, pp. 12~13.

❷ 토의 · 토론은 다양한 각도와 관점에서 서로 다른 의견을 주고받는다.
❸ 토의 · 토론은 합리적으로 문제에 접근하고 합리적으로 의사결정을 한다.
❹ 문제를 분석, 평가, 응용, 합성 등 다양한 각도에서 비판적으로 접근한다.
❺ 토의 · 토론은 결과가 아니라 과정이다.

　지금까지 살펴본 바와 같이 토의와 토론은 상호 보완적이고 토의 · 토론을 함께 사용하는 것이 더 현실적이겠지만 분명히 중심은 어느 한쪽에 있다. 논의의 중심이 토론에 있을 수도 있고 토의에 있을 수도 있는데, 어느 쪽에 중심을 둘 것인가는 마주하고 있는 문제의 성격, 논의에 참여하고 있는 사람들의 특성, 주어진 시간, 장소, 논의가 이루어지고 있는 상황 등 여러 요인에 따라 달라진다.[7]

2.2 토의 · 토론에 필요한 요소

Toulmin은 대부분의 논쟁은 여섯 가지 요소로 구성된다고 주장하고 다음과 같은 모델을 주장하였다.[8]

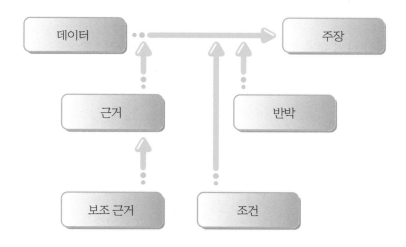

Toulmin의 모델

- **주장** : 각자가 가지고 있는 생각으로 다른 사람들이 받아들이기를 바라는 것
- **데이터** : 주장과 관련된 것으로 상대방 설득을 위한 중요한 자료가 됨
- **근거** : 데이터와 다른 데이터를 주장에 연결해 주는 것
- **보조 근거** : 근거를 보조해 주는 또 다른 근거
- **조건** : 주장이 적용되는 범위(모두, 일반적으로, 보통, 항상, 때때로, 대부분)
- **반박** : 반대 논리나 반대 사례들

한편 천대윤(2004)은 토의·토론을 성사시키는 환경적이고 광의적인 관점에서 인적 요소, 시공간적 요소, 공학적 요소로 구분하는가 하면, 토의·토론이 진행되는 협의적인 관점에서 경청, 설득, 논박 요소로 구분하기도 하였다.[9]

7 토의와 토론의 개념에 대한 일반적인 인식은 '토의—논의를 하여 결론을 내리는 것', '토론—찬성과 반대편으로 갈라져서 논쟁을 벌이는 것' 정도이다. 특히 '토론'이라는 것은 그냥 논쟁을 벌이다가 끝나는 것 정도로 인식되고 있다. 그러나 토의 및 토론은 생각하는 것 이상의 의미를 갖고 있다. 이들은 모두 변화를 추구한다. 현상 유지가 아니라 한 차원 더 높은 단계로 사고 및 행동방식을 발전시키기 위한 활동이 바로 토의와 토론인 것이다. 또한 토의와 토론은 상대방과의 관계를 매우 중요하게 여기는 의사소통방식이다. 그런데 현실 속에서는 토의나 토론 활동을 끝내고 나면 왠지 분위기가 이상해지는 모습을 보게 된다. 이것은 의견을 비판하되 사람을 비판하지 말아야 한다는 원칙을 지키지 않기 때문에 발생하는 문제이다. 아울러 일반적인 토의와 토론에 대한 인식과는 달리 두 가지 개념 모두 '결론 도출'이라는 것에 무게 중심을 둔다. 하지만 '결론'에 대한 의미는 서로 간에 큰 차이를 보이고 있다. '토의'에서 추구하는 '결론'은 주로 '문제 해결을 위한 효과적인 방안'을 가리키는 것이고, '토론'에서 추구하는 '결론'은 주제와 관련된 '정반합'을 말하는 것으로서 '어떤 변화가 좋은지 나쁜지를 결정할 쟁점 해결' 그 자체인 것이다. 끝으로 토의와 토론은 결과보다 과정을 더 중시한다. 한번 어떤 결론이 났다고 해서 결코 끝은 아니다. 토의나 토론 활동 그 자체와 거기서 얻어진 결론도 하나의 과정일 뿐이다. 결론이 났지만 새로운 상황이 발생하면 또다시 도전을 받아들여 토의나 토론을 해 나가야 한다.

8 이 부분은 Toulmin, S. E(2003), 『The Uses of Argument』(Cambridge Univ Press)의 내용을 정문성(2004), pp. 19~20에서 인용하였고, 그걸 바탕으로 간략히 정리해 본 것이다.

9 천대윤, 2004, pp. 26~28.

토의 · 토론 수업이란 토의 · 토론 활동을 교실 안으로 끌어들인 것으로, 수업 목표를 달성하기 위한 교수–학습방법의 하나라고 할 수 있다. 토의 · 토론 수업은 토의 · 토론 활동을 통해 교육의 효과를 극대화시키는 것을 주된 목적으로 한다.

여기에서는 토의 · 토론 활동 자체와는 큰 차이를 보이고 있는 토의 · 토론 수업에 대한 이해를 돕고자 한다.

1 토의 · 토론 수업 이해하기

토의 · 토론 수업은 토의 · 토론 활동 그 자체와는 전혀 다른 목적을 가지고 있다. 왜냐하면 일반적으로 토의 · 토론 활동 자체는 그 목적이 어떤 결론 도출(토의는 문제 해결 방안 모색, 토론은 논증과 실증을 통한 변화)에 있지만, 토의 · 토론 수업은 수업 목표 달성 자체가 주된 목적이기 때문이다. 그런 이유로 인해 토의 · 토론 수업을 통해 얻어진 결론은 수업 활동 과정에서 자연스럽게 얻어지는 부산물로서 어떤 면에서는 큰 가치를 두지 않는 경우도 많다. 오히려 결론보다는 그 과정에서 길러지는 교육적 효과에 더 큰 가치를 두고 있다.

1.1 토의·토론 수업의 정의

토의·토론 수업이란 교사가 그 당시까지 학습한 결과를 바탕으로 학급 구성원 간에 토의·토론 활동이 활발하게 일어나도록 하여 학생들끼리 서로 묻고 가르쳐 주고, 의견도 주고받고, 논쟁도 하면서 함께 학습한 내용과 도출된 결과나 합의된 대안에 대해 확신을 갖도록 하는 것이라 할 수 있다. 토의·토론 수업은 기존의 지식을 암기하고 숙달하는 수업과는 달리 주제에 대하여 스스로 혹은 팀원들과 함께 찾은 자료를 바탕으로, 분류·분석·종합·평가·응용·합성 등을 통해 의견을 주고받으며 대안을 모색하거나 설득·논박하는 과정을 거쳐 어떤 합의에 도달하도록 한다. 이로써 능동적으로 학습하는 방법을 학습하게 하는 메타인지적인 성격이 매우 강하여 사전에 세밀한 계획과 충분한 준비 및 지도가 이루어진다면 좋은 성과를 얻을 수 있는 수업 방법이라 할 수 있다.

1.2 토의·토론 수업의 목적

교실에서의 토의·토론 활동 가운데 대부분이 수업이라는 것을 잊는다면 목적은 분명히 달라진다. 일반적인 토의나 토론 활동과 달리 교실 안에서 이루어지는 토의·토론 수업은 나름대로의 특별한 목적을 가지고 있다고 필자는 생각한다. 왜냐하면 대안을 모색하거나 어떤 결론을 내리는 것보다 토의·토론 수업을 통해 달성하고자 하는 교육(수업) 본연의 목표가 따로 존재하기 때문이다.

필자가 바라본 교실에서의 토의·토론 수업 목적 : 생각하는 힘 기르기

(1) 주제와 관련하여 많은 것을 알게 하고, 자신의 생각과 의견을 갖도록 하는 것

(2) 수업 과정에서 모든 학생이 말할 기회를 가지고 자신의 생각을 발표하도록 하는 것

(3) 주제에 대한 진실에의 접근 및 이해의 폭과 깊이를 더할 수 있도록 하는 것

(4) 수업을 통해 탐구력, 창의적 문제해결력, 비판적 사고력, 합리적 의사결정력 등을 신장
　　시키려는 것(고등 정신 기능 혹은 고급사고력) : 미래 사회에 대한 준비(지식정보화사회)

(5) 학생들이 토의·토론을 잘할 수 있도록 만드는 것

(6) 학생들이 토의·토론을 좋아하게 만드는 것

1.3　토의·토론 수업의 교육적 효과

토의·토론 수업이 학교 현장에 꼭 필요한 이유는 수업의 결과뿐만 아니라 그 과정에서 얻어지는 인지적·정의적인 면에서의 효과, 더 나아가 개인과 공동체의 성장을 도모하는 면에서 큰 효과가 있기 때문이다. 대표적인 교육적 효과 여덟 가지를 살펴보면 다음과 같다.

가 사회현상을 바라보는 안목과 문제의식 배양

토의·토론 수업에서 다루는 주제는 우리 사회 현실과 깊은 관련이 있다. 실제 생활 속에서 일어나는 일들을 다루는 활동에 직접 참여함으로써 그 문제를 객관적으로 바라보고 다양한 관점에서 비판적으로 생각해 보려는 시도를 하게 되며, 그 과정에서 사회현상을 바라보는 안목과 문제의식이 자연스럽게 배양된다.

나 민주시민의식 함양

우리 모두는 민주시민사회의 일원으로서 평생을 살아가면서 크고 작은 의사결정의 연속을 경험하게 되지만, 상당히 많은 경우는 다른 사람과 서로 영향을 주고받으며 정반합 과정을 거치거나 여러 가지 대안 중 가장 합리적인 것 하나를 찾아 합의하고 결정하는 과정에 이른다. 다

시 말해서 의사결정을 위한 토의·토론은 이미 우리 삶의 일부가 되어 있었던 것이다. 결국 그런 삶 속에서 학생들이 합리적이고도 현명한 미래의 삶을 유지해 나갈 수 있도록 도와주기 위해서는 학교에서부터 의사결정을 위한 토의·토론 능력과 태도, 의사결정 능력을 길러 주는 수밖에 없다.

다 학습 능력 및 고등 정신 능력의 개발

토의·토론 수업을 해 나가면서 학습 능력 및 고등 정신 능력이 개발된다는 것에는 "제대로 된 토의·토론이 이루어져야만 한다."는 전제 조건이 따른다. 그냥 막연하게 모아 놓고 주제에 대하여 토의하거나 충분한 준비도 없이 찬성과 반대편으로 무조건 나누어 토론한다고 해서 고등 정신 능력[1]이 개발되는 것은 아니다. 그래서 현실적으로 학교 현장에서는 토의·토론 수업을 매우 어렵게 여기고 있으며 쉽게 해 볼 엄두를 내지 못하고 있는 실정이다. 그러나 토의·토론 수업의 효과를 잘 살리기 위해서 많은 준비를 하고, 열정을 보이면서 학생들과 함께 토의·토론 수업을 성공적으로 실천해 나가고 있는 교사들도 많다는 것을 생각하면 그냥 바라보기만 할 일은 아닌 듯싶다.[2]

---

1 '고급사고력'이라고도 한다. 고등 정신 기능과 관련하여 Bloom의 인지적 영역 6단계를 분석해 볼 때, 지식 단계는 정보의 기억, 이해 단계는 정보 속에 담긴 의미를 파악하고 이해하는 것, 적용 단계는 알고 이해한 것을 다른 것에 응용하는 것, 분석 단계는 정보의 옳고 그름 혹은 정확성 등을 판단하는 것, 평가 단계는 글이나 말 속에 담긴 의도가 어떤 가치(합리성, 정당성 등)가 있는 것인가를 판단하는 것, 종합 단계는 평가를 바탕으로 적절한 대안이나 결론을 제시하는 것이라 말할 수 있다. 그런데 말하고 듣고 쓰고 글을 읽을 때 단순히 정보를 기억하거나 이해하는 수준에 머무는 것은 기본사고 단계에 머물러 있는 것에 해당된다. 한 단계 높은 고급사고로 진화하기 위해서는 말이나 글 속의 정보를 다르게 적용해 보고, 정보가 정확한지 분석하며, 저자나 화자의 의도가 정당한지 혹은 가치가 있는 것인지를 평가하여 새로운 대안을 제시(종합)하는 것까지 할 수 있어야 한다. 이렇게 볼 때 토의·토론 수업은 학생들이 고등 정신 기능을 사용하고 개발할 수 있는 환경을 자연스럽게 만들어 준다는 점에서 매우 좋은 방법이라 할 수 있다. 또한 비판적 사고력도 고등 정신 기능의 한 가지라 할 수 있다. 비판적 사고력은 읽거나 들은 것을 그대로 받아들이지 않고 비판하여 받아들이는 능력(적용 및 분석을 통한 평가 결과를 바탕으로 대안을 제시하는 능력)을 말하는데, 이는 읽기, 듣기, 쓰기, 말하기의 기본이며 모든 의사소통의 기본요소라 할 수 있다. 왜냐하면 읽고 쓰고 듣고 말하는 과정에서 필자나 화자가 제시하는 의견에 당연히 비판적 사고가 포함되기 때문이다. 이러한 비판적 사고는 정보화시대를 살아가는 오늘날 넘쳐나는 정보(특히 인터넷, 각종 매체를 통해 전해지는 것들)를 제대로 걸러 내기 위해서 꼭 필요한 것이기도 하다(거름장치 역할). 그 외에 문제해결능력, 창의성, 의사결정능력, 논리적 능력 등도 고등 정신 기능에 속한다고 할 수 있는데, 이 모든 능력들은 토의·토론 수업과 깊은 연관성이 있으며 이것을 통해 길러질 수 있다(고급사고는 기본사고 ― 정보의 기억과 이해 ― 를 기본 바탕으로 하고 있어서 고급사고력 개발 시 기본사고력도 자연스럽게 확장되고 발전된다.)

라 가치관과 태도의 변화를 통한 성장

토의 · 토론 수업을 통해 학생들은 공동의 이해를 바탕으로 대안을 모색하기 위한 협동적 논의 과정을 거치기도 하고, 때로는 서로 다른 입장을 가진 상대팀과 논쟁을 벌이기도 하지만 갈등을 원만히 해결하며 바람직한 결론에 도달하는 집단 사고 과정을 경험하게 된다. 그 속에서 학생 개개인은 의사소통과 관련된 태도와 예절(토론 절차와 규칙 준수하기, 끼어들지 않기, 적극적으로 들어 주기, 다른 사람의 느낌과 행동에 대한 수용적 태도 갖기, 의견을 비판하되 사람은 비판하지 않기, 타인의 가치를 인정하기, 서로의 의견을 존중해 주기, 함께 문제를 해결해 나가는 협동적 태도 등)을 배워 나감과 동시에 자신들이 갖고 있었던 잘못된 가치관이나 태도 등을 돌아보고 반성하면서 도덕적 · 정신적 성장(자아인식 및 자신감의 성장 등)을 하게 된다. 이로써 학급이라는 집단 자체는 협동성과 건설적 사고력, 상호 존중을 바탕으로 한층 더 강한 정체성을 형성하며 발전하게 된다.

마 의사 표현 능력 신장

토의 · 토론 수업은 기본적으로 의사 표현을 바탕으로 한다. 다시 말해서 토의 · 토론 활동은 경험을 통해 알게 된 사실이나 이미 알고 있는 지식, 책이나 각종 자료 속에 담겨 있는 정보를 자신의 언어로 소화하여 조리 있게, 적절한 시간에 적절한 속도로 표현해야 하기 때문에 수업에 참여하는 학생들은 의사 표현 능력 및 언어적 유창성을 기를 수 있게 된다. 하지만 충분한 준비와 활동의 구조화, 모두 참여할 수 있는 방안 모색, 엄격한 규칙의 준수와 역할 분담 등이 이루어지지 않는다면 논의 과정에서 소외되는 학생, 대화와 참여의 기회를 공평하게 얻지 못

---

2 토의 · 토론이 인지적으로 효과가 크다는 것을 뒷받침하는 이론들은 다음과 같다(정문성, 2008, pp. 22~23). 첫째는 인지정교화론과 인지발달론이다. 상호 간의 활발한 지적 상호작용이 인지적 자극을 일으켜 인지를 발달시킨다는 것이 인지발달론이고, 자신의 생각을 발표하고 누군가에게 자신이 알고 있는 것을 가르치다 보면 더 정확하게 이해하게 된다는 것이 인지정교화론이다. 둘째는 탐구공동체이론(박범수, 2002)인데, 토의 · 토론 수업을 위해 모인 공동체는 자기주도적이고 자발적인 학습을 유도하고, 긍정적인 상호작용에 의해 인지적 · 정의적 피드백을 받아 객관적이고 일반화된 사고를 발전시켜 나간다고 한다. 셋째는 구성주의다. 토의 · 토론 수업은 구성주의적 사고를 통해 비로소 성공할 수가 있다. 왜냐하면 학생들은 토의 · 토론을 해 나가면서 사회적 상호작용을 통해 지식을 구성해 나가기 때문이다. 넷째는 협동학습이론이다. 협동학습은 학생들끼리의 상호작용이 필수적인데, 그 과정 속에서 자연스럽게 토의 · 토론 활동이 이루어지기 때문이다. 다섯째는 집단 사고의 효율성이다(강성철, 1999; 김홍희, 2000). 이는 집단적 사고가 개인적 사고보다 훨씬 더 정확하고 합리적이며 창의적이라는 것이다.

하는 학생, 독단적으로 대화와 논의의 주도권을 잡고 이끌어 나가려는 학생 등이 발생할 우려가 높은 단점도 늘 존재한다는 점을 잊어서는 안 된다.

🐶 수업에 대한 흥미 및 참여도 증가

현장에서 가장 많이 이루어지고 있는 일제식(강의식) 수업은 학생들을 수동적 참여자로 만들지만 토의 · 토론 수업은 활동에 참여하는 학생들을 능동적 활동가로 만들어 준다. 왜냐하면 토의 및 토론 활동은 기본적으로 구성원들의 적극적인 참여를 통해서 비로소 완성되기 때문이다. 학생들이 토의 · 토론 수업에 관심과 흥미를 가지고 적극적으로 참여하는 대표적인 이유로 다음과 같은 세 가지를 들 수 있다.

❶ 학생들은 다양한 사람들과 만나 상호작용하고 여러 가지 정보를 교환하면서 자연스럽게 그들의 욕구(자유롭게 말하고 움직이고 싶어 함)를 충족시킬 수 있다.

❷ 활동 자체가 가져다주는 약간의 긍정적인 긴장감과 긴박감(예를 들면 모둠별로 마련한 대안에 대한 평가 기대감, 승패가 가려지는 토론 활동 과정에서 한 사람 한 사람 발표한 것에 대하여 보이는 반응, 맨 마지막에 내려지는 판정 결과에 대한 기대 등)이 그들을 능동적으로 생각하고 말하게 해 준다.

❸ 토의 · 토론 수업의 주제는 당시 그들의 관심과 흥미를 끌게 만드는 현실 속의 문제를 활용하기도 하고, 그들이 직접 선택할 수도 있기 때문이다.

🐷 비교적 높은 학습 효과(학업 성취 등)

바람직한 경우의 학습은 학생 스스로 학습하고자 하는 내용이 자신의 직간접적인 경험과 인지 구조 내 어딘가에 구성되어 있는 지적 체계와 불일치를 보일 때 가장 활발하게 일어나고, 그에 따른 학습 효과나 학업 성취도 매우 높아진다. 토의 · 토론 수업의 주제는 주로 참여하는 학생들의 경험이나 인지 구조와 일치하지 않는 것들이어서 내적 자극을 받음으로써 심적 불균형 상태를 경험하게 되고, 이를 해결하기 위해서 다른 학생들과 협동적 상호작용을 하거나 찬성과 반대로 나누어 논쟁을 벌이면서 주제와 관련된 다양한 내용들을 여러 관점에서 검토하고, 자신을 드러내면서 심적 평형 상태를 만들어 나간다.[3] 인지론에서는 이 과정을 동화, 조절, 조직화라고 한다.[4] 그 결과로 학습 효과는 배가되고 학업 성취도 또한 높아지게 되는 것이다.

아 사회적 기술 습득

오늘날을 살아가면서, 그리고 앞으로 미래 사회를 살아갈 우리 아이들과 어른들에게 가장 필요한 것 한 가지를 꼽으라면 필자는 조금의 망설임도 없이 "사회적 기술"[5]이라고 말한다. 실제로 우리 사회에서 성공한 사람들의 특징을 살펴보면 모두가 대인관계 능력이 뛰어나다는 공통점을 살필 수가 있는데, 이것을 가능하게 하는 것이 바로 사회적 기술이다. 이처럼 다른 사람들과 관계를 맺고 살아가면서 성공적인 삶을 살아가기 위해서 사회적 기술은 필수적인 요건이 되었다. 그리고 학교에서 이런 사회적 기술을 체득해 나가는 데 좋은 활동이 바로 토의·토론 수업이라 할 수 있다. 왜냐하면 토의·토론 수업을 통해서 학생들은 상호 존중하기, 경청하고 이해하기, 협동하기, 메모하며 듣기, 과제에 충실할 수 있는 집중력과 책임감, 자신의 생각을 효과적으로 표현하기, 효과적인 조력자가 되어 주려는 마음과 방법을 알고 실천하기, 진심으로 칭찬해 주기, 정중하게 도움 주고받기, 순서와 시간 지키기, 정보를 나누기, 원만하게 갈등 해결하기, 자신의 감정을 적절하게 표현하기, 분노와 감정 통제하기 등과 같은 사회적 기술을 배워 나갈 수 있기 때문이다.

3 이런 입장을 취하고 있는 것이 구성주의적 관점이다. 구성주의적 관점에서 바라보는 지식은 사회적 존재로서 주체가 구성하는 것으로서 학습을 통해 형성된다. 여기서 말하는 학습이라는 것은 개인이 주체가 되어 이루어지는 인지적 과정으로 사회문화적 맥락 속에서 다른 사람들과 상호작용하는 가운데 이루어지는 것이다. 구성주의적 입장에서 볼 때 학습이 일어나는 상황은 학습자가 자신의 경험이나 인지 구조와 일치하지 않는 자극을 받았을 때이다. 일단 그런 자극을 받게 되면 학습자는 이전까지의 심적 평형상태가 깨지게 되고, 이를 본래의 심적 평형상태로 만들기 위해서 환경과 상호작용을 하게 된다. 그 과정을 거치면서 학습자는 새로운 것을 학습하게 되고 인지 구조를 변화시켜 나간다. 그 결과로 심적 불균형상태는 다시 본래의 심적 평형상태로 돌아오게 된다.

4 인지론은 인지발달론과 인지정교화론으로 구분되는데, 이 모두는 구성주의와 깊은 관계를 맺고 있다. 인지론으로 대표되는 학자는 피아제와 비고츠키를 들 수 있다. 구성주의와 인지론에 대한 이해는 다음의 책을 참고하기 바란다. 배영주, 2005; 강인애, 1997; 강인애, 2003; 김판수 외, 2000; 한순미, 1999; 조부경 외, 2001.

5 집단에서 서로 간의 생활을 원활하게 하기 위해 이루어지는 의사소통이나 규칙 혹은 약속에 따르는 행동양식을 말한다. 쉽게 말해서 공동체 생활을 해 나가는 사람들과 잘 지내기 위한 기술('다 함께 잘 살기' 기술)을 가리킨다고 할 수 있다(이상우, 2009, pp. 153~187).

1.4 토의·토론 수업의 분류

토의·토론 수업은 분류 기준[교사 중심인가, 학생 중심인가, 운영방식(원탁식, 배심원식, 위원회 형식, 워크숍 형식, 강단식, 대화식, 브레인스토밍 등), 집단의 규모(대집단, 소집단, 대·소집단 통합식 등)]을 어떤 것으로 하느냐에 따라 매우 다양하게 분류할 수가 있다. 여기에서는 필자가 공감하는 내용을 간략히 정리해 소개해 보도록 하겠다.[6]

가 수업 목적에 따른 분류

수업 목적	토의·토론 방법	
아이디어 개발	● 브레인스토밍	● 브레인라이팅
	● 돌아가며 발표하기	● 모둠문장 만들기
쟁점 분석	● 대립 토의·토론	● 찬반 토의·토론
	● 신호등	
지식 습득	● 배심 토의·토론	● 직소(jigsaw)
	● 둘 가고 둘 남기	
의사 결정	● 만장일치 모형	● 상황 의사결정
	● 피라미드	● 복수선택 및 질적 의사결정

나 집단 규모에 따른 분류

● **대집단 토의·토론 수업** : 학급 구성원 전체가 참여 가능한 경우 혹은 그게 불가능한 경우 몇 명은 토의·토론 활동을 하게 하고 나머지 학생들은 관찰자 혹은 배심원 등의 활동을 하게 하는 것(배심 토의·토론 수업 등)을 말한다.

● **소집단 토의·토론 수업** : 소집단별로 토의·토론 수업 활동이 끝나는 경우에 해당된다. 이

경우에는 토의 · 토론 수업의 주제가 소집단별로 다를 수도 있고 같을 수도 있다.

● **대 · 소집단 통합식 토의 · 토론 수업** : 대집단으로 시작했다가 소집단으로 끝나는 경우(집단 탐구)도 있고, 소집단으로 시작했다가 대집단으로 모이는 경우(피라미드)도 있다.

1.5 토의 · 토론 수업이 효과적인 경우

토의 · 토론 수업이 효과를 거두기 위해서는 다음과 같은 상황이어야 한다.

❶ 어떤 영역에 대한 지식의 공유 및 이해의 폭과 깊이를 더할 수 있는 내용을 바탕으로 한 수업일 때

❷ 합리적 사고, 비판적 사고, 창의적 문제해결력, 탐구능력 등을 바탕으로 한 집단적 의사결정 활동이 필요한 수업일 때

❸ 활발한 상호작용을 통해 마련된 대안이나 결과를 수용적으로 받아들이고, 실행 가능한 것으로 만들고자 하는 수업일 때

❹ 공공의 가치, 태도, 의식 등에 대한 반성적 변화와 개발 및 활용을 꾀하고자 하는 수업일 때

❺ 어떤 원리나 원칙의 초보적인 이해에서부터 깊이 있는 단계까지 이해하고 숙달, 응용해 나가는 능력을 기르고자 하는 수업일 때

1.6 토의 · 토론 수업에서 일반적으로 주의해야 할 점

효과적인 토의 · 토론 수업을 하기 위해서 주의해야 할 점 몇 가지를 살펴보면 다음과 같다.

❶ 토의 · 토론 수업을 시작할 때 목표를 분명히 설명하여 학생들 모두가 이를 충분히 이해하고 적극적으로 받아들일 수 있도록 해야 한다.

❷ 토의 · 토론 활동이 진행될 때도 목표를 잃어버리는 일이 없도록 해야 한다.

❸ 학생들의 자발적인 참여가 이루어질 수 있도록 신경을 써야 한다.

❹ 평상시에 교실 분위기를 상호 존중하고, 민주적 · 협동적 · 개방적 · 수용적인 방향으로

이끌어 가야 한다.

⑤ 토의·토론 수업을 계획할 때 집단의 크기나 좌석의 배치, 교실 분위기 등을 충분히 고려해야 한다.

⑥ 토의·토론 수업을 위해 주제를 선정할 때는 학생들의 의사, 흥미와 호기심이 충분히 반영될 수 있도록 해야 하며, 교사 자신도 그에 대한 충분한 배경지식을 갖고 있어야 한다.

⑦ 주제가 선정되면 토의·토론 수업을 하기 전에 미리 과제를 제시하여 충분히 준비할 수 있는 시간을 주어야 한다.[7]

⑧ 토의·토론 수업이 원활하게 이루어지기 위해서 학생들이 지켜야 할 최소한의 원칙과 규칙이 있다. 이것들이 최대한 보장될 수 있어야 효과적인 수업이 이루어질 수 있다.[8]

1.7 토의·토론 수업에서 일반적인 교사의 역할

토의·토론 수업에서 교사는 사회자 역할을 할 수도 있겠지만, 더 큰 임무를 위해 사회자 역할을 학생에게 맡기고 교사 본연의 자세로 돌아가 수업 본연의 목적 달성을 위한 역할 책임을 다해야 한다. 여기에서는 토의·토론 수업을 할 때 잊지 말아야 할 교사의 역할과 자세 몇 가지만 살펴보도록 하겠다.[9]

---

7 관련된 영상물을 보거나 현장 답사, 견학, 실험이나 직접적인 경험, 탐구 활동, 관련 자료를 찾아 분류·분석·요약·정리, 비판적 대안 마련하기 활동 등이 가능한 시간적 여유를 충분히 줄 수 있어야 한다. 아울러 개인적인 활동뿐만 아니라 팀원들끼리 협동적으로 활동할 수 있는 여건도 마련해 줄 필요가 있다.

8 ① 차례와 시간과 질서와 예절 지키기, ② 사회자의 진행에 따르기, ③ 합리적 사고(증거나 논리적 근거에 입각, 이해하고 판단하여 관점 수용하기 — 독단이나 독선, 자신의 의견 고집하지 않기), ④ 진실과 책임(진실만을 말해야 하고, 그에 대한 책임을 져야 한다. 허위, 숨김, 침묵 등은 없어야 한다), ⑤ 자유로운 의사 표현(자신의 의사를 표현하는 데 방해받지 않기 — 비난, 비웃음, 기타 구속 등으로부터의 자유), ⑥ 평등한 기회(누구나 고른 참여 기회 갖기), ⑦ 상대방에 대한 존중(의견은 비판할 수 있어도 상대방의 인격이나 신상에 대한 모욕 등은 삼가기) 등이 있겠다.

9 Kindsvatter는 학생들이 볼 때, 토의·토론 수업에서 교사는 다섯 가지 사회적 권력을 가지고 있다고 설명하였다. ① 합법적인 권력(교수 활동과 관련된 모든 권한), ② 보상을 줄 수 있는 권력(긍정적인 활동에 대한 강화), ③ 강제 권력(활동을 방해하거나 규칙을 지키지 않았을 때 제재할 수 있는 권한), ④ 전문가로서의 권력(학생들보다 많은 지식과 판단력을 소유했기 때문에 토의·토론 수업의 방향을 잡아 줄 수 있다는 점), ⑤ 대상 모델로서의 권력(훌륭한 시범자로서의 역할을 통해 바람직한 방향으로 유도할 수 있다는 점). 이 부분은 Kindsvatter, R(1990), 『Teacher social power and classroom discussion』 In W. Wilen(Ed), *Teaching and learning through discussion : the Theory, Research and Practice of the Discussion*

❶ 토의·토론 수업에 대한 준비가 철저하게 되어 있는지를 점검한다(주제 선정, 패널 선정, 대·소집단 편성, 토의·토론 활동 참여를 위한 학생들의 준비도, 규칙·원칙에 대한 이해 정도, 역할 나누기, 주제 관련 자료의 조사와 탐구 등).

❷ 토의·토론 수업에 있어서 교사는 되도록 말을 아끼도록 하고, 침묵을 유지하면서 수업을 분석하고 과정 및 내용을 평가(논리의 적절성, 정확성 등)하는 일에 집중하도록 한다.

❸ 토의·토론 수업에 있어서 학생들의 질문에 대해서는 스스로 해결책을 찾을 수 있도록 유도하는 일에 신경 쓰도록 한다.

❹ 토의·토론 수업을 방해하는 요인을 적절히 차단하여 활동이 원활히 이루어질 수 있도록 도움을 주어야 한다.

❺ 토의·토론 활동에 필요한 규칙이나 원칙이 잘 지켜질 수 있도록 교실 분위기를 만들어 나간다.

❻ 토의·토론 수업을 특정인이 이끌어 가는 일이 없도록 활동을 적절히 구조화시키도록 한다(말하는 순서 정하기, 말하기 카드 사용하기, 규칙에 따라 말하기, 역할 및 역할 책임 부여하기 등).

❼ 토의·토론 수업에 있어서 중립적인 위치를 지킬 수 있도록 한다.

❽ 창의적 사고를 지향하는 열린 사고 토론 수업에서는 학생의 사소한 의견에도 교사가 "좋은 생각인데!", "훌륭해요!"라고 반응하는 것이 매우 중요하다.

❾ 토의·토론 수업에 있어서 갈등이 발생할 수 있으므로 재치와 유머를 적절히 섞어 가며 좋은 분위기를 만들 수 있도록 한다.

❿ 토의·토론 수업 과정이나 결과에 있어서 방향성을 잃어버리거나 잘못된 사실이 수용될 가능성이 높을 때, 토의·토론 활동의 중단이 길어질 때, 토의·토론 활동이 소극적일 때, 논리적 오류가 발생했을 때, 갈등이 깊어질 가능성이 높을 때 등에는 교사의 적극적

Method. Springfield : Charles C. Thomas Pub의 내용을 정문성, 2008, pp. 47~48에서 인용하였고, 그것을 바탕으로 간략히 정리해 본 것이다.

한편, 정문성(2008, pp. 49~50)은 교사가 토의·토론 수업에서 해야 할 역할을 다음과 같이 여섯 가지로 정리하였다. ① 관리자(수업 관리자로서의 역할), ② 안내자(토의·토론 수업에 대한 친절한 안내자로서의 역할), ③ 제안자(적절한 주제 제시 및 학생들의 호기심 유발을 통해 토의·토론 수업으로 이끌어 가도록 제안하는 역할), ④ 촉진자(학생들이 토의·토론 수업에 적극 참여하도록 촉진하는 역할), ⑤ 요약정리자(수업 과정이나 끝에서 토의·토론 수업 과정과 결론에 대해 요약하며 정리하는 역할), ⑥ 평가자(수업에 대한 궁극적 심판자·평가자로서의 역할)

록 한다.

인 개입이 필요하므로 시기를 적절히 살펴서 토의 · 토론 수업이 원활히 진행될 수 있도

⑪ 필요한 경우 교사가 시범을 보여서 토의 · 토론 활동에 학생들이 익숙해질 수 있도록 모
델이 되어 주어야 한다.

⑫ 토의 · 토론 활동 과정을 모니터링하거나 오고 가는 내용을 요약하였다가 정리하는 단계
에서 토의 · 토론한 내용이나 결과 혹은 참관하며 느낀 점 등을 알려 주어 학생들이 자신
의 생각을 정리하는 단계에서 도움을 줄 수 있어야 한다.

⑬ 토의 · 토론 수업이 원활하게 이루어지기 위해서는 토의 · 토론 활동의 전반적인 사항에
대해 교사의 정확한 지식이 정립되어 있어야 한다.

⑭ 토의 · 토론 수업을 위한 구조화가 선행되어야 한다(토의 · 토론 수업에 대한 철저한 계
획과 준비, 체계적이고 의도적인 훈련이 필요하다 — 사회적 기술, 정보 처리 능력, 집단
편성 및 활동 방법의 구조화, 토의 · 토론 주제 선정 등).

⑮ 무엇보다도 토의 · 토론 수업이 효과적으로 이루어지기 위해서는 토의 · 토론 활동에 대
한 교사의 지속적인 관심과 노력이 필요하다(토의 · 토론 수업은 어쩌다 한두 번 정도 해
보는 것으로 만족하려는 자세를 가져서는 안 된다. 토의 · 토론 수업이 효과를 보기 위해
서는 학생들이 토의 · 토론에 참여할 기회를 많이 제공해야만 한다).

⑯ 도입 단계에서 학습 목표와 관련된 동기유발을 확실하게 하여 학생들이 토의 · 토론 수
업 활동에 적극적으로 참여할 수 있도록 한다.

1.8 토의 · 토론 수업에서 많이 나타나는 문제점

토의 · 토론 수업을 해 나가다 보면 학생들에게서 나타나는 몇 가지 문제점들이 있다. 그 대표
적인 현상 몇 가지만 살펴보면 다음과 같다.

❶ 논리보다 감정을 앞세우려는 모습이 많이 보인다(자신의 의견이 비판을 받는 것에 대해
참지 못하여 감정적인 말싸움으로 변질되는 모습이 자주 목격된다) — **사회자 혹은 교사
의 역할이 중요시된다.**

❷ 주장보다는 사람 자체를 비판하려는 모습이 많이 보인다(이는 토의 · 토론 과정에서 의
견의 대립이나 견해의 차이가 인격적 문제가 아님을 인식하지 못하기 때문에 일어나는

일이다. 싸움은 말리고 흥정은 붙이라고 했다. 여기에서 말리라는 싸움은 인격적인 요소, 즉 감정적 · 관계적 요소를 가리키는 것이고, 흥정은 갈등의 핵심인 물질적 요소, 즉 결정하고 극복해야 할 견해의 차이를 가리키는 것이다) — **인격적인 요소와 물질적인 요소를 구분할 수 있도록 꾸준한 지도가 필요하고, 특히 수업 내에서는 내 생각과 의견이 채택되지 않았다고 하여 나의 인격이 무시되거나 내게 어떠한 손해(물질적인 면이나 성취도 측면 등에서)도 돌아오지 않는다는 사실을 알게 할 필요가 있다.**

❸ 토의 · 토론의 규칙과 질서를 무시하는 모습이 많이 나타난다(사회자를 무시하고, 다른 사람이 말하는 데 끼어들거나 말꼬리를 자르는 일, 순서를 무시하는 일, 자신의 말만 하려고 하는 일, 상대방 의견을 존중하지 않는 일 등이 비일비재하게 일어나고 있다) — **사회자의 진행에 철저히 따를 수 있도록 안내가 필요하고, 규칙과 질서가 지켜지지 않을 때 적절한 시기에 교사가 토의 · 토론 활동을 멈추고 주의를 주거나 그런 모습을 보인 학생들에게 불이익을 줄 필요가 있다.**

❹ 토의 · 토론 수업이 감정적 싸움으로 변질되거나 수업 이후에도 그 영향력이 지속되는 경우가 많이 나타난다(토의 · 토론 수업 과정에서 상대에 대한 인신공격이 가장 큰 원인이 되어 일어난다) — **교사는 토의 · 토론 수업이 상대의 의견이나 주장에 대하여 생각과 의견을 나누는 일임을 학생들에게 인식시켜야 할 책임과 의무가 있고, 이런 일이 일어났을 때 교사가 토의 · 토론 활동을 멈추고 주의를 주거나 그런 모습을 보인 학생들에게 불이익을 줄 필요가 있다.**

❺ 비과학적 · 비논리적(타당성이나 신뢰성이 떨어짐)인 근거를 들어 말하거나 개인적인 친분 관계에 얽매이는 경향이 많이 나타난다("내 아버지께서 그렇게 말씀하셨어.", "선생님께서 이게 옳다고 말씀하셨어."와 같이 아버지, 선생님 말씀 등을 인용하여 주장하는 사례가 종종 있다. 그리고 나와 친한 친구가 하는 말이니까 타당성이나 신뢰성에 상관없이 무조건 지지하거나 반론을 펴지 못하고 소극적인 자세로 참여하는 경우, 특정인의 말이라면 옳고 그름에 관계없이 그냥 무시하고 보는 경우도 많이 나타난다. 또한 여자도 군대를 의무적으로 가야 한다는 남학생의 주장에 대해 남자도 아이를 낳아야 한다고 말하는 여학생이 있는 것처럼 억지 논리를 펴는 경우도 많다) — **토의 · 토론은 과학적 · 논리적 · 실증적인 근거를 통해 자신의 주장을 정당화하는 일이며, 이 과정에서 개인적인 친분이나 권위, 사적인 견해 등이 영향을 주어서는 안 된다는 사실을 학생들이 확실히 알도록 하는 것이 중요하다.**

❻ 승패에 연연하는 모습이 많이 나타난다(오직 내 주장만을 관철시키기 위해 노력하는 아이들, 무조건 이기기 위한 토의·토론 활동을 하고 있는 아이들의 모습을 많이 볼 수 있다) — 토의·토론 수업은 승패 자체가 목적이 아니라 수업 목적을 달성하기 위한 수단으로서 토의·토론 활동을 하고 있다는 사실을 학생들이 항상 기억할 수 있도록 해야 한다. 아울러 수업의 결론이 어떻게 나든 나에게 그로 인한 피해나 손해가 돌아오지 않는다는 사실을 인식하고, 다른 사람의 주장과 근거가 내 생각보다 더 논리적이고 타당하다고 생각되면 자신의 입장을 버릴 줄도 아는 자세를 갖도록 지도해야 한다.

❼ 자신의 생각이 아니면 안 된다는 모습이 많이 나타난다(특히 토의·토론 수업 과정에서 자신의 생각이 받아들여지지 않았다고 하여 화를 내거나 다투거나 아니면 활동 참여에 소극적이거나 참여하기를 거부하는 아이들이 많이 보인다) — 이런 아이들에게서 나타나는 공통점은 주로 사회적 기술이 많이 떨어진다는 점이다. 이를 극복하기 위해 교사는 학급 운영의 모든 과정 속에서 학생들이 꾸준히 사회적 기술을 체득해 나갈 수 있도록 의도적으로 활동을 구조화시켜 나가지 않으면 안 된다.

❽ 토의·토론 수업이 아래에서 보는 바와 같이 '자료 조사' 및 조사해 온 자료를 그냥 읽고 기억하는 수준에서 머무는 경우도 많다.

초등학교 교사는 사회과 토론 수업을 한다고 하지만, 실제 수업을 관찰해 보면 '학습 내용을 누가 얼마나 잘 조사 및 기억하는지'를 확인하는 '변형된 암기식 수업'으로 진행되고 있다. 이러한 수업 진행에 대해 교사는 '새로운 수업 방법으로 토론 수업을 접목한 것'이라고 했지만, 스스로 자신의 수업에 대해 평가할 때는 '엄격한 의미의 토론 수업은 아니다'라고 하였다.

– 서근원(1997), 「초등학교 토의식 수업의 문화기술적 연구」, 서울대학교 대학원 석사학위논문

위에서 보는 바와 같이 90년대 말에 나온 논문에서 지적한 현상이 2010년을 넘긴 이 시점에서도 달라진 것이 없는 것을 보면 이에 대한 심각성을 가히 짐작하고도 남을 것이다. 이런 현상이 발생하고 있는 그 중심에는 교사의 교수 기법 중시 풍조에 대한 '체제 순응적 행동'과 '기능과 기법 중심의 수업을 강조 내지 조장하고 있는 현실', '토의·토론 수업에 대한 바른 이해의 부족', '교육과 수업을 바라보는 관점의 문제'가 깊이 자리하고 있다고 필자는 생각한다.

❾ 관주도적 교육 현실 속에서 교사들의 체제 순응적 행동이 지금의 현실을 낳고 있다. 우리 교육의 내면을 들여다보면 교사의 역사는 '체제 순응'이라는 말로 대신할 수 있을 것이다. 중앙집권형 정치체제 속에서 살아남기 위한 가장 확실한 방법은 체제 순응밖에는 길이 없었던 것일까 아니면 "어떤 식으로든지 끝까지 살아남은 자가 강한 자"라는 인식이 자리하고 있었던 것일까? 시대가 바뀌었음에도 불구하고 권력과 권위주의에 복종하는 '순한 양'과도 같은 교사들이 여전히 많이 남아 있고, 사범대 및 교육대학교에서 양산되고 있다. 그렇게 학습된 탓인지 아직도 많은 교사들이 자신의 교실에서 아이들에게 또 다른 '순응'을 요구하고 강요하며, 단지 다양한 수업 기법을 적용한 화려한 수업 또는 토의·토론의 형태만을 교실로 끌어들인 수업을 진행하거나 이벤트식 학급을 운영하고 있는 모습을 쉽게 발견할 수 있다. 최근 학교 현장에서 이와 같은 토의·토론 수업이 많이 이루어지고 있는 듯한 느낌을 갖게 만드는 것도 교육부나 교육청에서 자꾸만 강조하다 보니 이에 편승하여 전문적인 연구와 지식 없이 기법적으로만 이루어지고 있는 탓은 아닐까? 이런 교실에서 '진정한 교육'이라는 것이 과연 존재할까?

❿ 기능과 기법 중심의 수업을 조장 또는 묵인하고 있는 현실 또한 묵과할 수 없는 일이다. 앞의 서근원(1997)의 연구에서도 드러나는 바와 같은 경우의 토의·토론 수업은 외형적으로나마 일제식, 강의식 수업의 한계를 넘어서 학생 중심의 수업을 했다는 교사 자신의 만족감에서 비롯되었다고 볼 수 있다. 그에 더하여 수업을 위한 자료 준비 및 그에 대한 시간 투자 등의 면에서 별 부담 없이 주제만 있으면 찬반 양측으로 나누어 서로 논쟁(따지고 보면 논쟁이라기보다는 말다툼을 하다 끝나고 마는 상황이 더 많다)을 벌이다 종이 울리면 토의·토론 활동을 끝내 버리고 마는 현실도 큰 영향을 미쳤다고 봐야 할 것이다. 이런 교실에서 과연 학생들에게 '배움'이라는 것이 일어날까?

⓫ 토의·토론 수업에 대한 바른 이해의 부족이 오늘을 만들고 있다. 토의·토론 수업을 바라보는 교사의 시각은 매우 다양하다. 그중에서 가장 일반적으로 바라보는 시각은 '자료 조사 및 발표와 기억, 그리고 짧은 시간 동안의 의사소통을 통한 의사결정 과정과 그 결과'가 아닐까 싶다. 이런 가운데 고급 사고력이 길러질 수 있을까 의문이 든다. 학생들의 배움이 중심이 되고, 토의·토론은 그것을 위한 수단이 되어야 한다면 교사는 반드시 배움을 목표에 두고 토의·토론을 고민해야 한다.

⓬ 교육과 수업을 바라보는 관점의 문제로 들어가 보면 더욱 심각해진다. 최근 들어 학력 신장이라는 말과 함께 그 책임을 교사의 수업 능력 탓으로 모두 돌리면서 '수업 전문성 신장, 수업 방법 개선, 수업의 달인, 수업의 명인'이란 말이 교단 현장을 휩쓸면서 토

의 · 토론 수업 또한 학교 현장에서 붐을 일으키고 있다. 하지만 진정한 교육(페다고지)은 무엇인가, 수업은 왜 하는가, 그 속에서 토의 · 토론 수업은 무엇이고, 토의 · 토론을 수업 속에 왜 끌어들이려고 하는가에 대한 고민이 제대로 이루어지지 않았고, 따라서 교사가 나름대로의 목적과 의도를 가지고 수업을 재구성하지도 못했다(교과서 중심 수업의 한계를 벗어 던지지 못함) 결국 토의 · 토론의 외형적 틀만을 교실로 갖고 들어와 학교 환경에 적용하면서 외부로부터 주어진 권위와 시선(특히 '진정한 교육=학생 중심의 배움'이라는 측면을 소홀히 하고, 교사 중심의 '가르침'이라는 것을 지나치게 부각시켜 교사의 수업 기술, 기능, 수업 방법적인 측면만을 강조했다는 점)에 부응하여 수업을 진행해 오고 있는 교사의 '체제 순응적 행동'이 그 도를 넘어서게 되었다. 이런 현실 속에서 잘 짜여진 토의 · 토론 수업을 만난다는 것은 아마도 일상적이지 않은 경험일 것이며 이런 기회를 맞이한다는 것이 '하늘에 별 따기'에 비유될 만큼 어렵고 힘든 일이 될 것이라 여겨진다.

`1.9` 토의 · 토론 수업에 있어서 꼭 필요한 자세 네 가지

대가족제도의 붕괴, 가정이 가지고 있는 일차적 사회화 기능의 약화, 가족끼리의 결속력 약화, 물질만능과 쾌락주의, 부모 역할의 부재와 가정의 해체 등으로 인해 앞으로의 사회를 살아가는 데 없어서는 안 될 아이들의 사회적 기술은 점점 떨어져 심각한 수준에 이르렀다. 그러나 대중매체는 아이들의 흥미와 호기심만을 자극하여 다른 사람과의 직접적인 사회적 상호작용을 줄이고 쾌락과 비방과 폭력과 무질서 등을 부추기는 방향으로만 발전하고 있어서 많은 사회적 문제를 낳고 있다. 이런 아이들에게 있어서 '타인'이라는 대상은 그저 경쟁, 쾌락, 욕구 충족, 유희, 폭력과 비방의 대상일 뿐 '서로가 서로에게 살아가는 의미'가 되어 주지 못하고 있는 것이 오늘날의 실정이다. 이런 아이들과 올바른 토의 · 토론 문화를 형성해 나간다는 것이 어떻게 보면 무리일 수 있다는 생각이 들기도 한다. 하지만 교육의 힘을 통해 조금씩 성장해 가는 많은 아이들을 바라보고 있노라면 '희망의 끈'을 놓을 수 없다는 믿음을 갖기에 충분한 점들이 너무 많다. 그래서 많은 교사들이 열심히 노력하면서 토의 · 토론 수업을 하고 있는 것이라 여겨진다.

오늘날 우리 아이들이 토의 · 토론 수업에 임하기 위해 갖추어야 할 자세를 따져 본다면 너무나도 많을 것이다. 하지만 '최소한 이것만은 꼭 갖추지 않으면 안 된다'는 것, 그래서 교사는 학급운영의 모든 과정을 통해 꼭 지도하지 않으면 안 될 몇 가지만을 꼽으라면 필자는 다음의 네 가지를 말하고 싶다(이는 학생들에게만 필요한 자세는 아닐 것이다).

가 상대방의 이야기를 잘 들어 주는 자세

사람은 자신이 보고 싶은 것, 듣고 싶은 것만 듣는 경향이 있다. 때문에 자신의 감정에 치우쳐서 상대방이 말하려는 의도를 무시하고 자신이 생각하는 것만 보고 듣게 된다. 그래서는 토의·토론이 이루어질 수 없다. 그런 자리에는 비난과 갈등만 자리하게 된다.

　학교에서 상대방의 이야기를 잘 들어 주는 자세를 갖도록 하기 위해서 메모하며 듣기, 상대방의 말을 듣지 않으면 뒤에 이어지는 활동이 불가능하도록 활동을 구조화하기, 앞 사람이 했던 말을 간략히 요약하여 다시 말한 후 자신의 생각을 말하기(필자의 경우 협동학습의 다시 말하기 카드를 자주 활용하는데, 익숙해지면 카드 없이도 충분히 해낼 수 있다) 등의 방법을 사용하면 효과가 있다. 또한 토의·토론 수업 안에서라면, 이런 자세가 나타나지 않을 때 주의나 경고, 감점, 승패가 있는 상황에서는 패배의 원인이 되도록 할 필요도 있다.

나 상대방을 존중하고 배려하는 자세

상대방에 대한 존중감이 없는 대화 속에서는 갈등과 상호 비방, 소모성 논쟁만이 자리하게 된다. 그렇게 하는 것이 좋지 않다는 것을 알면서도 어린 시절부터 보고 자란 것이 부모끼리의 부적절한 대화, 부모와 자녀 사이의 부적절한 대화, 주위에서 일어나는 비방과 갈등과 폭력적인 논쟁들밖에 없기 때문에 아이들은 그런 말과 행동들을 그대로 따라 할 수밖에 없는 현실이다.

　학교에서 학생들이 상대방을 존중하는 자세를 갖도록 하기 위해서 학급운영의 목표와 방향을 거기에 맞게 설정하고, 학급운영 전반에 걸쳐서 믿음과 신뢰와 배려가 물씬 풍겨나는 분위기를 만들어 나가는 것이 우선되어야 한다. 그리고 이를 바탕으로 상대방의 이야기를 논리적으로 생각하며 듣도록 하되, 상대방의 입장에서도 생각해 볼 수 있도록 지도해야만 한다. 또한 다른 사람들의 의견이나 생각들을 폭넓게 수용하려고 노력하는 자세도 함께 지도할 필요가 있다(필자는 협동적 학급운영을 해 나가면서 공식적인 활동에는 '존칭어'와 '부탁하는 말', '사과하는 말', '칭찬하는 말' 많이 사용하기를 원칙으로 해 나가면서 상대방을 존중하고 배려하는 자세를 갖추어 나가도록 하고 있다). 그리고 토의·토론 수업 과정에서 상대방을 존중하지 않고 비방이나 조롱하는 모습이 나타난다면 역시 교사의 경고나 주의, 감점, 승패가 있는 경우에는 패배의 원인이 되도록 할 필요도 있다.

다 '틀린 의견'과 '다른 의견'을 구분하는 성숙한 자세

자신을 너무 믿고 있거나, 자신과 타인의 생각이 '다를 수 있다'는 것을 인식하지 못하고 '틀렸다'라고밖에 생각하지 않기 때문에 자신의 주장을 남에게 강요하는 경우가 많다. 이런 상황 속에서 바람직한 토의·토론은 이루어질 수 없다.

학교에서 이를 극복하기 위해서는 타인의 의견이나 주장에 대하여 자신의 주장이나 의견을 말할 때 반드시 어떤 점에서 다른 점이 있고(근거를 제시하여 비교 또는 대조하기), 어떤 부분이 왜 틀렸다고 생각하는지를 명확하게 근거를 제시하여 말하도록 지도할 필요가 있다(평소에 학급운영을 통해 올바른 대화 요령을 지도해야 한다. "제 생각은 ○○의 생각과 □□□인 면에서 다른 점이 있습니다. 그렇게 생각하는 이유는 ~~이기 때문입니다.").

라 사람과 의견을 구분하는 자세

일반적으로 이루어지는 대화 속에서 사람과 의견을 구분하지 못해서 실수하는 경우를 많이 보게 된다. 그로 인하여 서로 감정도 상하게 되고 관계를 개선해 나가지 못하게 된다. 토의·토론 수업에서도 그와 같은 현상들이 매우 많이 나타나고 있기 때문에 이를 극복하기 위한 대안을 꼭 마련해야 한다.

학교에서 학생들이 사람과 의견을 구분하는 자세를 갖도록 하기 위해서는 우선 교사가 먼저 역할 모델이 되어 주어야 한다(이는 네 가지 자세 모두에 해당되는 사항인 만큼 교사 스스로의 많은 고민이 필요한 부분이다). 교사가 먼저 아이들을 인격적으로 존중하고 배려해 주며, 학생들의 말을 적극적으로 들어 주고, 학생들의 의견과 인격을 구분하여 대우해 줄 때 학생들도 그것을 듣고 보고 배우게 된다(교실에서 사회적 기술이 가장 부족한 사람이 교사 자신일지도 모른다는 생각을 가질 필요가 있다). 학생들이 자신의 생각을 말할 때도 교사 자신이 생각한 부분과 다르다고 하여 "땡, 틀렸어. 다른 사람!" 이렇게 말할 것이 아니라 "어떻게 해서 그렇게 생각하게 되었는지 말해 줄 수 있겠니?"라고 말할 수 있는 교사의 지혜로움이 필요하다. 실제로 아이들의 말을 들어 보면 충분히 그렇게 생각하고 말할 수밖에 없는 나름대로의 이유나 경험적 근거가 존재하는 경우도 상당히 많기 때문이다. 아울러 학급운영을 통해서 학생들이 사람과 의견을 구분하지 못하는 발언을 할 때마다 적절한 지도를 꼭 해야만 한다. "쟤는 원래 그래요!"라는 말이 가끔 나오곤 하는데, 원래 그런 아이들은 절대로 없다. 그리고 싶어서 그러는 아이들은 한 명도 없다. 주변 상황으로 인하여 그렇게 만들어진 것이다. 아이들도 그 점을 명확히 이해할 수 있도록 지도해야 한다. 그리고 토의·토론 수업에서 상대방을 존중하지 않고 비방이나 조롱하는 모습이 나타난다면 역시 교사의 적극적인 개입을 통해 경고나 주의, 감점, 승패가 있는 경우에는 패배의 원인이 되도록 할 필요도 있다.

이 밖에도 중요한 자세들이 얼마든지 있겠지만, 최소한 이 네 가지 자세를 갖추지 못하고 토의·토론 활동에 참여하는 사람은 이미 논의할 자격을 잃은 것과 같다는 인식을 심어 줄 수 있도록 신경 쓰지 않으면 안 된다. 왜냐하면 나머지 자세들의 대부분은 이 네 가지 자세가 밑바탕이 되는 것들이어서 이들만 잘 갖추어진다면 다른 것들은 자연스럽게 따라오는 것들이기 때문이다.[10]

1.10 토의·토론 수업에 있어서 꼭 필요한 규칙

토의·토론 수업이 효과적으로 진행되기 위해서는 토의·토론 수업에 알맞은 나름대로의 규칙이 필요하다.

토의·토론 수업에 있어서 일반 규칙을 제시해 보면 다음과 같다.

- 첫째, 개인별로 말하는 시간 혹은 전체 활동시간에 제한을 둘 필요가 있다.
- 둘째, 말하는 순서를 정해서 진행하도록 한다(찬성 측, 반대 측 순서 혹은 같은 모둠 내에서 번호순으로 돌아가며 말하기 등).
- 셋째, 누구나 의견 혹은 주장을 말할 수 있도록 한다.
- 넷째, 다른 사람의 의견을 존중한다.

---

10 주제에 대한 진지함과 성의, 강압보다 설득, 타인의 권리와 인격 보호, 부족한 동료에 대한 도움 주고받기, 역지사지 정신, 승패가 있는 경우 이길 때도 배우지만 질 때도 배우는 것이 있다는 자세, 너그러운 승자와 명예로운 패자 되기, 청중에 대한 예의, 바른 자세 갖기, 진지하고 여유로운 얼굴 표정 유지하기, 적극적으로 토의·토론 활동에 임하는 자세 등(이 부분은 토론교육연구소, 2007, 『토론교육』, 민족사관고등학교의 내용을 정문성, 2008, p. 42에서 인용하였고, 이를 바탕으로 필자의 생각을 더하여 간략히 정리해 본 것이다).

- 다섯째, 발언 기회를 공평하게 가질 수 있도록 한다.
- 여섯째, 사실과 의견을 명확하게 구분하여 말하도록 한다.

토의·토론 수업에 참가한 학생들이 지켜야 할 규칙은 다음과 같다.

- 첫째, 손을 들어 말할 기회를 얻거나 순서(차례)에 따라 발표하도록 한다.
- 둘째, 사회자가 정한 발언 시간 혹은 전체 활동에 주어진 시간을 넘기지 않도록 한다.
- 셋째, 상대방의 인격을 모독하거나 무시하는 말을 하지 않는다.
- 넷째, 타당한 근거를 제시하며 자신의 주장이나 의견을 말하되, 분명하고 간결하게 말한다.
- 다섯째, 감정을 겉으로 드러내지 말고, 침착하고 정중하게 말한다.
- 여섯째, 논리적으로 생각하며 상대방의 주장과 의견을 듣도록 한다(비판적으로 수용하기, 자신의 생각보다 더 타당한 의견이나 주장에 대해서는 적극적으로 수용할 수 있는 자세가 필요하다).
- 일곱째, 다른 사람이 말하는 중간에 끼어들지 않도록 한다.
- 여덟째, 주제와 상관없는 말은 하지 않도록 하고, 토의·토론 활동에 집중할 수 있도록 한다.

토의·토론 수업에서 사회자 혹은 진행자가 지켜야 할 규칙은 다음과 같다.

- 첫째, 공정하게 토의·토론 활동을 이끌어 간다.
- 둘째, 토의·토론 주제에서 벗어나지 않도록 중심을 잡는다.
- 셋째, 참가자 모두에게 말할 기회와 시간을 공평하게 준다.
- 넷째, 토의·토론 참가자에게 사실과 의견을 구분하여 말할 수 있도록 안내한다.
- 다섯째, 질문과 요약을 그때그때 삽입해서 활동의 진행을 돕는다.
- 여섯째, 될 수 있으면 말을 적게 하도록 한다.

1.11 토의·토론 수업의 일반적인 절차

토의·토론 수업의 일반적인 절차는 토의 활동과 토론 활동으로 구분하여 생각해 볼 필요가 있다. 왜냐하면 토론과 토의라는 활동 자체가 가진 고유의 특징이 있기 때문이다(토의는 출발점이 같은 선상이라는 점, 토론은 출발점이 서로 다른 입장이라는 점 등).

가 토의 수업의 일반적인 절차

1. 주제 선정	토의를 위한 주제를 선정하거나 교사가 주제를 제시
2. 안내하기	토의 목적, 토의 절차와 방식, 집단 크기, 역할 분담, 준비물 등에 대한 안내
3. 토의하기	집단별 토의 주제 및 내용 확인, 토의 절차 확인, 역할 분담하기, 개인적으로 생각하기, 절차에 따라 구성원들끼리 토의하기
4. 정리하기	집단별 토의 결과 정리 및 발표, 조별 토의 활동 과정 및 결과에 대한 평가, 토의 결과에 대한 학급 전체적인 종합 정리, 반성 및 평가

나 토론 수업의 일반적인 절차

1. 주제 이해	주제 인식(왜 논쟁을 해야 하는가, 우리 삶에서 지니는 가치 인식), 주제와 관련된 경험 조직 및 정리, 나누기, 주제 관련 조사 등
2. 주제 연구	주제와 관련된 정보와 자료 수집, 정리 및 분석적 검토(주제와 관련된 지식을 자기주도적으로 획득·조직·분석, 체계적인 정리)
3. 토론 준비	토론 전략 및 기법에 대한 논의, 반론 제기가 어려울 정도의 논리적 근거 마련하기, 완벽한 추론 전략 세우기, 판정인이나 청중에 대한 설득력 있는 말하기 준비(준비한 근거의 확실성, 논리적 타당성, 설득력 있는 주장, 토론 수행 전략의 효율성 등에 대한 종합적인 계획과 준비) ─ 교사는 모든 과정과 내용을 지켜보고 사전에 검토하면서 지도할 필요가 있다.
4. 토론 수행	토론 수행하기(순발력, 기동성, 적절성, 인내심, 자제력, 협동성, 분위기 주도능력, 실수에 대한 관용력, 예측하지 못한 상황에 대한 위기 대처능력 등의 발휘)
5. 결과 검토	토론 결과 확인, 토론 결과에 대한 수긍, 토론의 성공과 실패 요인 검토, 토론 수업 전체에 대한 부분적·종합적 평가와 반성(토론 준비, 토론 과정, 토론 결과, 발언 내용, 토론 방법 및 전략 등), 토론을 통해서 얻은 것과 수업 목표 달성에 대한 확인(토론을 통해서 알게 된 것과 고민해야 할 점 등)

민족사관고등학교 토론교육연구소 자료 참고(http://debate.minjok.hs.kr/)

토의 활동과 토론 활동이 서로 다른 특성을 가지고 있기는 하나 두 가지 활동 모두 학습의 과정으로 수행되는 것인 만큼 교육적 목적이 최대한으로 실현되는 방향으로 진행되어야 한다는 점(수업 목표를 달성해 나가기 위한 수단으로서의 활동이라는 점) 하나만은 어떤 식으로 토의 · 토론 수업을 이끌어 나가더라도 잊어서는 안 된다.

토의 · 토론에서 범하기 쉬운 논리적 오류

(1) 토의 · 토론하는 상황의 분위기에 편승하기, (2) 힘에 의존하기, (3) 감정에 호소하기(동정심), (4) 인신공격하기, (5) 무지에 호소하기(참/거짓을 입증할 자료가 없음으로 인한 오류), (6) 대중에 호소하기(선동과 회유), (7) 권위에 호소하기, (8) 속단적 일반화(특수한 사례를 일반화시키는 일), (9) 허위적 인과관계(우연의 일치로 인한 것을 원인이나 근거로 규정하여 일반화시키는 일 — 烏飛梨落), (10) 이해관계에 호소하기, (11) 다수에 의지하기(다수가 그렇게 생각한다고 하여 옳다고 말하는 것), (12) 비유적 표현을 통한 취약한 논리나 증거의 은폐, (13) 불합리한 반대주장 제시를 통한 양자택일, (14) 순환논법의 사용(전제와 결론이 서로 의존하고 있어서 논증이라 말하기 힘든 것 — "그는 정직하다. 그래서 거짓말을 하지 않는다."), (15) 상대방의 주장에 대한 잘못된 해석(과장된 해석 혹은 축소된 해석), (16) 상대적 주장에 대한 절대화(상대적 주장을 모든 영역에 적용시키는 오류), (17) 틀린 증거를 빌미로 정당한 주장까지 비판하기, (18) 질문 공세를 통한 유리한 결론 이끌어 내기, (19) 쟁점 바꾸기 및 회피하기, (20) 상대방의 주장에 대한 무시(이해하지 못하겠다고 하는 식), (21) 이론과 실제가 다르다고 말하기(논리적 토론은 실천 여부를 다룰 필요가 없음), (22) 복합질문 사용(상반된 정보가 함께 들어 있어 판단의 오류를 가져오게 되는 경우 — "착한 철수가 돈을 훔쳤다."), (23) 사실과 가치의 혼돈으로 인한 오류(현재 사실에 근거해 가치에 대한 결론을 내리는 오류)

최성욱 역(2003), 민족사관고등학교 토론교육연구소 홈페이지, 정문성(2008) 참고

1.12 토의 · 토론 수업의 평가

토의 · 토론 수업에 대한 평가는 대체로 다음과 같은 평가표를 많이 활용하고 있다.

☞ **토의 · 토론 평가표**(정문성, 2008, p. 56)

전체적 진행에 대한 평가	상	중	하
1. 주제가 적합했는가?			
2. 주제가 정확하게 제시되었는가?			
3. 용어들이 정확하게 정의되었는가?			
4. 토론자들이 적극적으로 참여했는가?			
5. 흥미로웠는가?			
6. 중요한 문제들이 다 토론되었는가?			
7. 시간을 투자한 가치가 있었는가?			

사회자에 대한 평가	상	중	하
1. 참여를 극대화시키도록 유도했는가?			
2. 우왕좌왕하지 않고 토의 · 토론을 잘 끌고 갔는가?			
3. 공평하게 진행했는가?			
4. 시간 관리를 잘했는가?			
5. 중립을 지켰는가?			
6. 중요한 요점들을 필요시 요약했는가?			
7. 지나치게 독단적이지는 않았는가?			
8. 주제에서 벗어나지 않도록 통제를 했는가?			

토론자들에 대한 평가	상	중	하
1. 정확하고 알아듣기 쉬운 목소리였는가?			
2. 생각을 잘 정리하고 발표했는가?			
3. 잘 경청했는가?			
4. 토론의 규칙을 잘 지켰는가?			
5. 감정에 치우지지 않았는가?			
6. 상대에 대한 예의를 지켰는가?			
7. 창의성을 발휘했는가?			
8. 정직했는가?			

☞ **토론자 평가표(정문성, 2008, p. 57)**

태 도	상	중	하
1. 자세가 바른가?			
2. 시선 처리가 좋은가?			
3. 말의 속도, 성량, 어조가 적절한가?			
4. 듣는 사람의 관심을 끄는가?			

내 용	상	중	하
1. 어휘 선택과 어법이 적절한가?			
2. 생각한 것을 제대로 표현했는가?			
3. 주장이 분명한가?			
4. 주장에 대한 적절한 정보를 제시했는가?			
5. 논리적이고 창의적인가?			
6. 중심내용과 주변내용을 구별하는가?			
7. 끝맺음이 분명한가?			

토론 수업 평가표 ─ 필자의 반 사례

	평가기준(잘함 4점, 보통 3점, 부족함 2점)	배점	찬성팀 점수	반대팀 점수
입론	토론의 쟁점을 바르게 이해하고 간결하고 명확하게 진술했다.	4		
	주장에 대한 논거가 객관적이고 참신했다.	4		
확인 심문 1	확인 심문자의 질문에 효과적으로 답변했다.	4		
	토론의 쟁점을 명확히 하는 데 도움이 됐다.	4		
	상대방 주장의 허점을 적절하게 지적했다.	4		
반론 1	상대방 입론의 핵심을 정확히 이해하고 상대 논리를 논리적으로 사실적으로 모순 없이 논박했다.	4		
	주장과 주장을 지지하는 근거를 논리적으로 타당하게 연결했다.	4		
확인 심문 2	확인 심문자의 질문에 효과적으로 답변했다.	4		
	토론의 쟁점을 명확히 하는 데 도움이 됐다.	4		
	상대방 주장의 허점을 적절하게 지적했다.	4		
반론 2	상대방 논리에 대한 심도 있는 이해와 분석을 통해 준비한 중요한 반론을 논리적으로 제기했다.	4		
	자신의 일방적인 쟁점만을 제시하지 않고 상대방의 논점을 조목조목 반박하여 설득했다.	4		
	상대방 지적에 대해 객관적으로 타당한 증거나 자료를 통해 적절하게 응수했다.	4		
확인 심문 3	토론의 쟁점을 명확히 하는 데 도움이 됐다.	4		
	상대방 주장의 논리적 문제점을 확실하게 부각시켰다.	4		
반론 3	상대방 논리에 대한 심도 있는 이해와 분석을 통해 남아 있는 중요한 반론을 논리적으로 제기했다.	4		
	자신의 일방적인 쟁점만을 제시하지 않고 상대방의 논점을 조목조목 반박하여 설득했다.	4		
	상대방 지적에 대해 객관적으로 타당한 증거나 자료를 통해 적절하게 응수하며 종합적인 결론을 이끌어 냈다.	4		
최종 발언	핵심쟁점을 중심으로 토론의 큰 흐름을 간결하고 명확하게 요약했다.	4		
	반론에서 미진했던 부분을 적절하게 보충하며 자신들의 최종 결론을 효과적으로 부각시켰다.	4		
공통 항목	토론 내용을 잘 나타내는 정확한 용어를 사용했다.	4		
	정확하고 분명하게 발음하여 쉽게 알아들을 수 있었다.	4		
	토론에 임하는 자세나 태도가 바르다.	4		
	상대방의 인격을 존중하는 태도를 보이고 있다.	4		
	토론 시간을 잘 지키고 있다.	4		
	합계	100		

필자의 경우 토의·토론 수업을 시작하기 전에 교사인 나 자신이 판정인이 되어 심사 기준을 미리 발표하고 활용을 시작했었다. 그러나 그때의 생각을 떠올려 볼 때, 처음 해 보는 토론 수업에서 앞에서와 같은 기준을 들이대며 아이들의 활동을 평가하는 것 자체가 무리라는 것을 확실히 깨달을 수 있었다. 적어도 이러한 평가표는 십여 차례 평가까지 포함한 토론 수업을 차근차근 경험을 해 본 학생들에게서나 가능한 기준이라는 것을 확실하게 알 수 있었다. 그 뒤로 토론 수업을 진행할 때마다 평가 기준에 대하여 나름대로의 지도와 분석, 부족한 점에 대한 안내 등을 충분히 해 가면서 아이들의 실력을 쌓아 나가기도 하였다. 역시 많은 경험은 아이들을 조금씩 성장하게 만들었다. 어느 정도 실력이 쌓이면 판정인에 교사 자신과 함께 학생들을 포함시켜도 충분히 가능한 활동이기도 하다.

앞에 제시한 평가표 사례는 어디까지나 참고일 뿐, 교사가 다양한 판정 기준, 참가자 수 등에 따라 직접 만들어 사용하거나 기존의 평가표를 참고하여 더 효과적인 양식으로 변화를 준 뒤 사용하는 것이 좋을 것이라 판단된다. 가능하다면 평가표를 만들 때 학생들의 의견을 반영시키거나 학생들이 직접 만들어 보도록 하는 것도 좋은 방법이 될 것이라 여겨진다. 필자의 교실에서 실천했던 사례를 제시해 보면 다음과 같다.

👉 **자료 수집표**

논제	학원을 통한 선행학습, 필요한 것인가?	자료 및 유의점
자료 내용		**자료의 출처**
"선행학습의 환상은 벗어나고 깨어나야 합니다. 공부도 제때 하는 것이 제일 효과적입니다. 저는 앞으로도 선행학습형 사교육 체제와 일전을 불사하는 마음으로 선행학습 추방 캠페인을 정책적 관점에서 벌이겠습니다."(곽노현 교육감) -자료번호 1		KTV 한국정책방송 케이블방송 2010. 09. 15(자료번호 1) i-시사미디어 기사 2010. 09. 15(자료번호 2)
서울시 교육청은 사교육(학원) 의존형 선행학습의 만연으로 인해 사교육비와 학습시간 부담이 커지고, 학생들의 자유재량 활동 및 창의력이 위축되며, 정상적인 학교교육이 어렵다고 판단하였다. 시교육청은 향후 선행학습을 유발하는 요인에 대한 분석 및 이를 개선하기 위한 방안 정리 작업 등을 지속적으로 수행할 방침이다. 아울러 이와 같은 활동의 결과를 정리하여 선행학습 추방을 위한 정책을 올해 안에 발표할 예정이다. 시교육청 관계자는 "사교육(학원) 의존형 선행학습은 학생들이 학교교육에 집중할 수 있는 능력을 떨어뜨리고, 교사의 수업의욕을 저해하는 부작용을 낳는 등, 사교육 중에서도 가장 해악이 크다"며 "선행학습 추방 운동의 필요성과 역사적 의의에 공감하는 학생, 학부모, 교사들의 자발적인 참여가 필요하다"고 말했다. -자료번호 2		**자료의 중요성** (★★★) ★★★ : 중요도가 낮다. ★★ : 보통이다. ★ : 아주 중요하다. **자료에 적절한 주장** 학원에서의 선행학습은 학교 수업 참여를 소극적으로 만들며, 자기주도적 학습에 도움이 되지 않는다.

※ 자료 수집표 사례 : 사전 준비를 위한 활동으로 자료 수집표를 작성해 보는 것이 좋다. 토의·토론 수업의 경우 아무런 사전 지식이나 근거 자료가 없이, 막연한 생각만으로 임하게 되면 토의·토론의 논리성이 떨어져 수업의 질이 떨어지고 토의·토론의 학습 효과를 거두기가 어렵다. (필자는 위의 틀을 복사하여 학생들에게 나누어 주고 작성케 한다.)

🗨 토의 · 토론 준비표

(반대)측 토의 · 토론 준비표		
날짜 20 년 월 일 요일 제 학년 반 토론자 이름 :		
논제 학원을 통한 선행학습, 필요한 것인가?		
근거(이유)	**예상되는 질문**	**자신들의 반론**
① 공부에 있어서 예습보다는 복습이 더 중요하다. ② 학원에 의지해서 공부하는 것보다 자기 스스로 공부하는 것이 더 중요하다. ③ 학원에서의 선행학습은 오히려 학교 수업을 방해한다.	① 학원의 선행학습을 통해 학교 수업 내용을 더 잘 이해할 수 있다? ② 두 번 들으면 오히려 공부를 더 잘하게 된다? ③ 공부에 자신 없는 학생들에게 선행학습은 도움이 된다?	① 선행학습을 한 사람들이 수업 시간에 집중하지 않는대(알고 있다고 생각해서). ② 두 번 듣는 것보다 한 번 듣고 스스로 복습하는 것이 실력 향상에 더 도움이 된다. ③ 부족한 것은 반복학습을 통하면 자신감을 갖게 된다.
상대의 주장 학원을 통한 선행학습은 필요하다.		
예상되는 근거		**생각할 수 있는 문제점**
① 학원을 통한 선행학습은 학교 수업에 도움을 주어 실력이 향상된다. ② 집에서 혼자 공부하기 어려운 사람에게 학원 선행학습은 도움이 된다. ③ 학원에서의 선행학습과 학교에서의 복습, 그리고 집에서 또 한 번 공부한다면 실력 향상에 큰 도움이 될 것이다.		① 집에서도 자기 스스로 예습과 복습을 충분히 할 수 있다. ② 집에서 혼자 공부하기 어려워 학원 선행학습을 한 친구들의 실력이 좋지 않은 경우도 많다. ③ 학원이 좋다는 사람보다 다니기 싫어하는 사람이 더 많대(숙제, 시험 등 — 스트레스).
최종 변론	학원 선행학습이 전혀 도움이 되지 않는다고 볼 수는 없겠지만 실력이 뛰어난 사람들 가운데 많은 사람들은 선행학습을 하지 않는 사람들이고, 학원에서 선행학습을 하지 않고 학교 수업 시간에 주인이 되고 집에서 복습만 잘 이루어진다면 충분히 실력을 향상시킬 수 있으며, 학원을 다니지 않음으로 인해 시간 활용도 많이 할 수 있다는 점에서 학원을 통한 선행학습은 필요하다는 것에 대하여 반대한다.	

※ 토의 · 토론 준비표 사례 : 자료 수집표에 의해 작성된 자료 내용을 바탕으로 토의 · 토론 수업을 할 경우 토론 준비표를 미리 작성하게 하면 좋다. 토의 · 토론 준비표에 따라 준비된 상태로 토의 · 토론 활동에 임하게 하면 내용이 훨씬 더 풍부해지고, 토의 · 토론 수업의 완성도 또한 높아질 것이다.

👉 **평가표**

	협동학습으로 토의 · 토론하기			모둠 이름		
	20 년 월 일 이름 :					

평가 내용 (개인 활동 및 모둠 활동)	자기 평가			모둠 평가		
	잘함	보통	부족	잘함	보통	부족
1. 자신의 생각과 그 근거를 적절하게 제시하며 말했는가?						
2. 상대방의 주장에 대한 반론을 펴면서 타당한 근거를 제시했는가?						
3. 상대방의 질문에 답변을 잘했는가?						
4. 상대방의 말을 경청하였는가?						

※ 토의 · 토론 평가표 사례 : 활동이 끝난 후의 반성은 다음 활동에 큰 도움을 줄 수 있다.

토의·토론 수업과 협동학습

토의·토론 수업과 협동학습은 여러 가지 면에서 유사한 점이 많다. 필자가 이 책을 집필하게 된 계기도 바로 여기에 있다. 필자는 본래 협동학습을 10년 가까이 교실로 끌어들여 현장에서 다양한 활동 및 연구를 해 왔다. 그런데 어느 순간 학생들이 협동학습 구조를 통해 활동하는 모습을 바라보니 그 모습이 마치 토의·토론 활동을 하고 있는 것과 유사하다는 것을 발견하게 되었다. 그 이후로 토의·토론 수업과 협동학습을 접목시키려고 많은 노력도 해 왔고, 긍정적인 부분도 많이 발견하였다. 따라서 여기에서는 토의·토론 활동과 협동학습이 접목될 수 있는 부분을 찾고, 이를 바탕으로 협동학습으로 토의·토론 수업하기에 대한 기틀을 마련하는 데 중점을 두어 이야기를 전개해 나가고자 한다.

2.1 협동학습과 토의·토론 수업

협동학습이란 학습자들이 공동의 학습목표를 달성하기 위해서 서로 도와 가면서 학습하는 구조를 말한다.[11] 협동학습은 모둠 구성원 간의 긍정적인 상호작용을 바탕으로 인지적 발달을 추구하는 것을 가장 큰 특징으로 하는데, 다양한 특징[12]들을 토의·토론 수업과 관련지어 좀 더 살펴보면 다음과 같다.

수업 목표가 구체적이고, 각 학습자의 목표 인식도가 높다.
토의·토론 수업에서도 목표가 구체적으로 제시되고, 목표 인식도 또한 매우 높다고 할 수 있다(문제 해결 및 대안 모색, 상대방 설득을 통한 합의 등)

11 일반적으로 협동학습은 수업방법으로 인식되고 있지만 필자는 협동학습에 대한 패러다임을 바꿀 것을 적극 권한다. 협동학습은 수업방법론이 아니라 학급운영론인 것이다. 그 이유는 필자가 쓴 『살아있는 협동학습』(이상우, 2009)을 참고하기 바란다.
12 이상우, 2009, pp. 44~48.

학습자 간에는 긍정적 상호의존성이 있다.

부족한 동료에 대한 도움 주고받기, 역지사지 정신, 승패가 있는 경우 이길 때도 배우지만 질 때도 배우는 것이 있다는 자세, 너그러운 승자와 명예로운 패자 되기, 상대방 의견 존중하기 등은 토의 · 토론 수업에서 나타나는 중요한 효과들이다.

대면적 상호작용이 있다.

토의 · 토론 수업은 문제 해결 혹은 상대방 설득을 위해 팀 구성원 및 상대방과 대면적 상호작용을 하지 않으면 활동 자체가 이루어질 수 없다.

개인적 책무성이 있다.

토의 · 토론 수업도 팀 구성원 모두가 자신에게 주어진 역할(주제에 집중한 대안 모색, 과제에 대한 책임, 토의 · 토론 활동에 적극 참여하여 자신의 생각과 의견 · 주장 등을 내놓아야 할 책임 등)을 책임감 있게 완수해 나갈 때 비로소 성공적인 활동이 될 수 있다.

과제를 세분화한다.

토의 · 토론 수업은 팀 구성원 모두가 과제를 나누어 맡는다. 그러기 위해서는 과제의 세분화가 필수적일 수밖에 없다.

모둠 목표가 분명하게 존재한다.

토의 · 토론 수업은 시작부터 팀의 목표(문제 해결 및 대안 모색, 상대방 설득을 통한 합의 등)가 분명하게 나타난다.

이질적인 모둠 구성을 원칙으로 한다.

토의 · 토론 수업도 이질 모둠 구성을 기본 바탕으로 한다. 토론 활동은 동질성이 강조된다고 생각하겠지만, 학교 현장에서의 수업 활동은 동질성 내에서 또 다른 이질성(혹은 이질성 내에서 또 다른 동질성)을 의도적으로 계획하여 구성할 수 있기 때문(토론 팀 구성에서 남녀 동수로 섞기, 팀 구성원을 상 · 중상 · 중하 · 하 수준으로 고르게 섞기 등)에 이질적인 모둠 구성을 원칙으로 한다고 봐도 무리가 없다.

모둠 과정을 매우 중시한다.

토의·토론 수업도 결과보다는 과정을 매우 중시한다. 왜냐하면 토의·토론 수업 자체가 과정이고, 결론이 났다고 해서 결코 끝나는 것이 아니기 때문이다. 또한 토의·토론 수업은 전 과정을 통해서 수업 목표를 달성해 나가는 고도의 교수-학습 방법이라 할 수 있기 때문에 과정 자체에 무게 중심을 많이 두고 있다.

성공의 기회가 분명하다.

토의·토론 수업은 모든 팀에서 나름대로의 대안이나 결론을 도출해 낼 수 있는 수준의 것을 학습 주제로 선택하기 때문에 성공의 기회가 분명하다고 할 수 있다. 설령 승패가 있는 경우 이길 때도 배우지만 질 때도 배우는 것이 있다는 것을, 전체적으로 정리하는 과정에서 교사가 강조해 줄 필요가 있다. (특히 수업에서 승패 자체는 그리 중요한 것이 아니라는 것!)

모둠의 단합을 강조한다.

토의·토론 수업은 과제의 세분화와 개인적 책무성을 기본 바탕으로 하기 때문에 모두가 성공의 기회를 자기들의 것으로 만들기 위해서 단합하지 않으면 안 된다는 사실을 깨닫게 된다.

동시다발적인 상호작용이 있다.

토의·토론 수업은 여기저기에서 동시에 이루어질 수 있다. 물론 청중을 앞에 놓고 이루어지는 패널 토론과 같은 것은 조금 다르지만 소집단 토론과 같은 활동은 교실 안에서 얼마든지 동시다발적으로 이루어질 수 있다.

사회적 기술을 직접 지도한다.

토의·토론 수업도 언어를 매개로 한 활동이면서 상대방에 대한 존중을 기본으로 하기 때문에 사회적 기술을 직접 지도하지 않으면 안 된다. 따라서 토의·토론 수업을 하기 전이나 도중, 마무리 단계에서 교사가 적극 개입하여 사회적 기술을 직접 지도, 조절, 주의, 경고, 조언하지 않으면 안 된다. 그리고 더 바람직한 방법은 토의·토론 수업을 할 때만 사회적 기술을 지도할 것이 아니라 학급운영 전 과정에 녹아 들어갈 수 있도록 지도하는 것으로서, 이렇게 하면 토의·토론 수업을 위해 따로 사회적 기술을 지도하지 않아도 된다는 장점이 있다.

2.2 토의 · 토론 수업과 협동학습

앞에서는 협동학습을 중심에 두고 토의 · 토론 수업에 대하여 간략히 살펴보았다. 여기에서는 토의 · 토론 수업을 중심에 두고, 그것이 협동학습과 어떤 관련을 맺고 있는지를 토의 · 토론 수업의 정의, 목적, 교육적 효과라는 측면에서 살펴보고자 한다.

가 토의 · 토론 수업의 정의 속에 나타난 협동학습과의 관련성

> 토의 · 토론 수업이란 교사가 그 당시까지 학습한 결과를 바탕으로 학급 구성원 간에 토의 · 토론 활동이 활발하게 일어나도록 하여 학생들끼리 서로 묻고 가르쳐 주고, 의견도 주고받고, 논쟁도 하면서 함께 학습한 내용과 도출된 결과나 합의된 대안에 대해 확신을 갖도록 하는 것.
>
> 협동학습이란 학습자들이 공동의 학습 목표를 달성하기 위해서 서로 도와 가면서 학습하는 구조.

위의 토의 · 토론 수업에 대한 정의를 살펴보면 협동학습의 정의와 큰 차이가 없다는 것을 느낄 수 있다. 협동학습에서 말하는 공동의 학습 목표가 토의 · 토론 수업에서는 문제 해결 방안 혹은 정반합 과정을 거치면서 어떤 결론을 도출해 내는 것으로 이해하면 무리가 없다. 또한 협동학습에서 서로 돕는다는 것이 토의 · 토론 수업에서는 서로 묻고 가르쳐 주고, 의견도 주고받고, 논쟁하면서 함께 학습한 내용과 결과에 대하여 확신을 갖도록 한다는 것으로 이해하면 될 것이다.

협동학습과 토의 · 토론 수업은 모두가 언어를 매개로 한 사회적 상호작용이 중심이 되는 활동이다.[13] 협동학습이나 토의 · 토론 수업을 할 때 학생들 간의 상호작용을 강조하면 그만큼 학습에 대한 학생들의 관심과 흥미를 높일 수 있고, 그에 따르는 학습 효과 또한 높일 수

---

13 '사회적'이란 구성원들 사이의 상호작용을 의미하는 것으로, 상호작용은 단순한 행동이나 표정을 주고받음으로 이루어지기도 하지만 주로 언어를 매개로 하여 일어나고 있다. 비고츠키는 이를 두고 상징적 상호작용이라 부르기도 하였다(이상우, 2009,

있다. 왜냐하면 언어를 매개로 한 상호작용이 많아질수록 그만큼 인지 발달과 지식 형성이 풍부해지고, 그 과정에서 자연스럽게 수업 목표를 달성할 수 있기 때문이다. 필자가 다년간 협동학습을 실천적으로 연구해 오면서 협동학습과 토의·토론 수업이 유사함을 느끼게 되었던 가장 핵심적인 부분도 바로 이 지점이다. 협동학습 활동을 해 나가는 학생들의 모습을 잘 관찰해 보면 학생들의 모습이 마치 토의·토론 활동을 하는 것처럼 보일 때가 많다는 것을 깨닫게 될 것이다.

한편 '사회적'이라는 말 속에는 협동학습과 토의·토론 수업에 참여하는 학생들 모두가 한 개인으로서 존재하는 것이 아니라 한 사회를 이루고 있는 공동체의 구성원이라는 의미, 학습 목표의 달성은 학습자와 교사를 포함한 모든 환경과의 상호작용을 통해 이루어진다는 의미, 그리고 사회적 상호작용을 통해 다루는 내용들은 사회적·문화적 맥락(학생들이 살고 있는 현실 속에서 직접 겪게 되는 삶의 이야기)과 깊은 관련이 있다는 의미가 함축되어 있다는 것을 알아둘 필요가 있다. 왜냐하면 수업 활동에서(특히 협동학습과 토의·토론 수업) 다루는 주제나 문제점, 갈등의 대부분은 오늘을 살아가고 있는 학생들이 직접 겪고 있는(혹은 앞으로 겪게 될) 현실적 삶(사회적 문제)과 직결되어 있기 때문이다.

나 토의·토론 수업의 목적에 나타난 협동학습과의 관련성

필자는 앞서서 토의·토론 수업의 목적 네 가지를 제시한 바 있다. 이를 바탕으로 협동학습과의 관련성을 하나씩 풀어 나가 보도록 하겠다.

목적 1 : 주제와 관련하여 많은 것을 알게 하고, 자신의 생각과 의견을 갖도록 하는 것

협동학습의 목적 또한 이와 무관하지 않다. 협동학습 속에서 학생들은 주제와 관련된 많은 것들을 먼저 생각하고 조사하고 정리한 뒤, 이를 바탕으로 자신의 생각과 의견을 만들어 다른 구성원들과 나누면서 많은 것을 알아 간다. 협동학습을 해 나가면서 학생들이 자신의 생각이나

p. 39). 그리고 사람들은 상징적 상호작용을 통해서 지식을 얻고 있고, 지식을 생산해 나가고 있다. 다시 말해서 지식이라는 것은 개인의 내부에서 만들어지는 것이기는 하지만 다른 구성원들과의 사회적 상호작용을 거쳐야만 비로소 만들어진다는 것이다(지식은 곧 사회적 상호작용의 산물이라는 의미). 이를 염두에 두고 바라본다면 학생들이 지식을 얻는 방법(학교에서 이루어지고 있는 교수-학습 활동 자체)도 사회적이어야 함이 마땅하다고 말할 수 있겠다. 이런 관점에서 바라볼 때 협동학습이나 토의·토론 수업은 충분히 사회적이라고 말할 수 있다.

의견을 갖고 있지 못하면 활동은 절대로 이루어질 수 없다. 때문에 협동학습을 할 때 모든 활동의 첫 순서로 '혼자 생각하기'라는 요소를 반드시 넣어야 한다고 필자는 매우 강조하고 또 강조하고 있다.[14] 결국 협동학습도 학생들의 인지적 발달과 성장을 돕기 위해 개별학습이나 경쟁학습의 대안으로 나타난 것이라는 점을 이해한다면 협동학습으로 토의·토론 활동이 충분히 가능하다는 것을 알 수 있다.

목적 2 : 수업 과정에서 모든 학생이 말할 기회를 가지고 자신의 생각을 발표하도록 하는 것

협동학습에는 밑바탕이 되는 기본 원리 네 가지가 있다.[15] 그 가운데 하나가 '동등한 참여'라는 것이다. 사회적 상호작용이라는 관점에서 사회적 구성원 모두가 동등하게 참여하여 말할 기회를 가지고, 자신의 생각을 말하며 그 결과로 어떤 합의나 결론에 이르게 된다면 소기의 목적은 달성한 것이라 봐도 될 것이다. 협동학습은 모두 자신의 생각과 의견을 갖는 것에 그치는 것이 아니라 밖으로 자신의 생각을 당당하게 드러내는 것을 매우 중요하게 여긴다. 이를 위해서 '동등한 참여'의 원칙은 필수적일 수밖에 없다고 본다면 협동학습으로 토의·토론 수업이 충분히 가능하다는 것을 알 수 있다.

목적 3 : 주제에 대한 진실에의 접근 및 이해의 폭과 깊이를 더할 수 있도록 하는 것

협동학습이나 토의·토론 수업이 학생들의 인지 발달에 효과가 있다는 것은 이미 입증된 바이다. 여기에는 동기론이나 인지론, 구성주의 등에 학문적 바탕을 두고 있기 때문이다. 이에 대해 간략히 소개하자면 다음과 같다.[16]

● **동기론** : 목표 동기가 협동적일 때 학생들은 긍정적인 상호작용을 극대화하는 노력을 하

---

14 Kagan은 협동학습에서 말하는 구조를 이루는 세 가지 요소를 '미시적 구조'라 이름 붙이고, 그에 대하여 "개인, 짝, 그룹(3인 이상)"이라고 소개하였다(Kagan, 1999, pp. 86~87). 협동학습 구조는 이 세 가지 요소가 유기적으로 결합하여 만들어진 것인데, 여기에서 잊지 말아야 할 것 한 가지는 '혼자 생각하기(개인)' 요소는 모든 구조 활동을 해 나갈 때 가장 먼저 하지 않으면 안 된다는 것이다. 왜냐하면 어떤 과제나 질문에 대하여 생각할 시간도 없이 바로 활동에 들어가면 어떻게 말하고 활동해야 할지 몰라서 상호작용 없이 우왕좌왕하고 시간만 보낼 가능성이 많기 때문이다(이상우, 2009, p. 107).

15 협동학습의 네 가지 기본 원리▶[① 긍정적인 상호의존, ② 개인적인 책임, ③ 동시다발적인 상호작용, ④ 동등한 참여] 여기에서 동등한 참여가 강조되는 이유로 필자는 "학생들의 참여를 통해 생산된 다양한 의견이나 생각들이 수업의 소중한 학습 자료원이 되기 때문"이라 판단한다.

16 이상우, 2009, pp. 34~40.

며, 그 과정 속에서 긍정적인 태도를 형성하게 되고, 그 결과 학업 성취도(관련 주제에 대한 이해의 폭과 깊이)까지도 높아지게 된다.

● **인지론** : 인지발달론과 인지정교화론으로 나뉘는데, 인지발달론에서는 학생들의 긍정적인 상호작용이 그들의 지적 능력을 향상시킨다고 주장하고 있고, 인지정교화론에서는 어떤 정보를 암기하거나 이미 가지고 있는 정보와 관련시켜서 그 정보자료를 인지적으로 재조직하거나 정교화할 때 학습 효과가 가장 크다고 주장하고 있다(예를 들면, 다른 사람에게 자신이 알고 있는 것을 설명해 주는 경험을 할 때 그 내용을 더 잘 이해하고 오래 기억하게 된다는 것).

● **구성주의** : 고급사고력을 지닌 학습자를 기르고, 자기주도적 학습이라는 관점에서 학습자들에게 많은 자율성과 선택권을 주며 그들의 목소리와 요구, 흥미와 관심에 가치를 두어야 한다는 시대적 요구를 이론적으로 뒷받침하는 학습이론으로, 여기에서 강조되는 것 가운데 '근접 발달 영역'과 '비계'라는 것이 있다.

목적 4 : 수업을 통해 탐구력, 창의적 문제해결력, 비판적 사고력, 합리적 의사결정력 등을 신장시키려는 것(고등 정신 기능)

앞서서 언급한 바와 같이 이들을 모두 고등 정신 기능 혹은 고급사고력이라고 말한다. 협동학습의 주된 목적은 고급사고력 신장에 있다고 해도 과언이 아니다.

고급사고력은 지식의 습득과 이해를 바탕으로 한 적용, 분석, 종합, 평가 등과 관련이 있는데, 교실에서 학생들이 주어진 과제에 대해 협동적으로 해결해 나가는 과정을 살펴보면 그러한 기능들을 수행해 나가고 있다는 점을 알 수 있게 된다(협동학습은 집단과정을 통해 다양한 구성원들이 자신의 생각과 의견 또는 주장을 표현하고, 토의·토론한 뒤 이를 바탕으로 소집단 의사를 합리적으로 결정하고 합의하는 경험을 학생들에게 가져다준다). 또한 구조 중심 협동학습은 크게 암기숙달, 사고력 신장, 정보 교환, 의사소통 기술(의사결정 포함)의 네 가지로 나뉘는데,[17] 그 가운데 사고력 신장 구조는 고급사고력 신장 면에서, 의사소통 기술 구조는 토의·토론 활동을 위한 의사소통 능력 향상 및 바람직한 태도 형성과 사회적 기술 면에서 토의·토론 수업과 깊은 관련이 있다. 구조 중심 협동학습을 처음으로 시작한 Kagan의 말을 빌려 보면 다음과 같다.[18]

"교육의 성공이라는 것에 대하여 '정보를 기억하는 양이 아닌 좀 더 넓은 의미의 문제 만들기, 종합, 분류, 재분류, 평가, 적용하는 능력'으로 정의하는 추세가 많은 설득력을 얻고 있다. 즉 정보의 내용 그 자체보다는 사고력이 우선시되고 있다는 것을 보여 주는 것이다. 정보의 분류 능력은 정보화 시대의 필수 도구가 되었다. 정보의 내용은 그다음이다. 그런데 이를 가능하게 만드는 보다 더 중요한 힘이 바로 사고력이다. 그래서 교실에서도 사고력 신장을 위한 학습 구조가 꼭 필요한 것이다."

17 Kagan이 말한 구조 네 가지를 간략히 소개하면 다음과 같다(Kagan, 1999, pp. 187~295).
  ① 암기숙달 구조 : 학습한 내용을 충분히 익히고, 숙달하게 하여 완벽하게 암기할 수 있도록 도와주는 구조
  ② 정보교환 구조 : 개인이나 집단이 가지고 있는 지식이나 정보를 서로 나누고 공유할 수 있도록 하고, 더 나아가 시너지를 느낄 수 있도록 도와주는 구조
  ③ 사고력 신장 구조 : 고차원적인 사고력을 기르기 위해 학습자 간에 활발한 상호작용을 일으켜 통합적으로 사고할 수 있도록 도와주는 구조
  ④ 의사소통 기술 구조 : 동료들의 생각을 토대로 무엇인가를 발전시키거나 있는 그대로 인정하고 받아들일 수 있도록 도와주는 구조
18 Kagan, 1999, pp. 216~217.

Kagan이 말하는 사고력 신장 학습 구조 여섯 가지

(1) 생산적·반성적 사고 : 사고 및 반성 능력을 신장시키는 구조

(2) 관계적 사고 : 정보들 간의 관계를 탐구하는 구조

(3) 분석적 사고 : 복잡한 전체를 분석하고, 그 구성요소를 검토하는 구조

(4) 개념의 획득과 응용 : 특정 사실에서 일반적인 법칙과 개념을 추출하거나 일반 법칙을 특정한 상황에 적용할 수 있도록 하는 구조

(5) 분류 : 특정한 예들을 종류에 따라 분류할 수 있도록 해 주는 구조

(6) 문제 만들기와 답하기 : 일정 사고 범위에서 질문을 만들거나 대답하는 구조

　살펴본 바와 같이 사고력 신장, 의사소통 기술 구조가 있다는 것은 협동학습으로 충분히 토의·토론 수업이 가능하다는 것을 입증해 주는 것이라 할 수 있다.

다　토의·토론 수업의 교육적 효과 속에 나타난 협동학습과의 관련성

필자가 앞서 제시한 토의·토론 수업의 교육적 효과와 비교해 볼 수 있는 협동학습의 교육적 효과[19]를 살펴보면 다음과 같다.

토의·토론 수업의 교육적 효과	협동학습의 교육적 효과
① 사회현상을 바라보는 안목과 문제의식 배양	① 학생들이 수업시간에 주인 되기(즐거운 수업)
② 민주시민의식 함양	② 타인을 배려하는 태도 기르기
③ 학습 능력 및 고등 정신 능력의 개발	③ 고급사고력 신장
④ 도덕적 가치와 태도의 변화를 통한 개인과 집단의 성장	④ 원만한 대인관계 유지
⑤ 의사 표현 능력 신장	⑤ 지적 모험을 할 수 있는 기회 제공
⑥ 수업에 대한 흥미 및 참여도 증가	⑥ 긍정적 자아개념과 강한 소속감 형성
⑦ 비교적 높은 학습 효과(학업 성취 등)	⑦ 자기주도적 학습에 도움
⑧ 사회적 기술 습득	⑧ 학습에 대한 높은 만족도

앞의 표에서 보는 바와 같이 두 가지 교육적 효과(장점)는 거의 같다는 것을 알 수 있다(토의 · 토론 수업의 교육적 효과 속에 있는 '사회현상을 바라보는 안목과 문제의식 배양'도 협동학습의 교육적 효과 속에는 고스란히 녹아들어 있다고 봐야 한다. 왜냐하면 협동학습도 학생들이 살아가는 오늘날의 사회적 현상과 문제들을 주된 학습 주제로 삼기 때문이다. 또한 '의사표현 능력 신장'이라는 토의 · 토론 수업의 교육적 효과도 협동학습에서는 자연스럽게 달성될 수 있다. 왜냐하면 협동학습은 기본적으로 언어적 상호작용을 매개로 하고 있으며, 구성원 모두가 동등하게 참여하여 자신의 생각과 의견을 반드시 내놓을 수 있도록 구조화시키고 있기 때문이다).[20]

지금까지 협동학습과 토의 · 토론 수업과의 비교를 통해서 두 가지가 서로 유사한 점을 많이 갖고 있다는 점을 살펴보았고, 이를 통해서 협동학습으로 토의 · 토론 수업이 충분히 가능하다는 것도 알게 되었다. 물론 협동학습과 토의 · 토론 수업은 분명히 큰 차이점도 갖고 있다(예 : 토의 · 토론의 다양한 형태, 토의 · 토론 규칙이나 원칙, 활용되는 영역 등). 하지만 다양한 토의 · 토론 활동의 각 단계를 세세하게 나누어 분석해 보면 각 단계마다 협동학습 구조를 적용하여 활동이 가능하다는 점을 우리는 알 수 있게 된다(예 : 모든 과정에서 자신의 의견을 말할 때 '말하기 카드' 활용하기, '다시 말하기 카드' 활용하기, 돌아가며 말하기, 번호순으로 말하

---

19 협동학습의 장점(교육적 효과)에 대한 자세한 내용은 이상우, 2009, pp. 53~58; 정문성, 2002, pp. 52~57; Kagan, 1998, pp. 18~57을 참고하기 바란다.

인지적, 정의적, 사회적 기술적 측면으로 나누어 해석을 해 보면 다음과 같다.

(1) 인지적 측면에서의 효과 : 고급사고력 신장, 사고의 폭과 깊이 확대, 지적 성장과 발달(양적인 면과 질적인 면 모두) 및 그 활용능력 신장(학습능력 향상)

(2) 정의적 측면에서의 효과 : 수업 참여도 향상(흥미, 동기), 학습태도의 긍정적 변화, 자신의 경험을 배움의 소중한 기회로 인식, 도덕적 가치와 태도의 변화, 민주시민의식 발달

(3) 사회적 기술 측면 : 사회적 기술의 향상(의사소통 능력, 수용 능력, 배려, 존중, 경청 등)

20 산업사회에서는 물건의 생산과 소비가 경제의 중심이었지만 포스트산업사회(이런 흐름을 포스트모더니즘이라 한다)에서는 정보나 지식의 교환과 대인 서비스 제공이 경제활동의 중심이 된다. 그래서 포스트산업사회를 지식정보화사회라고도 한다. 이런 사회에서는 물건의 생산과 소비 대신 지식의 창조와 교류가 경제의 중심이 된다. 그렇다면 교육도 그에 맞게 변화를 주어야 한다. 산업사회에서는 일방적 주입식 · 암기식 교육이 개인과 경제와 국가의 발전에 도움을 줄 수 있었겠지만 포스트산업사회에서는 지식의 고도화와 복잡성에 대응할 수 있는 질 높은 배움을 실현할 수 있는 교육, 새로운 지식과 정보의 창출 및 학생들의 다양성과 상상력이 발현될 수 있는 교육, 자율성과 인간관계능력 향상에 도움을 줄 수 있는 교육이 필요하다. 그리고 그런 교육은 주로 협동적 활동에 의한 토의 · 토론, 문제해결 수업, 프로젝트 수업 등을 필요로 한다.

기, 인터뷰하기, 생각 내놓기 등). 이처럼 협동학습은 어떤 과정에서든지 어떤 내용이라도 담을 수 있는 훌륭한 그릇이자 틀로서 발전된 학문이며 실천을 바탕으로 한 이론이라는 것을 꼭 알아 두었으면 한다.

　필자가 이 장에서 마지막으로 하고 싶은 말이 있다. 토의·토론이라는 수업을 어렵게 생각하면 끝이 없다. 하지만 쉽게 생각하면 무척 손쉽게 교실 현장으로 끌어들일 수 있는 것이기도 하다. 토의·토론 수업을 보다 쉽게 이해하기 위해서는 토의·토론 수업과 일반적으로 이루어지고 있는 토의·토론과의 차이점을 분명히 이해하고, 잘못 이해하고 있었던 개념을 수정하고, 토의·토론이라는 수업을 '토의·토론 대회'를 한다는 것에 한정 짓거나 그와 비슷한 형태(꼭 찬반으로 갈려서 대립된 양상을 보이도록 하거나 서로 다른 의견을 가진 대표자—패널을 선정해서 논쟁을 벌이는 것)로 해야만 토의·토론 수업을 제대로 하고 있는 것이라 생각하지 말기를 강력하게 부탁하고 싶다. 이렇게 토의·토론 수업에 대한 상을 유연하게 가져 갈 수 있다면 협동학습으로 '토의·토론 수업하기'는 얼마든지 가능하다는 것을 깨달을 수 있으며, 그동안 어렵게만 느껴졌던 토의·토론 수업이 어느 순간에 가깝게 여겨지고 손쉽게 해 나갈 수 있는 것으로 인식되어 교수—학습 활동이 보다 내실 있고 윤택해져 아이들도 신나고 선생님도 신나는 교실이 만들어질 것이라 믿어 의심치 않는다.

　물론 오해는 없기 바란다. 협동학습도 결코 쉽지만은 않다는 점, 그리고 협동학습도 그 진가를 깨달으려면 단순히 수업 기법이나 방법론으로 인식해서는 안 된다는 점, 협동학습의 진정한 가치는 학급운영이라는 관점에서 바라볼 때 비로소 느낄 수 있다는 점, 그래서 그 길은 매우 어렵고 길고 험난한 길이라는 점을 필자는 강조하는 바이다. 부디 이 책의 제목이 "협동학습으로 토의·토론 달인 되기"라고 하여 협동학습을 수업 방법론 정도로 가벼이 여기고 있다고 생각하지 않기를 바란다(이상우, 2009, 『살아있는 협동학습』 참고).

　끝으로 필자는 협동학습에 대한 올바른 이해와 연구하려는 노력 없이 여기에서 제시하는 기법과 같은 요소만 받아들여 수업방법으로만 활용하려고 하시는 분들에게 협동학습에 대한 이해와 깊이를 더할 것을 권하고 싶다.

제 **2** 부

협동학습으로 토의·토론 준비하기

평범한 교사는 학생들에게 지식을 가르치려 말을 한다.

좋은 교사는 학생들의 이해를 돕기 위해 설명을 한다.

뛰어난 교사는 학생들의 교육을 위해 몸으로 시범을 보인다.

훌륭한 교사는 학생들의 배움을 위해 토의·토론의 장을 제공한다.

협동학습에 대한 이해

03장

협동학습으로 토의·토론 수업을 하기 위해서는 적어도 협동학습에 대한 올바른 이해가 밑바탕이 되어 있지 않으면 안 된다. 왜냐하면 지금의 교육 현장 안에서는 협동학습을 한다고 하면서 겉모습만 번지르르한 협동학습, 껍데기뿐인 협동학습을 하고 있는 모습들이 너무나도 많이 보이기 때문이다. 하지만 여기에서 협동학습에 대한 모든 것을 논하기에는 무리가 있는 만큼, 가장 핵심적인 부분만을 추리고 또 추려서 안내해 보고자 한다. 협동학습에 대한 철학적·학문적·실제적 이해가 필요하신 분들은 안내하는 협동학습 서적을 읽어 보기 바란다.[1]

1 살아있는 협동학습(이상우, 2009); 협동학습과 탐구(이종일 외, 2008); 협동학습(Kagan, 1999); 협동학습의 이해와 실천(정문성, 2002)

협동학습에 대한 기본 이해

협동학습은 학생들 간의 협동적인 상호작용을 통해 학습의 효과를 극대화하고자 하는 학습 구조의 한 가지로서, 흔히 알고 있는 것처럼 단순히 4명으로 구성된 모둠을 만들어 놓고, 서로 의견을 주고받는 정도의 활동을 시키면 협동학습을 하고 있는 것이라 말하고, 믿고 있는 정도의 것과는 매우 거리가 멀다. 왜냐하면 협동학습을 통해서 학습자의 인지 구조에 질적인 변화가 나타났을 때 비로소 협동학습을 했다고 볼 수 있기 때문이다.

　이런 협동학습은 모둠원 모두가 공동의 목표를 갖는다는 점, 구성원 모두가 평등한 관계를 유지한다는 점, 개인적인 책임이 매우 강조된다는 점, 긍정적인 상호의존을 경험하게 된다는 점, 과정 및 결과 모두에 공동 책임을 진다는 점에서 다른 학습 구조와 구별된다. 이러한 협동학습의 특징과 효과에 대해서는 1부에서 이미 살펴본 바가 있으므로 여기에서는 다른 이야기로 넘어가 보도록 하겠다.

1.1 협동학습의 중요성

사람들은 언어를 매개로 한 사회적 상호작용을 통해 의미를 구성(지식의 습득)해 나간다. 협동학습은 이런 인식을 바탕으로 학습도 학교라는 환경 속에서 이루어지는 상호작용의 한 측면이라는 점을 강조하고 있다. 비고츠키가 말하는 근접 발달 영역이라는 개념에서 이해할 수 있듯이 학생들은 상호작용을 통해 새로운 것을 배워 나간다. 이런 측면에서 본다면 오늘날 학교 현장에서 협동학습은 필수적인 것이라 할 수 있다.

　협동이라는 행위를 통해 언어의 습득과 인지 구조를 변화시켜 나가는 과정을 한 개인의 내적인 측면과 사회적인 측면으로 나누어 살펴보면 다음과 같다.

개인의 내적인 측면	지식을 습득해 나가는 개인 내부의 인지 구조 변화에 초점을 두고 있다.
사회적인 측면	개인 간의 사회적 상호작용이 개인의 인지 구조 변화에 미치는 영향에 초점을 두고 있다.

오늘날 협동학습이 많은 장점을 갖고 있음에도 불구하고 교사의 치밀한 계획과 준비가 부족하거나 학생들의 협동하는 능력이 부족하거나 학생 개개인이 개인적 책무성을 소홀히 한다든가 개인적 책임을 제대로 수행하지 못하는 상황이 발생한다면 실패할 수밖에 없다는 큰 단점을 갖고 있다. 제대로 된 협동학습을 위해 교사와 학생 모두가 많은 시간과 노력을 투자하지 않으면 안 되는 만큼 협동학습은 교사나 학생 모두에게 부담이 되는 학습 구조라는 것, 그래서 신중한 접근과 적용을 필요로 한다는 것을 깨달을 필요가 있다.

1.2 협동학습의 바른 적용을 위해 살펴야 할 필수 요소

협동학습을 처음 접한 교사들은 협동학습의 매력에 쉽게 빠져든다. 그럴 수밖에 없다. 왜냐하면 소위 말하는 협동학습 구조(창문 열기, 3단계 인터뷰 등)라는 다양한 형태의 모형(구조 중심 협동학습을 처음 시작한 Kagan은 구조를 모형이라 불렀다)을 접하면서 거의 대부분의 교사들이 "수업 방법의 갈증 해소를 위해 꼭 필요한 연수였습니다."라는 반응을 보이면서 그것들을 다양한 형태의 수업 기법(수업 방법)으로 인식하여 받아들이기 때문이다. 하지만 학교로 돌아가 막상 실천해 나가려면 여기저기에서 들어오는 도전과 압박에 어려움을 느끼기 시작하고, 그러다가 얼마 지나지 않아 예전 모습으로 돌아가 버리는 것이 일반적이다. 그게 아니면 그냥 모둠을 구성하고 형식적으로만(협동학습 구조가 갖고 있는 절차적 틀) 적용해 나가면서 협동학습을 한다고 말하거나, 거의 모든 수업을 협동학습으로 해 보려고 하는 모습 또는 그 반대의 모습(어쩌다가 한두 번 사용하는 모습)을 보이기도 한다. 따라서 이런 상황을 극복하기 위해 꼭 필요한 것들을 몇 가지만 살펴보겠다.

가 협동학습의 적용이 가장 효과적인지를 살핀다.

협동학습은 모든 교과, 모든 영역에서 적용이 가능하다. 다만 협동적 상호작용을 통해 학습 효과를 극대화시킬 수 있는 경우에만 적용해야만 한다는 점을 잊어서는 안 된다. 협동학습보다 더 효과적인 학습 구조(개별식, 경쟁식, 강의식 구조)나 수업 모형이 있음에도 불구하고 협동학습으로만 수업을 해 보려 하는 것은 협동학습을 위한 협동학습일 뿐이다. 협동학습은 다른 학습 구조나 수업 모형에 비하여 시간과 많은 노력을 필요로 하는 만큼 학습 과제나 문제 해결에 협동적 상호작용이 꼭 필요한 상황이나 교과서 내용의 재구성을 통해 그런 상황을 만들어 적용하는 것이 좋다.

나 학급 환경이나 분위기가 협동학습에 적합한지를 살핀다.

협동학습의 밑바탕에는 상호존중과 신뢰가 깔려 있다. 그런데 학급 환경이나 분위기가 경쟁적 상황으로 흘러간다면 그런 교실에서 이루어지는 협동학습은 무늬만 협동학습일 가능성이 크다. 협동과 경쟁은 극과 극이기 때문이다. 따라서 학급운영의 목표 자체를 '협동'이라는 것에 두고 교실의 모든 환경과 분위기를 그에 맞게 가져가는 일에 최선을 다하는 일은 꼭 필요하다.

다 여유를 가지고 협동학습을 운영하도록 한다.

교사와 학생 모두 대체로 협동학습에 익숙하지 못하다. 왜냐하면 교사도 경쟁적 상황 속에서 잘 살아남은 사람 가운데 대표적인 존재이고, 학생들도 지금까지 경쟁적 상황에 내몰리면서 어떻게 말하고 행동하고 상호작용하는 것이 협동적인 것인지 잘 알지 못하는 것이 지금의 현실이기 때문이다. 그런 가운데 교사가 단순히 협동적으로 과제를 해결하라고 해서 학생들이 쉽게 따를 것이라 믿는 교사가 있다면 어리석은 생각이 아닐 수 없다. 이를 극복하기 위해서는 교사 자신이 먼저 "우리 사회는 협동사회이다."라는 시각을 가지고, 교육 및 학급운영에 대한 철학과 목표를 그에 맞추어 계획하고 실천하고 피드백해 나가야만 한다. 그러면서 익숙하지 않은 협동학습에 적응하기 위한 시간적 여유를 충분히 가지고 천천히, 쉬운 구조나 모형부터 적용해 나가야 한다. 그와 함께 학년 초기부터 사회적 기술의 필요성과 중요성을 학생과 교사가 모두 깨닫고 이것이 몸에 밸 수 있도록 수시로 지도하고, 실천해 나가야 한다.

라 교사가 협동학습 전 과정을 확실히 이해하고 있어야 한다.

어떤 수업이든 교사가 교수–학습 활동의 전 과정을 확실하게 이해하지 못하면 실패할 수밖에 없는 일이다. 가끔 보면 "협동학습을 하면 교사가 너무 편해요."라고 말하고 다니는 교사들이 있다. 필자가 10년 가까이 협동학습을 적극적으로 적용해 오면서 하루도 편한 기억은 없었다. 교사가 너무 편하다고 말하는 교사들은 아마도 학생들에게 과제를 부여해 놓고 방관하다시피 수업을 진행하거나 다른 업무나 다른 일을 해 나가거나 하면서 그렇게 말할 가능성이 농후하다. 이렇게 해서는 협동학습이 추구하는 목적을 달성하기 어렵다. 그것은 협동학습이 아니다.

제대로 된 협동학습을 하기 위해서는 교사가 수업 활동에 대한 그림을 충분히 그려 놓고, 어떤 단계에, 어떤 곳에서 적절한 안내와 지도·개입이 필요한지를 계획하고 살피면서 지속적으로 관찰·상담·평가·피드백해 나가야만 한다.

마 내용(단원, 차시, 주제, 학습 목표 등)이 학생들 간의 협동적 상호작용을 필요로 하는 것이어야 한다.

가끔 보면 협동학습으로 꼭 하지 않아도 될 내용이나 주제를 가지고 협동학습을 해 나가는 경우를 보게 된다. 협동학습을 했다고 해서 학생들에게 '배움'이 일어나는 것은 분명 아니다. 반드시 협동학습을 통해서 학생들이 배워 익히고 알게 된 것이 있어야 하며 그를 통해 학생들에게 어떤 변화(인지적인 면이나 정의적인 면에서)가 일어나야만 제대로 된 협동학습을 했다고 말할 수 있다. 따라서 협동학습을 하기 전에 반드시 "이 내용을 꼭 협동학습에 담아야 할 것인가?, 협동학습에 담기 좋은 내용인가?"를 먼저 살피고 고민하는 일이 필요하다.

바 시간적 융통성을 갖는다.

협동학습에는 두 가지 큰 흐름이 있다. 구조 중심 협동학습과 모형 중심 협동학습이 그것이다. 현재 우리나라에는 구조 중심 협동학습이 주를 이루고 있는데, 그 이유는 교과서 내용이나 수업 시간의 융통성, 교육 과정의 중앙 집권화, 학교 교육과정 편성 등 여러 가지 면에서 협동학습 모형의 적용을 통한 활동이 쉽지 않게 여겨지고 있는 반면, 구조 중심 협동학습은 수업 시간 40분 가운데 10분 혹은 15분 정도의 짧은 시간만으로도 적용이 가능하며, 100여 가지에 이르는 다양한 구조가 개발·보급되어 있어서 교수–학습 활동이 다양하게 이루어질 수 있기 때문이다. 하지만 그렇다고 해서 모든 구조 중심 협동학습이 40분 안에 끝나야만 한다는 고정관념은 바람직하지 않다. 협동학습은 분명 많은 시간과 노력을 필요로 하기 때문에 어떤 경우에는 두 차시 이상 운영해 나가거나 경우에 따라서는 며칠이나 몇 주에 걸쳐 진행해야 하는 상황도 있을 수 있다는 점을 잊어서는 안 된다(필자는 교과서 내용의 재구성을 많이 하는 편인데, 이럴 경우 대부분은 한두 차시에 끝나는 경우가 드물다).

이 책에서 논하고자 하는 '협동학습으로 토의·토론하기'도 여기에서 말한 여섯 가지(토의·토론 수업에서 협동학습의 필요성, 토의·토론 수업을 위한 학급의 모든 분위기, 토의·

토론 수업을 위한 여유, 토의·토론 수업 전 과정에 대한 교사의 이해와 전문성, 학습 주제나 문제가 토의·토론 활동을 꼭 필요로 하는가에 대한 교사의 판단과 확신, 토의·토론 수업을 위한 시간적 융통성) 요소를 벗어나서 이루어질 수는 없다. 자세히 살펴보면 더 많은 이야기들이 이루어질 수 있겠지만 이 여섯 가지 요소만이라도 잘 기억하고 주의를 기울인다면 훌륭한 협동학습, 훌륭한 토의·토론 수업이 될 수 있을 것이라 확신한다.

필자가 걱정하는 것 한 가지

이 글을 쓰면서도 걱정되는 것 한 가지가 있다. 협동학습에 대한 전문성이나 정확한 이해와 지식도 없이 뒤에서 전개되는 '협동학습으로 토의·토론하기'의 실제 사례만 가져다가 그대로 적용하려고 하는 분들이 분명 있을 것이라는 점이 바로 그것이다. 협동학습은 그런 분들에게 결코 자신을 내어주지 않는다. 이것은 진리이다. 어떤 학문이 쉽게 자신의 자리를 내준다면 그것은 학문이라 말할 수 없다는 것이 필자의 생각이다. 부디 협동학습에 대한 깊은 이해와 지식을 바탕으로 이 책을 바라봐 줄 것, 부족하다면 협동학습 공부를 먼저 해 줄 것을 당부하는 바이다.

1.3 학급운영과 협동학습, 그리고 토의·토론

'협동학습으로 토의·토론하기'를 논하면서 왜 학급운영을 이야기하는가에 대하여 의문을 제시할 분들이 많을 것이다. 그에 대한 답을 핵심적인 부분만 짚어 가면서 제시해 보고 넘어가도록 하겠다.

가 협동학습에서 말하는 '협동'은 수단이나 방법일 수 없다.

협동학습에 접근하는 대부분의 교사들은 협동학습을 '수업 내용을 전달하는 수단이나 방법'으로 인식하고 있다. 그러나 '협동'이라는 것이 결코 수단이나 방법이어서는 안 된다는 것이 필자의 생각이다. 그렇게 된다면 목적을 달성했을 때 그 수단이나 방법이 무의미해지는데, '협동'이라는 것이 그렇게 쉽게 생각할 것은 아니지 않은가. '협동'이라는 것은 원리이자 목적 그 자체여야 한다고 필자는 강력히 말하고 싶다.

나 '협동'이라는 것이 원리이자 목적 그 자체가 되어야 한다면 교실 속에서 그 의미가 실현되는 과정이 곧 학급운영인 것이다.

학급운영에는 교사 나름대로의 경영 철학과 목표가 존재한다. 협동학습은 분명히 그와 궁합이 맞아야 한다. "최고가 되라!"는 식의 1등 지상주의를 꿈꾸는 교실에서 '협동'이라는 철학과 '협동학습'이 제대로 실현될 수는 없는 일이다. 그렇게 본다면 협동학습도 학급운영의 입장에서 바라보지 않으면 안 될 것이라는 필자의 생각에 충분히 동의할 만하지 않겠는가.

다 협동학습은 학급운영론임에 틀림이 없다.

학급운영 차원에서 협동학습을 바라본다면 학급운영론으로 바라볼 수밖에 없고, 그렇게 볼 때 '협동적 학급운영'을 상위 개념으로 놓고 이를 '시스템 학급운영'이라 이름 붙인다면, 협동적 학급운영을 가능하게 하는 학급운영 시스템은 곧 '협동학습'이라는 것이 필자의 주장이다.[2]

라 학급운영 속에는 두 개의 큰 축이 존재한다.

보통 학급운영이라 말하면 행사나 생활지도 등을 먼저 떠올린다. 그에 반하여 교수–학습 활동을 1순위로 떠올리는 교사는 거의 없다. 그 지점에서 학급운영에 대한 오해가 생겨나고 있는 것이다. 학급운영에는 두 개의 큰 축이 존재한다. 하나는 '학급 활동(수업 이외의 모든 활동)'이고 다른 하나는 '교수–학습 활동'이다. 이 두 가지가 하나의 목표를 향해서 일관성 있게 추진되어 나가야만 비로소 학급운영 목표에 도달할 수 있게 된다. 다시 말해서 수업도 학급운영 속에 포함되는 하위 개념인 것이다.

2 이에 대한 자세한 내용은 『살아있는 협동학습』(이상우, 2009)에 안내되어 있다.

마 **통합적 학급운영이 필요하다.**

학급운영의 두 가지 축인 학급 활동과 교수-학습 활동을 별개의 것으로 여길 것이 아니라 하나라는 생각으로, 학급 활동을 통해 교수-학습 활동의 목표를 달성할 수 있고, 교수-학습 활동을 통해 학급 활동의 목표를 달성할 수도 있다는 통합적 사고를 바탕으로 두 개의 축이 학급운영 목표라는 큰 틀을 향하여 나아갈 수 있도록 학급을 운영해 나가는 자세가 필요하다. 공동체적 삶을 추구하는 학급 활동과 객관적 지식의 암기 및 경쟁적 활동과 줄 세우기식 평가를 바탕으로 한 교수-학습 활동이 동시에 공존하는 학급이나 교수-학습 활동과 학급 활동을 별개의 것으로 놓고 따로 구분 지으려는 학급에서는 바람직한 모습의 통합적 학급운영(진정한 협동적 학급운영)이 불가능하다는 사실을 결코 잊어서는 안 된다.

바 **통합적 학급운영의 목표가 '협동 — 다 함께 잘 살기'여야 한다.**

교사들 모두에게는 나름대로의 학급운영 목표가 존재한다. 그 목표가 '협동'이라는 것과 맞아떨어지지 않으면 협동학습(협동적 학급운영)은 절대로 성공할 수가 없다. 학급 활동과 교수-학습 활동 모두가 '협동 — 다 함께 잘 살기'라는 목표 아래 일관성 있게 이루어질 때 목표를 달성할 가능성이 높아진다.

사 **'토의·토론'도 협동적 학급운영을 위한 하나의 수단일 뿐이다.**

학교 현장에서 이루어지는 다양한 형태의 토의·토론 활동이나 수업은 토의·토론을 한다는 것 자체가 목적은 아니다. 분명 수업 목적을 달성하기 위한 수단으로서 토의·토론을 활용하고 있는 것이다. 결국 토의·토론 활동은 그 자체가 가진 교육적 목표 및 효과나 학문적 바탕을 근거로 바라볼 때 교실을 협동적으로 만들어 나가는 데 꼭 필요한 수단이자 방법이라 말할 수 있다. 또한 협동학습과 유사한 점이 많다는 면에서도 이 점은 충분히 짐작할 수 있는 사실이다(협동학습 구조도 마찬가지다. 많은 교사들이 협동학습 구조만 바라보고 협동학습을 공부하려고 하는데, 구조는 협동학습이라는 학문의 극히 일부일 뿐이다. 그리고 그 구조들은 협동적으로 학급운영을 해 나가는 과정에서 목표를 이루기 위한 하나의 보조적이면서도 아주 효과적인 수단일 뿐이지 그 자체가 목적은 아니다. 구조만 가지고 학급을 협동적으로 만들어 나갈 수는 없다. 구조만을 바라보고, 구조만을 적용하면서 협동학습을 한다는 것은 결코 협동학습이라 말할 수 없는 일이다).

2 협동적 학급운영을 위한 열 가지 열쇠

토의·토론 수업도 학급운영 과정 중 하나(수업은 학급운영의 커다란 축)라는 관점을 가지고 볼 때, 토의·토론 활동 자체도 협동적 학급운영이라는 큰 틀 속에서 바라보는 것이 바람직하다는 결론에 도달하게 된다. 이에 따라 토의·토론 활동이 협동적 학급운영 과정 속에 자연스럽게 녹아 들어갈 수 있도록 하기 위해 꼭 필요한 것 몇 가지가 있는데 이를 열 가지로 나누어 살펴보면 다음과 같다.[3]

✫ 열쇠 ❶ : 교사의 철학

진정한 협동적 학급운영을 원한다면 교사 자신부터 '협동'이라는 낱말 속에 담긴 철학으로 철저하게 무장하고, 삶의 전 과정을 통해 그 자세를 실천해 나갈 수 있어야 한다. 교사가 세상을 경쟁적 시각으로 바라본다면 협동적 학급운영은 불가능할 수밖에 없는 일이다. 학교에서 협동적 자세와 마음이 가장 부족한 사람이 바로 '교사 자신'이라는 필자의 견해에 대해 곰곰이 생각해 보기 바란다.

☞ 토의·토론 수업에도 교사의 철학은 필요하다. 단순히 해결방안을 모색하고, 찬반으로 나누어 논쟁을 벌이는 것만으로는 부족하다. 왜냐하면 현실의 문제를 주로 다루는 토의·토론 수업은 유목적적이기도 하지만, 그 활동 안에서 분명히 '가치'의 문제를 다루고 있으며, 때로는 그들끼리 충돌하는 문제가 발생하는 경우도 많기 때문이다. 따라서 수업을 통해 학생들이 어떤 방향성을 추구해 나가야 할 것인가에 대한 중심은 분명히 필요한 것이고, 이는 교사가 가지고 있는 철학에 따라 많이 달라질 수 있을 것이다. 그렇게 볼 때, '협동'이라는 철학은 우리 사회에서 볼 때 전통적으로도, 현실적으로도 큰 거부감이

---

3 이에 대한 자세한 내용은 『살아있는 협동학습』(이상우, 2009)을 참고하기 바란다.

없는 것이기도 하거니와 오늘날 우리들에게 가장 부족한 것이기도 하기에 토의 · 토론 활동을 통해 추구해 나아가야 할 방향성에 단초를 제공해 줄 수 있는 것으로 손색이 없을 것이라 생각한다.

⭐ 열쇠 ❷ : 학급운영의 목표 ─ 다 함께 잘 살기

어떤 활동을 하더라도 목표를 가장 먼저 세우는 일이 우선되어야 한다. 목표를 세우는 일에 꼭 필요한 세 가지 고민이 있는데, 그것은 '무엇(내용)을, 왜(철학과 목표), 어떻게(방법)'라 할 때, 목표를 먼저 세워야만 그것을 달성하기 위해 필요한 내용적 고민을 하게 되고, 이를 바탕으로 방법적 고민을 제일 나중에 하게 된다. 그리고 협동적 학급운영을 위한 목표를 세우는 일이 가장 먼저라고 볼 때, 위와 같은 목표를 세우고 난 뒤 그에 따르는 교사 자신만의 중요한 원칙을 반드시 세워 두는 것 또한 매우 중요한 일이라 할 수 있다.

☁ 토의 · 토론 수업에 꼭 필요한 철학적 바탕이 '협동'이라면 이를 바탕으로 한 바람직한 목표를 세울 필요가 있는데 필자는 이를 '다 함께 잘 살기'라고 정해 놓고 이를 이루기 위해 모든 것들을 계획하고 실천해 나간다. 다시 말해서 토의 · 토론 수업에서 내려지는 결론이나 대안들이 특정 개인이나 집단에 이익을 가져다주어서도 안 되고, 반대로 특정 개인이나 집단이 그로 인해 피해를 봐서도 안 된다는 생각을 가지고(비록 수업 활동이기는 하지만 내가 살고 있는 사회와 국가와 세상에서 직접 경험하고 있는, 곧 나의 문제일 수도 있다는 관점에서) 책임감 있게 활동에 임할 수 있도록 해야만 철학이 있는 수업 활동이 이루어지는 것이고, 학급운영 목표를 향하여 한 발짝 더 가까이 다가갈 수 있는 것이라 확신한다.

⭐ 열쇠 ❸ : 학급운영에 대한 통합적 시각

철학을 바탕으로 목표를 세웠다고 하여 협동적 학급운영이 저절로 이루어지지는 않는다. 바람직한 협동적 학급운영을 위해서는 앞에서도 강조한 바와 같이 학급운영을 바라보는 통합적 관점이 필요한데, 그런 관점을 중심에 두지 못하면 학급 활동 목표 따로, 교수-학습 목표 따로 갖게 되면서 학급운영의 커다란 두 축이 서로 따로 놀게 되는 현상이 나타날 수밖에 없다. 예를 들자면 학급 활동은 '협동'을 추구하면서 교수-학습 활동은 개인별 · 모둠별 '경쟁'을 부추기고 있는 모순된 상황을 펼쳐 나가고 있는 경우가 대표적인 사례이다. 이를 극복하기 위해서는 목표에 따라 학급 활동과 교수-학습 활동이 일관성 있게 계획되고 진행되어야 하는데, 그렇게만 된다면 학급운영을 잘하는 교사가 수업을 잘하는 교사, 수업을 잘하는 교사가 학급운영을 잘하는 교사라는 등식이 성립될 수 있을 것이다.

 토의·토론 활동은 그 나름대로의 활동에 대한 목표를 바탕으로 수업 안에서 가장 활발하게 일어나고 있지만, 단순히 수업 활동을 넘어서 현실적으로 교실 속에서 일어나고 있는 다양한 갈등 상황을 풀어내기 위한 수단적 활동으로 많이 활용되기도 한다. 그리고 이런 상황을 단순히 학급 활동 속에서 일어나는 문제로 바라보기보다는 교수-학습 활동의 중요한 재료(갈등은 곧 교육의 기회)로 삼아 수업 목표를 뽑아낸 뒤 토의·토론 활동을 통해 학생들 스스로 갈등을 극복해 나가도록 한다면 그 자체가 훌륭한 수업 활동이기도 하면서 동시에 학급 활동(예를 들자면 학급회의)을 해 나가고 있는 것이라 말할 수 있다. 이런 관점을 가지고 학급운영을 해 나간다면 통합적 학급운영은 충분히 가능할 것이고, 그 속에서 토의·토론 활동은 큰 빛을 발하게 될 것이다.

열쇠 ❹ : 학습 구조에 대한 이해

수업＝내용＋구조

(내용＝수업을 위한 재료, 구조＝재료를 담는 그릇)

● 수업 : 학습내용과 학습 구조의 상호작용의 결과로 이루어진 일련의 활동
● 구조 : 학생과 학생 사이에 일어나는 상호작용 관계방식의 틀
● 목표 동기에 따른 구조의 분류 : 개별식 구조, 경쟁식 구조, 협동식 구조, 일제식 구조(상호작용의 주체를 교사도 포함시킬 경우)
● Kagan이 말하는 구조 : 협동학습 수업 기법들을 협동학습 구조라는 개념으로 이해하면 된다. 협동학습 구조를 분석해 보면 구조를 이루는 3요소(혼자, 짝, 3인 이상의 그룹)가 유기적으로 결합되면서 '배움'이 효과적으로 일어날 수 있도록 조합되었다는 것을 알 수가 있다.

'구조'를 '그릇'에 비유한 이유는 그릇마다 나름의 용도가 따로 있는 것처럼 '구조'라는 것도 적절한 목적과 용도(알맞은 사용처와 시기)를 갖고 있다는 것을 말하고자 했기 때문이다.(접시에 국을 담아 먹을 수는 있지만 접시는 국이라는 내용물을 담기에 적절한 그릇이 아니라는 것!) 이렇게 본다면 협동학습, 경쟁학습, 개별학습, 강의식 구조는 그 나름대로 담기에 좋은 내용이 따로 있다는 것을 짐작할 수 있을 것이다. 아울러 Kagan이 말하는 협동학습 구조(3단계 인터뷰, 창문 열기, 돌아가며 말하기 등) 또한 그 구조에 담기 좋은(그 구조로 활동하기에 알맞은) 내용이 따로 있다는 것을 알고, 각각의 구조가 갖고 있는 목적과 특성을 잘 파악해야 협동학습을 제대로 실천할 수 있다는 사실을 꼭 기억하도록 하자.

☞ 토론이라는 활동 때문에 경쟁적 관점으로 바라보기 쉽겠지만, 토론 활동도 궁극적으로는 '(협동적 목표 동기에 의한 구성원들의)합의'에 이르는 것을 목표로 하기 때문에 협동적 자세가 필수적인 것이라 할 수 있다. 이런 생각을 바탕으로 토의·토론 수업을 학습 구조론적 관점에서 바라본다면 협동식 구조에 가깝다고 말할 수 있다. 또한 토의와 토론 활동 모두 기본적으로는 팀원들끼리의 협동을 기반으로 하고 있기 때문에 더욱더 그런 시각을 가질 수 있는 것이기도 하다.

✯ 열쇠 ❺ : 협동학습의 네 가지 기본 원리

하나 : 긍정적인 상호의존(너의 이익이 곧 나의 이익이고, 나의 이익은 곧 너와 우리 모두의 이익이다!)
둘 : 개인적인 책임(내가 맡은 일은 내가 책임진다!)
셋 : 동시다발적인 상호작용(다 같이, 동시에, 여기저기에서!)
넷 : 동등한 참여(우리 모두 다 같이 참여해요!)

☞ 토의·토론 수업은 협동학습의 네 가지 기본 원리에 입각해서 바라볼 때 그 원리들이 잘 녹아 들어갈 수 있는 대표적인 활동이라는 것을 깨달을 수 있다(지금까지 살펴본 내용으로 충분히 공감할 수 있을 것이라 여겨진다).

✬ 열쇠 ❻ : 모둠에 대한 인식과 운영을 위한 노하우

협동적 학급운영이라고는 하지만 그 기본 운영은 학급운영의 큰 틀을 깨지 않는 범위 내에서의 '모둠' 운영에 바탕을 두고 있다. 때문에 교사 자신은 모둠에 대한 철학적 인식(기본적으로 모둠 간 경쟁을 추구하지 않으려는 생각)과 이를 바탕으로 한 모둠 구성 및 다양한 형태의 모둠 운영 능력(협동적 학급운영에 있어서 모둠 활동의 중심은 학급 활동보다는 협동학습 구조의 적용을 통한 교수–학습 활동에 놓이게 된다. 그러나 학급 활동 속에서도 협동학습 구조가 유용하게 활용될 수 있다는 점을 생각해 보면 굳이 그렇게 생각할 것만도 아니라는 점을 잊어서는 안 된다. 이를 위해서는 학급운영의 모든 활동을 구조화시키려는 노력이 필요하다)을 갖추고 있어야 한다.

☞ 토의·토론 수업은 모둠(팀)을 어떻게 조직하고 운영하느냐에 따라서 매우 다양하고 상이한 결과를 볼 수 있다. 바람직한 결과를 보기 위해서는 효과적인 토의·토론 활동이 일어날 수 있도록 숙고해서 모둠이나 팀을 구성하고, 수많은 활동들이 모둠을 중심으로 이루어질 수 있도록 의도적으로 활동을 계획하고 구조화시켜야 한다. 아울러 교사의 끊임없는 지도와 반복적 훈련이 있어야 하겠지만 기본적으로는 모든 활동들이 학급이라는 큰 틀을 깨뜨릴 수 있는 심각한 경쟁적 활동이어서는 안 된다는 사실을 잊지 말아야겠다.

✬ 열쇠 ❼ : 협동하려는 마음(모둠세우기, 학급세우기)

협동적으로 학급운영을 해 나가고자 아무리 노력해도 학생들 자체가 협동하려는 마음이 없으면 아무런 소용이 없다. 이런 가운데는 협동학습 구조를 활용한 수업을 한다고 해도 협동학습이 이루어지지 않는다. 그냥 학생들은 시키는 대로 절차에 따라서 협동학습을 위한 협동학습을 하고 있을 뿐이다. 이를 극복하기 위해서는 가장 먼저 상호관계를 돈독히 하고 긍정적인 관계를 만들어 나갈 수 있는 환경을 만들어 구성원들이 비전과 목적, 공동체 의식을 서로 나눌 수 있도록 학급세우기 활동을 해 나가야 한다. 그리고 이를 바탕으로 실제 학급 구성원들의 구체적 삶(다양한 학급 활동과 교수–학습 활동)이 이루어지는 모둠 내에서 구성원들끼리 밀접하게 관계를 맺어 나가면서 긍정적 상호의존의 의미를 이해하고, 서로 도와 가며 의지하는 데 필요한 기술들(사회적 기술 등)을 배우고 깨닫도록 하기 위해서 모둠세우기 활동을 동시에 병행해 나가야 한다. 여기에서 주의할 점은 두 가지 활동 모두 어느 한 시점에서만 해 주어서는 안 된다는 점이다. 학급이 구성된 이후 학년이 마무리될 때까지, 모둠이 구성되고 해체되는 순간까지도 꾸준히 해 주지 않으면 안 될 활동이라는 점을 꼭 기억해야만 한다.

☞ 토의 · 토론 수업도 모둠(팀)원들끼리 혹은 상반된 의견으로 인하여 팀이 갈려서 활동을 하더라도 작게는 모둠이라는 조직의 일원이기도 하면서 크게는 학급이라는 커다란 공동체의 일원이라는 사실을 잊어서는 안 된다. 이 사실을 잊는 순간 팀원들끼리의 단합은 깨어질 수밖에 없고, 심각한 경쟁과 갈등 속에서 학급이라는 큰 틀은 무너질 수밖에 없게 된다. 따라서 어떤 식으로 토의 · 토론 활동을 하더라도 모둠(팀)원들끼리의 정체성을 충분히 나누고 공유할 수 있는 분위기를 만들어 나감과 동시에 활동 과정이나 결과로 인하여 학급 내의 공동체의식이 깨어지지 않도록 교사가 세심하게 관찰하고 적절한 시기에 개입하여 지도하려는 노력과 자세가 필요하다(어떤 순간에도 '수업활동' 이라는 사실 또한 학생과 교사 모두가 잊지 말아야 할 중요한 것이기도 하다).

✦ 열쇠 ❽ : 사회적 기술 ─ 다 함께 잘 사는 기술

학급과 모둠 내에서 구성원들끼리 인간관계를 맺어 나가면서 서로 간의 생활을 원활하게 유지해 나가기 위해 이루어지는 의사소통이나 규칙 혹은 약속에 따르는 행동양식을 사회적 기술이라고 말하는데, 구성원 모두가 이 기술을 잘 갖추고 있다면 모두가 행복하게 잘 살아 나갈 수가 있을 것이라 확신한다. 그러나 현재 우리 아이들의 모습을 보면 이 기술들이 상당히 부족한 상태임에 틀림이 없다. 아무리 사회적 기술을 지도하고 가르쳐도 학급 구석구석에는 편가름과 폭력, 시기와 질투, 무책임과 무관심, 싸움과 증오의 불씨들이 활활 타오르려 하고 있다. 그렇다고 하여(가르쳐도 변화의 모습이 눈에 들어오지 않는다고 하여) 포기할 수는 없는 일이다. 지금 당장은 눈에 띄지 않을 수도 있겠지만 먼 훗날 아이들이 자신의 미래 삶을 살아가면서 겪게 되는 어려움들을 극복하는 데 작은 힘이 될 수 있을 것이라는 기대와 믿음을 가지고 지도해 나가야만 한다. 그게 바로 백년지대계(百年之大計)를 꿈꾸는 교육자적 소임인 것이다.

☞ 토의 · 토론 수업 또한 상대방의 생각과 의견에 대한 존중감 없이는 제대로 이루어질 수 없다. 이를 위해서 사회적 기술(대표적으로 다음과 같은 기술을 가지고 토의 · 토론 활동에 참여할 수 있도록 해야 한다. ㉠ 상대방의 이야기를 잘 들어 주기, ㉡ 상대방을 존중하고 배려하기, ㉢ 틀린 의견과 다른 의견을 구분하기, ㉣ 사람과 의견을 구분하여 말하는

자세)의 지도는 필수라 할 수 있으며, 토의·토론 활동이 원활하게 이루어질 수 있도록 하기 위해 갈등 해결 기술[4] 또한 지도할 필요가 있다.

열쇠 ❾ : 교사의 사회적 기술 — '적극적 듣기'와 '나 메시지' 전달하기

앞서서도 교실에서 사회적 기술이 가장 떨어지는 대표적인 사람이 바로 교사 자신일 수 있다고 말한 적이 있다. 교사에게 가장 필요한 사회적 기술을 꼽으라면 필자는 망설임 없이 '적극적 듣기' 기술과 '나 메시지' 전달하기 기술이라고 말한다.

☞ '적극적 듣기'를 위한 요령[5]

1단계	학생의 감정과 얼굴 표정, 행동 등을 주의 깊게 살피면서 말을 듣는다.
2단계	교사는 학생의 말과 행동, 표정 등을 통해 학생의 현재 감정 상태를 읽고, 학생이 그런 감정 상태를 갖게 된 원인과 이유를 파악한 대로 말한다.
3단계	교사가 학생의 현재 감정 상태를 다시 한 번 확인한다.

☞ '나 메시지'를 전달하는 방법[6]

1단계	있는 그대로를 관찰한다.
2단계	관찰한 결과로 자신이 갖게 된 느낌, 감정 상태를 표현한다.
3단계	자신의 욕구를 말로 표현한다.
4단계	상대방에게 부탁한다.

---

4 이 책의 pp. 291~131 참고.
5 Thomas Gordon, 2003, pp. 99~119.
6 Marshall B. Rosenberg, 2004, p. 22.

☞ 토의·토론 수업에서 활동의 중심은 물론 학생들이어야 하지만 교사 또한 활동 중심의 또 다른 한 축으로서 주도적인 안내자 역할을 해 나감과 동시에 중요한 조정자, 중재자, 심판관 역할을 해 나가지 않으면 바람직한 모습의 토의·토론 수업은 볼 수가 없을 것이다. 왜냐하면 활동에 참여하는 학생들은 아직까지는 미성숙한 단계여서 활동의 중심을 잡아 주고 엇나간 부분들을 바로잡아 줄 수 있는 누군가가 필요한데, 또래들보다는 활동에 있어서 권위가 있는 사람(즉 교사)이 활동에 대한 나름의 조정과 중재, 판단을 해 주면 자신들의 모습을 생각·고민·반성해 나가는 데 도움이 되기 때문이다. 이렇게 볼 때 교사가 어떤 사회적 기술을 갖고 있느냐에 따라 교사의 가르침에 대한 학생들의 '배움에 대한 자세'는 많이 달라질 수 있다고 판단된다. 학생들이 고민해서 만든 해결방안이나 주장들이 교사의 생각과 다르다고 하여 "그건 아니지." 또는 "땡! 틀렸어!"라는 반응을 바로 보이게 되면 학생들은 마음에 상처를 받으며 곧바로 실망스런 표정을 보일 수밖에 없다. 하지만 사회적 기술에 능숙한 교사는 "어떤 근거를 바탕으로 그렇게 생각하게 되었는지 한번 말해 주렴."이라고 말해 주거나 "그렇게 생각할 수도 있겠구나. 그런데 ○○라는 면에서 한 번만 더 생각해 보면 어떨까?"라고 반응을 보이면 학생들은 또 다른 사고를 통해 자신의 오류를 수정해 나가게 된다. 교사들은 학생들의 답변에 대하여 "○○게 생각한 것은 ◇◇면에서 좋은 생각인 것 같아."라고 많이 표현해 주어야 한다. 그렇게 하면 학생들은 그 지점에서부터 '배움'이라는 것을 느껴 가기 시작한다.

✭ 열쇠 ❿ : 협동적인 학급운영 기술

분명히 학급운영을 해 나가는 데도 노하우가 필요하다. 이는 꼭 협동적 학급운영을 위해서만은 아니다. 각종 준비물들과 그것의 활용, 다양한 자료와 도구들의 준비 및 활용, 각종 규칙과 약속들, 바람직한 평가와 보상의 기술 등은 어떤 식의 학급운영에서든 모든 활동에 날개를 달아 줄 수 있을 것이라 확신한다.

☞ 토의·토론 수업도 그 운영에 있어서 교사의 많은 경험을 바탕으로 한 노하우가 필요하다. 무조건 자리를 마련하고 주제만 던져 준다고 해서 학생들이 토의·토론 활동을 해 나가지 않는다. 이를 위해서는 적절한 준비물(예를 들면 '말하기 카드'나 '다시 말하기 카드' 등)이나 활동지, 활동 방법 안내, 일상생활 속에서 경험하는 다양한 일들 가운데 중요한 가치가 담긴 소재나 갈등, 발생한 현안 문제들을 토의·토론 수업 활동의 재료로 삼

아 학급 활동과 교수–학습 활동이 어우러진 통합적 학급운영 활동을 해 나갈 수 있는 경험과 시각 및 재구성 능력, 효과적인 의사 전달 방법에 대한 고민, 원활한 토의·토론 활동을 위한 각종 규칙·약속을 마련하고 실천방안 마련하기 등 많은 노하우가 필요하다.

협동학습으로
토의・토론 준비하기

04장

필자가 협동학습을 처음 만났던 때의 기억이 떠오른다. 지금 그때를 생각해 보면 '어리석음'이라는 한 낱말이 떠오른다. 왜냐하면 협동학습을 수업 방법으로 바라보면서 "왜 잘 안될까?" 하는 고민만 하고 있었기 때문이다. 밑바탕은 아무것도 없으면서 협동학습 구조만 적용하면 협동학습이 저절로 되는 줄로만 알았던 그때. 아직도 많은 시행착오와 도전을 경험하면서 나 스스로를 반성해 가고 있지만 무엇보다도 가장 많이 변한 것은 학생들이 아니라 바로 나 자신이라는 점을 발견하게 된다. 10년 넘게 협동적 학급운영을 해 오고 있지만 필자는 협동학습이, 협동적 학급운영이 어렵고 힘들다. 강산이 한 번 변할 만큼의 시간을 그렇게 어렵고 힘들게 보냈지만 그 세월이 결코 아깝지는 않다. 그리고 앞으로도 어렵고 힘들게 갈 것이라 생각한다. 왜냐하면 나 자신 또한 그 세월을 통해 학생들로부터 너무나 많은 것을 배워 왔고, 부끄러울 정도이기는 하지만 나 스스로는 많은 성장을 해 왔고, 성장해 나가고 있음을 느끼고 있기 때문이다.

이 장에서는 나날이 새로운 하루를 맞이하여 한 걸음 한 걸음 나아가고 있는 내 발자취를 살펴보면서 나 자신의 반성적 고백을 통해 이야기를 조금씩 풀어 나가고자 한다.

만남과 설렘과 난관, 그리고 교훈

"협동적 학급운영(아니 어떻게 보면 협동학습)만으로도 힘든데 이제 협동학습으로 토의·토론 수업까지 하라고?"

　이런 생각을 하고 있을지도 모르겠다. 그러나 협동학습과 토의·토론 활동은 매우 빠른 속도로 우리 생활 깊은 곳(초·중·고교, 대학, 각종 강연, 직장, 각종 매체를 통해 전해지는 토의·토론 프로그램, 인터넷 등)까지 파고 들어와 앞으로의 삶을 살아가는 데 필수적인 힘이나 능력으로 가장 먼저 손꼽힐 정도가 되었으며, 접하는 것마다 활발한 협동적 상호작용을 바탕으로 한 토의·토론이 이루어지고 있음을 느낄 수 있게 되었다. 그래서인지 대학 입시에서도 논술이라는 영역이 등장하여 학생들의 당락을 결정짓는 중요한 변수로 자리하기까지에 이르렀다.

　그래서일까, 학교 현장에서는 토의·토론 활동을 강화하라고 많은 공문과 관련 자료들이 쏟아져 내려오고 있지만 실제 교실에서는 거의 반응이 없거나 형식적인 모습만(모두라고 할 수는 없지만 상당히 많은 경우가) 보이고 있을 뿐이다. 하지만 여기서 한 번쯤 곱씹어 보고 넘어갈 일이 있다. 학교 현장에서 왜 그렇게 토의·토론 활동을 강조하고 있는 것이며, 이 능력을 키우기 위해서 애쓰는 것일까 하는 점이 바로 그것이다. 우리 사회가 토의·토론 능력을 갖춘 사람을 요구하기 때문이라는 상투적인 이유는 분명 아닐 것이다. 필자는 그에 대한 결론을 이렇게 내려 본다.

> "토의·토론 활동을 교육적으로 잘 활용하면 학급운영(쉽게 말해 '교육')을 통해 이루고자 하는 바를 보다 효과적으로 달성할 수 있기 때문이다."

1.1 협동학습과의 만남, 그리고 설렘

협동학습을 처음 만났던 10년 전의 그 충격과 설렘. 그 기억은 아직도 신선하게 가슴 한곳에 남아 있다. "그래, 내가 갈구하던 것이 바로 이것이었어!"라고 외쳤던 협동학습. 이를 위해 그동안 모아 놓고 연구해 두었던 모든 학급운영 자료와 틀들을 과감히 벗어던지고, 망설임 없이 모든 것을 지웠다(필자는 그때까지만 해도 "이상우의 교육사랑"이라는 홈페이지를 운영하면서 많은 분들과 자료를 공유해 왔었다. 하지만 그 자료들과 홈페이지의 모든 것들을 망설임 없이 날려 버렸다. 지금도 결코 후회하지 않는다. 오히려 처음부터 다시 시작할 수 있어서 너무 좋았다).

우연한 기회에 만났던 약 3시간 정도의 짧은 협동학습 강좌였지만 내게는 큰 전환점이 되었던 시간이었다. 그 자리를 나서자마자 시내에 있는 대형서점으로 가서 손에 잡았던 것이 바로 Kagan의 저서인 『협동학습』이었다. 그리고 집에 돌아오자마자 미친 듯이 읽어 나갔다. 읽어 나가면서 아이들과 하나둘씩 펼쳐 나갈 활동들에 대한 기대감으로 가슴이 무척 설레기도 하였다. 무엇보다도 그 당시 내 눈에 가장 띄었던 것은 바로 협동학습 구조였다(그 강사도 그것을 중심으로 강의해 주었고, 너무나 좋다는 말과 함께 협동학습의 화려함을 보여 주려고 많은 애를 썼던 기억이 생생하다. 그때는 그것이 그렇게 위대해 보였다).

그렇게 시작한 나의 협동학습은 처음에는 잘되는가 싶더니 어느새 막막함으로 내 앞을 가로막기 시작했고, 여기저기에서 달려드는 위협들(각종 잡무들과 주변에서 일어나는 다양한 공적, 개인적 일들)이 협동학습에 대한 나의 기대를 처참히 무너뜨리고 말았다. 그것은 협동학습을 시작한 지 불과 몇 개월 지나지 않아서였다. 나의 처절한 패배는 오히려 나를 자극하여 협동학습과 한판 씨름을 벌이기로 마음먹기에 이르렀다. 그때부터 협동학습 관련 서적들과 각종 자료들을 탐독하기 시작했고, 내 나름대로의 틀을 만들어 나가면서 만족과 실패의 경험을 반복해 나갔다. 그러기를 약 2년. 그동안의 경험을 보다 확실히 다져 갈 생각으로 과감히 도전했던 것이 바로 수업개선 연구교사였다.(2002년)

그러나 그때의 겁 없는 내 도전은 처참한 실패로 끝났고, 그때의 뼈아픈 경험이 나의 협동학습에 대한 인식을 180도 바꾸어 놓게 되었다. 실패의 가장 큰 원인은 협동학습에 대한 짧은 지식을 바탕으로 한 협동학습 구조의 방법론적 적용과 체계도 없이 사회적 기술 적용을 흉내만 내는 데 급급했던 것에서 비롯된 것으로, 이를 깨닫는 데 1년이 걸렸다. 그때의 연구교사 보고서도 실패한 경험을 있는 그대로 자세하게 보고했다(아마 연구교사로서 연구 활동이 실패했다고 보고서를 낸 교사는 대한민국에서 유일할 것이다).

1.2 협동학습, 너무 어려워요.

처참한 실패를 바탕으로 깊이 깨달았던 것은 "협동학습, 너무 어려워요."라는 것이었다. 무엇보다도 가장 힘들었던 것은 학생들이 나의 의도 및 기대와는 너무나도 다르게 움직였던 것이었다. "왜 협동하고 서로 도와 가면서 활동하라는데, 그게 그렇게도 안 될까?" 하는 답답한 마음을 가지고 가슴만 치고 있었던 것이 그때의 내 모습이었다. 그 원인을 찾는 데 거의 한 학기를 다 보냈다. "왜 그들은 서로 존중해 주지 않는 것일까? 왜 그들은 다른 사람의 말을 들어 주려고 하지 않는 것일까? 왜 그들은 서로 다투기만 하려는 것일까? 왜 그들은 다른 사람의 속상한 마음과 아픔을 공감하려 하지 않을까?" 하는 물음에 대한 답을 찾기 위해 한참을 고생하였다. 그러면서 나의 학급운영에 대한 자세에서 모든 문제가 비롯된 것임을 깨닫게 되었다. 협동학습을 한다고 하면서 아이들을 상점과 벌점으로 길들여 가며 경쟁을 이용해 통제하려고만 했고, 학급이라는 아이들 삶의 큰 터전을 협동적으로, 나눔과 배려를 바탕으로 한 참삶이 가득한 교실로, 시험과 경쟁, 답답한 학원과 공부, 폭력적인 컴퓨터 게임과 비교육적인 매체로부터 벗어나 꿈을 꾸기보다는 꿈을 이루기 위해 노력하는 아이들의 삶이 묻어날 수 있는 교실로, 학급 구성원 모두가 서로에게 살아가는 의미가 되어 줄 수 있는 교실로 만들지 못한 나 자신의 잘못이 더 크다는 것을 조금이나마 깨닫는 데 약 4년이라는 긴 세월을 보내야만 했다.

1.3 협동학습을 통해 '학급운영'에 대한 깨달음을 얻다!

4년이라는 긴 세월 동안의 아픔과 반성을 통해 깨달은 것은 바로 학급운영에 있어서의 나만의 원칙과 철학을 먼저 세워야 한다는 것, 그리고 이를 바탕으로 협동학습을 나에게 맞게 재해석해서 받아들여야만 한다는 것, 협동학습도 학급운영이라는 전체적인 틀 속에서 바라봐야 한다는 것이었다. 그때부터 필자는 협동학습을 학급운영론의 입장에서 나름대로 해석 · 재구성하며 '협동적 학급운영'을 펼쳐 나가기 시작했고, 오늘날에 이르렀다. 그리고 아직도 진행 중이다. 학급운영에 있어서 완성이란 있을 수 없으니까 말이다. 그때 세웠던 내 나름대로의 학급운영에 대한 취지는 이런 것이었다.

가 가치를 지향하는 학급운영

사람으로서 마땅히 지녀야 할 참다운 가치를 추구하고, 때로는 그것이 힘들고, 어렵고, 두렵고, 하기 싫은 일이라도 옳은 것이라면 과감히 행동에 옮길 수 있는 지혜와 용기(용기 있는 사람과 그렇지 않은 사람의 차이를 알게 하는 일은 매우 중요하다. 용기 있는 사람이라고 하여 무서움 혹은 두려움이 없다고 생각해서는 안 된다. 그들도 무서움과 두려움은 다 똑같이 가지고 있다. 다만 용기 있는 사람들은 무서움과 두려움이 있지만 그래도 자신의 생각과 판단이 옳다는 확신을 갖고 있기에 과감히 불의에 맞서 실행에 옮길 수 있는 것임에 비해 용기 없는 사람은 다만 무서움과 두려움 때문에 실행에 옮기지 못할 뿐이다. 그 차이를 아이들이 이해하고 충분히 느낄 수 있도록 해 주어야 한다)를 갖게 함과 동시에 자신의 선택을 과신하지 않고 나와 다른 생각을 가진 사람들을 이해(인정)하여 다른 선택을 한 이들과 다 함께 더불어 잘 살아갈 수 있도록 하는 학급운영을 꿈꾼다. 하지만 꿈은 꾼다고 하여 자연스럽게 이루어지지 않는다. 꿈이 꿈에서 끝나지 않도록 최선을 다하여 계획하고, 준비하고, 실천하고, 반성해 나가는 교사가 되기 위해 노력을 아끼지 않는다.

나 다 함께 잘 살기를 지향하는 교육으로서의 학급운영

다양한 가치와 삶의 경험과 사고방식을 가진 아이들이 다 함께 잘 살아 나갈 수 있도록 하기 위해서는 학급운영을 통해 서로에 대한 예의(공감과 존중, 관심과 이해, 신뢰와 조화의 마음)를 가꾸어 갈 수 있도록 해야 한다. 이를 위해 추구해야 할 최고의 가치로서 '협동'을 지향한다(협동이라는 가치의 가장 밑바탕에는 '상호존중'이 자리하고 있다).

다 자기 삶에 주인이 되는 교육으로서의 학급운영

자신의 모습을 있는 그대로 바라보고, 자신의 참모습을 발견할 수 있도록 도와주며, 자신의 참모습을 바탕으로 자기 삶에 주인이 될 수 있도록 하는 학급운영을 지향한다.[1]

1 '자기 삶에 주인이 되는 교육'에 대한 보다 자세한 내용은 이상우, 2009, pp. 20~22를 참고.

> 필자가 생각하는 교육이란 '자기 스스로 생각해서 무엇인가를 할 수 있는 힘을 길러 나갈 수 있도록 안내해 주는 것'이라 본다. 이를 위해서는 학생 개개인이 가진 능력을 찾을 수 있도록 도와주지 않으면 안 된다. 그 능력을 찾은 학생들은 장차 자신이 할 수 있는 일, 하고자 하는 것을 찾아 점진적으로 나아갈 것이다.
>
> 필자가 말하는 자기 삶에 주인이 되는 교육
>
> 학생 스스로가 자신의 참된 삶에 주인이 됨과 동시에 자기 자신의 자유로운 참된 삶과 공동체의 평등한 구조를 조정할 줄 아는 능력을 갖추어 타인을 향한 따뜻한 마음을 바탕으로 공동체를 향해 자기 자신을 내놓을 수 있도록 하는 것.

라 학급운영의 재개념화

학급운영의 제1요소는 교수-학습 활동(수업)이다. 그리고 제2요소는 학급 활동(수업 이외의 모든 활동)이다. 이 둘은 별개의 것이 아니라 하나의 학급운영 목표를 향해 일관성 있게 나아가야 한다. 그리고 이 둘을 학급운영이라는 큰 틀 속에서 통합적인 시각으로 바라보는 자세가 필요하다.

> 아이들 스스로가 제 삶의 주인임을 인식하고 자신들의 참된 삶을 가꾸어 나가도록 도와주는 교육, 이웃, 자연과 더불어 살아가도록 돕는 학급운영, 소박한 삶을 자랑스럽게 여기며 바람직한 공동체 문화를 가꿔 나가는 '배움 공동체'를 만들어 가는 교실이 되기 위해서는 만남과 관계, 말과 글과 행동, 의식주를 바탕으로 한 모든 사고방식과 학급 문화, 교과 교육 활동, 모둠살이, 일과 놀이, 사상의 표현과 자유 등이 하나의 목표를 향해 중심을 잃지 말고 나아가야 한다.

위와 같은 원칙과 철학이 녹아들어 있는 협동적 학급운영을 위해 협동학습을 하나의 운영체제로 인식하고 1년이라는 전체 과정을 아우를 수 있는 시스템을 구축해 나가기 시작했다.

1.4 협동학습과 토의·토론의 만남

필자의 생각이 시행착오를 겪으면서 조금씩 자리를 잡기 시작했다고 느꼈을 때, 그것들을 함께 나누며 보다 발전시켜야 한다는 생각으로 연구회 조직을 위해 직무연수를 시작하였다. 한편 그런 와중에도 협동적 학급운영을 해 나가면서 협동학습 구조의 효과적인 활용 방안을 연구해 오던 중 우연히 학생들이 활동하는 모습을 멀리서 조망할 기회가 있어서 유심히 관찰하게 되었다. 그런데 그 모습이 마치 토의·토론 활동을 하고 있는 모습처럼 보였다. 순간 내 머리를 스치고 지나가는 생각 하나가 있었다. '협동학습 구조를 통해 학습하는 과정 자체가 바로 토의·토론 활동일 수 있겠구나!' 하는 것이 바로 그것이었다. 그래서 또다시 그길로 서점을 찾아 토의와 토론 관련 서적들을 몇 권 구입하여 탐독하기 시작했다. 한 권 한 권 읽어 나갈수록 협동학습과 토의·토론 활동이 서로 '닮은꼴'이라는 확신을 갖기에 이르렀고, 그 생각을 교육활동이라는 측면에서 교수-학습 활동 속에 어떻게 녹여 낼 것인가를 고민하기 시작했고, 생각한 바를 실행으로 옮기며 시행착오를 반복해 나가는 과정이 또다시 시작되었다.

1.5 협동학습과는 또 다른 토의·토론 수업의 어려움

토의·토론 수업을 고민해 나가면서 협동학습 구조가 그 속에 어떻게 스며들도록 할 것인가를 연구하던 중 충분한 가능성을 경험함과 동시에 또다시 어려움에 봉착하게 되었다. 그 난관의 핵심 문제는 바로 이것이었다.

> 토의는 그럭저럭 되고 있는데, 토론은 잘 안된다는 것

그러나 얼마 지나지 않아 그 문제에 대한 답을 찾게 되었다. 또다시 문제의 원인은 나 자신에게 있었던 것이다. 그 원인은 바로 '토의·토론'이라는 것에 대한 나의 인식 수준과 이해 정도였던 것이다. 이때까지만 해도 난 '토의'는 결론을 내는 것, '토론'은 찬성과 반대편으로 나누어 논쟁을 벌이는 것(때에 따라서는 판정을 내리기도 하는 것)이라는 정도로만 이해하고 있

었으며, 교수-학습 활동 속에서의 토의·토론이 대안을 마련하고, 어떤 결론을 내리고, 어떤 입장이 더 옳은가를 판정하는 것 그 자체를 목적으로 한다는 생각에 머물러 있었던 것이다. 이것이 실패의 가장 큰 핵심이었다. 그 이후로 일반적인 토의·토론 활동과 달리 교수-학습 활동(수업)으로서의 토의·토론 활동이 갖는 목적과 그 위치, 효과, 토의·토론 활동에 대한 바람직한 개념 정의 및 다양한 토의·토론 활동 사례 등을 정리하기 시작했다. 그러자 나름대로의 길이 보이기 시작했다(그 내용은 이미 1부 2장에서 충분히 살펴보았다).

1.6 닮은꼴은 결국 합동이 아니었던 것이다.

이제 또다시 토의·토론 수업에 대한 자신감이 생겼다고 판단한 나는 교과서 내용의 재구성을 통해 본격적인 토의·토론을 시작하였다. 실생활의 문제를 바탕으로 다양한 소재를 교실로 끌어들여 협동학습 구조의 적용이 가능하도록 세부적으로 분석하여 토의·토론 수업을 해 나갔다(실제 사례는 3부를 참고하기 바란다). 그러면서 아이들도 나도 조금씩이나마 만족감을 느끼게 되었다. '역시 협동학습은 대단해!' 라고 생각하며 협동학습에 더 깊이 빠져들게 되었다. 그러나 역시 한계는 있었다. 특히 패널 토의·토론, 찬반 대립 토론을 할 때면 무언가 보이지 않는 벽에 꽉 막혀 있어 가고 싶어도 갈 수 없는 듯한 느낌을 지울 길이 없었다. '역시 협동학습이 만능은 아니구나. 협동학습으로 안 되는 것도 있구나. 협동학습과 토의·토론이 비슷한 점은 많지만 결국 같을 수는 없는 것이구나(닮은꼴은 결코 합동일 수가 없는 것이다).' 하고 깨닫는 순간이었다.

1.7 토의·토론 수업, 어디서부터 시작할 것인가에 대한 고민

결국 협동학습과 토의·토론 활동의 '다름'을 깨달은 나는 두 가지를 구분하면서 교과서 재구성을 바탕으로 필요에 따라 적용(협동학습 구조를 활용한 토의·토론을 할 것인가 아니면 협동학습 구조를 배제시킨 토의·토론을 할 것인가)을 달리하리라는 마음을 먹고, 협동학습 구조의 적용이 불가능하거나 최소화될 수밖에 없는 찬반 대립 토론, 패널 토의·토론 등의 출발점에 대하여 고민을 시작하였다. 그리고 그 출발점을 찬반 대립 토론, 패널 토의·토론의 구체적인 내용과 방법, 그리고 진행 절차를 가르치는 것에 두자는 결론에 도달하였다. 왜냐하면 교사가 토의·토론에 대한 전문성이 떨어지거나 토의·토론 수업에 대한 계획을 잘못 세우는 경우 혹은 아이들이 토의·토론의 방법과 절차, 관련 규칙이나 기술 등을 제대로 익히지 못했을 경우 실패할 수밖에 없는 것이고, 이럴 경우 차라리 일제식 수업을 하는 것보다 못하다는 생각에서 토의·토론에 대한 전문적 지식을 바탕으로 교사가 토의·토론 수업을 잘만 계획한다면 학생들은 구체적인 내용과 방법, 절차와 규칙들만 알아도 반은 성공한 것이며 나머지는 실제로 수업 활동을 해 나가면서 수정해 나가야 할 것이라고 판단했기 때문이다.

1.8 산을 넘고 넘어 만난 또 다른 산

나의 판단은 틀리지 않았다. 토의·토론 수업을 위한 내용과 방법, 절차와 규칙 등을 충분히 지도했다는 생각을 바탕으로 패널 토론을 시도해 보았는데, 절반의 성공을 맛보게 되었다. 준비과정을 거친 후에 처음 시도했던 수업에서 학생들이 비교적 잘해 주었고, 만족도 또한 낮지 않았다는 평가를 내리게 되었던 것이다. 하지만 나머지 절반은 실패라는 결론 또한 무시할 수 없는 큰 산이라는 점을 한 번 더 뼈저리게 느껴야 했다, 그것도 최근에. 그 산은 두 가지였다.

첫 번째 산은 참여한 패널들이 모두 학급에서 학습력이 뛰어난 아이들이었다는 점, 그렇지 못한 아이들은 어려울 수밖에 없다는 것이었다(이는 충분히 예상하고 있었던 일이라 그다지 충격적이지는 않았다. 하지만 두 번째 산은 달랐다).

두 번째 산은 토의·토론에 대한 절차나 방법, 규칙 등만으로는 해결되지 않는 그 무엇인가 높은 산을 실감하게 되었다는 것이었다. 두 번째 산은 첫 번째 산에 비하여 더 험준하고 높았다고 느꼈다. 그 산은 바로 "아는 것(지식과 풍부한 경험)이 없는 우리 아이들(양적·질적 독서의 부족, 게임·자극적인 매체에 노출된 아이들의 '배움'에 대한 흥미와 관심 부족, 객관적 지식의 암기를 통한 경쟁에 내몰려 전전긍긍하며 여러 학원을 기웃거리느라 다양한 경험 쌓기를 하지 못함)"이라는 점이었다. 과거에도 그랬고, 지금도 그들의 일기를 보면 더욱더 확실하게 느낄 수 있는 일이다. 그들의 일기를 보면 삶은 의미 없는 것들뿐이다. 늘 바쁜 일(어찌 보면 핑계일 수도 있고, 그만큼 자녀에 대해 관심과 노력이 부족하다는 것으로 볼 수도 있으며 자녀에 대한 교육이 우선순위에서 일보다 떨어진다는 증거일 수도 있으며, 먹고 살기에 급급하여 그럴 수밖에 없는 현실도 있다고 필자는 판단한다)로 인해 아이들 곁에 머물지 못함으로써 존재감마저 사라질 정도가 된 부모님, 형제가 있더라도 몇 안되고, 그마저도 서로 다른 계획에 따라 동선을 달리하여 움직이며 늘 혼자가 될 수밖에 없는 아이들, 출산율 저하로 인해 한 자녀 가정이 늘어나면서 학원을 전전긍긍하다가 집으로 가면 아무도 없거나 있어도 대화가 부족하고 식구들끼리 자주 어울릴 만한 계기와 시간들을 만들지 못하여 늘 홀로 지내는 아이들, 여러 가지 문제로 인해 편부 · 편모 아래서 자라면서 각종 위험과 폭력 및 무관심에 노출된 아이들, 그래서 보면 볼수록 불쌍한 아이들. 그들에게 있어서 자신들의 삶을 가꾸어 나간다는 것은 꿈과도 같은 일이며, 때문에 그들이 겉으로 드러내 자신 있게 표현할 수 있는 삶이라는 게 딱히 없을 수밖에 없다. 고작해야 어쩌다 한 번 놀러 간 일 외에는 늘 먹고 자고 놀고 PC방이나 집에서 게임하고 학교 와서 의미나 목적도 없이 놀다 가거나 친구 만나러 혹은 그냥 가야 하기에 학원에 가서 앉아 있다가 집으로 가는 것이 그들 삶의 전부인 것이다. 게다가 어찌 보면 학교도 아이들의 삶을 가꾸어 주지 못하고 있는 현실에 놓여 있다고 해도 과언이 아닐 정도가 되었다. 빡빡한 교육과정과 줄세우기식 교육 정책, 전시행정 중심의 학교 교육, 늘어나는 잡무로 인하여 너무나도 바쁜 교사들, 단순 지식 암기 중심의 괄호 채우기식 교육과 시험….

관련된 또 다른 문제

요즈음 우리 아이들의 표현력(말과 글)을 보면 매우 낮은 수준임을 금방 알아차릴 수 있다. 특히 대화 내용이 짧고, 감상과 느낌이 간단하며("좋았다. 재미있었다. 짜증났다." 등) 구체적이지 못하다는 점은 대표적인 사례로 손꼽힌다. 이 결과는 당연한 것이다. 사람들끼리 긍정적인 관계를 맺어 나가면서 생활 속 경험이 녹아들어 있는 대화를 바탕으로 의미 있는 삶을 가꾸어 나가지 못하다 보니 자연스럽게 주변 일에 대한 관심과 흥미가 떨어지게 되고, 자극적인 것만을 찾아 즐기고 기억하려 하며, 그로 인하여 자존감 · 자신감 · 사고력 · 관찰력 · 문자 해독력 · 기억력 및 판단력 · 언어적 표현력 · 집중력 등이 떨어질 수밖에 없는 것이다(이들은 서로 얽혀 있으며 서로 영향을 주고받기 때문에 따로 떼어서 생각할 수 없는 것들이다).

필자가 바라볼 때, 이 문제를 해결하기 위한 시작은 바로 '자존감'의 회복에서부터라 생각된다. 그러면 그것이 자연스럽게 다른 것에 영향을 주어 조금씩 해결되어 나가는 모습을 보게 될 것이다. 이렇게 본다면 학급운영에 있어서 문제가 있는 학생들의 '자존감' 회복을 최우선적 과제로 두어야 함이 마땅할 것이라 판단된다.

이 두 가지로 인해서 자신의 생각이나 의견(주장)을 말하라고 하면, 토의·토론을 하자고 하면 침묵으로 일관하는 아이들이 되어 버렸다. 당연한 결과였다. 토의·토론은 일상생활 속에서 가볍게 툭툭 던지는 수준의 낮은 차원을 넘어서는 것으로서, 이를 위해서는 삶을 가꾸어 나가는 과정에서 만들어지는(경험적 사고에 바탕을 둔) 자신만의 입장(생각)이 필요한데, 가꾸지 못한 삶으로 인해 자신의 입장을 갖거나 세우지 못하여 자신감이 떨어질 수밖에 없기 때문이다. 이런 아이들이 토의·토론을 한다고 생각해 보자. 얼마나 골치가 지끈지끈 아파 올 것인지.

1.9 그래도 꼭 해야만 하는 토의·토론 수업

큰 산이 가로막았다고 하여 포기할 수는 없는 일이다. 교육은 그래서는 안 된다. 하루아침에 아이들의 삶을 가꿀 수는 없지만 천천히, 한 걸음씩 가다 보면 그 걸음들이 보태어져 자신도 모르게 그들의 삶을 이루고 있는 모습을 보게 될 것이라는 믿음으로 꾸준히 토의·토론 수업을 해 나갔더니 달라진 아이들이 모습을 볼 수 있었다. 가장 눈에 띄게 변한 것은 이런 것들이었다(순식간에 달라질 것을 기대하는 교사가 있다면 어리석은 일이다. 이렇게 쉽게 말하고 있지만 상당히 많은 시간과 땀과 열정을 쏟아야 가능한 일이라는 점을 잊어서는 안 된다).

- 상대방의 말과 표정과 행동에 귀를 기울이고 집중하는 모습이 나타났다.
- 상황에 따라 진지하게 사고하고 행동하는 모습이 나타났다.
- 말하는 태도에 변화가 생겼다. ➡ 다른 사람의 입장을 생각하며 조심스럽게 자신의 생각을 말하는 아이들, 다양한 입장들이 있을 수 있음을 이해하고 자신과 다름을 인정하며 받아들이는 아이들, 자신의 생각보다 더 나은 상대방의 설득에 대해 인정하고 기존의 입장을 과감히 버릴 줄 아는 아이들, 과거의 '어쩌라구!' 식 언행을 줄이고 '부탁해, 미안해, 좋았어!' 를 진심으로 할 줄 아는 아이들, 조금씩 사고의 폭과 깊이를 넓혀 가며 마음의 문을 열어 가는 아이들, '왜' 라는 물음에 대한 답을 찾아 진지하게 탐구하고 '배움과 앎' 의 기쁨을 함께 누릴 줄 아는 아이들이 되어 갔다.

1.10 협동적 학급운영을 통해 얻은 값진 교훈

조금씩 변해 가는 아이들을 보면서 토의·토론 수업을 많이 해야겠구나 하는 생각도 해 보았지만 변화된 아이들의 삶과 모습은 협동적 학급운영이라는 큰 틀 안에서 꾸준한 사회적 기술의 지도 및 활용, 아이들의 삶을 가꾸어 나가기 위한 협동적 학급운영(하나의 목표를 향해 일관성 있게 나아가기 위한 학급 활동과 교수–학습 활동의 통합 및 재구성), 효과적인 협동학습 구조의 적용과 토의·토론 수업 등 다양한 요소가 하나로 융합될 때 비로소 가능한 것이라는 사실을 확실히 느낄 수 있었고, 교사로서 두 가지 소중한 '배움(깨달음)'도 얻었다.

첫 번째 배움 : (누군가 혹은 스스로)삶을 가꾸어 주어야 경험이 생기고, 그것을 바탕으로 자신의 관을 정립하여 주장을 만들어 낼 수 있다.

두 번째 배움 : 만들어 낸 주장에 살(근거)을 붙이기 위해서는 무엇보다도 많이 알아야 하는데, 이는 독서를 통해 이루어진다.

이렇게 얻은 값진 교훈은 곧바로 필자의 교실에서 다양한 독서교육 활동으로 이어졌고, 아이들이 독서 활동을 통해 궁금한 점들을 조금씩 해결해 나가는 모습도 보게 되었다. 이후부터 필자는 협동적 학급운영 속에서 토의·토론 수업이 보다 효과적으로 이루어질 수 있도록 하기 위해 아이들의 삶을 가꾸어 줌과 동시에 아이들의 실생활과 밀접한 학습 주제나 사회적 현상 및 문제 상황 등을 바탕으로 교과서 내용을 재구성하고, 아이들 스스로가 그들 앞에 놓인 문제에 대한 다양한 해결방안을 찾아 진지하게 고민하고, 정보를 모으고, 정리하고, 분석하고, 종합해 내면서 자신들의 생각을 세워 나갈 수 있도록 오늘도 최선을 다해 연구·노력하고 있는 중이다. 그러면서 오랜 시간 동안 망설여 왔던 개인적인 고민(협동학습 관련 서적 집필 : 이상우, 2009)이 한 권의 책으로 묶여 2009년 8월에 세상의 빛을 보게 되었고, 여기에 탄력을 받아 아직은 부족한 점이 많지만 그동안의 시행착오를 고스란히 또 한 권의 책으로 담아 내리라 마음먹어 휴식 없이 "협동학습으로 토의·토론 달인 되기"라는 제목으로 집필 작업을 진행하기 시작하였다.

2 '협동학습으로 토의·토론하기'를 위한 준비

지금까지 '협동학습으로 토의·토론하기'의 실제를 위해 필자가 오늘에 이르기까지 겪었던 시행착오와 생생한 경험을 바탕으로 아주 기초적인 것에서부터 나름대로 깊이가 있는 부분까지 차근차근 살펴보았다. 어느 정도 공감대 형성이 이루어졌다고 보고, 이후부터는 필자가 현장에서 펼쳐 나갔던 실제 사례를 중심으로 '협동학습으로 토의·토론하기'의 준비 활동에 대하여 안내해 보고자 한다.

2.1 독서는 '협동학습으로 토의·토론하기'의 에너지원

바로 앞에서 '자신의 주장(생각)에 살(근거)을 붙이기 위한 활동으로서 독서 활동의 중요성'을 언급한 바 있다. 그리고 이를 바탕으로, 교실에서 곧바로 실행에 옮겼던 것이 바로 '10분 독서' 활동과 '아이들과 함께 책 읽는 선생님, 아이들에게 책 읽어 주는 선생님'이 되고자 했던 일이었다. '책 읽어 주는 선생님'의 효과는 이미 널리 알려진 사실이고, 이에 더하여 아이들과 함께 10분 동안만이라도 차분히 책을 읽는 모습을 보여 주는 것이 교사로서 아이들에게 좋은 모델이 되어 줄 것이라는 생각도 있었다. 그 생각은 틀리지 않았다. 그동안 아이들에게 비쳐진 많은 선생님들의 모습은 공부시간에 무엇인가를 가르쳐 주시는 모습, 업무를 보시느라 바쁜 모습, 컴퓨터 앞에 앉아 무엇인가 열심히 보시고 계신 모습, 피곤에 지쳐 쓰러진 모습 등이 대부분이었던 것에 비해, 비록 짧기는 하지만 매일 이어지는 10분 동안의 독서하는 진지한 선생님의 모습은 아이들의 생각을 바꾸어 놓기에 충분한 일이었다. 많은 아이들의 일기에 이런 글들이 올랐다. "우리 선생님도 책을 엄청 많이 읽으신다. 아침마다 우리들과 함께 책을 읽고 계신다." 그리고 학부모님도 가끔 학교에 오셔서 아이들 말을 전하곤 한다. "선생님, ○○가 그러는데 아이들과 함께 책을 많이 읽으신다면서요?"라고 말이다. 아이들도, 학부모도 그 모습이 그렇게 신기했나 보다. 그리고 그 시간만큼은 아이들도 무척 진지해지고 조용해졌다. 그도 그럴 것이, 모두가 책을 읽고 있는데 소란을 피울 생각을 하는 사람은 거의 없거니와 그 시간에 선생님도 책을 읽고 계신데 감히 누가 그를 방해하려고 하겠는가 말이다. 사실 교사로서 아이들에게 매일 10분 정도 책 읽는 모습을 보여 주는 것이 그리 힘들고 어려운 일도 아닌데 왜 그 모습을 보여 주기가, 그런 모습을 찾아보기가 이리도 힘든지 모르겠다.

아이들의 삶을 가꾸어 주는 일은 별것 아니라 생각한다. 아이들과 함께 숨 쉬고 호흡하는 일, 교실에 들어오는 아이들과 눈을 마주쳐 따뜻하게 맞이해 주고, 그들의 표정을 읽어 주고, 부드러운 말한 마디로 마음을 만져 주는 일, 아이들 하나하나에 관심을 가져 주는 일(어제와 달라진 모습 등), 따뜻하게 쓰다듬어 주고 안아 주는 일, 때로는 그들의 놀이에 참여하여 함께 웃어 주고 실수도 해 주고, 선생님도 못하는 것이 있음을 솔직히 보여 주는 일, 아이들의 관심사에 함께 동참해 주는 일 등이 아이들의 삶을 의미 있게 가꾸어 주는 일이라고 필자는 확신한다. 아침에 출근하여 제일 먼저 컴퓨터 앞에 앉아 스위치를 누르고, 모니터만 쳐다보는 일(인터넷을 뒤지고 다니는 일, 아주 급한 업무를 보거나 꼭 필요한 공문을 처리하는 일)에서 벗어나 아이들과 함께 호흡하는 아침 시간을 가져 볼 것을 적극 권한다.(설령 급한 업무일지라도 잠시 뒤로 미루어 두기를 권한다. 뒤로 미루었다고 해서 큰일은 결코 일어나지 않는다. 교사로서 학교에서 아이들의 삶보다 중요한 업무가 어디 있겠는가!)

그런 과정 속에서 또 다른 아이디어를 내서 해 본 것이 바로 2주마다 돌아오는 토요일 수업시간을 활용한 '독서 카페'의 운영이었다.

자랑 · 즐거움 · 보람반 독서 카페 운영

(1) 토요일 수업시간을 적극 활용한다.

(2) 독서 활동을 1시간 동안 진행한다.

(3) 독서 시간에 웰빙 차를 교사가 준비해 둔다(아이들 스스로 준비하는 것도 인정한다. 다만 인스턴트 음료는 자제하도록 한다).

(4) 독서 활동에 방해가 되지 않는 음악이 잔잔하게 흐르도록 한다.

(5) 독서 활동 이후에 그날 읽은 분량에 대한 독후 활동을 이어서 진행한다[독서 기록장 쓰기, 팝업 북 만들기(북 아트), 독서 경험 나누기, 골든벨 독서 퀴즈, 독서를 바탕으로 한 토의 · 토론 등].

필자의 생각으로 볼 때 독서 카페 운영 및 10분 독서, 책 읽어 주고 책 읽는 모습 보여 주기 등의 결과는 대만족이었다. 특히 아이들은 '독서 카페' 운영하는 날을 손꼽아 기다리기도 하였다. 이런 활동이 1년간 꾸준히 지속되자 아이들의 독서 능력(양적 · 질적)은 몰라보게 향상되었고, 학습 활동에도 긍정적인 영향을 주기 시작하였다.[2]

2.2 독서를 위한 고민

책읽기는 시대와 장소를 불문하고 모든 사람들이 가장 많은 정성을 들이는 공부 가운데 하나일 것이다(제도권 내에서의 교육은 특히 그렇다). 필자는 책읽기가 아이들 스스로의 생각을 키우고, 아이들이 살고 있는 세상을 배우도록 해 주며, 아이들 스스로 궁금한 것을 찾아 깨우쳐 나가도록 해 주는 힘이라 생각한다. 때문에 독서를 통해 힘을 얻는 아이들이 자신의 삶을 가꾸어 나가고 마음을 살찌우는 데 그 힘을 사용할 수 있도록 하고, 그들의 일상적 삶 속에서 앞에 놓인 공동의 문제를 해결해 나가는 데 기꺼이 자신의 힘을 내놓을 수 있도록 필자는 학급에서의 모든 것들을 의도적으로 계획하고 실천해 나가고자 최선을 다한다. 그런 활동 가운데 대표적인 것이 바로 '토의 · 토론 수업'인 것이다.

처음에 아이들 앞에 서서 책을 읽으라고 말을 하면서 나 스스로도 '왜, 무엇을, 어떻게' 책을 읽는 것에 대한 답을 갖지 못했던 기억이 있다. 그저 상식적인 선에서 다음과 같이 이야기

---

2 사람들은 다양한 경험과 독서를 통해 그들의 스키마를 변화시켜 나간다. 스키마란 개인이 가지고 있는 지식이나 경험의 총체로서 '사전지식 혹은 배경지식'이라는 말로 쓰이기도 한다. 보통 우리는 '아는 만큼 보이고 본 만큼 안다(새로운 무엇인가를 탐구하고 살피고자 할 때 특히 많이 적용되는 말이다. 학생들과 함께 현장체험학습을 하기 전에 사전학습으로 교실에서 관련된 내용이나 먼저 알아야만 할 것들을 살피는 이유도 바로 여기에 있다)'는 말과 '하나를 가르치면 열을 안다(하나의 원리를 이해한 후 그를 다른 유사한 현상에 적용하여 문제를 해결해 나갈 때 쓰이는 말이다. 동기유발전략에서는 보통 이를 이용하되 기존 스키마를 벗어나는 사례를 제시하고, 학생들이 그 문제점을 해결하면서 새로운 스키마를 형성해 나가도록 하는 방법을 많이 쓰곤 한다)'는 말을 많이 쓰는데, 스키마 이론은 이와 관련이 깊다. 사전지식이 많을수록 새로운 지식의 습득 및 활용도가 높아진다고 할 수 있는데, 최근 학습이론의 주된 관점을 살펴보면 '학습이란 이미 알고 있는 배경 지식(스키마)과 새롭게 알게 된 내용을 연결시켜 주는 행위'로 파악하고 있는 경향을 보이는 것 같다. 이렇게 볼 때 새로운 학습이 시작될 때 교사가 적절한 사전학습 상태의 점검을 통해 이미 형성된 학생들의 스키마를 보완 및 활성화시킨 후, 효과적인 동기유발전략을 통해 기존의 스키마를 새롭게 알아 나가야 할 내용에 적절히 연결시켜 주기만 한다면 학생들은 새로운 내용을 더 쉽게 이해할 수 있게 되고, 기존에 알고 있던 것들과 새롭게 알게 된 것들을 잘 융합시켜 새로운 스키마를 만들어 나갈 수 있게 되며, 이렇게 배운 지식(스키마)은 학생들에게 더 오래 기억될 수 있게 된다.

하고 말하는 것이 고작이었다.

❶ 왜 책을 읽어야 하는가?
　오늘날(정보화 시대)을 살아가는 데 필요한 지식과 정보를 얻기 위해서, 그리고 논술을
　대비하기 위해서!
❷ 무엇을 읽어야 하는가?
　(막연하게)좋은 내용이 담긴 책을 읽어야 한다.
❸ 어떻게 읽어야 하는가?
　많이 읽기, 내용을 잘 이해하며 읽기, (무작정)창의적으로 읽기 등.

가　지식과 정보를 얻기 위한 책읽기?

빠르게 변하는 지식정보화사회에 적응하기 위한 지식과 정보를 얻기 위해 책을 읽는다는 것은
그럴듯하게 보일는지 모르지만 '빠르게' 변하는 사회 속에서 '빠르게' 지식과 정보도 얻을 수
있어야 하는데, 독서가 과연 '빠르게' 지식과 정보를 얻는 방법인가를 생각해 보면 "아닌데!"
하고 고개를 흔들게 된다. 오히려 '빠르게 지식과 정보를 얻는 방법' 하면 소위 말하는 '인터
넷'이 더 먼저 떠오르는 것은 필자만의 사례일까? 지식과 정보를 얻기 위해서라면 반드시 책
을 읽을 필요는 없다고 필자는 생각한다. 그보다는 인터넷이나 각종 매체를 통해서 훨씬 빠르
고 풍부한 지식과 정보를 얻을 수 있다고 본다면 "각종 매체와 인터넷을 많이 이용해야 한다."
고 말하는 것이 더 마땅할 것이다. 그런데도 우리는 "책을 많이 읽어야 한다."고 강조하고 또
강조하고 있다. 왜일까?

나　논술 대비를 위한 책읽기?

대학 입학을 위한 시험제도가 바뀌면서 새롭게 생겨난 풍속도가 바로 (독서)논술이다. 초등학
생 아이들부터 중 · 고등학생에 이르기까지 논술 관련 학원을 다니는 사례를 많이 접할 수 있
다. 중 · 고등학생은 그렇다 치고, 초등학교 중학년 학생들도 먼 훗날의 미래를 미리 대비하는
마음으로(그때가 되면 대입 제도가 어떻게 바뀔지도 모르지만) 논술 학원을 다니고 있다. 언젠
가 그들에게 물어본 적이 있다.

(교사) 논술 학원을 왜 다니니?

(학생) 글을 잘 쓰려고요.

(교사) 글은 잘 써서 뭐 하게?

(학생) 좋은 대학에 가려고요. 엄마가 그렇게 해야 한대요.

(교사) 그러면 대학에 안 가면 논술 학원을 안 다녀도 되겠네?

(학생) 그건 잘 모르겠는데요.(난감한 표정으로 웃음)

(교사) 논술 학원에서 주로 뭐 하니?

(학생) 책을 많이 읽고 이야기도 하고 글도 써요.

(교사) 그러면 책을 많이 읽는 것도 논술을 잘하기 위해서인가?

(학생) 네, 맞아요.

(교사) 음, 그렇구나. 그러면 논술을 하지 않는다면 책은 안 읽어도 되겠네.(쓴웃음)

이런 이야기를 나누면서 왠지 마음 한구석에는 안타까움만이 훨훨 타올랐다. 물론 책을 많이 읽는 것이 논술에 큰 도움을 줄 수 있다는 것은 사실이다. 그러나 '논술'이라는 목적이 사라지면 "왜 책을 읽지?"라는 물음에 어떻게 답을 해야 할 것인가?(논술 학원에 다니지 않는 수많은 아이들에게도 그 답은 필요하기 때문이다.) 위의 사례처럼 그냥 웃고 넘길 일인가?

한편, 어떤 일에 목적이 정해지면 그로 인해서 많은 영역에 선을 긋고 경계를 정하게 되며, 기술적인 읽기 요령과 공식과도 읽기 방법이 결합하게 된다. 예를 들어 논술이라는 목적이 정해지면 그에 따라 꼭 읽어야 할 책, 읽을 필요가 없는 책, 글을 읽는 방식과 요령, 글을 읽을 때 중점을 두어야 할 사항 등. 책을 읽는 것이 중요한 학생 시기에 이런 방식으로 책을 읽는다면 얼마나 안타까운 일인가, 물론 글쓰기는 더할 나위 없는 일이고. 다른 것을 떠나서 몇 년 뒤에 있을 일(대입 논술)을 위해 책을 읽고, 글을 쓰라고 한다면 아이들은 이에 대해서 흥미와 호기심을 가질 수 있을까? 그런 일이 과연 재미는 있는 것일까? 게다가 논술이라는 목적을 벗어난다면 그들은 과연 무엇을 위해 글을 읽을 것인가? 궁금해지지 않을 수 없는 일이다.

다 독서기록장을 채우기 위한 읽기?(과제를 위해, 수상을 위해)

독서 활동과 관련하여 학교에서 이루어지는 진풍경 가운데 하나가 바로 이것이다. 독서왕 선발 및 상장 수여. 그 기준을 보면 정말 어이가 없다. 그냥 무작정 책을 많이 읽은 사람에게 상장을 준다는 것이다. 그러다 보니 많은 아이들과 학부모들은 상장을 받기 위해 책을 읽고, 책을 읽도록 강요하고 있다. 그러면 상장을 주지 않는다면 책을 읽히지 않을 것인가? 요즈음 우리 아이들의 잘못된 책읽기 습관 가운데 하나가 바로 질적 독서를 하지 않는다는 것이다. 양적으로만 독서를 하다 보니 읽은 책은 많은데 그 내용은 기억하지 못한다. 그런데도 불구하고 읽은 책의 양만 가지고 시상을 한다. 그게 학교의 현실이다. 어찌 보면 잘못된 독서 습관을 갖게 된 주원인은 학교일지도 모른다. 학교가 양적으로 하는 독서 습관이 들도록 자꾸만 조장하고 있는 것은 아닐는지.

라 책은 왜 읽는가? ➡ 모두의 행복한 삶을 가꾸기 위함!

지금까지 잘못된 독서에 대해 몇 가지 살펴보았다. 필자가 볼 때 바람직한 독서는 논술이나, 상장이나, 단지 지식 습득을 목적으로 하는 것이 아니라 책을 읽는 자신의 현재 삶을 살아가면서 행복한 삶을 꿈꾸는 것으로서의 독서, 꿈꾸어 온 삶을 행복하게 만들어 가기 위한 에너지원으로서의 독서가 되어야 한다고 생각한다. 자신의 기쁨과 슬픔, 자신 앞에 놓인 고민과 문제 상황을 극복해 나가는 데 도움이 되는 책읽기, 이것이 바로 삶을 가꾸고 마음을 살찌우고 모두가 행복해지는 책읽기인 것이다.

마 행복한 삶을 가꾸어 나가는 독서에 꼭 필요한 것 세 가지

[하나] 책이라는 것이 갖고 있는 힘을 믿는 것
책을 읽는 현실적인 이유야 여러 가지가 있겠지만 가장 근원적인 부분을 들여다보면 책이 가진 무한한 힘을 믿는 것에서부터 독서가 시작된다고 말할 수 있을 것이다.

우리가 갖고 있는 책에 대한 믿음

책은 사람들의 생각을 키워 주고 사람들을 지혜롭게 만들어 주며 사람들을 행복의 길로 인도하는 힘이 있다.

[둘] 독서는 즐거운 일이라는 것을 알게 하는 것

사람들은 즐거움이 있는 곳에 오래 머물기를 원한다. 그리고 그곳에 머물면서 행복을 느끼게 된다. 독서는 바로 그런 것이어야 하고, 충분히 그럴 수 있다. 필자도 독서의 즐거움을 깨달아 지금도 많은 책을 읽고 있기에 자신 있게 말할 수 있는 것이다. 그렇다면 학교에서 아이들이 자신의 삶을 가꾸어 나가고 마음을 살찌우고, 모두가 행복해질 수 있도록 하기 위해 독서는 즐거운 일이라는 사실을 알게 하고, 독서 자체의 즐거움을 많이 경험하도록 해 주는 일이 필요하다.

[셋] 책 속에 길이 있음을 알게 하는 것

"책 속에 길이 있다."는 말이 있다. 여기서 말하는 '길'이란 한마디로 '행복해지는 길'이 아닐까 생각한다. 그렇게 본다면 교사는 아이들이 관심과 흥미를 갖고 있는 것, 그래서 알고 싶어 하는 것이 책 속에 들어 있다는 사실을 학생 스스로가 깨닫도록 해 주어 책 속에 행복해지는 길이 있음을 알게 해 주어야 한다.

결국 먼 미래에 있을 논술과 대입이라는 부담스런 이유로, 상장이라는 당근과 채찍으로, 지식과 정보의 습득이라는 막연한 이유로 아이들에게 독서를 강요하기보다는 책이 갖고 있는 진정한 힘과 독서의 즐거움, 그리고 책 속에 들어 있는 길을 깨닫도록 해 주는 일이 가장 시급한 학급운영의 과제라는 것을 교사가 먼저 깨달아야 아이들에게도 이를 안내해 줄 수 있는 것이라는 결론을 내려 본다.

바 자연스럽게 책을 읽게 만드는 토의·토론

책을 읽는다는 것이 그렇게 행복한 것임을 알면서도 몸은 마음처럼 쉽게 따라 주지 않는다. 그래서 교사는 마음과 몸이 하나가 될 수 있도록 다양한 방법으로 동기를 부여해야 하며, 책을 읽지 않으면 안 되도록 의도적으로 계획하고 구조화시켜야만 한다.

사례 1

교사가 아이들에게 흥미진진한 책을 매일 조금씩 읽어 주다 보면 그 뒷이야기가 궁금해진 아이들은 참지 못하고 곧바로 도서실로 달려가 책을 단숨에 끝까지 읽어 버리고 만다. 아주 훌륭한 동기유발이 아닐 수 없다.

수업시간에 감동적인 내용이 담긴 책의 일부를 흥미진진하게, 감동이 그대로 전해지도록 읽어 주기만 해도 아이들은 그 책을 찾아 읽고야 만다.

 수업 준비 차원에서 과제를 효과적(흥미와 호기심으로 인하여 읽지 않으면 안 될 만큼)으로 제시하면 아이들은 그 문제를 해결하기 위해 책을 찾아 읽고자 한다.

 배움의 과정에서 만난 도전적 과제나 문제점, 선택의 상황에서 자신들의 생각과 선택이 옳음을 스스로 증명하기 위해 아이들은 다양한 책을 기꺼이 찾아 읽고자 한다.

특히 '사례 4'와 같은 활동은 토의·토론 활동 과정에서 많이 일어나는 일인데, 아이들이 토의·토론 수업을 많이 경험하면 할수록 자연스럽게 알아 가는 것 한 가지가 있다. 그것은 바로 책을 읽지 않으면 안 된다는 사실이다. 토의·토론 수업은 ㉠ 주제와 관련된 많은 자료들을 스스로의 힘으로 찾아내고 문제를 해결하기 위해 자연스럽게 독서 활동으로 안내해 준다는 점에서(주제는 실생활의 문제와 깊은 관련이 있고, 그 문제를 해결하기 위한 길들이 책 속에 들어 있음을 자연스럽게 깨닫게 됨), ㉡ 자신의 선택이나 주장이 옳음을 증명하기 위해 그를 뒷받침할 수 있는 근거를 찾아 자연스럽게 책을 가까이하게 된다는 점에서, ㉢ 그리고 그 과정에서 느껴 보는 감정들(아쉬움, 성취감, 도전의식, 많은 반성들)이 아이들의 지적·정서적 성장을 크게 도와준다는 점에서 자발적인 독서 동기를 유발시키고 독서 습관을 기르는 데 손색이 없는 훌륭한 방법이라 할 수 있다.

물론 토의·토론 수업이 모든 문제를 다 해결해 준다고 말할 수는 없다. 토의·토론 수업이 독서 동기 유발 및 독서 습관을 기르는 데 아무리 좋다고 해도 교실 속에는 학습에 대한 흥미와 수준, 동기, 도전의식, 수업 참여도, 과제 해결 능력, 책임감 등이 높은 수준에서부터 낮은 수준에 이르기까지 다양한 스펙트럼을 가진 아이들이 모여 있기 때문에 토의·토론 수업 한 가지만으로 아이들을 독서 활동으로 이끌어 간다는 것은 무리일 수밖에 없다. 그럼에도 불구하고 토의·토론 수업은 다른 어떤 학습 방법보다도 아이들이 즐겁게 흥미를 가지고, 자발적으로 참여하려는 자세를 보이는 활동인 만큼 아이들에게 독서 동기를 유발시키고, 독서 습관을 형성시키는 데 효과적인 방법이라 자신 있게 권한다.

사 무엇을(어떤 책을) 읽어야 하는가? ➡ 좋은 책을 읽어라!

좋은 책이란 어떤 책을 말하는가? 이에 대한 답은 이오덕 선생님의 말을 빌어서 대신하고자
한다.[3]

❶ 사람다운 마음을 가지게 하는 책
❷ 사람의 마음을 자유롭게 하는 책
❸ '자기만 잘 살고 즐겁게 지내면 그만' 이란 생각이 아주 잘못되었음을 깨닫게 하는 책
❹ 일하는 사람이 훌륭하다는 생각을 가지게 하는 책
❺ 민주적인 삶의 태도를 갖게 하는 책
❻ 자연에 대한 이해와 사랑을 심어 주는 책
❼ 바르고 깨끗한 우리말로 써 보인 책

한편 폴 아자르는 좋은 책에 대하여 다음과 같은 글을 남기기도 하였다.[4]

❶ 나는 예술의 본질에 충실한 책을 사랑한다. 그것이 어떤 책인가 하면 직관에 호소하고
사물을 직접 느낄 수 있는 힘을 어린이들에게 주는 책, 어린이들도 읽자마자 이해할 수
있는 소박한 아름다움을 지닌 책, 어린이들의 영혼에 깊은 감동을 주어 평생 가슴속에
추억으로 간직되는 책, 그런 책 말이다.

❷ 나는 또 어린이들이 즐겨 머릿속에 그리는 것을 그대로 담은 책을 사랑한다. 온 세상 삼
라만상 속에서 특히 어린이들의 취향에 맞추어 선택된 것, 어린이들을 해방시키고 기쁘
게 하며 행복하게 하는 이미지, 눈 깜짝할 사이에 어린이들한테 덤벼들어 그들을 현실
세계의 굴레로 얽매어 버리지 못하도록 지켜 주는 신비의 세계, 그런 것을 어린이들에게
주는 책을 나는 사랑한다.

3 어린이도서연구회, 1991, pp. 73~74.
4 Paul Hazard, 1999, pp. 59~63.

❸ 어린이들에게 감상이 아니라 감수성을 자각시켜 주는 책, 인간다운 고귀한 감정을 어린 이들의 마음에 불어넣는 책, 동식물의 생명뿐 아니라 삼라만상의 생명을 모두 중시하는 마음을 심어 주는 책, 천지의 만물과 그 만물의 영장인 인간 속에 있는 신비스러운 것을 헛되이 하거나 소홀히 하는 마음을 결코 어린이들에게 심어 주지 않는 책, 그런 책을 나 는 사랑한다.

❹ 놀이라는 것이 대단히 소중하고 중요한 일임을 인식하고 있는 책, 지성과 이성을 단련하 는 것은 반드시 당장에 이익을 낳거나 실제 생활에 이용하기 위한 목적이 아니며, 목적 으로 해서도 안 된다는 점을 분별하고 있는 책, 그런 책을 나는 사랑한다.

❺ 나는 지식을 주는 책을 사랑한다. 그러나 그 책이 무엇이든 쉽게 깨닫게 해 주는 것처럼 가장하고는 감쪽같이 어린이들을 유인해서 즐거운 시간을 낚아채려고 한다면 이야기는 달라진다. 그런 것은 말도 안 된다. 또 실제로 엄청나게 수고하지 않으면 깨달을 수 없 는 것이 많으므로 그런 방법 자체가 터무니없다고 하겠다. 나는 어설프게 다른 것으로 가장한 문법이나 수학이 아니라 솜씨 좋고 적절하게 지식을 가르치려는 의도로 쓰여진 책을 사랑한다. 어린이 영혼의 싹을 짓뭉개 버리는 주입식 책이 아니라, 영혼 속에 지식 의 씨앗을 뿌리고 건강하게 기르려는 그런 책을 사랑한다. 지식을 과대평가하고 만물의 척도로 삼는 과오를 저지르지 않는 책, 즉 지식의 한계를 올바로 이해하고 있는 책을 사 랑한다.

❻ 내가 사랑하는 책은 모든 인식 가운데 가장 어렵지만 가장 필요한 것으로, 곧 인간의 심 성에 대한 인식을 어린이들에게 심어 주는 책이다.

❼ 내가 사랑하는 책은 높은 도덕성을 지닌 책이다. 그러나 내가 말하는 도덕성은 가난한 사람에게 동전 두 닢을 주었다고 해서 자신을 자비로운 사람으로 여기는 그런 째째한 근 성의 도덕이 아니다. 언제까지나 변하지 않는 진리, 인간의 영혼을 생기 있고 분발하게 하는 진리를 풍부하게 지니고 있는 책을 나는 사랑한다. 이기적이지 않고 성실한 애정을 갖고 있는 사람은 언젠가는 반드시 보답을 받을 것이고, 설령 다른 사람이 보답하지 않 더라도 스스로에게 득이 될 만한 점이 많다는 사실을 가르치는 책, 선망이나 시샘이나 탐욕이 얼마나 추하고 저열한 것인지 보여 주는 책, 나는 진리와 정의에 대한 신뢰를 북

돕는 역할을 하는 책을 사랑한다.

좋은 책에 대한 이야기는 아무리 해도 끝이 없고, 말하는 사람마다 차이가 있기는 하지만 결국 좋은 책은 '사람들의 삶을 가꿀 수 있도록 도와주는 책'이라고 필자는 생각한다. 그리고 그런 책들은 우리들 주변에 너무나도 많다. 하지만 아무리 좋은 책이라도 독자가 읽지 않는다면 그것은 책이 아니라 하찮은 종이뭉치에 불과할 뿐이다. 대부분의 부모들과 교사들은 내 아이들이 책을 많이 읽었으면 좋겠다는 바람과 내 아이들에게 좋은 책을 읽도록 해 주겠다는 생각을 갖고 있다. 하지만 책을 읽을 수 있는 여건과 환경을 마련해 주지 않은 채, 책을 읽어야 할 필요와 동기를 제공해 주지도 않은 채, 책을 읽으라고 강요만 하는 것은 아이들을 진흙탕 속에 넣어 두고 옷을 버리지 말라고 말하는 것과 같다. 책을 좋아하는 아이들이 되길 원한다면 책을 늘 가까이할 수 있는 환경과 책을 보고자 하는 동기를 제공해 주어야 하는데, 그 일을 해야 할 가장 적합한 사람은 바로 교사 자신이 아닐까 생각한다. 그리고 가장 좋은 방법으로 토의 · 토론 수업을 적극 권하고 싶다.

끝으로 "교육을 전혀 염두에 두지 않았을 때 우리는 얼마나 훌륭한 교사였던가!"라고 말한 다니엘 페나크의 '무엇을 어떻게 읽든 침해할 수 없는 독자의 권리 10가지'를 소개해 본다.[5]

- 책을 읽지 않을 권리
- 건너뛰어 읽을 권리
- 끝까지 읽지 않을 권리
- 다시 읽을 권리
- 아무 책이나 읽을 권리
- 보바리즘[6]을 누릴 권리
- 아무 데서나 읽을 권리
- 군데군데 골라 읽을 권리

5 Daniel Pennac, 2004, pp. 193~226.
6 '오로지 감각만의 절대적이고 즉각적인 충족감'에 다름 아니다. 즉 상상이 극에 달해 온 신경이 떨려오고 심장이 달아오르며 아드레날린이 마구 분출되는 가운데 주인공의 세계에 완전 동화되어, 어처구니없게도 대뇌마저 잠시나마 일상과 소설의 세계를 혼동하기에 이르는……(Daniel Pennac, 2004, p. 212).

- 소리 내서 읽을 권리
- 읽고 나서 아무 말도 하지 않을 권리

❽ 책을 어떻게 읽어야 하는가? ➡ 잘 !? 그래도 여전히 남은 고민과 걱정 한 가지는 바로 "어떻게 읽는 것이 잘 읽는 것인가?" 하는 점이다. 그 누구도 딱 한 마디로 잘라서 말할 수는 없겠지만 그래도 중요한 방법 몇 가지는 이야기할 수 있을 것이라 여겨진다. 필자 도 여기저기에서 배웠던 방법 및 필자가 자주 사용하고 있는 방법을 아이들에게 소개하 고, 지도하고 있는데 아이들에게서 좋은 반응도 나오고 있어 꾸준히 해 오고 있다. 그 내 용 가운데 몇 가지만 소개해 보면 다음과 같다.

- **탐구를 위해서는 같은 부류의 책을 여러 권 읽어라.** 이 세상에 완전한 책은 없다. 빠진 부 분이 있기 마련이다. 그 빠진 부분은 다른 저자가 쓴 책에서 언급되는 경우가 많다. 그 리고 책을 달리하면서 여러 권 읽다 보면 자연스럽게 관련된 내용이 머릿속으로 들어 오게 된다.
- **어떤 종류의 책이든 전체적으로 내용을 이해하는 데 주로 신경을 써라.** 이 세상에서 제일 똑똑한 사람이라고 해도 그 사람이 알고 있는 지식의 양은 시디 한 장 분량도 되지 않 는다고 한다. 따라서 지식을 많이 알고 있는 것도 중요하지만 모른다고 하여 큰 걱정 을 할 필요는 없다고 생각한다. 그 대신 "자신이 원하는 내용이 어디에 있는가?" 하는 것만은 꼭 기억하도록 하고, 책을 읽을 때 최대한 내용의 이해에 중심을 두는 것이 좋 다.
- **중요한 부분은 줄을 치고 낙서도 하고, 포스트잇도 사용하라.**(여백 활용) 이렇게 해 놓으면 나중에 필요할 때 쉽게 찾을 수 있다. 하지만 그냥 줄만 긋는 것보다는 줄을 긋게 된 이유, 생각해 볼 점, 공감이 가는 점, 이해되지 않는 부분, 더 생각해 볼 점 등을 옆의 공간에 써넣거나, 여의치 않으면 포스트잇과 같은 쪽지에 자신의 생각을 써서 붙여놓 으면 나중에 찾기도 쉽고, 그때의 느낌이나 생각에 대하여 다시 한 번 돌이켜 볼 수 있 게 된다. 그리고 자신의 생각을 적는 데 있어서도 자신만의 기호를 만들어 체계화하 면 더 큰 도움이 된다. 필자도 최근(2008년 초)에 접한 서적[7]을 통해 다음과 같이 기호

7 Stephanie Harvey & Anne Goudvis, 2008, p. 109 참고.

를 만들어 책을 읽어 오고 있는 중이다.

참고   **필자의 사례**

💡 새로운 아이디어   ? 궁금함, 이해 안 됨

ⓢ 정리하기   ⓣ 생각해 보기(고민)

☆ 중요한 부분(중심 생각) — 정도에 따라 개수를 달리 표시함

- 주어진 환경 속에서 가능한 한 자세를 바로 하고 읽어라. 자세가 좋지 않으면 그 자세를 유지하기 위해서 또 다른 신경을 쓰게 되는데, 그만큼 집중력은 떨어지게 된다. 따라서 되도록 좋은 자세를 유지하기 위해 노력하도록 하는 것이 좋다.

- 읽은 내용을 남에게 이야기해 주도록 하라. 혼자 읽은 것에 그치지 말고 읽은 내용 중 감명받은 부분이나 소개하고 싶은 내용 등을 다른 사람에게 설명해 주거나 이야기를 해 주면 읽은 내용을 다시 생각하게 되고, 남에게 설명해 주는 과정에서 자연스럽게 자신의 것으로 만들어지기 때문이다.

- 읽은 내용을 가공해서 재활용하라. 자신의 일이나 과제, 현재 몰두하고 있는 활동에 신선한 아이디어로 가공하여 재활용하는 것도 좋은 방법이다. 이를 위해서 필자는 교수-학습 활동과 독서 활동과의 연계성을 매우 중시하고, 가공을 위한 기본 자료로 독서 기록장 쓰기, 한 줄 메모(독서한 내용에 대한) 등을 활용하고, 아이들에게도 지도하고 있다.

- 반복해서 읽어라. 요즈음 학생들이건 어른들이건 같은 책을 반복해서 읽는 경우를 보기가 매우 드물다. 좋은 책은 자주 읽어서 전혀 해로울 게 없다. 오히려 읽을 때마다 새롭기 때문에 자신에게 보약과도 같은 역할을 하는 것이 좋은 책들이 가진 장점이다.

- 자투리 시간을 잘 이용하라. 어떻게 보면 요즈음 같은 바쁜 시대에 책 읽는 시간을 따로 정해 놓는다는 것은 어찌 보면 시간 활용을 잘하고 있는 것이 아닐 수도 있다. 필자는 책 읽는 시간이 따로 있는 것은 아니라 본다. 가능한 틈새 시간을 활용하면 하루에도

매우 많은 분량의 책을 읽을 수 있다. 예를 들자면 아침 자습 시간, 화장실에 있는 시간, 잠자리에 들기 전, 점심시간, 수업 시간에 과제 활동을 먼저 마무리한 후 남는 시간, 쉬는 시간 등 우리 주변에는 자투리 시간이 널려 있다. 어찌 보면 흐름이 끊어져 내용 파악이 힘들 수도 있지만 모든 책들이 다 그런 것은 아니다.

● 상상을 즐기며 읽어라. 책은 눈으로만 읽는 것이 아니다. 귀로도 읽어야 하고, 머리로도 읽어야 한다. 우리가 가진 감각기관을 최대한 많이 동원할수록 내용을 이해하기가 쉽고 기억하기가 쉬워진다. 동화나 소설 등의 책을 읽을 때는 장면을 머릿속에 떠올리면서 읽어 간다면 훨씬 더 많은 것을 느끼고 이해할 수 있게 된다.

● "왜?"라는 질문을 가지고 읽어라. 책을 읽다 보면 궁금한 점들이 많이 생긴다. 왜 이런 글이 나오게 되었을까? 왜 주인공은 이렇게 말하고, 행동하게 되었을까? 작가는 왜 이런 글을 쓰게 되었을까? 이 내용은 무엇을 뜻하는 것인가? 뒤에는 어떤 글이 이어질까? 등. 이에 대한 궁금증을 해결하기 위해 노력하며 글을 읽게 된다면 글을 통해서 느끼고 깨닫고 배우는 것들이 더 많아지게 될 것이다. 아울러 그 질문에 대한 답을 찾기 위해 노력하는 점도 잊어서는 안 될 것이다.

● 억지로 읽지 말라. 무엇보다도 필자가 제일 중요하게 여기는 원칙 가운데 하나이다. 아무리 좋은 책도 억지로 읽게 되면 전혀 머리에 들어오지 않는다. 때문에 학교에서도 되도록 깐깐한 독서 지도를 하지 않으려 하고 가정에서도 내 자녀들에게 이 점 하나만큼은 꼭 강조하곤 한다. 억지보다는 자유롭고 편안한 분위기에서 여유를 가지고 느긋하게 책을 접할 수 있다면 금상첨화가 아닐까? 억지로 아이들에게 책을 강요하는 것(독서 기록장을 채우기 위해, 상장 수여를 위해, 정해진 분량을 채우기 위해)은 오히려 아이들이 책에서 멀어지게 하는 것이라는 걸 잊지 말자.

필자는 독서에도 전략이 필요하다고 생각한다. 이에 대한 내용은 앞서서 소개한 바 있는 『독서 몰입의 비밀』(Stephanie Harvey & Anne Goudvis, 2008)을 참고하기 바란다. 너무나 좋은 내용들이 많아, 읽으면 여러분에게 큰 도움이 될 것이라 확신한다. 다만 한 번 정도 읽는 데에서 그친다면 별로 도움 될 일은 없을 것이라 생각한다.

2.3 설득력 있는 주장을 갖도록 하기 ─ 6단 논법 지도

최근에 '6단 논법'이라는 것이 학교 현장에서 큰 반응을 얻고 있는데, 그 이유를 살펴보면 설득력 있는 주장에 매우 효과적이기 때문이라는 것을 알 수 있다. 6단 논법은 영국인 Stephen Toulmin에 의해서 시작되었다. Toulmin은 1958년에 영국 케임브리지대학에서 박사 학위를 받았는데, 학위 논문이 〈논술의 활용(The Uses of Argument)〉(1958)이었다. Toulmin은 그 논문에서 전통 논리의 쓸모없음을 지적하는 공격적 이론을 전개하였다. 그 내용의 핵심이 바로 '실용 논리'이고, 그의 실용 논리 모형에는 모두 여섯 가지 요소가 들어 있다. 그런 이유로 많은 사람들은 Toulmin의 실용 논리를 6단 논법이라 부르고 있다. 그 당시 Toulmin은 영국 학계의 냉대와 지탄을 받기도 하였지만, 미국에 건너가서는 1990년 미국의 토론학회가 토론 분야의 탁월한 학자와 공로자에게 수여하는 큰 상을 받게 된다. 이 6단 논법은 말하기, 글쓰기 등의 의사소통 과정에 활용하면 그 효과를 뚜렷이 볼 수 있다는 점에서 포항공대 김병원 교수가 우리나라에 소개하였다.[8]

한편, 6단 논법을 활용할 때 주의해야 할 점 몇 가지를 제시하면 다음과 같다.

❶ 반드시 그 순서대로 사고나 표현을 전개해야 하는 것은 아니다. 사용자가 상황에 따라 적절히 바꾸어도 된다.
❷ 6단계를 모두 포함할 필요는 없다. 필요에 따라 4단, 5단 논법으로 얼마든지 변형할 수 있다.
❸ 6단 논법만으로 모든 사고를 만족시킬 수는 없다는 점을 이해해야 한다. 필요에 따라 전통적인 3단 논법 등의 활동도 염두에 두어야 한다.

6단 논법을 체계적으로 끌어내서 효과적으로 쓰기 위해서는 꾸준한 '연습'이 필요하다. 연습을 한다는 것은 바로 '생각하는 힘'을 기르는 것이다. 6단 논법으로 생각해 보고, 그것을 글로 써서 논술로 만들어 보고, 다시 그것을 말로 해 보면 설득력 있는 주장을 펼칠 수 있게 된다

8 김병원, 2001, 생각의 충돌, 자유지성사. 6단 논법에 대하여 비교적 자세히 소개하고 있는 책 한 권을 더 소개하면 다음과 같다. 여희숙, 2007, 토론하는 교실, 노브. 이 두 권의 책은 토의·토론 및 6단 논법의 공부와 지도를 위해 반드시 읽어야 할 필독서라 할 수 있다.

1단계 안건	설명	어떤 상황이 일어난 상태로, 찬성과 반대가 서로 맞설 수 있는 주제이면서 학생들의 수준에 맞는 것이면 된다.
	예시	"컴퓨터 게임, 해도 좋은가?" "TV를 없애야 하는가?"
2단계 결론	설명	찬성인가 반대인가에 대한 자신의 결론을 먼저 내린다.
	예시	나는 그 안건에 대하여 찬성한다. 나는 그 안건에 대하여 반대한다.
3단계 이유	설명	2단계에서 결정한 '결론'에 대한 '이유'를 말한다. 왜 찬성하는가, 왜 반대하는가에 대한 명확한 이유를 찾아야 한다. 이유는 반드시 안건과 깊은 관계가 있어야 하며, 여러 가지 것들을 모두 포함할 수 있는 '큰 생각' 한 가지면 충분하다.(이유가 옳으면 결론도 옳다!)
	예시	그 이유는 ~~이기 때문이다.
4단계 설명	설명	3단계 이유에 대한 설명을 하는 단계이다. 이유에 대하여 자세하게 설명하는 단계로, 논리적 근거를 들어서 설명하는 과정이다. 이 과정에서 이유에 대한 옳고 그름을 본격적으로 생각하게 된다.
	예시	설명 방법 : 실험 결과, 통계, 신문 보도 자료, 인터넷 자료, 직접 경험, 간접적으로 보고 들은 것, 신념, 비교나 비유 등의 방법을 통해 이루어진다.
5단계 반론 꺾기	설명	반대 측에서 말할 것이라는 가정하에 '상대방이 갖고 있을 것이라 생각하는 중요한 이유'를 미리 예상하여 꺾어 버리는 것을 말한다. 다시 말해 내 주장에 대한 반대 의견(반론)이 있을 것이라고 미리 예상하고 미리 그에 대한 반박이나 논란의 소지를 잠재우는 것을 말한다.
	예시	물론 ~~할 수도 있지만 ~~하다. 그렇게 생각할 수도 있지만 ~~라는 점을 잊어서는 안 된다. ~~라고 말할 수도 있으나 ~~다.
6단계 정리	설명	어떤 일이든 절대적인 것은 없다고 보고, 그에 대한 예외를 찾아 말하면서 자기의 주장을 확실히 하는 것이다. 예외가 없는 것은 그 자체가 토론의 대상이 될 수 없다. 예외란 찬성과 반대 모두를 포함하고 있거나 현실적으로 양쪽 모두를 어느 정도 만족시키는 최선의 선택은 무엇인가에 대한 고려를 말한다. 이 부분까지 정리해야 비로소 모든 단계가 완성된다.
	예시	1단계부터 5단계까지의 이야기를 종합적으로 정리하여 결론을 내린다. 물론 ~~라는 예외는 있을 수 있겠지만 ~~이다.

※ 토론의 본질은 이유와 설명이기 때문에 6단 논법에서 가장 핵심적인 부분 또한 '3단계'와 '4단계'라 할 수 있다.

(6단 논법은 '안건'에 대하여 창의적으로 이유를 생각해 내고 찬성과 반대 주장의 옳고 그름을 알아내는 과정에서 탐구력이 생기도록 도와준다. 이런 경험은 학생들의 학습과 발전에 큰 도움이 될 것이다). 따라서 4학년 이상 되는 학생들은 꾸준히 지도할 필요가 있다고 판단된다. 이를 위하여 관련 교과 시간 또는 일기 쓰기 활동 등과 연계시키는 방법도 고려해 볼 만하다.

필자가 6단 논법을 중요하게 여기는 이유

'언어사고력'을 키우기 위해서이다. 다시 말해서 생각하고 말하는 방법을 알도록 하기 위해서이다. 6단 논법으로 글을 쓰면 '논술'이 되고 그것을 다시 말로 하면 '토론'이 된다.

필자는 『생각의 충돌』(김병원, 2001)과 『토론하는 교실』(여희숙, 2007)을 바탕으로 아래와 같이 교실에서 아이들에게 6단 논법을 지도하고 익히도록 하였다.

가장 먼저 6단 논법의 중요한 요소들을 순서대로 익힐 수 있도록 간단한 1도 화음 선율에 6단 논법의 각 단계를 순서대로 담은 뒤, 위에 제시한 바와 같이 악보로 만들어 배부하고, 자주 불러서 익숙해질 수 있도록 하였다.

다음으로 글쓰기 시간(재량 시간)을 활용하여 각 단계별로 자세한 설명과 안내를 통해 6단 논법을 이해할 수 있도록 하고, 이를 바탕으로 아이들이 6단 논법에 좀 더 가까이 다가갈 수 있도록 하였다(특히 3단계 핵심 이유 찾기[9], 4단계 이유를 뒷받침하는 근거를 들어 효과적으로

필자의 반 사례 ― 6단 논법 쓰기 및 게시물

[9] 핵심 이유 찾기를 할 때, 아래와 같이 범하기 쉬운 오류들을 학생들이 이해할 수 있도록 지도하면 좋다. 김병원 교수는 그의 저서 『생각의 충돌』(2001)에서 좋지 못한 이유 세 가지(무관, 확대, 편협)와 빠져서는 안 될 다섯 가지 함정(대표성의 함정, 유일 이유의 함정, 증거 없음의 함정, 가정의 함정, 주관의 함정)을 제시하였다(pp. 86~151).
① 무관 : 안건과 관계가 확실하지 않은 이유
② 확대 : 의미와 적용 범위가 지나치게 넓은 이유
③ 편협 : 객관적이지 않고 부분적으로만 적용이 가능한 이유
④ 대표성의 함정 : 하나의 사례로 전체를 대표하려 하는 경우
⑤ 유일 이유의 함정 : 이유 하나로 모두를 설명하려 하는 경우
⑥ 증거 없음의 함정 : 증거가 없다고 하여 반드시 부정(혹은 긍정)은 아니다. 증거가 필요 없는 경우도 있을 수 있다.
⑦ 가정의 함정 : 가정적 진술은 사실성이 없다. 가정은 증거가 될 수 없다.
⑧ 주관의 함정 : 주관의 일방적 주장은 타당성이 희박하다. 객관적 사고와 증거가 있어야 한다.

설명하기 부분에 많은 시간을 할애하여 예를 들어 설명하고, 직접 써 보게 하고, 첨삭 지도하고, 발표하게 하고, 발표한 내용에 대하여 함께 생각해 보는 시간을 수시로 가졌다). 또한 재량 시간만으로는 부족하여 교과 수업 시간에 찬반 대립이 가능한 상황이나 주제가 보이면 수업 목표 달성에 힘쓰면서도 약간의 시간을 할애하여 그 주제에 대한 개인적인 의견을 6단 논법으로 쓰고 발표하기 혹은 쓴 것을 게시물로 활용하기, 6단 논법을 활용한 일기 쓰기(공통 주제를 제시하거나 스스로 안건을 만들어 그에 대한 6단 논법 쓰기) 등의 방법을 꾸준히 활용하였다. 많이 하는 만큼 아이들은 6단 논법에 익숙해졌고, 자신의 생각을 비교적 논리 있게 표현할 수 있게 되었다.

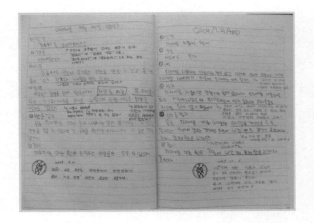

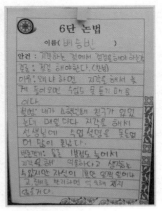

필자의 반 사례 — 6단 논법으로 일기 쓰기 및 게시물 사례

필자가 직접 만든 "6단 논법 노래"의 악보를 보며 노래를 부르는 모습

한편 6단 논법의 활용에 보다 익숙해질 수 있도록 하기 위해서 사이버 공간에까지 그 활용을 확대, 주기적으로 알맞은 주제를 주고 그에 대한 자신의 생각을 6단 논법으로 정리하여 학급 홈페이지에 올릴 수 있도록 하였고, 게시된 글에 대해서는 지도 조언을 해 주고자 최선을 다하였다. 이런 면에서 본다면 인터넷은 교수-학습 활동을 위한 굉장히 좋은 매체이자 도구가 아닐 수 없다.

필자의 반 사례 — 학급 홈페이지 6단 논법 게시판의 게시글 및 지도 조언

2.4 말하기/듣기의 기본 훈련 — 협동학습 구조의 적극 활용

토의 · 토론 수업은 '참여'를 기본 전제로 한다. 학급 구성원의 참여가 이루어지지 않는다면 토의 · 토론 수업은 절대로 이루어질 수 없다. 따라서 자신의 생각과 의견을 언제 어디서나 자유롭게 밖으로 표출할 수 있는 자신감을 키워 주고 그런 분위기를 조성하는 일은 교사에게 있어서 매우 중요한 소임이라 말할 수 있다. 그리고 이런 소임을 완수하기에 매우 효과적인 협동학습 구조가 있는데, 그것이 바로 '번갈아 말하기, 돌아가며 말하기' 구조다. 이 두 가지 구조는 개발 목적 자체를 '참여의 극대화'에 두고, 구성원의 생각과 의견을 밖으로 최대한 이끌어 내기 위한 노력의 결실로 빛을 보게 되었다.

모둠 내 돌아가며 말하기

필자는 토의 · 토론 수업에서 학생들이 적극적으로 참여할 수 있도록 하기 위한 기본 훈련 과정으로 자신의 생각이나 의견을 모둠 내에서 자연스럽게 표현할 수 있도록 도와주는 두 가지 협동학습 구조를 교수–학습 활동 시간에 수시로 적용하면서 발표에 대한 자신감을 조금씩 키워 나갔다.

짝끼리 번갈아 말하기

가 얼굴짝과 어깨짝에 대한 이해

협동학습을 하게 되면 보통 위의 그림에서 보는 바와 같이 자리배치를 하게 된다. 이럴 경우 2명씩은 서로 어깨를 나란히 하고 앉게 되고, 2명씩은 서로 얼굴을 마주 보며 앉게 된다. 이때 어깨를 나란히 하며 앉게 된 친구들을 '어깨짝'이라고 부르고, 얼굴을 마주 보며 앉게 된 친구들을 '얼굴짝'이라고 부른다. 따라서 한 모둠에는 얼굴짝 2쌍 또는 어깨짝 2쌍이 존재하는 셈이 되는데, 활동에 따라서 어깨짝끼리 하면 좋은 활동이 있는가 하면 얼굴짝끼리 하면 좋은 활동이 있기도 하다. 어떻게 상호작용하는 것이 훨씬 효율적인가 하는 면을 잘 생각해 보고

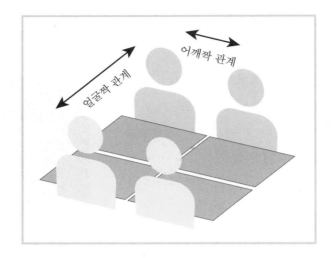

짝활동에 대한 방법을 생각하는 것도 수업의 효과를 높이기 위한 방법일 수 있다는 점을 잊지 말자.

한편 구조를 적용한 활동을 해 나가면서 학생들이 '얼굴짝' 혹은 '어깨짝'이라는 용어를 알고 있으면 활동에 대한 안내나 설명을 할 때 훨씬 용이함을 느낄 수 있다. 따라서 모둠활동을 시작할 때는 학생들에게 그 관계부터 설명하는 것이 순서일 것이라 생각한다.

나 번갈아 말하기 구조 활동[10]

1단계 : 주어진 주제에 대한 자신의 생각을 정리한다.

2단계 : 모둠 내에서 둘씩 짝을 지어 마주 본다.(얼굴짝)

3단계 : 얼굴짝끼리 서로 자신의 생각을 번갈아 가며 나눈다(한 사람이 주어진 시간 동안 이야기를 하면 다른 사람은 그 사람의 이야기를 잘 들어 준다. 이때 듣는 사람은 절대로 이야기를 하지 않도록 한다. 한 사람의 이야기가 끝나면 역할을 바꾸어 한 번 더 반복한다).

변형 —4단계로 확장 : 모둠 내 다른 짝(어깨짝)과 함께 3단계에서 나눈 얼굴짝의 생각이나 의

10 이상우, 2009, pp. 296~299를 참고. "토의·토론의 실제"에서 구체적으로 안내함.

견을 먼저 이야기하고 자신의 생각을 번갈아 나눈다(영철이는 지난 일요일에 가족들과 함께 서울랜드에 가서 범퍼카·바이킹·우주열차 등을 타고 김밥도 먹으며 신나게 놀았다고 합니다. 그리고 나 민수는 지난 일요일에 가족들과 함께 외식을 하였는데, 집 근처에 있는 중국 요리 전문점에 가서 오랜만에 먹은 자장면과 탕수육의 맛은 참 일품이었습니다). 필요한 경우에는 다른 사람의 생각이나 의견을 기록하거나 메모할 수 있는 활동지를 나누어 주고 중요한 부분을 기록해 가면서 들도록 할 수도 있다. 이렇게 하면 모둠 내에서 네 사람 모두의 생각이나 의견을 나누고 들을 수 있다.

★ 먼저 두 명씩(얼굴짝 혹은 어깨짝끼리) 짝을 정한 후, 일정 시간 동안 생각한다.

경청
침묵
기억
메모

★ 얼굴짝끼리 개인적으로 생각한 의견들을 주어진 시간 동안 번갈아 가며 나눈다.

경청
침묵
기억
메모

★ 앞서 짝과 나눈 내용을 먼저 말하고, 자신의 생각을 이어서 말한다(번갈아 가며).

★ 필요한 경우, 모둠원들의 생각을 종합·정리하여 발표할 준비를 한다.

번갈아 말하기 또는 돌아가며 말하기 구조를 실제로 적용해 나갈 때, 학생들이 '시작' 신호와 함께 바로 자신의 생각이나 의견을 말하는 것보다는 간단한 인사말이나 칭찬의 말, 감사의 말 등을 먼저 나누고 나서 활동 주제나 과제에 대하여 언급을 한 뒤 본론으로 들어가도록 하는 것이 더 좋다. 이는 입을 여는 연습 차원에서 하는 것으로, 하는 만큼 충분한 효과가 있다.

예 만나서 반가워요. 오늘도 함께하는군요. 오늘은 머리 스타일이 참 예쁘군요. 오늘은 옷이 참 잘 어울립니다. 좋은 말씀 잘 들었습니다. 좋은 아이디어였습니다. 감동적인 말이었습니다. 칭찬해 주어서 고맙습니다. 이해해 주어서 감사합니다. 이번에는 제가 "○○○는 꼭 필요한 것인가?"에 대하여 의견을 말해 보도록 하겠습니다. 저는 '○○○의 해결방안'으로 이런 것들을 생각해 보았습니다.

다 돌아가며 말하기 구조 활동[11]

1단계 : 주어진 주제에 대한 자신의 생각을 정리한다.

2단계 : 모둠 내에서 정해진 번호 순서에 따라 자신의 생각이나 의견을 발표한다(다른 친구들은 발표하는 모둠원의 생각이나 의견을 잘 듣는다).

3단계 : 1, 2, 3, 4번 순서로 돌아가며 모두 발표한다.

변형 : 2, 3단계를 진행할 때 자신의 생각이나 의견만 발표하지 말고 바로 앞에 발표한 친구의 생각이나 의견을 먼저 말하고, 자신의 생각이나 의견을 발표하게 하면 듣기 능력까지도 향상되어 더 큰 효과를 볼 수 있다(앞서 말한 민수는 자신의 장래 희망이 의사라고 하였습니다. 왜냐하면 의사가 되어서 병이 있어도 가난하여 병원에 갈 수 없는 사람들을 도와주고 싶기 때문이라 하였습니다. 그리고 저의 장래 희망은 탐험가입니다. 왜냐하면 탐험가가 되어서 지구 곳곳에 있는 알려지지 않은 많은 것들을 사람들에게 소개해 주고 싶기 때문입니다).

11 이상우, 2009, pp. 296~299를 참고. "토의 · 토론의 실제"에서 구체적으로 안내함.

★ 모둠 내에서 말할 순서를 정한 후, 주제에 대하여 각자 생각할 시간을 갖는다.

경청
침묵
기억
메모

★ 정해진 순서에 따라 자신의 생각을 말하고 듣는다.(돌아 가며 말하기)

★ 필요한 경우, 모둠원들의 생각을 종합·정리하여 발표 할 준비를 한다.

번갈아 말하기 또는 돌아가며 말하기 구조를 실제로 적용해 나갈 때, 말할 차례가 되지 않은 학생들은 절대로 이야기하지 말아야 하고, 상대방을 바라보면서 중요한 내용을 기록(메모)하기도 하고, "음, 그렇군요!" 또는 "아하! 그거였군요!", "와우, 정말 대단합니다!" 등의 반응을 적극적으로 보여 줄 수 있도록 지도하는 것이 좋다. 그렇게 되면 말하는 상대방은 자신의 말을 들어 주는 것에 대한 고마운 마음과 함께 기분이 좋아지는 것을 느껴서 서로의 관계도 돈독해진다.

라 다시 말하기 구조 활동[12]

토의·토론 수업에서는 자신의 생각이나 의견을 말하는 것도 중요하지만 듣기 활동도 매우 중요한 활동이다. 따라서 듣기 능력을 향상시키기 위한 방안도 마련해 두지 않으면 안 된다. 바로 이런 때를 위해 개발된 협동학습 구조 중 한 가지가 '다시 말하기(카드)' 구조인 것이다. 이 구조는 다른 구조 활동을 보완해 주는 역할을 하는데, 특히 듣기 활동에 큰 도움을 주고 있다.

1단계 : 각 모둠에 '다시 말하기 카드'를 나누어 준다(모둠별 1개).

2단계 : 각 모둠원들은 순서를 정하여 말하거나 자유롭게 생각이나 의견을 나눌 때, 바로 앞서서 말한 사람의 생각이나 의견을 그대로 혹은 간단하게 정리하여 말한 후, 자신의 생각이나 의견을 말할 수 있도록 한다(뒷사람이 잘못 말하거나 수정해야 할 부분이 있으면 앞서서 말한 사람이 그 부분을 수정할 수 있도록 도와준다).

모둠 내 다시 말하기 여권 활동 사례

12 이상우, 2009, pp. 426~427을 참고. "토의·토론의 실제"에서 구체적으로 안내함.

번갈아 말하기 또는 돌아가며 말하기 구조를 실제로 적용해 나갈 때, 학생들에게 시간 규칙을 확실하게 알려 주도록 하고, 학생들이 시간의 흐름을 알 수 있도록 하는 방법을 다양하게 마련해 주어야 한다. 예를 들자면 타이머를 프로젝션 TV에 띄워 주거나, 교사가 직접 스톱워치(초시계)를 갖고서 시간을 재면서 "3분 지났습니다.", "앞으로 2분 남았습니다.", "30초 뒤에 마무리하겠습니다."와 같이 이야기를 해 주면, 학생들은 스스로 자기의 이야기를 정리하고 시간을 조절하는 능력을 기를 수 있게 된다.

라 말하기/듣기 기본 훈련 사례(번갈아 말하기, 돌아가며 말하기, 다시 말하기)

상대방의 이야기를 적극적으로 들어 주고(경청) 차례를 지켜 가며 서로 존중하는 마음으로 이야기를 주고받는 것은 좋은 토의·토론 수업을 해 나가기 위해 학생들이 꼭 갖추어야 할 자질이라 할 수 있는데, 이 세 가지 구조 활동은 바로 그런 자질들을 길러 나가는 데 매우 효과적이라 할 수 있다. 이 세 가지 구조 활동을 통해 학생들은 상대방의 말에 끼어들지 않고, 상대방의 말할 권리를 지켜 주며, 이야기의 핵심을 파악할 수 있도록 하는 연습을 해 나갈 수 있다. 활동의 끝마무리 차원에서 모든 대화의 내용(상대방의 내용 혹은 자신의 이야기까지 포함)을 정리해서 여러 사람 앞에서 발표를 할 수 있도록 해 준다면 더 좋은 활동이 될 수 있다. 왜냐하면 자신만의 것을 말하는 것보다는 모두의 생각과 의견을 모아서 발표하는 것이 발표하는 사람의 부담을 덜어 주기 때문이기도 하고(내 생각만 발표하는 것이 아니라서 자신이 책임져야 할 부분을 그만큼 나누어 가질 수 있기 때문이다. 그리고 상대방 혹은 모둠원 모두의 이야기가 더해져 할 이야기가 많아지기 때문에 자신의 생각이나 의견이 조금 빈약하다고 느껴지거나 할 이야기가 별로 없어서 곤란한 상황에 놓이더라도 부담이 많이 줄어들게 된다), 서로 나눈 생각이나 의견들을 종합하고 정리하여 발표하는 힘을 키워 줄 수도 있기 때문이다.

세 가지 구조의 가장 큰 효과
(1) 정해진 시간 동안 자기 의견 말하기 능력 향상(참여)
(2) 적극적으로 다른 사람의 말을 들어 주는 능력 향상(경청)
(3) 의견을 정리하고 종합하여 발표하는 능력 향상(발표)

이 세 가지 구조는 토의 · 토론 수업뿐만 아니라 거의 모든 교수 학습 활동 및 학급 활동에서 매우 효과적으로 활용되고 있는데, 그 사례를 제시해 보면 다음과 같다.

① 수업의 시작 단계에서 동기유발 차원에서의 활용

오늘 수업의 주제가 '태양계'에 대한 것이라면 "'태양계' 하면 생각나는 것을 한 가지씩 번갈아/돌아가며 이야기해 봅시다."와 같이 동기유발 차원에서 도입부를 이끌어 갈 수 있다.

수업 내용과 관련 있는 영상물이나 사진 자료, 각종 도표 등을 보여 준 뒤, "이 자료를 통해서 알 수 있는 것, 알아낸 것, 궁금한 것, 알고 싶은 것 등을 번갈아/돌아가며 이야기해 봅시다."와 같이 수업을 시작할 수 있다.

수업 시작과 함께 먼저 이야기를 읽게 하거나 들려주고, "'내가 이 이야기 속의 주인공이라면 어떤 내용으로 세 가지 소원을 빌었을 것인가?'에 대하여 번갈아/돌아가며 이야기를 나누어 봅시다."와 같이 수업을 진행해 나갈 수 있다.

이야기 속의 한 장면을 보여 주고, "'이 그림은 무엇을 하고 있는 모습인가?, 왜 이런 모습을 하고 있을까?, 뒤에는 어떤 장면이 이어지게 될까?' 등에 대하여 번갈아/돌아가며 이야기해 봅시다."와 같이 수업을 시작할 수 있다.

다양한 자료(이미지 혹은 이야기)를 나누어 주고, "나누어 준 이야기나 그림 속에서 '가장 중요하다고 생각되는 것은 무엇인가?'에 대하여 번갈아/돌아가며 이야기를 나누어 봅시다."와 같이 수업을 시작할 수 있다.

② 수업의 마무리 단계에서 공부한 내용 되짚어 보기 차원에서의 활용

계획을 가지고 수업을 5분 정도 일찍 마무리한 후에, 그 시간을 통해 배워서 새롭게 알게 된 것, 중요하다고 생각되는 점, 가장 기억에 많이 남는 것, 더 알고 싶은 점 등에 대하여 번갈아/돌아가며 이야기해 보도록 한다(노트 필기 시간으로 가져도 좋다).

오늘 공부한 내용 가운데, 학생들이 만약 선생님이라면 평가 문제로 내고 싶은 것 한 가지씩 각자 생각해 보고, 모둠 내에서 번갈아/돌아가며 퀴즈 활동을 해 본다[모둠 내에서 한 사람(기록이)은 그 내용을 정리하여 교사에게 제출하고, 교사는 그 문항들 가운데 좋은 것을 선정하여 평가 문항에 활용할 수도 있을 것이다].

③ 수업의 전개 부분에서 중요한 질문, 해결방안 등을 이끌어 내고자 할 때 활용

중요한 것들에 대한 설명을 마친 뒤, 궁금한 점들에 대하여 한 가지씩 질문을 생각해 보게 한 다음, 먼저 모둠 내에서 각자가 만든 질문들을 '번갈아/돌아가며' 나눌 수 있도록 하고, 그중에서 좋은 것이라 생각되는 것들만을 골라 학급 전체 앞에서 교사에게 질문을 하도록 할 수도 있다. 이렇게 서로 질문을 주고받다 보면 자연스럽게 그에 대한 답을 얻을 수 있는 경우도 생기고, 또래 가르치기 현상도 나타나게 된다. 그런 과정을 거치면서 모둠 내에서 해결되지 않은 것들이 전체 질문으로 자연스럽게 나오게 된다.

핵심 과제를 학생들에게 제시한 뒤, 그 과제에 대한 중요한 해결방안이나 대안 등을 모둠 내에서 번갈아/돌아가며 말하도록 한 뒤, 그 내용을 정리하여 모둠 발표를 하게 할 수도 있다.

④ 핵심 질문에 대한 학생들의 대답을 이끌어 내고자 할 때 활용

 사례 1

중요한 질문 한 가지를 학생들에게 한 뒤, 그에 대한 답을 찾기 위해 번갈아/돌아가며 말하기 과정을 거치면서 서로 의견을 나누고, 필요한 경우 정답에 대하여 서로의 합의를 이끌어 내도록 할 수도 있다. 그렇게 되면 교사가 어떤 사람에게 질문을 하더라도 서로 나누었던 내용을 쉽게 이야기할 수 있게 된다.

⑤ 학급 활동(학급회의 등)에서 중요한 안건에 대하여 논의할 때 활용

 사례 1

지난주 목표에 대한 반성을 한 가지씩 번갈아/돌아가며 말한 뒤 종합하여 전체 앞에서 발표하도록 할 수도 있다.

 사례 2

새롭게 시작되는 한 주에 목표로 알맞은 것을 한 가지씩 번갈아/돌아가며 말한 뒤 종합하여 전체 앞에서 발표하도록 할 수도 있다.

 사례 3

새롭게 선정된 목표를 달성하기 위한 실천사항으로 알맞은 것을 생각한 뒤 번갈아/돌아가며 말하기로 나눈 뒤, 종합하여 전체 앞에서 발표하도록 할 수도 있다.

 사례 4

학급 내에서 일어나는 다양한 현상이나 활동에 대하여 학생들의 솔직한 생각이나 의견을 듣고 싶을 때, 그에 대하여 먼저 학생들끼리 번갈아/돌아가며 말하기로 나누도록 한 후에 그 내용을 종합·정리하여 전체 앞에서 발표하도록 할 수도 있다.

2.5 이야기 글의 6하 원칙[13] 지도(동화, 소설, 전기문 등)

토의·토론 수업은 독서 활동과도 깊은 관련이 있다. 최근 들어 독서 토론 활동이 매우 활성화되고 있는 것도 그런 이유 때문이라 할 수 있다.

13 여희숙 선생님이 이름 붙인 것(2007, pp. 115~118를 참고)

  토의·토론 수업의 소재는 매우 다양하다고 할 수 있는데, 실생활에서 일어나는 일들뿐만 아니라 이야기 글(동화, 소설, 전기, 짧은 예화 자료, 교과서 속에 있는 이야기 등) 속에 있는 상황들 모두가 토의·토론 수업의 소재가 될 수 있다.

  주어진 글을 읽고 토의·토론 수업에 참여하기 위해서는 글 속에 담긴 내용을 제대로 이해할 수 있어야 하는데, 우리 아이들이 이 부분에 있어서 또한 취약함을 드러내고 있어 자신의 생각이나 의견을 자신 있게 말하지 못하고 있는 현실이다. 이를 극복하기 위해서 아래와 같은 방법을 사용하여 이야기 글을 정리할 수 있도록 꾸준히 지도하였다.

- 이야기의 주인공은 누구인가?(주인공)
- 주인공은 어떤 상황에 놓여 있는가?(상황)
- 그 상황에서 주인공이 한 행동은 무엇인가?(행동)
- 왜 주인공은 그런 행동을 한 것인가?(동기)
- 주인공의 행동을 방해(힘들게 하는 것)하는 것들은 무엇이었는가?(방해)
- 이야기의 결과는 어떻게 되었는가?(결과)

(주-상-행-동-방-결)

  신문기사의 경우, 6하 원칙을 적용하여 글을 쓰거나 정리해서 이해하게 되면 전체 구조를 쉽게 이해할 수 있는 것과 같은 이치라 할 수 있다. 때문에 아이들에게 책을 읽고 나서 읽은 책의 내용을 독서 기록장에 정리할 때 혹은 국어시간이나 도덕시간 또는 예화 자료를 활용하는 시간이면 어김없이 이야기 글의 6하 원칙에 따라 내용을 먼저 정리할 수 있도록 안내하였고, 아이들은 꾸준히 이 과정을 겪어 나가면서 읽기 능력 및 내용 이해 능력과 독서에 대한 흥미를 점점 키워 나갈 수 있었다(아이들이 이야기의 전체 구조를 쉽게 파악할 수 있게 되었고, 내용 이해도 쉬워져서 글에 대한 부담감을 한층 줄여 나갔다).

이야기 글 6하 원칙 지도 장면

이야기 글 6하 원칙 판서

이야기 글 6하 원칙 필기

6하 원칙에 따라 글 요약하기

노트 필기 및 활동 사례 (1)

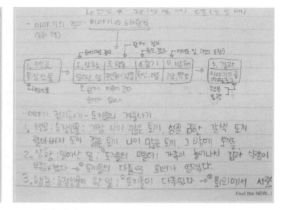

노트 필기 및 활동 사례 (2)

독서 토의·토론을 할 때 아래와 같이 진행하면 보다 효과적이다.

1단계 : 먼저 책의 내용을 '이야기 글의 6하 원칙'에 따라 정리한다.

2단계 : 정리한 내용을 바탕으로 자신의 주장이나 생각을 '6단 논법'에 맞게 정리한다.

특히 국어시간이나 도덕시간, 독서와 관련된 재량활동시간 등에는 글을 읽고, 이야기 글의 6하 원칙에 따라 각자 정리한 뒤 발표(모둠 내 발표 혹은 학급 전체 발표)도 해 보게 하였고, 그 과정에서 아이가 빠뜨린 부분이 있다면 중간 중간에 간단한 질문을 통해서 스스로 그 부분을 보완할 수 있도록 지도해 나갔다.

"주인공은 참 힘들었겠구나."

"네, 저라면 저렇게 못했을 것 같아요."

"네가 만약 그 상황에 놓인다면 어떻게 할 것 같니?"

"저라면 조금 노력은 해 보겠지만 쉽게 포기할 것 같기도 해요."

"저런, 쉽게 포기하면 안 되지. 너도 잘할 수 있을 거야. 그런데 주인공은 왜 그 상황에서 그렇게밖에 할 수 없었을까? 자신만의 행복과 이익을 위해서 그랬던 것일까?"

"아, 맞다. 그 부분을 빠뜨렸네요. 주인공은 큰 것을 위해서 작은 것을 희생하는 것이 낫다고 생각했기 때문에 그렇게 행동할 수밖에 없었어요."

그러다 보니 이야기 자료 속에 나오는 상황을 중심으로 토의·토론 수업(특히 독서 토의·토론)을 할 때도 사건이나 논점에 대한 명확한 이해를 바탕으로 하고 있어서 엉뚱한 이야기가 나오거나 사건과 관련 없는 말을 하는 빈도가 훨씬 줄어들게 되었다.

글의 구조와 내용 이해, 글쓰기 등을 위해서 아이들에게 아래 세 가지는 꼭 지도할 필요가 있다. 중 · 고학년 이후부터는 이를 지도하기 위한 교사의 노력이 요구된다.

(1) 기사 글의 6하 원칙(누가, 언제, 어디에서, 무엇을, 어떻게, 왜)

(2) 이야기 글의 6하 원칙(주인공, 상황, 행동, 동기, 방해, 결과)

(3) 주장하는 글의 6단 논법(안건, 결론, 이유, 설명, 반론 꺾기, 정리)

2.6 생각의 고삐 풀기

토의 · 토론 수업을 해 나가면서 해결해야 할 난제 가운데 하나가 생각의 고삐를 풀도록 하는 일이다. 이 일이 중요한 이유는 아래와 같은 모습을 보이는 학생들이 많기 때문이다.

❶ 생각이나 의견을 내놓기 전에 스스로가 먼저 어떤 판단을 내리게 되고, 그로 인하여 발표에 자신감을 잃어버리는 일이 많아지게 되었다.

❷ 타인의 생각이나 의견을 들을 때, 우선적으로 '옳음' 과 '그름', '나쁜 생각' 과 '좋은 생각' 으로 어떤 기준에 따라 판단이나 분류부터 하려 하다 보니 발표하는 사람은 부담스런 마음이 먼저 앞서게 된다(자신에게 돌아올 비난이나 비판에 대한 두려움을 가질 수밖에 없는 일이다).

그러다 보니 아이들은 토의 · 토론을 하자고 하면 침묵으로 일관하는 현상을 보일 수밖에 없게 되었다. 타인의 생각이나 의견을 어떤 기준에 따라 판단하고 분류하기 이전에, 먼저 타인의 입장을 적극 수용할 수 있는 방향으로 교실 분위기가 개선되지 않는다면 토의 · 토론 수업은 매우 어려울 수밖에 없다.

따라서 이를 개선하기 위한 교사와 학생 모두의 꾸준한 노력이 필요한데, 필자는 다음과 같은 활동들을 학생들이 자주 경험하도록 하여 그들의 '생각의 고삐'를 푸는 일(창조적이고 유연한 사고를 하며, 타인의 생각이나 의견에 대하여 수용적인 태도를 갖도록 하는 일)에 도움을 주고 있다.

가 꼬리에 꼬리를 무는 이야기

● 필요한 시간 : 약 5~10분
● 진행 방법 : 모둠원들끼리 돌아가면서 혹은 두 사람씩 짝을 지어 번갈아 가며 한 구절 혹은
  한 문장씩 이야기를 이어 가는 활동이다(예 : A 일단, B 냄비에, A 물을, B 3컵, A 붓고, B
  고추장을, A 5스푼, B 풀어 준 다음, A 물이, B 끓을 때까지, A 기다렸다가, B 물이, A 끓으
  면, B 떡을, A 넣고…).

활동의 팁

❶ 처음 시작할 때, 교사가 모두에게 한 구절 혹은 한 문장을 불러 주면(예 : "옛날에 어느 노
  인이 살고 있었는데"라고 먼저 교사가 시작을 해 주면) 그다음부터 학생들이 이어 갈 수 있
  도록 해도 되고, 그냥 주제나 방향성만을 알려 주고(예 : "맛있게 떡볶이 요리를 하기", "사
  냥꾼과 오리", "즐거운 놀이 공원" 등) 순서에 따라 계속 돌아가며(번갈아 가며) 이야기를
  이어 나갈 수 있도록 하면 된다.
❷ 말로 이어 나가도 좋고, '절대로 말하지 않기'라는 규칙을 만든 후에 종이 위에 글로 써 나
  가도 좋다.
❸ 진행은 최대한 빠르게 하도록 한다. 서로 시선을 마주하며 경청하도록 하고, 상대방이 잘
  들을 수 있도록 또렷하게 말하도록 한다.
❹ 이야기가 끝을 맺을 때까지 또는 약속된 시간이 다 될 때까지 계속된다.
❺ 한 번 활동이 끝나면 서로 평가를 해 보도록 한다(예 : 말할 때 머뭇거리지 않았는가? 머뭇
  거렸다면 왜 그랬는가?).
❻ 평가를 한 후 다시 게임을 해 보도록 한다. 할 때마다 머릿속에 가장 먼저 떠오르는 것을 무
  조건 내뱉도록 한다. 상대방의 말이 우습거나 낯설거나 독창적이지 않더라도 따뜻한 웃음
  과 표정으로 받아들이도록 한다. 그리고 게임이 끝날 때마다 다시 평가를 하도록 한다(이
  런 활동은 한 번으로 끝나는 것이 아니라 꾸준히 실천 · 반복되어야 한다).

주의할 점

❶ 말을 할 때 거침없이 이어 가도록 안내하고 익숙해지도록 한다(말을 하기 전에 머뭇거렸다
  는 것은 두뇌 속에서 검열 장치가 작동되었다는 것을 뜻한다. 검열 장치가 작동되기 전에
  떠오르는 말들을 막힘없이 내놓을 수 있도록 한다).

❷ "음 ~", "어 ~"와 같은 소리를 내며 생각할 시간을 주어서는 안 된다.

❸ 말로 활동을 할 때, 상대방의 말을 잘 듣지 못했더라도 "뭐라고 ~" 하는 식으로 되묻지 않도록 한다(물론 이런 일이 발생하지 않도록 경청하며 듣는 자세를 갖도록 한다). 그냥 들은 대로 상대방의 말을 추측하여 계속 이어 나가도록 한다.

❹ 말이 되는가, 되지 않는가에 관심을 갖지 말도록 한다. 그래서는 활동의 의미가 사라질 수 있다.

❺ 물론 아무리 "거침없이 말을 해도 좋다."고는 해도 교육적 활동임을 잊지 않도록 한다(너무 거친 말, 욕설, 음란한 이야기, 입에 담지 못할 말 등은 금지).

활동 후 생각해 볼 점

❶ 활동의 속도가 빨라지면서 어떤 일이 벌어졌는가?

❷ 활동의 속도가 빨라지면서 어떤 느낌이 들었는가?

❸ 활동을 하면서 느꼈던 긍정적인 점은 무엇인가?

❹ 활동을 하면서 느꼈던 부정적인 점은 무엇인가?

❺ 두뇌 속에서 작동되는 검열 장치는 '생각의 고삐'를 푸는 데 도움이 되는가?

이 활동이 가지는 의의

❶ "상대방은 어떤 말이라도 내뱉을 수 있다"는 사실을 인지하고 배려하도록 해 준다.

❷ 상대방의 말을 판단과 비판 없이 일단은 "그래. 네가 생각을 말했구나." 하고 받아들이도록 해 준다.

❸ 자기 생각을 어떤 틀 안에 가두고 있는 '생각의 고삐'를 풀어 버릴 수 있도록 해 준다.

❹ '생각의 고삐'를 풀고 여유를 갖게 되면 어떤 일이 벌어지게 되는가를 이해할 수 있도록 해 준다(특히 대안을 모색해 나가는 토의·토론 활동에서 꼭 필요).

나 생각 상자 열기

● 필요한 시간 : 약 10분

● 진행 방법 : 적당한 크기의 상자 두 개를 준비("비타 500" 음료 박스 정도의 크기면 충분)한 후 교사가 박스에서 무엇인가 계속해서 빠르게 꺼내는 동작을 하면 학생들이 그 물건의 이름을 말하도록 한다(실제로 박스 안에는 아무것도 없지만 있다고 상상하며 활동을 한다).

❶ 박스 1에는 독창적인 물건만 들어 있다고 가정을 하고 활동을 한다.

❷ 박스 2에는 독창적이지 않은 물건만 들어 있다고 가정을 하고 활동을 한다.

❸ 하다 보면 박스 1에서는 두뇌 활동이 자꾸만 멈추어 버리게 된다. 그렇다고 하여 당황스러워하지 않도록 한다.

❹ 박스 2에서는 활동이 비교적 오랜 시간 지속된다. 따라서 활동이 멈출 때까지 최대한 빠르게, 많이 꺼낼 수 있도록 한다.

❺ 활동이 끝나면 박스 1 활동과 박스 2 활동을 하면서 어떤 생각과 느낌이 들었는지 충분히 나눌 수 있도록 한다(이 활동을 반복하도록 한다).

활동의 팁

❶ 아이들이 볼 수 있는 상자의 겉면에 박스 이름을 크게 써 붙이면 좋다.

❷ 박스에서 꺼낼 때 교사가 '마임' 활동을 함께 해 나가면서 어떤 동작이나 표정을 지어 보이면 아이들은 사고의 폭을 더 넓혀 나갈 수 있다.

❸ 활동을 하면서 드는 느낌이나 생각을 잘 새겨 두도록 강조한다.

주의할 점

❶ 아무런 대답도 나오지 않는다고 하여 기다려 주지 말아야 한다. 바로 답변이 나오지 않으면 또 다른 물건을 끄집어내는 동작을 보여 주어야 한다. 그래야만 먼저 사고에서 벗어날 수 있다.

❷ 활동 중 어떤 답이 나오더라도 받아들이려는 교사의 자세가 필요하다.

❸ 어떤 활동을 하더라도 장난스런 활동은 하지 않도록 지도할 필요가 있다.

❹ 교사는 학생들의 생각을 판단과 비판 없이(독창적인가, 그렇지 않은가) 받아들이면서 "좋았어! 다음!"이라고 외치며 계속 넘어가도록 한다.

활동 후 생각해 볼 점

❶ 박스 1 활동을 하면서 어떤 생각과 느낌이 들었는가?

❷ 박스 2 활동을 하면서 어떤 생각과 느낌이 들었는가?

❸ 박스 1 활동에서 나온 것들이 과연 독창적이라 할 수 있는 것인가?

❹ 박스 2 활동에서 나온 것들이 혹시 놀랄 만큼 독창적인 것은 없었는가?

❺ '독창적인 것'이라는 말이 생각 상자를 여는 데 도움이 되었는가?

이 활동이 가지는 의의

❶ "사람은 누구나 어떤 생각이든지 밖으로 꺼낼 수 있다"는 사실을 인지하고 배려하도록 해 준다.

❷ 자기 생각을 어떤 틀(독창적이어야 한다는 틀) 안에 가두고 있는 '생각의 고삐'를 풀어 버릴 수 있도록 해 준다.

❸ 자기 '생각의 고삐'를 풀고 여유를 갖게 되면 어떤 일이 벌어지게 되는가를 이해할 수 있도록 해 준다(독창적인 것이 아닐 것 같지만 나중에 보면 놀랄 만큼 독창적인 것일 수 있다는 것, 그 반대인 경우도 있을 수 있다는 것).

❹ 자기 독창적이라는 것에 초점을 맞추지 않을 때 우리는 훨씬 더 많은 생각을 해낼 수 있다는 것, 그리고 그 과정에서 훨씬 더 많은 일들이 이루어진다는 것을 깨닫도록 해 준다(특히 대안을 모색해 나가는 토의·토론 활동에서 꼭 필요).

다 참 다행이야!

● 필요한 시간 : 약 10분
● 진행 방법 : 교사는 미리 활동지(A4용지를 8등분한 정도의 크기)에 부정적인 상황이나 사건을 적어 두도록 한다(한 장에 한 가지씩 적도록 하되, 너무 어렵거나 복잡한 상황을 적지 않도록 한다).

> (예) "이런, 컴퓨터가 또 망가졌잖아!" "내일 여행 가기로 했는데 갑자기 태풍이 온다네!"
>   "어이쿠, 물건을 사려는데 지갑이 없네!"

❶ 교사는 활동지를 2~3회 접은 뒤 작은 상자에 넣어 흔든 뒤, 한 장을 뽑고 내용을 살피도록 한다.

❷ 아무 학생이나 지목하여 쪽지에 적힌 내용을 있는 그대로 읽어 나간다.

❸ 학생은 선생님이 읽은 내용에 대하여 반드시 "참 다행이야! 왜냐하면 ～～이기 때문이거든."이라고 답변(이유 포함)을 하도록 한다. "당연하지", "훌륭해"와 같은 말로 시작을 해도 좋다.

 (예) 교사 : 어이쿠, 물건을 사려는데 지갑이 없네!

   학생 : 참 다행이야. 이것은 꼭 필요한 것이 아니라 생각했었는데, 지갑이 없으니 그

만큼 돈을 아낄 수가 있게 되었잖아.

❹ 앞의 1번, 2번, 3번 활동을 계속 반복해 나간다.

❺ 한 번 뽑았던 활동지는 다시 접어서 상자에 넣은 뒤, 섞은 상태에서 다시 활동지를 뽑아서 새로운 학생에게 이야기를 읽어 주도록 한다(같은 것이 또 나올 수 있다).

활동의 팁

❶ 보다 많은 학생들의 이야기를 들어 보는 차원에서 교사가 학급 전체 학생들을 대상으로 진행하는 것이 더 좋다(물론 모둠별로 해도 별 무리는 없다). 이럴 경우 2단계에서 뽑은 활동지를 학생들 모두에게 읽어 준 뒤, 무작위로 학생을 한 명씩 여러 명을 지목하여 답변을 들어 보도록 하면 된다(이때 생각할 시간을 잠시 주어도 좋다).

❷ 학생들의 답변에 대하여 나머지 학생들이 반응을 적극적으로 보일 수 있도록 분위기를 조성한다(때로는 반응 정도에 따라서 칭찬 박수, 상점이나 칭찬 티켓 등을 주는 것도 방법일 수 있다. 이럴 경우에는 신중하게 하도록 한다).

❸ 되도록 오래 생각한 후 답변이 나오지 않도록 시간제한을 두는 것이 좋다. 실제 상황은 우리들에게 오랜 시간을 주지 않기 때문이다(3~5초 정도).

❹ 먼저 뽑았던 활동지는 박스 안에 넣지 않고 진행할 수도 있다. 이럴 경우 시간이 충분하다면 박스 속에 활동지가 한 장도 없을 때까지 진행하는 것도 좋을 것이라 사려된다.

주의할 점

❶ 학생들이 대답을 할 때는 부정적인 말, 반박하는 말이 나오지 않도록 한다.

❷ 너무 오래 고민하거나 생각하여 답변하지 않도록 한다. 이를 위해서는 수용적인 분위기를 만들어 나가는 것이 좋다. 또한 어떤 답변이 나오더라도 적극적으로 칭찬해 주는 학생들의 반응이 필요하다(다만 장난스런 활동이 되지 않도록 할 필요성은 있다).

❸ 특이한 것, 독창적인 것, 재미있는 답변을 찾으려고 노력하지 않도록 유도한다. 그냥 머리에 떠오르는 긍정적인 생각(다행이네!)을 자연스럽게 말하도록 한다.

❹ 활동을 하면서 어떤 생각이나 느낌이 드는지를 잘 기억해 두도록 한다.

활동 후 생각해 볼 점

❶ 나쁜 일에서 좋은 점을 찾기란 어떠한가?

❷ 나쁜 일에서 좋은 점을 찾았을 때의 기분은 어떠했는가?

❸ 왜 그런 느낌을 갖게 되는가?

❹ 이 활동을 통해서 우리가 가져야 할 자세에는 어떤 것들이 있겠는가?

이 활동이 가지는 의의

❶ "사람은 누구나 실생활에서 부정적인 상황에 놓일 수 있다"는 사실을 인지하고, 그 속에서 어떻게 대처하는 것이 좋은가를 생각하도록 해 준다.

❷ 우리의 삶 속에서 순수한 기쁨, 순수한 절망이란 거의 없다는 것, 그렇기 때문에 아무리 힘들고 어려운 상황 속에서도 한 줄기 빛은 있기 마련인 것, 아무리 좋은 일이 있더라도 그와 함께 좋지 않은 일이 따라오기 마련인 것이라는 것을 깨닫도록 해 준다.

❸ '생각의 고삐'를 풀고 여유를 갖도록 하되, 되도록 긍정적인 자세로 문제를 해결해 나가다 보면 분명히 길은 있다는 것, 그를 통해 우리들의 삶이 많이 바뀔 수도 있다는 것을 깨닫도록 해 준다(특히 문제 상황을 맞이하여 그 해결방안을 모색해 나가는 토의·토론 활동에서 꼭 필요).

❹ 어떤 사건이나 일에 대하여 그것을 바라보는 시각이 얼마나 중요한 것인가를 깨닫도록 해 준다.

2.7 모둠의 구성과 훈련

협동학습으로 토의·토론 수업을 해 나가기 위해서는 기본 바탕인 모둠의 효과적인 조직과 운영은 필요충분조건이라 할 수 있다. 그렇다면 모둠은 어떻게 조직하는 것이 효과적이며, 토의·토론 수업을 위하여 모둠을 어떻게 운영해 나가는 것이 좋은가에 대하여 살펴보도록 하겠다.

가 모둠 구성하기

협동학습은 기본적으로 4인 1모둠, 이질 모둠을 원칙으로 하는데, 4인 1모둠을 권장하는 이유는 모둠의 규모나 짝활동 및 상호작용의 효율성 면에서 가장 효과적이기 때문이다.

또한 협동학습은 이질 모둠(남녀의 성비, 학습력, 다중지능적 특성, 인성, 행동특성 등을 다양하게 고려하여 모둠을 구성한다)을 권장하고 있는데, 그 이유는 다양한 특성들이 상호 간의

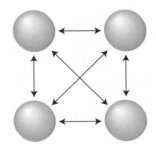

단점을 보완해 주고, 시너지효과를 발휘하게 해 주며(누군가의 강점 지능이 다른 모둠원의 약점 지능을 보완해 주면서 함께 성장해 나감), 또래 가르치기가 효과적으로 이루어지기 때문이다. 또한 이성 간의 관계 향상에도 도움을 주고, 높은 학업성취도를 가진 학생의 보조교사 역할이 학급운영의 모든 면(학급 활동, 교수–학습 활동)을 용이하게 해 주기 때문이다. 이를 위해서는 교사가 의도적으로 치밀하게 계획하여 모둠을 구성하는 것이 제일 좋다.[14]

구성원	장 점	단 점
2명	상호의존성이 매우 높다. 상호작용이 활발해지고, 참여의 기회가 확대되어 저학년의 경우에 더 효과적이다.	한 사람에 대한 의존도(결석, 인원수가 홀수일 때)가 너무 크고, 다양한 사고와 접할 기회(여러 사람과의 상호작용)가 적어 사고 확장에 한계가 있다.
3명	작은 규모로 회의가 가능하며 의사결정이 필요할 때 어떤 식으로든 쉽게 이루어진다.	상호작용의 효율성이 떨어지고 짝활동을 할 때 소외되는 학생이 발생하며, 교실의 특성상 공간 활용이 비효율적이다.
4명	교실 상황에서 규모가 가장 이상적이고 상호작용을 위한 경우의 수가 가장 효율적이며 자리 배치 면에서 융통성이 크다.	한 사람이 결석할 때 소외되는 학생이 발생하게 되고, 의사결정이 어렵다(2 : 2 상황).
5명	사람 수만큼 다양한 생각과 의견을 접할 수 있고 의사결정이 쉽게 이루어진다(회의에 가장 적절한 인원이라 할 수 있다).	홀수가 되어서 짝활동을 할 때 소외되는 학생이 발생하게 되고, 교실의 특성상 공간 활용이 비효율적이다(책상 배치 등).
6명	사람 수만큼 다양한 의견을 얻을 수 있고 어려운 활동도 거뜬히 해낼 수 있다.	규모가 커서 단합이 어렵고, 한 사람이 결석할 때 소외되는 학생이 발생한다.

14 모둠에 대한 자세한 내용은 이상우, 2009, pp. 121~144를 참고.

나 모둠원 훈련하기

모둠을 구성한 후에는 모둠 정체성을 세우고 구성원들 간에 결속력을 다지면서 다양한 상호작용을 위한 기본의사소통 훈련을 해 나가야 한다. 그래야 협동학습을 활용한 토의 · 토론 수업에서 문제가 발생하는 상황을 줄일 수 있다.

 **말이 가져다주는 힘**

에모토 마사루가 쓴 『물은 답을 알고 있다』에 흥미 있는 내용이 있습니다. 물이 전하는 놀라운 메시지가 있다는 것입니다. 한 마디 긍정적인 말이 기분을, 분위기를, 세상을 바꾸는 힘이 된다는 것입니다. 아름다운 생각과 음악도 그러한 원동력이 된다는 것입니다.

'사랑과 감사' 라는 글을 보여 주었을 때, 물은 비할 데 없이 아름다운 육각형 결정을 나타냈습니다. '악마' 라는 글을 보여 주었을 때는 중앙의 시커먼 부분이 주변을 공격하는 듯한 형상을 보였습니다. 쇼팽의 "빗방울"을 들려주자 정말 빗방울처럼 생긴 결정이 나타났고, "이별의 곡"을 들려주자 결정들이 잘게 쪼개진 형태가 되었습니다.

어떤 글을 보여 주든, 어떤 말을 들려주든, 어떤 음악을 들려주든, 물은 그 글이나 말이나 음악에 담긴 인간의 정서에 상응하는 형태를 취했습니다. 그래서 물도 의식을 갖고 있다는 것이라고 결론을 내릴 수 있을 것입니다.

우리의 몸은 70%가 물이라고 합니다. 그래서 말이 중요합니다. 말한 대로 이루어집니다. 상대방에게 어떤 말을 하느냐에 따라 상대방의 표정과 태도가 달라지는 것을 여러분은 경험을 통해 잘 알고 있을 것입니다. 자신에게 긍정적인 말을 하고 신념의 말로 자기 최면을 거는 사람은 말한 대로 그렇게 될 가능성이 높습니다. 그 근거는 바로 자기 자신, 사람을 믿는 것에 있습니다.

일본의 파동학자 에모토 마사루는 『물은 답을 알고 있다』라는 책에서 물도 사랑에 반응한

기본 훈련 1 : 존칭어로 말하기

공식적인 수업 활동 속에서의 모든 대화(특히 토의·토론 수업에서의 의견 개진)는 '존칭어 사용하기'를 원칙으로 하게 되면 불필요한 말을 줄일 수 있고, 의사소통 과정에서 발생하는 여러 가지 문제점(특히 소란스러움과 여러 갈등 상황)들을 최소화시킬 수 있다. 그리고 이왕이면 학생들에게 말이 가진 힘에 대해서도 함께 지도할 필요가 있다. 이를 지도하는 데 가장 좋은 자료를 꼽으라면 망설임 없이 『물은 답을 알고 있다』(1, 2편)(2008, 에모토 마사루 지음, 홍성

『물은 답을 알고 있다』 책 속 사진들

다는 것을 보여 주었습니다. 우리가 물을 향해 심한 모욕의 말을 하면 물의 결정체가 흉하게 깨져 그 모양이 형편없이 변합니다. 그런데 물을 보고 "고맙습니다. 감사합니다."라는 긍정적인 말을 하면 물의 결정체는 아름다운 육각형을 띠고, 나아가 "너를 사랑해!"라고 물을 향해 말하면 가장 아름다운 결정체로 물의 분자가 변한다는 것입니다. 사랑의 주파수가 물 분자에 영향을 미쳤기 때문이라는 것이죠. 이처럼 물도 사랑을 받으면서 생기가 나고 아름다워집니다. 하물며 사람의 인체는 70%가 물로 형성되었는데 어떻겠습니까?

서로를 미워하고 저주하고 분노의 마음을 품으면 인체에 있는 물 분자가 흉하게 일그러져 이상한 모양을 띠고 파괴되어서 온갖 병으로 나타나는 것입니다. 그러나 우리가 서로 감사하고 칭찬하며 또 사랑하면서 서로를 격려하고 긍정적이며 적극적인 말을 나누면 우리 몸의 60%나 되는 물이 아름다운 육각형의 결정체를 만들어 건강해지고 생기가 넘치는 것이죠.

우리가 왜 서로 존중해 주어야 하는지, 왜 존칭어로 서로 생각을 주고받을 필요가 있는지, 왜 서로가 좋은 말을 주고받아야 하는지에 대해서 이해할 수 있겠습니까? 우리 몸은 그 답을 알고 있습니다. 물은 그 답을 알고 있습니다.

민 옮김, 더난 출판사)라는 책을 추천한다. 앞의 참고박스는 필자가 이 책을 읽고 나서의 생각과 느낌을 정리해 본 것이다(아이들에게 들려주었고, 학급 홈페이지에도 올렸다).

이처럼 이야기도 들려주고, 동영상도 보여 주고(인터넷에서 책 제목으로 검색을 해 보면 오래전에 방송을 통해서 소개된 영상물을 많이 발견하게 된다) 그에 대한 느낌도 함께 나누면서 이어지는 활동으로 존칭어 쓰기, 욕설하지 않기 등을 함께 지도하기도 한다. 특히 필자의 교실에서는 학년 초에 이 활동을 어김없이 펼쳐 나간다. 그리고 학급 규칙에도 '바른 말, 고운 말 사용하기(욕하지 않기)'라는 항목을 꼭 넣고, 이를 어겼을 시에는 '모든 사람에게 1일 동안 존칭어를 사용하며 생활하기'라고 보조 규칙을 더 추가한다. 또한 존칭어 규칙을 지키지 않는 학생들은 1일씩 더 추가해 나간다는 약속까지 포함시키는 것은 필수이다. 그렇게 하면 얼마 지나지 않아 교실에서 욕설이 거의 사라지는 모습을 보게 된다(때로는 욕설 및 존칭어 규칙을 잘 지키지 않아서 벌칙으로 '존칭어 사용하기 수십 일'을 실천해야 하는 학생들도 가끔 보게 되는데, 이 학생의 경우는 상담을 통해서 다양한 방법으로 일수를 줄여 나갈 수 있도록 지도할 필요가 있다. 필자는 이럴 경우 그 학생과 대화를 통해 '학급 내 봉사활동'으로 일수를 줄여 주는 방법을 많이 사용한다). 그리고 교실 한곳에 큰 글씨로 '욕설 없는 교실 ○○일째'라고 크게 글씨를 써 붙인 뒤, 하루하루 날짜를 늘려 가게 되면 아이들도 그 현상을 바라보면서 욕을 더 하지 않으려고 노력하게 된다. 실제로 필자의 교실에서는 '100일'을 넘긴 적이 있었는데(1학기부터 2학기까지 이어져서), 그것을 축하하는 의미로 학급에서 파티를 한 적이 있었다.

기본 훈련 2 : 적극적으로 듣기

언어를 매개로 한 상호작용 활동을 하면서 우리 아이들이 제일 못하는 것 한 가지만 꼽으라면 필자는 '경청하기'를 꼽는다. 상대가 이야기를 하면 말의 핵심을 찾아 이해하거나 공감하는 힘이 많이 떨어진다. 또한 상대가 이야기할 때 자꾸만 불필요한 이야기를 덧붙이거나 끼어들기를 하여 활동을 방해하기도 한다. 때문에 수업시간이 매우 소란스러워지고 과제완성이나 '배움'의 수준이 많이 떨어진다. 이를 극복하기 위해서는 타인이 이야기할 때 끝까지 아무 말도 하지 않고 들어 주도록 하는 훈련과 꾸준한 지도가 필요하다. 필요한 경우에는 메모지 혹은 노트에 중요한 내용을 기록하며 듣도록 하고, 반대 혹은 다른 의견이 있을 때는 한 사람이 말을 마치고 난 후 이야기하도록 지도해야 한다.

기본 훈련 3 : 사회적 기술의 지도[15]

사회적 기술이란 인간관계를 맺어 나가는 데 필요한 전반적인 기술로, 집단에서 서로 간의 생활을 원활하게 하기 위해서 이루어지는 의사소통이나 규칙 혹은 약속에 따르는 행동양식을 말한다. 사회적 기술이 떨어질 경우 집단은 많은 갈등을 경험하게 되는데, 개인주의적이거나 어떤 문제 또는 갈등을 타인에게 미루는 일이 보통이며 자신의 실수를 먼저 인정하려 들지 않는 일이 가장 빈번하다. 이는 함께 활동하려는 마음의 부재와 함께 사회적 기술(협동기술＝다 함께 잘 사는 기술)이 부족하기 때문인데, 이를 극복하기 위해서는 적극적인 사회적 기술의 지도가 요구된다.

☁ 단계별 사회적 기술[16]

기초 단계	기본 단계	발전 단계
자리에 머물러 있기	점검하기	사람이 아니라 의견 비판
발표지 쳐다보기	질문하기	사람이 아니라 행동 묘사
모둠 과제 완성 돕기	타인을 인정하기	관점 채택하기
자료 공유하기	의사소통 기능 사용하기	바꾸어 말하기
아이디어 공유하기	'내 생각에는' 용어 사용	문제 해결하기
차례 지키기	적극적으로 듣기	합의하기
이름 불러 주기	재진술하기	요약하기
작은 목소리로 말하기	칭찬하기	의견 구별하기
과제에 집중하기		정당하게 반대하기

☁ 주요 사회적 기술[17]

주요 사회적 기술	사회적 기술의 부족으로 인한 문제 상황
감정적 대응 억제하기	말다툼, 폭력, 싸움 등
토의하기(합리적 의사결정)	언쟁과 불화, 의견 충돌, 말다툼, 싸움 등
역할 분담하기	책임 회피 및 의사 독점, 무임승차, 봉 효과, 일벌레 등
서로 도움 주고받기	무관심, 불신, 의욕 상실, 갈등, 열등과 우월감 등
적극적 듣기(경청)	무시하기, 무관심, 이해 부족, 오해 등
수용적 자세(상대방 의견 존중)	무시하기, 싸움, 갈등, 폭력, 말다툼, 의견 충돌 등
의견만 비판하기	사람을 비판함으로 인한 갈등과 다툼, 감정 악화 등
칭찬과 격려 아끼지 않기	무관심, 경쟁, 열등감과 우월감, 의욕 상실 등
차이점 존중하기	우월감과 열등감, 부정적인 인식, 무시하기 등
문제 및 해결방안 공유하기	방해하기, 무관심, 도움 주고받기 거부 등

기본 훈련 4 : 갈등 해결 기술의 지도

우리 모두의 일상 속에서 갈등은 늘 상존한다. 교실도 마찬가지다. 하지만 일상과 다르게 교실에서의 갈등 상황은 보는 시각에 따라 매우 달라진다. 왜냐하면 교실 안에서의 갈등은 곧 '교육'의 기회이기 때문이다. 따라서 다음의 세 가지만 꼭 기억한다면 갈등 해결에 큰 도움이 될 것이다.

하나, 교실 속에서 일어나는 갈등은 피해야 할 것이 아니라 좋은 교육의 기회!
둘, 갈등 없는 학급은 둘 중에 하나 ― 최선이거나 최악!
셋, 갈등이 발생하면 그에 대한 면밀한 분석이 먼저!(특히 원인 분석)

교실에서 발생하는 갈등의 원인을 보면 주로 다음과 같다.

☞ 갈등 상황에서 학생들이 흔히 보이는 말과 행동[18]

상대방의 말을 경청하지 않기	상대방에 대한 감정적 대응
다른 사람의 실수는 크게 부풀리고, 자신의 실수는 은폐 또는 축소하기	문제와 그것에 대한 해결방안을 공유하지 않기
상황에 대하여 모든 것을 남 탓으로 돌리기(다른 사람 핑계 대기)	이기적이고 책임감이 없고, 나태하고 게으른 행동하기
다른 사람의 생각을 수용해도 전혀 손해 보는 일이 없음에도 자신의 말만 옳다고 주장하기	목표의식이 없어서 활동에 적극적으로 활동하지 않기
역할 분담하지 않기	

15 Kagan, 1999, pp. 297~347; 이상우, 2009, pp. 153~181를 참고.
16 정문성, 2002, p. 105.
17 Vanston Show, 2007, p. 360.
18 Vanston Show, 2007, pp. 82~91을 참고.

이러한 갈등을 분석해 보면 아래와 같이 세 가지로 분류된다.

☁ 갈등의 세 가지 유형[19]

자원의 갈등	여러 사람이 원하는 것에 대하여 공급이 부족할 때 생기는 갈등(교사의 관심, 각종 도구의 사용, 다양한 자료, 친구 관계 등). 일반적으로 해결이 쉽다. 학교생활에서 흔히 접할 수 있다.
필요에 의한 욕구의 갈등	학생들도 성인들과 같이 기본적으로 심리적인 욕구를 가지고 있다(힘, 우정과 집단에의 소속감, 자존감, 성취감 등). 이 경우는 이유가 명확하지 않은 경우가 많아 자원의 갈등에 비하여 해결이 어렵다.
가치의 갈등	우리가 가장 친밀하게 느끼고 있는 신념으로 인한 갈등(종교적, 정치적, 문화적, 가족, 목표 등)

위에서와 같은 갈등을 잘 이겨 내기 위해서는 다음과 같은 기술이 필요하다.[20]

갈등 해결 기술(STOPHAC)	설 명
나누기(Share)	자료나 자원을 나누는 일
차례 지키기(Take turns)	질서, 차례 지키는 일
외부의 도움 받기(Outside help)	당사자의 힘으로 해결하기 힘든 갈등일 때 도움 받기
보류(Postpone)	일단 그 상황의 갈등을 다음으로 미루기
유머(Humor)	그 상황에서 한 걸음 물러나서 재미있는 면을 보기
회피(Avoid)	서로 관여할 만큼 중요하지 않은 갈등은 피하기
타협(Compromise)	윈윈(Win-Win)의 방법, 서로 조금씩 양보하기

기본 훈련 5 : 역할 부여 및 역할 책임[21]

어떤 집단 내에서 한 사람에게 기대되는 행동을 우리는 역할이라고 한다. 협동학습을 위한 모둠 조직 내에서도 성공적인 활동을 위해서 바람직한 역할을 만들고, 그에 맞는 역할 책임을 부

19 Vanston Show, 2007, p. 360.
20 Vanston Show, 2007, pp. 82~91을 참고.
21 이에 대한 자세한 내용은 이상우, 2009, pp. 143~144. pp. 164~165를 참고.

여하여 그에 대한 책임감과 모둠에 대한 소속감을 느끼게 하고, 활동 과정에서 서로 돕는 모습을 보이게 하고 있다. 필자의 경우는 주로 이끔이, 지킴이, 칭찬이, 기록이 등으로 역할을 나누어 맡도록 하고 그에 따른 역할 책임을 부여하여 실천할 수 있도록 안내하고 지도한다.

이렇게 역할을 나누어 과업을 부과하면 소그룹 내에서 자기 역할이 분명해지고 책임감을 느끼고 최선을 다하게 된다. 구성원 중 자기의 맡은 역할을 충실히 하는 학생에게는 그때그때 적절한 칭찬을 해 줌으로써 긍정적인 상황을 만들어 나갈 수 있다.

토의 · 토론 수업에 필요한 역할별 이끔말 사례

이끔이
지금부터 ○○○○○라는 주제에 대하여 각자 생각할 시간을 갖도록 하겠습니다.
지금부터 "○○○○○○(예 : 돌아가며 말하기)"로 자신의 생각을 발표해 보도록 하겠습니다.
이번에는 "○○"가 의견을 말할 차례입니다. 말씀해 주세요.
주어진 시간 동안 "○○○"에 대한 생각이나 의견을 쪽지에 적어 주시기 바랍니다.
그렇게 생각하는 이유도 함께 말씀해 주세요.
다시 한 번 이야기해 주시기 바랍니다.
왜 그런 생각을 하였는지 말씀해 주시기 바랍니다.
더 이상 다른 의견이 없으면 활동을 마무리하도록 하겠습니다.
지금까지 상황으로 볼 때 " ~라는 의견"과 " ~라는 의견"으로 생각이 나누어진 것 같습니다. 그 밖에 다른 의견이 없다면 이 두 가지 중에 한 가지로 결정하도록 하는 것이 어떻겠습니까?
지금 토의 · 토론의 주제는(과제) "~ ~"인데, 지금 말씀하신 것은 주제와 조금 거리가 먼 것 같습니다.

지킴이
지금 토의 · 토론의 주제는(과제) "~ ~"인데, 지금 말씀하신 것은 주제와 조금 거리가 먼 것 같습니다.
지금은 "○○"가 발표하고 있는 중입니다. 차례를 지켜 주시기 바랍니다.
지금 "○○"의 목소리가 조금 큰 것(작은 것) 같습니다. 목소리 크기를 조절해 주세요.
시간이 다 되어 갑니다.(이야기를 마무리해 주세요. 활동을 마무리해야 할 때가 다가옵니다.)
주어진 시간이 다 되었습니다. 마무리해 주시기 바랍니다.

칭찬이
예, 저도 그 생각에 동의합니다.
아주 좋은 의견입니다. 고맙습니다.
그런 방법도 있군요.(와, 그런 생각을 할 수도 있겠군요.)
발표를 논리적으로 잘해 주셨습니다. 수고하셨습니다.
어떠한 생각도 꺼리지 말고 이야기해 주신다면 활동에 큰 도움이 될 것입니다.
마음속으로 갖고 있는 의견들을 솔직하게 말씀해 주시면 고맙겠습니다.

기록이
방금 말한 것을 다시 한 번 더 말씀해 주시기 바랍니다.
기록하는 데 힘이 드는군요. 조금만 더 천천히 말씀하여 주시기 바랍니다.
목소리가 작아서 잘 알아듣지 못하였습니다. 기록을 위해 조금만 더 크게 말씀해 주세요.

기본 훈련 6 : 기본적인 토의·토론 훈련(말하기 훈련)

학년 초부터 다음과 같이 3단계로 나누어 꾸준히 지도하도록 한다.

기초 단계	발전 단계	정착 단계
● 한 사람 한 사람이 간단한 이야기를 할 수 있도록 지도한다(1분 말하기, 3분 말하기, 5분 말하기 등). ● 매일 자기의 일상생활 경험을 바탕으로 짝끼리 또는 모둠원들과 번갈아 가며 혹은 돌아가며 이야기를 주고받도록 한다. ● 발전적 단계로 학습 문제와 관련하여 대화하는 방법도 지도한다.	● 상대의 말과 관계가 있는 화제를 골라 대화가 끊기지 않고 이어지도록 지도한다. ● 특정 아동 혼자서 의사 진행을 독차지하지 않고 순서를 정하여 번갈아 가며 혹은 돌아가며 이야기를 주고받도록 한다. ● 어느 정도 익숙해지면 순서 없이 말하기 카드를 활용하여 꼭 필요한 말만, 다른 사람들과 공평한 기회를 가지면서 말할 수 있도록 한다.	● 하나의 주제(주로 수업에서의 과제)를 중심으로 서로 대화가 끊임없이 이어지도록 지도한다. ● 들으면서 자기의 생각을 비교·분석·정리하고, 들을 때 또는 말할 때 메모하는 습관을 갖도록 지도한다. ● 이유나 근거를 들어 자기 의견을 말하도록 지도한다(이 시기에 6단 논법을 본격적으로 지도한다 — 아래 지도 요령 참고).

6단 논법 지도 요령

(1) 일단 3단계까지(안건, 결론, 이유) 확실하게(명확한 한 가지 이유를 잘 찾을 때까지) 지도한다.

(2) 어느 정도 익숙해지면 4단계인 '설명' 단계를 예를 들어 설명하고, 확실한 근거자료 2~3개 정도를 써 내려갈 수 있도록 꾸준히 지도한다.

(3) '설명' 단계까지 익숙해지면 5단계인 '반론 꺾기' 단계에 대한 다양한 예를 들어 주면서 꼼꼼하게 설명(제일 어려워하는 단계)하고, 자기 입장에 대한 '반론과 그 이유'를 꺾을 수 있는 명확한 근거를 찾아 써 내려갈 수 있도록 지도한다.

(4) 마지막으로 6단계인 '정리'에서 이전 단계까지의 내용을 종합적으로 정리하여 결론을 짧게 정리해서 쓸 수 있도록 꾸준히 지도한다.

(5) 위와 같은 단계를 거치는 과정에서 홈페이지, 글쓰기 공책, 일기 등을 이용하여 특정 주제에 대한 자신의 생각을 6단 논법으로 정리해서 쓰도록 한다.

2.8 자료 조사 및 정리하기

토의 · 토론 수업을 하면서 학생들이 잘 하지 못하는 것 가운데 하나가 바로 자료 조사하기이다. 일반적으로 학생들에게 '자료 조사'를 과제로 주면 거의 대부분은 '인터넷'을 활용하는데, 자료를 찾으면 바로 '인쇄'를 하거나 '복사'를 하여 문서편집 프로그램으로 불러들인 뒤 정리도 하지 않은 채 '인쇄'를 하여 학교로 들고 온다. 그런 상황이다 보니 자료 조사를 해 온 학생과 해 오지 않은 학생과의 차이는 오직 '성의'뿐, 나머지 부분은 모두 똑같은 상황이다. 그리고 토의 · 토론 수업에 참여해서도 조사해 온 자료를 그냥 읽고 기억하는 수준을 넘어서지 못하는 경우도 많아서 모양만 토의 · 토론의 모습을 갖추었을 뿐이라는 평가를 벗어나기는 힘들다. 적어도 '자료 조사' 과제를 내주는 이유는 자료를 조사하면서 그에 대한 기본적인 이해와 자신의 생각 및 의견을 충분히 갖고 오라는 데 있을 것이다. 그렇다면 바람직한 토의 · 토론 수업을 위한 자료 조사 및 정리하기는 어떻게 하는 것이 좋은가? 이에 대한 몇 가지 방안을 살펴보면 다음과 같다.

❶ 토의 · 토론 주제는 무엇이고, 왜 토의 · 토론을 하려는지 이해시킨다.

❷ 토의 · 토론에 필요한 배경 지식은 무엇인지를 알려 준다(지식의 토대가 없으면 토의 · 토론을 할 수가 없다는 것을 알게 한다).

❸ 자신이 이미 알고 있는 것(강점)은 무엇이고, 더 조사해야 할 것(약점)은 무엇인지를 이해시킨다.

❹ 필요한 경우에는 토의 · 토론 수업 전체를 관통하는 핵심 문제를 여러 개로 잘게 쪼개서 제시하고 그에 대하여 스스로 정리하거나, 모둠별로 역할을 분담한 뒤 맡은 부분에 대한 자료를 찾아서 정리한 뒤 한자리에 모여 정보 나누기를 할 수 있도록 한다. 그래야 학생들이 문제와 문제를 연결하면서 핵심 문제를 어떻게 해결할지 미리 생각해 볼 수 있다.

❺ 필요한 자료를 찾았으면 바로 인쇄하거나 그대로 복사하지 않고, 알고자 하는 핵심적인 부분을 찾아 읽어 가며 최대한 짧고 간단하게 요약 · 정리하도록 한다.

❻ 요약 · 정리할 때 중요한 용어나 낱말(잘 모르는 것, 더 찾아서 알아 두어야 할 것 등), 통계 자료나 사진 자료 등도 함께 찾아 두도록 한다.

❼ 정리한 후에 자기의 것이 되도록 충분히 읽고 이해한 후 수업에 참여할 수 있도록 한다(이를 위해 토의 · 토론 수업을 하기 전까지 충분한 시간적 여유를 주고, 자료 조사 및 정

리 상태를 수시로 점검해 가면서 살피도록 한다).

❽ 협동학습의 경우 토의·토론 수업을 하기 전에 모둠별로 알아 온 사항에 대하여 서로 나누고 점검할 수 있도록 자리를 수시로 마련한다.

❾ 때에 따라 자료 수집표, 토의·토론 준비표 등을 마련하여 학생들에게 나누어 주고, 그 양식에 따라 자료를 수집·정리·준비하도록 할 필요가 있다.

2.9 원활한 소통을 위한 말소리 크기 조절

토의·토론 수업은 주로 말을 매개로 하는데, 자칫하면 교실이 소란스러움 속으로 빠져들어 무질서하게 여겨질 수도 있다. 물론 '배움이 일어나는 긍정의 소음'이라 생각하여 그냥 둘 수도 있겠지만 지나치게 되면 오히려 하지 않는 것보다 못할 수도 있으므로 상황에 맞는 적당한 목소리 크기를 찾고, 지속적으로 훈련하여 소음을 적절히 조절할 수 있도록 신경을 쓰는 것이 좋다. 보통은 아래와 같이 목소리 단계 조절표를 활용하여 학생들에게 상황에 따른 적당한 목소리의 크기를 체험할 수 있도록 하고 있다.

목소리 조절(볼륨 조절) 단계표와 상황표 및 모둠 마이크 사례

0단계	혼자 생각하기(머릿속으로 생각하기)
1단계	소곤소곤 말하기(귓속말 크기로 말하기 : 짝끼리 활동)
2단계	도란도란 말하기(조금 작은 소리로 말하기 : 모둠 활동)
3단계	발표하기(모든 사람 앞에서 큰 소리로 발표할 때)
4단계	환호하기(운동장에서 큰 소리로 다른 사람을 부를 때)

가 소곤소곤 말하기

❶ 일명 '귓속말'이라고도 한다.

❷ 둘씩 짝지어서 상호작용할 때는 무조건 '소곤소곤' 말하기로 한다.

❸ '소곤소곤'은 성대의 떨림이 없이 말하는 크기로, 극장과 같은 곳에서 영화 상영 중 옆 사람과 이야기하고자 할 때, 보통 귀에 대고 작은 목소리로 속삭이듯이 말하곤 한다. 바로 그 크기가 '소곤소곤' 말하기인 것이다.

❹ '소곤소곤' 말하기를 할 때 자신의 손을 쫙 편 상태에서 목의 성대가 있는 곳에 가까이 대고 말해 보면 평상시처럼 말할 때에 비하여 성대의 떨림이 느껴지지 않는 것을 알 수가 있다.

❺ '소곤소곤' 말하기로 활동을 할 때 필요한 자세가 있다. 바로 짝과의 상호작용 거리(얼굴과 얼굴 사이의 거리)를 30센티미터 정도 이하로 유지하는 것이 꼭 필요하다. 등을 의자의 등받이에 기대고 앉아 '소곤소곤' 말하기를 하면 서로의 목소리가 잘 들리지 않아 자연스럽게 목소리가 점차로 커질 수밖에 없다. 활동 시작 신호와 동시에 학생들은 짝과의 거리를 최대한 좁히고 그 간격을 끝까지 유지할 수 있도록 하는 것이 성공적인 활동의 지름길이라 할 수 있다.

나 도란도란 말하기

❶ 모둠원들과 상호작용할 때는 무조건 '도란도란' 말하기로 한다.

❷ '도란도란' 말하기는 성대의 떨림은 있되 목소리의 크기를 최대한 낮추어 말하는 것으로, 사람의 목소리가 모둠의 반경에서 멀리 떠나지 않도록 말하는 것을 말한다.

❸ '도란도란' 말하기로 활동을 할 때 필요한 자세가 있다. 바로 4명의 모둠원끼리 상호작용하는 거리(얼굴과 얼굴 사이의 거리)를 50센티미터 정도 이하로 유지하는 것이 꼭 필요하다. 등을 의자의 등받이에 기대고 앉아 '도란도란' 말하기를 하면 서로의 목소리가 잘 들리지 않아 자연스럽게 목소리가 점점 커질 수밖에 없다. 활동 시작 신호와 동시에 학생들은 모둠원들 간에 거리를 최대한 좁히고 그 간격을 끝까지 유지할 수 있도록 하는 것이 성공적인 활동의 지름길이라 할 수 있다.

다 마음으로 말해요(혼자 생각하기)

❶ 개인적인 사고를 할 때는 마음으로 말한다.(생각하기)

❷ 이 과정에서는 되도록 말을 아끼려는 노력이 필요하고, 꼭 필요한 이야기(궁금한 점, 정말로 잘 모르겠다고 하는 점, 이해가 되지 않는 점 등)가 있다면 그때만 소곤소곤 말하기 크기로 대화를 해 나갈 수 있도록 한다.

❸ '혼자 생각하기' 과정이 없이 바로 활동에 들어가면 다양한 사고나 깊이 있는 생각을 필요로 하는 질문에 대한 답변을 쉽게 하기 어렵기 때문에 대부분의 구조에서 이 과정은 필수적이라고 말할 수 있다.

협동학습으로 토의 · 토론하기 총정리

1단계 : 협동학습으로 토의 · 토론하기를 위한 기본 훈련

내용	협동학습으로 토의 · 토론하기를 위한 기초 훈련 단계로 모둠 내에서 의사소통이 원활하게 이루어질 수 있도록 하기 위한 훈련을 집중적으로 한다.
활동	1. 목소리 높낮이 조절 2. 역할 책임 훈련 3. 시간 지키기 훈련 4. 듣기

2단계 : 협동학습으로 토의 · 토론하기를 위한 말하기/듣기 훈련

내용	협동학습으로 토의 · 토론하기를 위해서는 다른 사람의 말을 경청하고, 사회적 기술을 잘 발휘하여 의사소통이 원활하게 이루어질 수 있도록 하기 위한 훈련을 집중적으로 한다.
활동	1. 기초 단계 말하기/듣기 훈련(1분 또는 3분 말하기 등) 2. 존칭어로 말하기 3. 기본 구조 활용 훈련(돌아가며 · 번갈아 말하기, 다시 말하기, 마이크 활용) 4. 경청하기(메모하기) 5. 사회적 기술 지도하기 6. 독서 지도하기

3단계 : 협동학습으로 토의 · 토론하기를 위한 생각의 고삐 풀기 훈련

내용	협동학습으로 토의 · 토론하기를 위해서는 자신의 생각을 자연스럽게, 논리적으로, 적절한 표현을 찾아 전달할 필요가 있는데, 이를 위한 훈련을 집중적으로 한다.
활동	1. 발전 단계 말하기/듣기 훈련 2. 말하기 카드 활용 3. 생각 상자 열기 4. 꼬리에 꼬리를 무는 이야기 5. 참 다행이야 6. 6하 원칙 지도하기 7. 이야기의 6하 원칙 지도하기

4단계 : 협동학습으로 토의 · 토론하기를 위한 생각 정리하기 훈련

내용	협동학습으로 토의 · 토론하기를 위해서는 짧은 생각으로 참여해서는 큰 낭패를 볼 수 있다. 따라서 발전적인 토의 · 토론을 위해 좋은 자료의 수집 및 정리, 이를 바탕으로 논리적으로 말하고 쓰는 훈련을 집중적으로 한다.
활동	1. 정착 단계 말하기/듣기 훈련 2. 6단 논법 지도 3. 갈등 해결 기술 지도 4. 자료 찾기 및 정리(자료 수집표, 토의 · 토론 준비표) 5. 개인 · 모둠 평가 6. 협동학습으로 토의 · 토론하기를 위한 손쉬운 구조 적용하기(생각 내놓기, 동전 내놓기, 신호등 토의 · 토론, 브레인스토밍, 하나 주고 하나 받기, 동심원 등)

5단계 : 협동학습으로 토의·토론하기 활동 강화

내용	기본적인 협동학습 구조를 활용해 토의·토론하기 활동에 익숙해지면 좀 더 난이도가 있고 깊이 있는 활동을 할 수 있는 구조를 적용하여 학생들이 토의·토론 활동에 익숙해질 수 있도록 한다.
활동	1. 6단 논법으로 말하기/쓰기 일반화 2. 토의·토론 수업 비중 늘리기 3. 협동학습 구조의 활용 확대하기(가치 수직선, 직소 모형, O가고 O남기 구조, 모둠 문장, 3단계 인터뷰, P.M.I. 구조, K.W.L. 차트, 모둠 인터뷰 등)

6단계 : 협동학습으로 토의·토론하기 활동의 생활화

내용	협동학습 구조를 활용해 토의·토론하기 활동에 익숙해지면 일상생활 속에서 토의·토론 활동이 자연스럽게 이루어질 수 있도록 한다.(시간 확보−재량시간 등)
활동	1. 학급 내 토의·토론 문화 정착(어린이 회의 등) 2. 학급 내 토의·토론 대회 3. 고차원적인 토의·토론 활동(Stahl의 의사결정 모형, 피라미드 토의·토론 등)

※ 협동학습 구조의 적용과 관련하여 교사마다 구조의 적용 단계(난이도)에 대한 생각의 차이는 얼마든지 있을 수 있으므로 자신의 학급 아동 수준 및 활동 주제, 활동 여건 등을 고려하여 적절하게 활용하는 지혜가 요구된다.

※ 협동학습 구조의 적용에 있어서 다양한 구조를 적용하는 것보다는 학생들이 소수의 구조를 지속적으로 반복해서 익힐 수 있도록 하는 것이 훨씬 효과적이라 할 수 있다.

※ 이 분류는 필자의 경험에 따른 것이므로 생각에 따라 달리 적용할 필요가 있음을 밝혀 둔다.

참고문헌

가토 마사하루(2003). 박세훈 역. 생각의 도구. 21세기북스.

강병재(2007). 생각의 힘을 키우는 토론 수업. 교보문고.

강성철(1999). 창조적 집단사고 활동을 위한 지리수업의 구조화. 지리·환경교육 7(1).

강인애(1999). 왜 구성주의인가. 문음사.

강인애(2003). 우리 시대의 구성주의. 문음사.

구정화(2009). 학교 토론수업의 이해와 실천. 교육과학사.

권낙원(1996). 토의수업의 이론과 실제. 현대교육출판사.

김병원(2001). 생각의 충돌. 자유와 지성사.

김주환(2009). 교실토론의 방법. 우리학교.

김판수 · 박수자 · 심성보 · 유병길 · 임채성 · 허승희 · 황홍섭(2000). 구성주의와 교과교육. 학지사.

김홍희(2000). 집단사고 이론의 비판적 고찰. 한국행정논집 12(3).

박범수(2002). 철학적 관점에서의 토의수업 모형. 한국초등교육 13(2).

배영주(2005). 자기주도학습과 구성주의. 원미사.

부산광역시교육청(2005). 손에 잡히는 토의 · 토론 학습.

서근원(1997). 초등학교 토의식 수업의 문화기술적 연구. 서울대학교 대학원 석사학위논문.

서울특별시교육청(2008). 교과서와 함께하는 독서 · 토론 · 논술 교육.

서울특별시교육청(2009). 시나리오로 풀어가는 초등 토론 · 논술.

서울특별시교육청(2010). 교과서와 함께하는 독서 · 토론 · 논술 지도(2009년 겨울 초등교사 직무연수 교재).

어린이도서연구회(1991). 재미있는 동화 읽기 어떻게 지도할까. 돌베개.

에모토 마사루(2008). 홍성민 역. 물은 답을 알고 있다 1, 2편. 더난출판사.

여희숙(2007). 토론하는 교실. 노브.

이경철(2000). 토론문화정착을 위한 토의학습의 활성화. [부산교육], 294. pp. 35~42.

이상우(2009). 살아있는 협동학습. 시그마프레스.

이종일 · 김미영 · 김상룡 · 김영민 · 송언근 · 이명숙 · 이원희 · 조영남 · 조용기 · 최석민 · 최신일(2008). 협동학습과 탐구. 교육과학사.

전성연 · 최병연 · 이흔정 · 고영남 · 이영미(2007). 협동학습 모형 탐색. 학지사.

정문성(2002). 협동학습의 이해와 실천. 교육과학사.

정문성(2004). 토의토론수업의 개념과 수업에의 적용모델에 관한 연구. [열린교육연구] 12집 1호. pp. 147~168.

정문성(2008). 토의 · 토론 수업방법 36. 교육과학사.

정재찬 · 이성영 · 서혁 · 박수자(1998). 국어과 토의 · 토론 학습의 수업모형 개발 연구. [서울 사대선청어문]. 26. pp. 359~414.

조부경 · 김효남 · 백성혜 · 김정준 역(2001). 구성주의 이론, 관점, 그리고 실제. 양서원.

천대윤(2004). 토의토론 회의 방법론. 선학사.

최명숙(2002). 의사결정형 협동학습이 초등학교 학생의 가치 선택 능력 신장에 미치는 효과. 석사학위논문. 진주교육대학교 교육대학원.

최성욱 역(2003). 쇼펜하우어의 토론의 법칙. 원앤원북스.

토론교육연구소(2007). 토론교육. 민족사관고등학교.

한국부잔센타(1994). 반갑다 마인드맵. 사계절.

한순미(1999). 비고츠키와 교육. 교육과학사.

황경주(1999). 학교토론문화의 정착을 위한 토론식 교수—학습 전개방안. [전북교육]. 9. pp. 63~70.

민족사관고등학교 토론교육연구소 자료 참고(http://debate.minjok.hs.kr/)

위키백과사전

Daniel Pennac(2004). 이정임 역. 소설처럼. 문학과 지성사.

Doug Buehl.(2002). 노명완·정혜승 역, 협동적 학습을 위한 45가지 교실 수업 전략. 박이정.

Kagan(1999). 기독초등학교 협동학습연구모임 역. 협동학습. 디모데.

Marshall B. Rosenberg(2004). Katherine Hahn 역. 비폭력 대화. 바오출판사.

Nancy Margulies(1995). 조은상 역. 마인드맵 배우기. 영교·브레인파워.

Paul Hazard(1999). 햇살과 나무꾼 역. 책 어린이 어른. 시공주니어.

Stephanie Harvey·Anne Goudvis(2008). 남택현 역. 독서몰입의 비밀. 커뮤니티.

Thomas Gordon(2003). 김홍옥 역. 교사역할 훈련. 양철북.

Vanston Shaw(2007). 박영주 역. 공동체를 세우는 협동학습. 디모데.

제 **3** 부

협동학습으로 토의 · 토론하기의 실제

전통적인 교육방식은 학생들의 비판적, 창조적 사고력을 키워 주지 못한다.

그리고 오늘날의 교사들 또한 비판적, 창조적으로 사고하는 방법을 배우지 못했다.

때문에 교사들은 비판적, 창조적인 면에서 치명적인 약점을 갖고 있다.

그래서 학생들의 비판적, 창조적 사고력을 키우는 데 취약할 수밖에 없다.

하지만 비판적, 창조적으로 사고하는 방법을 전혀 배우지 못했다 하더라도

교사들은 빠르게 변화하는 세상 속에서 변화에 발맞추어 살아가야 할 학생들에게

비판적, 창조적으로 사고하는 법을 가르치지 않으면 안 될 상황에 놓여 있다.

무릇 오늘날을 살아가고 있는 교사라면 학생들이 장차 사회에 나가

비판적, 창조적으로 자신의 능력을 발휘할 수 있도록 북돋아 주고

그들의 능력을 키워 주고, 또 그 방법을 가르쳐야 한다.

어떤 곳에서 어떤 일을 하든 학생들의 상상력에 날개를 달아 주고

생각의 고삐를 풀어 다양한 생각들이 펑펑 솟아나게끔 해 주어야 한다.

그러기 위해서는 교사가 먼저 아이들에게 모범을 보여 주어야 한다.

오랜 세월을 살아오는 동안 길들여진 사고방식을

어떻게 바꿀 수 있겠느냐고 반문할 수도 있겠지만

다행스럽게도 우리들 모두는 비판적, 창조적으로 사고하는 힘을 타고났다.

그래서 우리들의 미래는, 우리 아이들의 미래는 희망적이라 말할 수 있다.

그 희망을, 그 꿈을 현실로 바꾸기 위해서 교사들은

자신 스스로가 토의 · 토론 활동에 익숙해질 수 있도록 노력해야 하며

교실에서는 학생들이 토의 · 토론 활동에 익숙해질 수 있도록 환경을 조성하고

의도적, 교육적으로 토의 · 토론 활동이 이루어질 수 있는 상황을 만들어 나가야 한다.

토의·토론을 위한
도구 준비

05장

협동학습으로 토의·토론하기란 협동학습의 기본원리를 바탕으로 한 협동학습 구조를 토의·토론 수업에 적용하는 것이라 말할 수 있는데, 일반적인 협동학습 수업과 마찬가지로 많은 협동학습 도구들이 필요하다. 여기에서는 필요한 도구들에 대한 소개 및 설명을 자세하게 해 봄으로써 실제 토의·토론 수업에 들어가기 위한 준비를 돕고자 한다.

 1 보드마카, 마카 펜 지우개, 모둠 칠판

모둠 의견을 기록하고 정리할 필요가 있을 때 이면지, 연습장, 메모지 등에 기록하는 것보다 쓰고 지우는 활동을 반복하면서 정리할 수 있도록 하기 위해 많이 사용되는 것이 모둠 칠판이다. 어떤 재료로 만드느냐에 따라 장단점이 있는데, 코팅된 장판으로 약간 크게(A3 사이즈 정도) 만드는 것을 권하고 싶다. 크게 만들어 모둠별로 1개씩 사용하되, 글씨를 크게 써서 교실 앞에 걸어놓고 발표하면서 뒤에 앉은 사람도 볼 수 있도록 하기 위함이다.

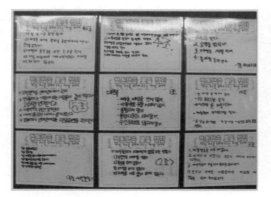

코팅하여 쓴 사례

코팅된 장판 사례

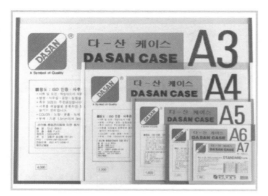

다산 케이스 사례

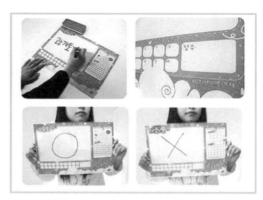

골든벨용 학습보드

만들어 코팅한 사례

문구점 판매 보드

전용 화이트보드

보드마카를 넣어 둔 모둠 바구니

모둠별 보드마카 수납장

이 밖에도 적당한 크기의 화이트보드 구매(가격이 비싸고 무거우며, 보관이 쉽지 않다는 단점이 있음), 마분지에 OHP 필름을 붙여 사용하기(금방 망가져서 또 만들어야 하고, 잘 지워지지 않음), 골든벨용 학습보드(티처빌 원격연수원 쇼핑몰 판매 ─ 코팅한 것과 비슷하며 잘 지워지지 않아 사용해 본 교사들의 만족도는 떨어짐) 구매, 다산 케이스 구매(만들기에 공을 들이지 않아도 되고, 양면 모두 사용이 가능하며, 디자인이 잘된 속지만 끼워서 사용하면 되는데, 목적에 따라 속지를 바꾸어 끼우고 다양한 용도로 사용할 수 있으며 아크릴 보드와 같은 특징을 갖고 있어서 잘 지워지고 써지기는 하나 깨지기 쉽고, 긁히지 않도록 보관해야 하며 개당 가격이 매우 비싼 것이 흠. A3 사이즈로 3,500원 정도), 문구점 판매 보드 구매(쉽게 망가지고 크기가 작아 사용이 불편함) 등의 방법이 있으나 코팅된 장판을 활용하는 것만큼의 만족도를 보이는 것은 없다.

그리고 모둠별로 보드마카펜과 지우개를 보관(관리)할 수 있도록 바구니 또는 작은 수납장(천 원샵에 가면 적당한 것을 마련할 수 있다)을 마련해 두는 것도 좋은 방법이라 할 수 있다.

2 말하기 카드

말하기 카드는 이를 이용하여 활동에 소극적인 학생, 참여를 잘 하지 않고 수업활동에서 벗어나려는 학생, 논의에 대한 주도권을 독점하려고 하는 학생 등의 발생을 최소화시키고자 함에 그 목적이 있다. 이 카드는 모든 구성원들이 동등하게 말할 수 있도록 해 주고 어느 한 사람이 이야기를 독점해 나갈 수 없도록 해 준다. 활동에 모둠 구성원들이 익숙해지면 궁극에 가서는 카드 없이도 자연스럽게 대화에 적극적으로 참여할 수 있게 되며 동등한 참여의 원리를 내면화하게 된다. 활동 방법은 아래와 같다.

말하기 카드를 활용한 토의

❶ 교사는 토론 주제를 제시한다.
❷ 모둠원 중 아무나 말하기 카드를 한 장씩 내려놓으면서 토의·토론 활동을 시작한다. 학생들은 각자 토의·토론 활동을 할 때 모둠의 중앙에 말하기 카드를 내려놓는다. 그들은 모든 모둠원들이 말하기 카드를 한 장도 들고 있지 않을 때까지 계속 활동한다.

말하기 카드를 활용 — 교사 연수

❸ 말하기 카드를 모두 내려놓은 모둠원은 더 이상 발언권이 없다.
❹ 모둠원 전체가 말하기 카드를 다 사용했는데도 불구하고 논의가 끝나지 않았으면 말하기 카드를 똑같이 나누어 가진 뒤 1, 2, 3단계를 반복한다.

말하기 카드

활동의 팁

❶ 말하기 카드를 색깔카드로 만들어 사용하면 교사가 한눈에 누가 대화를 독점하는지, 누가 대화에 참여하고 있는지, 참여하지 않고 있는지를 확인할 수 있어서 매우 좋다.

❷ '예/아니요' 의 대답은 말하기 카드를 내지 않아도 된다.

3 다시 말하기 카드

다시 말하기 카드를 활용하는 이유는 상대방이나 이전에 발표한 사람의 말을 그대로 혹은 자기가 이해한 대로, 자기 말로 정리하여 말한 다음에 자기의 생각을 말할 수 있도록 하기 위함이다. 자신의 의견을 말할 때는 반드시 이전 사람의 말을 되풀이하여 말해야 하는데, 이를 위한 권한을 표시하면서 활동 자체의 목적을 잊지 않도록 하기 위해서 상징적으로 활용하는 도구인 것이다. 다시 말하기 카드는 첫째, 듣는 사람이 없이 각자 자기 말만 하는 상황을 해소시켜 주고, 둘째, 자신의 생각을 상대방이 어떻게 이해하고 듣는지 알게 되어 의사소통기술에 관한 힌트를 얻게 되며, 셋째, 발표를 하기 전에 이전 사람의 말을 다시 한 번 반복해야 하기 때문에 발표하는 사람의 이야기를 집중해서 듣도록 해 준다는 좋은 점이 있다(협동학습과 토의·토론 활동의 많은 공통점 가운데 한 가지가 바로 '듣기'를 매우 강조한다는 점에서, 또한 최근 들어 듣기 교육이 강조 — 초등 국어 교과서 명칭 변경 — 되고 있다는 점에서 이 활동은 유용하다 할 수 있다).

다시 말하기 카드 활용 장면

활동의 팁

❶ 다시 말하기 카드는 모둠 내에서 한 장만 만들어 사용해도 된다(필자는 모둠별로 한 장만 활용하여 진행하는 경우가 더 많다. 한 장만 활용하게 되면 카드의 크기를 조금 크게 만들 수 있게 되고, 그럴 경우 각 모둠별로 누가 말하고 있는지를 확인할 수 있게 된다).

4 칭찬 카드

학생들에게 일정 수의 칭찬 카드를 나누어 주고 모둠 토론 · 토의 등을 할 때 사용하게 한다. 모둠원들의 의견을 인정하거나 찬성 할 때 혹은 좋은 아이디어라고 생각할 때 이 카드를 사용한다. 이 카드를 내놓을 때는 "너는 정말 최선을 다해 문제를 해결하려고 애쓰는구나!", "너는 진심으로 모두를 위해 옳은 일을 하는구나!", "아주 좋은 생각입니 다!" 등과 같이 의사 존중 발언을 해 준다. 이렇게 함으로써 모둠원들은 다양한 의견 을 듣고 충고나 비판 없이 서로의 생각을 존 중해 주는 법을 배우게 된다.

칭찬 카드 — 말하기 카드 활용

칭찬 카드를 활용하기

활동의 팁

❶ 다시 말하기 카드나 말하기 카드 등과 함께 활용할 수 있다.

❷ 활동이 끝난 후 모둠 내에서 가장 많이 받은 모둠원에게 개인 보상을 할 수도 있다.

❸ 활동 중 이 카드가 사고를 방해한다면 사용하지 않는 것도 고려해야 한다.

칭찬 카드를 활용 — 교사 연수

필자가 활동하고 있는 서울초등협동학습연구회 아해미래 홈페이지(http://futuer.e-wut2.co.kr)에 가면 이런 도구들을 다운받아 이용할 수 있다(직접 만들어 쓰는 것이 제일 좋다. 왜냐하면 만들면서 한 번 더 고민하게 되기 때문이다. 그냥 색종이나 빨대, 도미노 칩 등을 이용해서도 얼마든지 가능하다).

말하기 카드

다시 말하기 카드

5 모의 화폐

모의 화폐

모의 화폐는 의사결정을 할 때 활용하는 것으로서, 만장일치의 경우 단수 선택을 하게 되지만 모의 화폐를 사용할 경우 복수 선택을 하게 하고 각 의견에 표시한 금액의 가치(질적)만큼 의사를 표현하게 만들어 준다(이런 이유로 모의 화폐를 사용하여 의사결정을 할 때 '복수 선택 질적 의사결정'이라는 용어를 쓰기도 한다. 하지만 같은 활동이 여러 이름으로 사용되는 것보다는 보다 알기 쉽고, 이해하기 쉬운 명칭으로 불러 주는 것이 필자는 좋다고 본다. 그냥 '동전 내놓기'라고 하면 얼마나 좋은가!)

모의 화폐를 이용한 활동은 학생 각자가 모의 화폐를 동일한 액수만큼 나누어 갖도록 한 다음, 제시된 의견에 대하여 액수를 정하여 제시하게 하고, 각 항목에 놓은 총금액을 합산하여 결정을 내리도록 하면 된다. 신속한 결정을 내려야 할 경우에 '모의 화폐'를 활용한 '동전 내놓기' 구조를 활용하면 매우 유용하다. 이 방법은 투표와 달리 분명한 승자와 패자를 만들지 않는다는 큰 장점을 가지고 있어서 많이 활용되고 있다. 모의 화폐가 없을 때는 각 개인별로 가상의 금액을 갖고 있다고 가정하고, 각각의 의견이나 대안에 분산하여 가치를 표현하게 한 뒤 끝에 가서 총액을 집계, 맞추어 보면 된다.

활동의 팁

❶ 한 가지 의견에 모의 화폐를 몰아서 의사표현을 하지 않도록 한다. 왜냐하면 대체로 수많은 의견들은 나름대로의 가치를 포함하고 있기 때문이다(의견 가운데 마음에 들지 않는 것이 있더라도 최소한의 가치 표현은 반드시 하기).

❷ 활동을 통해서 결정된 사항에는 반드시 따라야 한다는 약속과 규칙이 필요하다.

❸ 화폐의 종류, 나누어 가진 모의 화폐의 액수, 가치를 표현해야 할 의견의 가짓수 등 여러 가지 변수에 따라 상당히 흥미진진한 상황이 전개된다. 따라서 교사는 할 수 있는 한 다양한 상황에 대하여 예측하고 대비책을 마련해 두어야 한다.

❹ 의견이 너무 많이 나와 있을 경우에는 토의 · 토론을 통해서 적절한 수로 줄여 주는 작업이 선행된다면 더 좋은 활동이 될 수 있다.

❺ 화폐가 아니어도 된다(도미노 칩, 스티커, 별표 등 — 최고 3개, 중간 2개, 보통 1개).

교사 대상 협동학습 직무연수과정에서 동전 내놓기 활동을 하고 있는 모습

6 신호등 카드

필자 교실의 신호등 카드

신호등 카드는 주로 '신호등 토의·토론'을 할 때 의사표현을 위한 도구로 활용되는 것으로, 찬성의 경우에는 녹색 카드를, 반대의 경우에는 빨간색 카드를, 찬성도 반대도 아닐 경우(중립)에는 노란색 카드를 들어 표현하도록 한다. 개인별로 세 장의 카드를 모두 갖고 활동할 수 있도록 하는데, 한 장의 카드 앞면과 뒷면이 모두 같은 색이 되도록 하는 것이 좋고(앞에 앉은 사람도 뒤에 앉은 사람도 어떤 방향에서 바라보든지 카드를 든 사람의 의사를 확인할 수 있다), 오래 사용하고 보관하기 위해서 코팅하여 만드는 것이 좋다.

7 이면지(메모지) — 포스트잇 대용

필자 교실의 이면지 바구니

협동학습으로 토의·토론 수업을 하다 보면 학생들이 자신 또는 타인의 생각이나 의견을 기록하고 정리할 필요가 있음을 알게 되는데, 이럴 때 사용할 수 있는 가장 좋은 것이 바로 이면지다. 학교 복사기 옆이나 교실에서 발생하는 각종 이면지(보통은 A4 크기)를 4등분하여 교실의 약속된 어느 한 장소에 늘 비치해 두고 필요할 때마다 가져가서 사용할 수 있도록 하면 된다. 또한 '생각 내놓기' 구조 활동을 할 때도 포스트 잇을 사용하는 것보다 이면지를 사용하는 것이 여러 면에서 훨씬 더 바람직하다. 왜냐하면 포스트 잇은 가격이 매우 비싼 편이어서 한 번 쓰고 버리기에는 낭비가 심하다고 볼 수 있기 때문이다.

8 네 가지 색깔펜

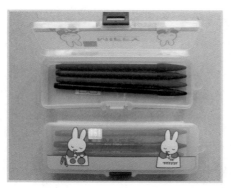

필자 교실의 사례

협동학습으로 토의·토론 수업을 할 때, 모둠 내에서 각 모둠원들이 내놓은 의견이나 생각을 알고자 할 때는 색깔펜을 활용하기도 한다. 때에 따라서 말로 하는 토의·토론 대신 글로써 자신의 생각이나 의견을 표현 ─ 실제로는 본격적인 토의·토론을 하기 전에 각자의 의견이나 생각을 글로써 표현해 보도록 하고, 이를 바탕으로 논의를 하는 경우가 많다 ─ 하기도 하는데, 이럴 경우 색깔펜은 누가 어떤 생각을 적어놓았는지, 각 모둠원들이 모둠 내에서 자신의 생각을 충분히 나누고 있는지, 모든 모둠원들이 동등하게 참여를 하고 있는지, 참여를 하지 않는 사람은 누구인지, 사고 활동이 부족했던 모둠원은 누구인지 등을 파악해 볼 수 있도록 해 준다(필자의 경우, 각 모둠별로 사용할 네 가지 색깔펜, 보통 플러스펜을 따로 필통에 넣어서 필자가 직접 한꺼번에 보관·관리한다. 색깔펜을 사용할 때에는 1번은 검정, 2번은 빨강, 3번은 파랑, 4번은 녹색을 쓰도록 약속을 하고 사용한다).

9 기타 도구

협동학습으로 토의·토론 수업을 하려면 그 밖의 다양한 준비물들이 필요하다. 투명 테이프, 시간 조절 타이머, 목소리 높낮이 조절판, 모둠 마이크(없을 경우 연필이나 보드마카 펜 등으로 대신해도 같은 효과를 낼 수 있다), 각종 활동지 등(협동학습을 수년간 해 온 필자의 경험으로 볼 때 가장 좋은 활동지는 '이면지'라고 생각한다. 자원의 낭비도 막고, 주어진 틀이 없는 만큼 의도에 따라, 상황에 따라 잘라 가면서 크기를 달리하고, 내용과 활용 방법에 다양한 변화를 주어 가며 사용할 수 있기 때문이다).

10 다양한 활동지

협동학습 구조를 적용하여 토의·토론 수업을 할 때, 구조에 따라 활동지를 필요로 하는 경우가 꽤 있다. 그런데 활동지가 정형화된 틀로 활용되는 것이 그다지 바람직하지 않다고 본다면 활동의 성격(주제, 활동상의 특징, 활동 형태 등)과 교사의 생각에 따라 활동지를 다양한 형태로 제작·변형(재구성)시켜 활용하려는 노력을 아끼지 말아야 할 것이다(다양한 활동지는 아해미래 홈페이지에서 공유되고 있다. http://futuer.e-wut2.co.kr).

협동학습으로
토의 · 토론하기의 실제

06장

협동학습으로 토의 · 토론하기의 실제에서는 수업 속에서 토의 · 토론이 필요한 네 가지 각각의 상황에 따라 잘 활용될 수 있는 구조를 선정하고, 그에 대한 자세한 설명과 실제 활동 사례를 제시하여 쉽고 빠른 이해를 돕고자 최선을 다하였다. 이곳에 제시된 구조 활용 사례는 절대적인 것이 아닌 만큼 교사의 생각 · 노력에 따라 매우 다양하게 활용될 수 있다는 것을 미리 밝혀 둔다.

또한 주로 협동학습을 바탕으로 소집단 속에서의 토의 · 토론하기에 포커스를 맞추어 소개하고자 하였기에 대집단 토의 · 토론이나 대회 토의 · 토론 혹은 패널 토의 · 토론 등에 대한 자세한 안내를 기대했던 교사들에게는 아쉬움이 남을 수도 있을 것이다. 하지만 학교 현장에서 협동학습이 점점 일반화되어 가고 있는 오늘의 시점에서 현실적으로 토의 · 토론 수업을 쉽게 시도해 보기 어렵다는 기존의 고정관념을 넘어설 수 있다는 생각과, 협동학습을 이용하여 토의 · 토론 수업을 좀 더 부담 없이 교실 속으로 끌어들이고 학생들이 그 속에서 '배움'을 얻어나갈 수 있도록 하기 위함인 만큼 충분한 고민과 이해가 필요할 것이라 사료된다.

끝으로 이곳에 소개된 내용들이 앞서서 표현했던 바와 같이 협동학습에 대한 철학적 · 학문적 이해, 배움과 가르침에 대한 철학적 이해, 토의·토론 수업에 대한 깊이 있는 고민 없이 그냥 따라 하기 방식, 수업 기술이나 수업 방법론적인 차원에서 현장에서 이용되는 것에 대하여 우려의 마음을 표하면서 늘 '왜'에 대한 답을 가지고 '협동학습으로 토의·토론하기의 실제'를 분석해 나갈 것을 당부하고자 한다. 그 이유는 협동학습 구조 혹은 모형을 적용하면 토의·토론 수업이 쉽다고 생각할 수 있겠지만 현실은 그렇지 않기 때문이다. 교과서 내용은 협동학습이나 토의·토론 활동, 기타 프로젝트 활동 등을 쉽게 적용할 수 있도록 구성되어있지도 않고, 시간적 여건과 지도해야 할 분량이나 난이도 측면에서도 협동학습, 토의·토론 활동, 프로젝트 활동 등을 쉽게 도입하지 못하도록 구성되어 있으며, 교사가 교과서 및 교육과정을 어떤 시각으로 바라보고 재구성할 것인가에 따라서 많이 달라지기도 하는 것이 현실이다. 결국 협동학습이나 토의·토론 수업, 프로젝트 수업 등의 성패는 수업을 바라보는 교사의 시각과 노력(특히 교과서 내용을 주제 중심으로, 통합적으로 재구성하는 일)이 무엇보다도 우선적으로 요구된다는 것을 잊어서는 안 될 것이다. 그렇지 않으면 협동학습을 위한 토의·토론 수업, 협동학습 구조를 배우고 익히는 토의·토론 수업으로 변질될 가능성이 농후하다는 사실을 반드시 기억해야만 한다.

1 수업을 시작하기 전 : 토의·토론 주제 정하기

토의·토론 수업 주제에 대한 고민도 토의·토론이 필요한 상황 찾기만큼 중요한 일이다. 어떤 것을 주제로 하여 토의·토론 수업을 할 것인가(토의·토론 주제에서 강조하는 것은 무엇인가)를 교사가 먼저 알고, 이해하는 것이 선행되지 않으면 그 수업은 결코 성공적일 수 없기 때문이다. 따라서 여기에서는 토의·토론 수업을 위한 주제의 종류를 몇 가지만 살펴보고자 한다.[1]

---

[1] 구정화, 학교 토론수업의 이해와 실천, 2009, pp. 90~92 참고. 이를 바탕으로 교과서 내용의 재구성, 주제를 중심으로 한 여러 교과 간 통합, 지도 시기의 조정 등을 통해 충분한 시간을 확보한다면 다양한 토의·토론 수업을 할 수 있을 것이라 판단된다. 이를 위해서는 교육과정의 면밀한 분석이 선행되어야 한다(토의·토론 수업을 벗어나 협동학습만을 이야기한다고 해도 교과서 내용의 재구성 능력은 필수적이라 할 수 있다).

가 토의 · 토론 주제에서 강조하는 것이 무엇인가에 따른 분류

❶ 사실을 판단하는 주제 : 구체적인 자료를 통해 참, 거짓을 입증해야 하는 것을 말한다(사실 확인을 위해 수많은 자료를 통해 객관적인 논증을 거쳐야만 하는 것으로, 과학적 사실이나 수리 토론 또는 법정에서 이루어지는 판단 등이 이에 해당된다).

(예) 공기도 무게가 있다(증명하기).

❷ 가치를 선택해야 하는 주제 : 사람에 따라 선호하는 가치가 다름으로 인해서 대립이 일어나는 경우로, 사회의 다양한 장면에서 발생한다(사람에 따라 다양한 자신만의 가치를 근거로 하여 서로 다른 판단을 할 수밖에 없는 가치가 개입된 주제이다).

(예) 인터넷 게임은 스트레스 해소에 도움이 되는가?

❸ 정책적인 면을 다루는 주제 : 대부분의 정책적인 주제는 논쟁문제로서의 성격을 지닌다. 왜냐하면 그와 관련하여 '사실적인 판단'과 함께 '가치적인 판단'이 함께 어우러져서 어떤 결정을 내려야만 하기 때문이다(사회 곳곳에서 일어나는 토의 · 토론의 대부분은 정책적인 주제가 대부분이다).

(예) 개발이 우선인가, 보존이 우선인가?

나 토의 · 토론 주제의 특성에 따른 분류

❶ 가치 갈등이 강조되는 주제 : 대립되는 가치가 개입되어 있는 질문을 던지고 어떤 가치를 더 우선시해야 하는지를 토의 · 토론하는 것을 말한다.

(예) 죽어 가는 아내를 살리기 위해 도둑질을 한 남편은 정당한가?

❷ 사회문제 해결을 강조하는 주제 : 현재 사회에서 일어나고 있는 문제를 다루는 경우에 해당된다.

(예) 도시의 교통문제를 해결할 수 있는 방법은 없는가?

❸ 의사결정을 강조하는 주제 : 현안 쟁점문제에 대하여 어떤 대안을 선택해야 하는 문제를 말한다.

(예) 4대강 개발 사업을 해야 하는가?

❹ 사회적 · 역사적으로 의미를 부여하는 주제 : 과거의 역사적 사건이나 사회적인 사건에 대하여 정당성이나 의미를 부여할 수 있는지 판단해야 하는 주제를 말한다.

(예) 위화도 회군은 역사적으로 정당한가?

다 토의 · 토론 주제 정하기

❶ 교육과정(교과서) 속의 내용을 그대로 토의 · 토론하기 : 사회과, 국어과, 과학과 등의 교과서 속에서 자주 등장하는 사례이다.

❷ 교과서 내용 중에서 토의 · 토론으로 재구성할 수 있는 주제 : 5학년 국어 교과서 중 "엄마는 파업 중"에서 "엄마의 파업은 정당한 것인가?"와 같이 교사가 나름의 의도를 가지고 토의 · 토론 수업으로 이끌어 갈 수 있다. 특히 사회나 도덕 교과서의 많은 사례는 재구성을 통한 토의 · 토론 수업이 가능한 것들이라 할 수 있다.

❸ 교과내용과 관련이 없지만 시사적인 문제, 학생들의 관심을 끄는 문제로서 토의 · 토론 활동이 가능한 주제 : "빼빼로데이, 화이트데이 등을 꼭 지켜야만 하는가?" 등과 같이 주로 토의 · 토론 자체를 목적으로 하는 경우에 해당된다고 볼 수 있다.

2 토의 · 토론 활동의 실제

1_ 아이디어 개발

2_ 쟁점 분석

3_ 지식 습득

4_ 의사결정하기

※ 위의 네 가지 분류체계는 정문성(토의 · 토론 수업방법 36, 2008, p. 34)에 따른 것이고, 협동학습 구조는 필자의 경험을 바탕으로 정리한 것이다.

※ 토의 · 토론을 활용한 수업이 의사결정이나 쟁점 분석에만 관련된 것이라 흔히 알고 있지만 보다 다양한 상황에서 토의 · 토론 활동이 가능하다는 것을 이해할 필요가 있다.

※ 위의 네 가지 구조 분류 사례는 절대적인 것이 아니라는 점을 미리 밝혀 둔다. 협동학습 구조는 활용하는 사람의 생각에 따라 얼마든지 다른 필요에 의해 활용될 수 있다.

많은 종류의 구조를 적용(구조를 여러 개 활용)하는 것보다는

한 가지 구조라도 꾸준히 효율적으로 사용하는 것이

협동학습의 진정한 가치를 확인할 수 있는 지름길이다.

협동학습 구조에 대한 욕심으로 인하여

학생들이 협동학습하는 방법을 배우는 수업을 하게 되는

우를 범하는 일은 없어야 할 것이다.

협동학습을 위해 협동학습 방법을 익히는 것이 아니라

배움을 위해 협동적 활동을 하는 것이라는 사실을 결코 잊어서는 안 된다.

01 아이디어 개발

01 생각 내놓기 토의 · 토론

1 기본이해

모둠에서 혹은 학급 구성원 모두가 다양한 생
각과 의견을 나누며 토의 · 토론 활동을 할 때
의견이 중복되거나 너무 많은 의견이 나와서
잘 정리가 되지 않는 경우, 비슷한 것들이 많
아 혼란스러운 경우, 모둠별 혹은 학급 전체
회의를 통해서 의견들을 체계적으로 정리하고
종합하기에 어려운 경우 등 교실 안에서 흔히
겪게 되는 토의 · 토론 활동 속에서 아이디어
를 개발하고 문제의 해결방안을 제시하는 과

필자의 반 사례 — 분류기준 찾기

정상의 어려움을 극복하기에 매우 효과적인 구조라 할 수 있다.

이 구조가 가진 대표적인 특징은 ① 모둠원들이 의무적으로 자신에게 주어진 쪽지 수만큼의
생각을 적어 놓은 뒤에 이를 바탕으로 토의 · 토론 활동에 참가하며, ② 종이에 적어 놓고 토
의 · 토론 활동을 하기 때문에 말하고자 하는 중요한 생각들을 잊어버릴 염려가 줄어들고, ③
생각이 적힌 종이쪽지가 여기저기 돌아다니면서 생각의 변화(수정, 변형 등)가 일어난다. 또한
④ 자연스럽게 분류가 이루어지며, ⑤ 참가한 사람들이 그에 집중하게 된다는 점이다.

2 진행방법

'혼자 생각하기' 단계는 모든 활동을 시작하기 전에 선행되는 필수 활동!!!

❶ 교사는 먼저 생각을 기록할 쪽지 또는 이면지(A4의 1/4 크기 배분 ➡ 학생 각자 4등분)를 나누어 준다.

❷ 주제를 학생들에게 제시하고 안내한 후 혼자 생각할 시간을 갖는다.

❸ 주제에 맞는 각자 자신의 생각을 쪽지 한 장에 한 가지씩, 주어진 시간만큼 기록해 나간다.

필자의 반 사례 — 도덕시간

❹ 교사가 생각 내놓기 활동을 할 시간을 안내하면, 각 모둠에서는 '돌아가며 말하기' 구조를 활용하여 1번 모둠원부터 자신이 갖고 있는 쪽지(생각)를 한 장씩 내려놓으며 설명을 한다.

❺ 다른 모둠원들은 1번 모둠원의 설명을 들으면서 자신도 같은 생각을 기록한 쪽지를 들고 있으면 "저도 그런 생각을 했습니다."라는 말과 함께 동시에 내려놓는다(포개어 놓는다). 이렇게 되면 그 모둠에서 한 가지 생각이 분류 · 정리된다.

❻ 이어서 2번 모둠원이 자신의 생각을 자세히 설명하며 한 가지 생각이 적힌 쪽지를 내려놓는다. 그러면 나머지 모둠원들은 5단계 과정을 반복한다(먼저 내려놓은, 다른 생각이 적힌 종이쪽지와 분리하여 내려놓는다).

필자의 반 사례 — 도덕시간에 자신의 생각을 말하며 쪽지 내려놓기를 하는 장면

❼ 앞의 4단계, 5단계 과정을 반복하면서 손에 쪽지를 들고 있는 모둠원이 한 명도 없을 때까지 진행한다(자연스럽게 비슷한 생각끼리 포개어진 상태로 분류 · 정리된다).

❽ 분류 · 정리된 생각들을 살펴보면서 재배치(생각이 비슷해서 합치거나 또는 그 반대일

경우)해야 할 의견이 있다면 서로 상의
하여 정리한다.

❾ 정리된 생각 묶음들을 주어진 B4 용지
에 분류하여 풀로 붙인다(때로는 붙이지
않고, 분류된 의견들을 정리만 하여 마
무리하기도 한다).

❿ 모두 붙인 후에는 분류된 생각 묶음들 하
나하나마다 한 개의 문장으로 정리하여
바로 옆이나 아래에 기록해 둔다(서로
상의하여 좋은 문장을 만들기). 시간이

필자의 반 사례 — 이미 분류된 생각들을 다시 살펴보면서
재배치하는 장면

허락된다면 간단하게 꾸며 주는 것도 좋다(활동 주제나 제목 등을 크게 쓰고, 모둠 정체
성도 표시될 수 있도록 한다 : 모둠명, 모둠 상징, 모둠원 이름 등). ➡ 다양하게 제시되
고 분류된 생각 묶음들에 대한 분류기준이 필요한 경우에는 그 생각 덩어리(분류된 쪽지
들)를 대표할 수 있는 낱말이나 문구를 논의한 뒤 그 기준들에 따라 쪽지들을 붙이고 정
리하도록 한다.(범주화하기)

⓫ 정리된 결과물을 바탕으로 각 모둠에서 나온 의견들을 모둠 번호순으로 발표하거나 게
시한다.

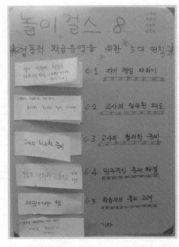
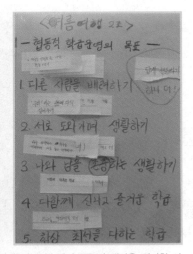

초등협동학습연구회 아해미래 주관 교사 대상 직무연수에서 모둠별 생각을 정리한 사
례 — 협동적 학급운영 원칙과 목표

3 활동 효과

❶ 각 개인의 생각과 의견을 전체 의견에 꼭 반영시켜서 소수의 의견도 존중하게 해 준다 (모든 모둠원들이 주어진 쪽지 수만큼 생각을 적을 수 있도록 하여 자연스럽게 각자의 아이디어 발표 및 동등한 참여를 이끌어 낸다).

❷ 말로 하는 활동에 비하여 생각이나 의견이 더 정교해지고 다듬어진다(말로 할 때보다 신중해지고 깊은 생각을 하게 된다). 또한 활동 중에도 언제든지 자신의 의견을 수정할 수 있도록 하여 보다 편안한 마음으로 활동에 참여하게 된다.

❸ 활동하는 과정 속에서 자연스럽게 비슷한 의견들끼리 분류·분석·범주화가 이루어진 다. 그 결과로 나타난 다수의 의견과 그 밖의 의견들을 쉽게 구분할 수 있도록 해 준다. ➡ 시각적인 자극, 말로 하는 활동보다 시간이 절약됨.

❹ 모둠원 혹은 학급 구성원 모두의 의견을 한눈에 쉽게 알아볼 수 있다. 또한 모둠에서 나온 의견들을 바라보는 활동은 또 다른 생각이나 아이디어를 생산하도록 하는 자극제 역할을 하여 끊임없는 아이디어 생산이 이루어질 수 있다.

❺ 분류·분석의 결과, 모둠이나 학급 구성원들의 생각들이 종합적으로 정리, 발표되어 '아이디어 개발·문제 해결방안 제시' 뿐만 아니라 의사 결정이 필요한 때에도 많이 활용된다는 점(가장 많은 쪽지가 나온 순서대로 결정 ➡ 이 경우 결정에 따른 긍정적·부정적 효과 등에 대한 모둠 내 평가도 필요)이 큰 특징이자 장점이라 할 수 있다.(확산적 사고 및 수렴적 사고가 가능!)

❻ 모둠원들은 자신 및 타인이 내려놓은 쪽지(시각적 자극)를 보면서 활동하는데, 쪽지가 한곳에 쌓이거나 자신 및 타인이 내려놓은 쪽지가 여기저기로 이동하는 모습을 보면서 활동을 하여 집중도가 높아진다.

4 주의할 점이나 활동의 팁

❶ 혼자 생각할 시간은 충분히 주되, 주어진 시간에도 채우지 못한 쪽지는 그냥 빈 채로 내려놓도록 하고, 활동 도중에도 새롭게 떠오르는 생각이 있으면 그 생각을 채울 수 있도록 안내한다.(강제성 배제)

❷ 발표한 후에 결과물들은 복사 후 배부 또는 게시물로 활용하기도 한다.

❸ 발표 시에는 앞 모둠에서 발표한 내용을 체크해 두었다가 중복되지 않는 의견만 발표하

도록 뒷모둠에게 안내하는 것이 좋다.

❹ 필요한 경우에는 언제든지 자신의 생각이나 의견을 수정할 수 있도록 해 주어야 편안한 마음으로 활동에 참여할 수 있다.

❺ 활동 중 시간이 부족하여 다 끝내지 못할 경우에는 쪽지들을 분류된 상태로 모아 두거나 큰 종이(B4용지 등)에 붙여 두었다가 쉬는 시간 또는 다음 시간에 완성할 수 있도록 한다.

❻ 발표 방법은 교사의 창의적인 생각에 따라 다양하게 가져갈 수 있다.

(예) 각 모둠에서 정리한 내용을 실물화상기로 보여 주거나 모둠 칠판에 크게 써서 보여 주기, 각 모둠이 의견을 발표할 때 교사가 칠판에 정리하며 진행하기, 정리한 내용을 게시하고 '교실 산책' 구조로 나누기, 모둠별로 의견 발표 후 같은 의견을 모아서 칠판에 정리하기 등.

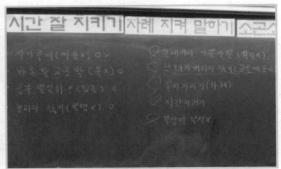

모둠별 의견 발표 후 같은 의견을 모아서 칠판 · 전지에 정리한 사례 — 위의 두 장은 필자의 교실에서 도덕시간에 활동했던 사례이고 아래의 한 장은 초등협동학습연구회 아해미래에서 주관한 교사 대상 협동학습 직무연수에서 학급규칙 만들기를 주제로 활동했던 사례이다.

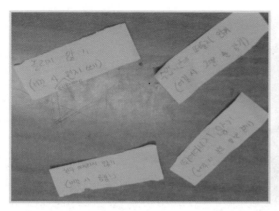

2010년 3월 필자의 교실에서 생각 내놓기 구조를 의사결정 활동에 활용, 학급규칙 만들기 활동을 했던 사례로 활동 후에 결정된 학급규칙을 각 가정에도 알리고, 아동 및 학부모 동의를 통해 학생들 스스로 만든 학급규칙의 중요성 인식 및 준칙 정신을 강조하고자 계획했던 활동이다.

❼ 분류기준에 따른 다양한 아이디어 개발 및 공유 활동사례는 다음과 같다.

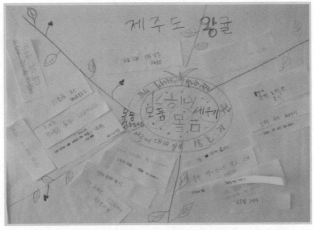

초등협동학습연구회 아해미래 주관 교사 대상 협동학습 직무연수에서 다양한 모둠세우기 활동 사례를 서로 나누고, 분류 기준에 따라 쪽지들을 붙여 가며 정리해 보았던 사례

❽ 학급 구성원 전체의 의견들을 한곳에 모아 전체 회의 방식으로 진행할 때는 다음과 같은 방식으로 진행한다.

(1) 어느 한 모둠에서 한 가지 의견을 발표하면(또는 누군가 한 가지 의견을 발표하면) 그와 비슷하거나 같은 의견을 쓴 모둠 또는 개인은 해당 의견이 적힌 쪽지들을 모두 한곳에 모은다(발표한 모둠 또는 개인이 모두 받아 둔다).

(2) 발표한 모둠 또는 개인은 받은 쪽지들을 모아 집계하고, 그 의견을 칠판에 기록한 뒤 모인 쪽지의 수(의견을 낸 사람들의 수)를 옆에 적는다. 이때 다소 혼란스러움이 있을 수 있다(비슷한 생각인지, 같은 의견인지 묻는 학생들이 많다).

(3) 위의 1, 2 단계를 계속 반복하여 활동한다.

(4) 개인 또는 모둠에 남은 의견이 없을 때까지 활동을 지속하게 되면, 칠판에는 학급 구성원 전체의 의견이 모아지게 되고, 자연스럽게 의견을 낸 사람들의 숫자도 파악되어 의사결정 또는 많은 사람들이 어떤 생각을 공통적으로 하고 있는가 등의 파악에도 도움이 된다(다양한 생각과 의견의 공유 및 의사결정에 도움이 된다).

(5) 필요한 경우에는 칠판에 기록, 정리된 내용들을 개인의 노트에 기록하게 하면 그 자체가 수업내용의 정리가 된다.

5 수업의 실제

'생각 내놓기'를 활용한 5학년 국어과 토의·토론 수업

단원	2-2. 알리고 싶은 내용	일시	○○년 ○월 ○일 ○교시	장소	교실
주제	분류 기준 정하기	차시	5/9(말/듣/쓰 45~47쪽)	지도 교사	○○○
학습 목표	사물을 분류하는 데 필요한 기준을 다양하게 찾을 수 있다.				
사회적 기술 목표	도란도란 말하기, 적극적으로 듣기(경청)				
학습 자료	타이머, 이면지(개인별 쪽지 만들 재료), 자석, 두 박스 구조 자료(PPT)				

단계	학습내용 및 학습구조	교수·학습활동	시간	자료 및 유의점
도입	동기유발 두 박스 구조 (모둠)	● 동기유발하기 : 두 박스 구조를 활용하여 기준 찾기 	5′	● 단계에 따라 순차적으로 제시(PPT 자료)
	학습 문제 확인	※ 박스 1과 박스 2를 가르는 기준은? 사는 곳 ※ 박스 1, 2를 가르는 또 다른 기준은? － 날개의 유무, 가축인가 아닌가, 다리의 수 등. ● 학습 문제 확인 사물의 분류에 필요한 기준을 다양하게 찾을 수 있다.		● 모두 다 함께 (한목소리로)
전개	전체 학습	【활동 1】 '분류 기준'의 중요한 조건 두 가지 알아보기 － 조건 1 : 공통점과 차이점이 있어야 한다. － 조건 2 : 객관적이어야 한다. [교사] '맛있는 음식과 맛없는 음식'이 분류 기준으로 적절하지 않은 이유는? [학생] 객관적이지 않습니다.(사람에 따라서 다를 수 있습니다.)	7′	
	생각 내놓기 구조 (모둠)	【활동 2】 분류 기준 세우기 － 우리반 친구들을 분류할 수 있는 다양한 기준을 알아보자.(다양한 분류 기준이 있음을 알기) － 혼자 생각하기 : 쪽지에 기록한다 － 모둠 내에서 나누고 정리한다.(이끎이, 기록이 역할 활동) [예] 취미나 특기, 사는 지역, 좋아하는 것, 성별, 장래 희망, 안경 착용 유무, 가족 형태, 사는 집의 종류 등	18′	● 개인별로 쪽지를 네 장씩 나누어 가진 뒤 생각을 기록한다. ● 기록이가 모둠에서 나온 생각을 정리한다.
정리	전체 학습	【활동 3】 발표 및 정리 : 모둠별로 정리한 다양한 분류 기준을 학급 전체와 나눈다.	10′	
	칠판 나누기 구조	－ 학급 전체와 나누기 : 모둠별로 가장 많은 의견이 나온 순서대로 한 가지씩 돌아가며 발표하고, 학급 전체에서 나온 같은 의견들을 칠판에 붙인다.(자석 활용－칠판 나누기) [교사] 분류 기준들이 잘 세워졌는지 함께 생각해 보자.(기준으로서 적절하지 않은 것이 있는지 함께 살피기) ● 다음 차시 안내 : 악기, 운동 등에 대한 다양한 기준을 정하여 글로 쓰기		● 전체적으로 나눈 내용들을 각자 공책에 기록, 정리한다.

두 박스 구조표:

	박스 1	박스 2
1단계	소	독수리
2단계	양	매
3단계	염소	부엉이
4단계	돼지	백조

생각 내놓기 활동 중 범주화 사례

❶ 개인별 생각 정리하기(주어진 과제에 따라 개인별로 생각을 쪽지에 정리)

❷ 모둠별 생각 정리하기 : 쪽지를 비슷한 것끼리 묶고 범주화하기

범주 1	범주 2
사는 집	어른이 돼서 하고 싶은 것
아파트냐 연립주택이냐 단독주택이냐	되고 싶은 것
단독주택인가 아닌가?	자신의 꿈
어떤 집에 사는가?	자신의 진로

❸ 범주화를 마친 후 각 범주별로 제목을 붙인다.

범주 1 : 주택의 종류	범주 2 : 장래 희망
사는 집	어른이 돼서 하고 싶은 것
아파트냐 연립주택이냐 단독주택이냐	되고 싶은 것
단독주택인가 아닌가?	자신의 꿈
어떤 집에 사는가?	자신의 진로

생각 내놓기 활동 결과로 제시된 대안의 평가 사례 : P.M.I. 구조 활용

도시의 문제 및 해결 방안		P(Plus)	M(Minus)	I(Improvement)
문제점 : 생활 쓰레기 문제	1. 분리수거 및 재활용 철저	쓰레기의 양을 줄이고 자원을 아낄 수 있다.	강력한 제재조치가 없으면 현실적으로 잘 이루어지지 않는다.	철저한 교육 및 홍보를 확대하고, 수시로 점검 · 감시한다.(위반 시 벌금)
	2. 쓰레기 종량제 실시	쓰레기를 많이 만들지 않으려고 노력하게 된다(쓰레기봉투 값이 많이 들어가서).	쓰레기봉투의 값이 많이 비싸지 않을 경우 쓰레기의 양이 많이 줄어들지 않을 수 있다.	쓰레기봉투의 값을 많이 올리고, 실천하지 않는 가정에 대하여 벌금을 부과한다.
	3. 소각장 설치 및 열병합 발전	소각을 통해 쓰레기의 양을 줄이고, 발생되는 열을 이용해 난방 및 발전을 할 수 있다.	소각장 설치에 많은 돈이 필요하고, 소각할 경우 환경이 오염될 가능성이 있다.	지역별로 예산을 확보하여 설치 · 운영하고, 환경오염 방지 시설을 의무적으로 설치한다.

※ 본래 'I'는 'Interesting'인데 개선을 뜻하는 'Improvement'로 변화를 주어 활용하였다.

※ 최종 대안으로 한 가지만을 결정해야 할 경우에는 아래와 같은 활동지를 마련한 뒤, 나온 의견들을 종합적으로 살피면서 최종 대안 및 그렇게 결정된 이유를 정리 · 발표할 수도 있다.

(   ) 모둠 — 모둠원 (,   ,   ,   )

문제 및 해결 방안		P	M	I	결정 여부
문제점 :	1.				
	2.				
	3.				
결정 및 발표 내용	우리 모둠이 결정한 해결 방안은 ( )입니다. 왜냐하면				

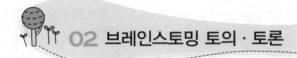

02 브레인스토밍 토의 · 토론

1 기본이해

브레인스토밍(brainstorming)은 창의적인 아이디어를 생산하기 위한 학습 도구이자 토의 · 토론 방식이다. 브레인스토밍은 3인 이상의 사람이 모여서, 하나의 주제에 대해서 자유롭게 토의 · 토론 활동을 전개한다. 여기에서 중요한 점은 어떤 사람이 제시한 의견에 대해서 다른 참가자가 절대로 비판을 해서는 안 된다는 것이다. 이 구조는 특정 시간 동안 제시한 생각들을 모은 뒤 1차, 2차 검토를 통해서 그 주제에 가장 적합한 생각을 다듬어 나가는 과정에 의해서 이루어지는데, 그 과정 속에서 꼭 지켜져야 할 네 가지 원칙이 있다.

(1) 어떤 사람의 의견이라도 절대로 비판하지 않기
(2) 개방적인 분위기 보장하기
(3) 질보다는 양을 중시하기(최대한 많은 아이디어 도출)
(4) 개선하고 결합하여 새로운 것을 만들기(조합과 분리 · 개선의 원칙)

브레인스토밍의 특징은 ① 창의적인 생각을 끌어내는 데 효과적인 방법으로, ② 집단의 크기(대 · 중 · 소)에 상관없이 언제든지 활용 가능하고 ③ 교육 현장에서 창의성 발산과 함께 시너지 효과도 기대할 수가 있어서 토의 · 토론 활동에 안성맞춤이라 할 수 있다.

2 진행방법

'혼자 생각하기' 단계는 모든 활동을 시작하기 전에 선행되는 필수 활동!!!

❶ 교사는 학생들에게 토의 · 토론 주제를 제시한다.

(예) "내가 서울 시장이 된다면?", "내가 대통령이라면?", "우리 모둠의 협동작품을 좀 더 훌륭하기 만들기 위한 방법은?" 등

❷ 생각할 시간을 갖기 전에 먼저 활동에서의 역할(이끔이 : 진행, 기록이 : 정리 등)을 정하고 나누어 맡은 뒤, 주제에 대하여 적절한 시간 동안 생각할 시간을 갖는다.

❸ 활동을 시작하기 전에 중요한 네 가지 원칙(비판 금지, 자유 토의 · 토론, 질보다는 양, 조합 및 분리 · 개선)을 강조한 뒤, 주제에 대하여 본격적으로 의견을 나누고 마음껏 말하도록 한다. 활동을 하면서 다음과 같은 말은 사용하지 않도록 사전에 지도를 해야 한다(이런 말들을 소위 'Idea Killer'라고 말한다).

Idea Killer의 말	
그것은 잘못된 거야.	그건 전혀 새롭지 않아.
그런 것을 말하면 안 돼.	그건 구태의연한 생각, 낡은 생각이야.
그건 우리가 할 수 없는 일이야.	그건 예전에도 있었어.
그건 이미 나온 말이야.	그건 우리가 할 필요가 없어.
그건 저것과 비슷한 거야.	그건 너무 급한 것 같아.
그건 아마 안 될 거야.	그런 것은 눈길도 주지 않을 거야.
그건 우리의 힘으로 불가능한 일이야.	이유는 그렇지만 그러나….
그건 받아들여지지 않을 거야.	인원이 부족해서….
그건 실천할 수 없는 일이야.	너무 바빠서 할 수가 없어.
돈이 너무 많이 든다.	따로 회의를 해서 정해 보자.
뒤로 미루자.(보류하자.)	너는 지금 무엇이 문제인지 모르고 있구나.
그걸 실천할 준비가 안 되어 있다.	너무 앞선 생각이라 따라갈 수가 없다.
도대체 무얼 하려는 거니?	지금까지 그런 적이 없었다.
나도 생각해 보았지만 잘 안되더라.	그건 아주 바보 같은 생각이다.
나도 해 보았지만 잘 사용하지 않아.	침묵으로 일관하기
너무 뒤떨어진 생각이다.	넌 아무 말도 하지 마.

❹ 주어진 시간 동안 나오는 아이디어들은 모두가 잘 볼 수 있도록 활동지에 빠짐없이 기록하고 정리한다(미리 모둠 칠판을 준비). 적절한 시간이 지나면 모둠원들은 지금까지 나온 의견들을 함께 보면서 새로운 아이디어의 생산, 이미 나온 아이디어의 조합 및 분리 · 개선 등을 시도해 본다.

❺ 조합하고 통합한 개선한 아이디어 가운데 가장 좋다고 생각하는 의견 몇 가지를 결정하도록 한다(찬반 투표, 동전 내놓기, 만장일치 등). ➡ 버릴 것은 버리고, 남은 것들을 잘 분류하여 정리하도록 한다.

3 활동 효과

❶ 문제의 원인이나 다양한 해결 · 개선 방안을 찾기에 유용하다.

❷ 특정 활동을 위한 계획 세우기 활동에 적합하다.

❸ 다양한 아이디어를 개발할 때 많이 활용된다.

❹ 특정 주제에 대한 다양한 사고를 이끌어 내기 등에 많이 활용된다.

❺ 집단 사고를 통해 사고의 확산을 가능하게 해 준다.

4 주의할 점이나 활동의 팁

❶ 앞서 제시한 네 가지 원칙이 철저하게 지켜질 수 있도록 한다.

❷ 연령이 낮을수록 '조합 및 분리 · 개선' 원칙을 매우 어려워하고, 사회적 기술이 부족할수록 '비판하지 않기' 원칙이 잘 지켜지지 않으며, 허용적인 분위기가 형성되지 않은 상태에서는 '자유토의' 원칙이 잘 지켜지지 않는다. 또한 토의 · 토론 주제가 너무 어렵거나 브레인스토밍 활동에 익숙하지 않으면 '질보다 양'의 원칙도 지켜지지 않게 된다.

❸ 활동에 따라서 주제와 관련, 토의 · 토론에 필요한 역할(엉뚱이, 생각이, 지킴이, 칭찬이 등)을 정하고 활동을 해도 좋다(교사가 필요한 역할을 나누어 주도록 한다. 이 경우 연령이 어릴수록 역할 책임에 어려움이 많다는 점을 잊지 말자).

일반적인 안내서에 소개되어 있는 역할과 그에 대한 책임

- 칭찬이 : 주도적으로 칭찬을 하는 역할, "아주 멋진 생각이야!" 모든 생각에 대하여 평가하지 말고 적극적으로 받아 주고 격려하기
- 지킴이 : 시간을 조절하는 파수꾼 역할, "시간이 1분 남았다!", "조금 더 서두르자!" 시간을 지키고 조절하는 역할
- 엉뚱이 : 톡톡 튀는 사고의 전환을 가능하게 하는 역할, "좀 더 기발한 생각을 해 보자!" 뒤집어 생각하기, 거꾸로 생각하기, 발상의 전환에 주도적인 역할을 수행하기
- 생각이 : 통합과 개선의 원칙을 주도하는 역할, "이 아이디어와 저 아이디어를 합하면 어떻게 될까?", "이걸 조금만 바꾸어 보면 어떻게 될까?" 모둠에서 구성원들이 다양한 생각들을 나누고 조합하고 개선시킬 수 있도록 이끌어 가는 역할
※ 필요한 경우에는 명패 형식의 팻말을 만들어 활용할 수도 있다.

❹ 때로는 실제 그 인물이 되어 보지 않으면 안 될 때도 있다.

(예 1) 살기 좋은 우리 도시를 만들기 위한 방법 : '시장, 학생, 일반 직장인, 가정주부' 로
　　　 역할을 나누어 브레인스토밍을 한다.
(예 2) 환경오염 문제를 해결하기 위한 방법 : '정치인, 환경 운동가, 일반 시민, 학생' 으로
　　　 역할을 나누어 브레인스토밍을 한다.

역할 책임을 기록할 명패 모양의 역할 카드

※ 그 속에서 또 다른 역할은 상시 존재한다. 예를 들자면 기록이(브레인스토밍에서 엉뚱이 역할), 칭찬이(브레인스토밍에서도 칭찬이 역할), 점검이(브레인스토밍에서 지킴이 역할), 이끔이(브레인스토밍에서 생각이 역할) 등이 바로 그것이다. 이를 위해서 평소에 모둠원들의 역할 책임 속에 브레인스토밍 요소를 적절히 넣어서 익숙해지도록 만들어야 한다.

※ 역할에 따른 이끔말을 명패 형태의 팻말로 만들어 사용하기도 한다.

5 수업의 실제

'브레인스토밍'을 활용한 4학년 미술과 토의 · 토론 수업

단원	11-1. 사진으로	일시	○○년 ○월 ○일 ○교시	장소	교실
주제	아름다운 모습	차시	2/6(60분)	지도 교사	○○○
학습 목표	세상에서 가장 아름다운 모습은 어떤 것인지 말할 수 있다.(세상에서 가장 아름다운 모습을 사진으로 담아 오기 이전의 활동)				
사회적 기술 목표	도란도란 말하기, 적극적으로 듣기(경청), 타인의 경험 수용하기				
학습 자료	타이머, 보드마카 펜, 보드마카 지우개, 모둠 칠판, PPT				

단계	학습내용 및 학습구조	교수 · 학습활동	시간	자료 및 유의점
도입	동기유발 전체 학습	● 동기유발하기 : 아름다운 모습이 담긴 사진 보여 주기(자연, 사람의 모습, 예술 작품 등) 　– 사진 작품의 제목 생각해 보기 　– 각자 어떤 느낌이 드는지 이야기해 보기 　– '아름다운 모습'은 사람마다 차이가 있다는 점 알기	10´	PPT 자료 준비
	학습 문제 확인	● 학습 문제 확인 세상에서 가장 아름다운 모습은 어떤 것인지 말할 수 있다.		
전개	모둠 토의	【활동 1】 '세상에서 가장 아름다운 모습'에는 어떤 것들이 있는지 생각해 보기 [교사] 보여 준 사진 자료를 바탕으로 각자 '세상에서 가장 아름다운 모습'은 어떤 것인지 생각해 보도록 하자. [학생] 주어진 시간만큼 각자의 생각을 메모지에 정리한다.(개인별로 브레인스토밍하기)	10´	
	브레인스토밍	【활동 2】 각자 정리한 생각을 모둠원들과 나누기 [교사] 각자 브레인스토밍한 내용을 모둠원들과 함께 나누어 보도록 하자. [학생] 모둠 내에서 자신의 생각을 자연스럽게 나눈다. ➡ 순서 없이 이야기한다.(브레인스토밍) ➡ 모둠 내에서 나온 의견을 정리한다.(활동지 : 기록이 정리)	20´	출처 : 네이버 포토갤러리 ● 모둠 내 활동지 한 장씩 배부
	의사결정– 동전 내놓기	【활동 3】 모둠 내에서 '세상에서 가장 아름다운 모습'이라 생각하는 것 세 가지만 정하기 [교사] 각 모둠은 '세상에서 가장 아름다운 모습'이라 생각하는 것 세 가지만 정해 보자.(이유도 생각해 놓기) [학생] 모둠 내에서 세 가지를 정하고, 이유도 정리한다. (활동지에 정리 : 기록이) 　– 1번부터 차례대로 살펴보면서 제외시킬 것과 남겨 둘 것을 분류하기 　– 남겨진 것들을 바탕으로 모둠원들과 서로 상의하여 세 가지만 결정한다.(동전 내놓기) 　– 세 가지를 결정한 각각의 이유 생각해 두기	15´	● 모둠 내 활동이 마무리되면 활동지는 제출한다.
정리	전체 학습	● 다음 차시 안내 : '사진 작품 전시회' 안내 　– 2주 후 미술시간은 '사진 작품 전시회' 　– 전시회 제목 : '세상에서 가장 아름다운 모습' 　– 각자 사진 찍기, 사진마다 제목 붙이기, 찍은 이유 정리해 두기, 사진 뽑아 오기(인화지 또는 칼라 프린트) 　– 일정 안내(사진 제출 일자, 전시장, 제반 준비 등)	5´	● 전시회 관련 내용은 교실 게시판에 자세히 정리하여 공지한다.

〈브레인스토밍 활동지〉

세상에서 가장 아름다운 모습

○○○○○초등학교 4학년 ○반 (   )모둠

다음 시간에는 각자 자신이 생각하는 '세상에서 가장 아름다운 모습' 을 사진에 담아 와서 여러 친구들과 나누고 감상하는 시간을 가질 계획입니다. 이번 시간에는 그 준비시간으로 '세상에서 가장 아름다운 모습' 은 어떤 모습일까에 대하여 서로 생각을 나누어 보는 시간 을 갖고자 합니다. '세상에서 가장 아름다운 모습' 은 과연 어떤 것일지 생각나는 대로 많이 써 보도록 합시다.

(1) 어떤 사람의 의견이라도 절대로 비판하지 않기   (2) 개방적(수용적)인 분위기 만들기

(3) 질보다는 양을 중시하기(최대한 많은 아이디어 도출)   (4) 타인의 의견을 적극적으로 칭찬해 주기

(5) 다른 사람의 아이디어를 바탕으로 자신의 생각 덧붙이기   (6) 서로의 차이점 인정해 주기

(7) 개선하고 결합하여 새로운 것을 만들기(조합과 분리 · 개선의 원칙)

순서	아이디어 목록
1	
2	
3	
4	
5	
6	
7	
8	
9	
10	
11	
12	
13	
14	
15	

가장 좋은 아이디어 3개만 뽑는다면?	

03 마인드 맵 토의·토론

1 기본이해

본래 '마인드 맵(mind map)'은 1971년 영국의 Tony Buzan에 의해 창시되었으며, 세계적인 두뇌 관련 석학들로부터 수많은 경외와 찬사를 받으면서 객관적이고 과학적인 검증 과정을 거친, 두뇌 활용을 극대화하는 사고 및 학습방법으로 알려져 있다. 본래 마인드 맵은 왼쪽 뇌와 오른쪽 뇌의 다른 기능 및 양 기능을 통합하여 두뇌 이용의 효율성을 상승, 기억력과 창의적 사고를 극

필자의 반 사례 — 모둠 마인드 맵 활동 장면

대화시키는 '사고력 중심의 두뇌개발' 노트법으로 잘 알려져 있지만 협동학습에서는 긍정적 상호작용을 극대화하고, 역할 분담을 통하여 과제를 완성해 나감으로써 1+1=2가 아니라 5도 될 수 있고 10도 될 수 있다는 시너지를 느끼도록 해 주는 구조 활동으로 많이 활용하기도 한다. 특히 토의·토론 방식으로서 마인드 맵이 갖는 특징은 ① 창의적인 생각을 끌어내는 데 효과적이고, ② '주제·주가지·부가지·보조가지' 단계로 이어지는 체계가 여기저기 흩어져 있는 기억의 조각들을 모아 주어 많은 생각을 끌어내는 데 도움을 주며, ③ 교육 현장에서 창의성 발산과 함께 시너지 효과도 기대할 수가 있어서 토의·토론 활동에 안성맞춤이라 할 수 있다.

마인드 맵핑(mind mapping)은 머릿속의 생각을 마치 거미줄처럼 지도를 그리듯이 핵심어를 이미지화하여 펼쳐 나가는 기법으로서, 자신의 머릿속에 있는 사고를 보다 체계적으로 정리하기 위한 기법으로 창안되었다.

[참고 자료]
마인드 맵 배우기(1995), Nancy Margulies 저, 한국부잔센타 역(영교·브레인파워)
반갑다 마인드 맵 : 아이들을 위한 마인드 맵(1994), 한국부잔센타(사계절)

2 진행방법

'혼자 생각하기'단계는 모든 활동을 시작하기 전에 선행되는 필수 활동!!!

❶ 준비 도구 : 용지 및 필기구[다양한 크기의 종이를 준비하되 줄이 그어진 종이는 생각을 펼치는 데 제한을 주므로, 백지를 준비해야 되고, 색 펜은 일반적으로 주가지의 수만큼 준비한다(보통은 4~5색을 사용한다).]

❷ 마인드 맵 작성 과정

● 1단계 : 중심 이미지(주제) 그리기(그림이나 상징기호). 글의 주제나 제목을 써도 좋다. 이를 표현할 때도 두세 가지 정도의 색을 사용하면 한눈에 들어온다.

● 2단계 : 주가지 그리기. 대분류를 표현하는 것으로서 나무의 굵은 가지에 해당된다. 중심 이미지와 바로 연결되어 있는데, 시작되는 부분은 굵고 점점 가늘게 그린다. 곡선모양으로 그리면 더 좋다. 이 부분은 어찌 보면 가장 중요한 부분으로서 조직적이고 체계적인 사고가 요구되는 부분이라 하겠다(가지별로 색을 구분하여 그리면 좋다). 너무 많이 그리지 않도록 한다(4~7개 이내).

● 3단계 : 부가지 그리기 소분류를 표현한 부분으로서 나무의 잔가지에 해당된다. 주가지에 연결되는데, 주가지를 더 명확하게 하거나 상세하게 하는 역할을 한다. 보통은 가는 곡선으로 나타내는데 가지의 수에는 제한이 없고, 색을 사용할 경우 주가지와 같은 색을 쓴다.

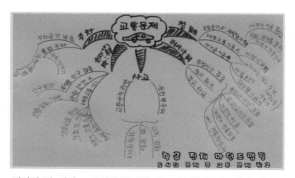

필자의 반 사례 —도시의 문제점 중 교통 문제 탐구에서 대집단 마인드 맵핑 사례(학급 전체)

● 4단계 : 세부가지 그리기. 부가지에 연결되는 것으로서 부가지를 더욱 자세하게 나타내는 단계이다. 가지 수에는 제한이 없으며 자유롭게 이어 나간다.

※ 마인드 맵에 대하여 더 자세히 알고 싶으면 앞에 소개한 자료나 전문서적을 통해 접해 보기 바란다. 또한 마인드 맵이라는 것도 본 내용에서 이야기되는 것보다 더 전문적인 지식이 필요하다는 점을 미리 밝혀 둔다.

3 활동 효과

❶ 다양한 활동을 시작하기 전, 계획서를 작성하는 데 도움을 준다.

❷ 소집단에서 토의 · 토론 활동한 내용을 체계적으로 분류하여 정리할 때, 발표 자료로 활용하고자 할 때 많이 쓰인다.

❸ 중심 주제를 바탕으로 사고의 틀을 발전시켜 나갈 수 있는 활동(다양한 아이디어 생산, 다양한 해결 방안 찾기 등)에 매우 효과적이다.

❹ 하나의 주제를 여러 가지 측면으로 살펴볼 필요가 있을 때 효과적이다.

4 주의할 점이나 활동의 팁

❶ 활동할 때 비판을 금지하고, 자유로운 분위기를 조성하며, 질과 양을 동시에 추구하고, 상위 · 하위개념 등의 상관관계를 잘 살피도록 한다.

❷ 모든 모둠원들은 아이디어 생산을 위해 최선을 다하되 모둠에서 기록이 역할을 두고 한 사람이 토의 · 토론 활동 내용을 정리하도록 하는 것이 좋다.

❸ 저학년에서는 주가지 정도까지는 안내해 주는 것이 좋고, 고학년으로 갈수록 주제를 바탕으로 모둠원들이 토의 · 토론을 통해 작성해 나가는 것이 좋겠다.

❹ 집단의 크기는 대 · 중 · 소를 가리지 않고 할 수 있다. 특히 학급 전체 토의 · 토론 활동에도 많이 활용된다(교사가 진행 및 안내를 하고 학생들이 주인이 되어 다양한 아이디어나 문제 해결 방안 탐색, 특정 활동에 대한 계획을 체계적으로 세우고자 할 때 칠판을 활용하여 전체 토의 · 토론 활동을 해 나갈 수 있다).

❺ 활동 결과물들은 게시물로 활용하면 좋다.

5 협동학습에서의 모둠 마인드 맵

❶ 모둠 마인드 맵을 이용해 토의 · 토론 활동을 해 나가는 과정에서 요구되는 사고방식과 학습방법은 두뇌와 자연스럽게 작용한다.

❷ 모둠 마인드 맵을 이용한 토의 · 토론 활동 과정 내내 개인과 모둠 양쪽을 똑같이 지속적으로 강조하게 된다. 개인이 자신의 정신세계를 탐구하는 횟수가 많을수록 모둠으로 돌아가서 모둠을 위해 더욱 많은 공헌을 하게 된다(개인적인 책임을 바탕으로 한 긍정적

상호의존 및 시너지).

❸ 개인이 모둠 마인드 맵을 위해 공헌을 하면 모둠 마인드 맵은 즉시 그 힘을 다시 개인에게 피드백해 주고 이렇게 함으로써 개인이 모둠 마인드 맵 활동에 기여할 수 있는 능력은 더욱 증진된다.

❹ 모둠 마인드 맵 활동은 무의식적으로 의견의 일치를 찾아내기 때문에 모둠 의식(모둠 정체성)을 돈독히 하고 모둠의 목표와 목적에 모든 구성원들의 정신을 집중시킨다.

❺ 모둠 마인드 맵을 이용한 토의·토론 활동 중 구성원들은 서로에 의해 표현되는 모든 생각을 타당한 것으로 받아들이게 된다.

❻ 모둠 마인드 맵 활동은 모둠 기억에 있어서 하드카피와 같은 역할을 한다. 때문에 마인드 맵을 이용한 모둠별 토의·토론 활동이 끝날 때가 되면 각 구성원들은 성취한 것에 대해 서로 비슷하고 포괄적인 이해를 할 가능성이 커지게 된다.

6 모둠 마인드 맵의 장점

❶ 모든 창의적 사고 기술을 무의식적으로 활용 ➡ 아이디어 생산이 확대된다.

❷ 마인드 맵을 활용하여 토의·토론 활동에 참가하는 모둠원들이 공동의 목표를 향해 나아감에 따라 정신적 에너지는 시너지 효과를 발휘한다.

❸ 동시에 많은 요소들을 빠르고 쉽게, 한눈에 볼 수 있게 해 줌으로써 창의적인 연상능력과 통찰력을 높여 준다.

❹ 신속하게 시작하고, 짧은 시간 동안 많은 아이디어를 발상해 내게 한다.

❺ 마인드 맵을 활용하여 토의·토론 활동에 참가하고 있는 모둠원들의 주변에 애매하게 흩어져 있는 사고들을 쉽게 찾아낼 수 있도록 도와준다(두뇌에 숨어 있는 잠재적 가능성을 쉽게 이끌어 낸다).

❻ 모둠 구성원들이 새로운 통찰력을 얻을 수 있는 가능성을 높여 준다.

❼ 작은 공간에 모둠원들의 모든 정보(양과 질)를 표현할 수 있도록 해 준다.

❽ 논리적인 순서나 세부사항에도 관여해 다양한 아이디어나 문제점에 대한 원인, 결과, 해결 방안 등을 체계적으로 정리할 수 있게 해 준다.

이야기 마인드 맵 — 참고자료 www.mindmapshool.com

소가 된 게으름뱅이

일하기를 싫어하는 게으름뱅이가 살았습니다. 마누라가 바쁘다고 잔소리를 해도 뒷산에 올라갔습니다. 그런데 한 노인이 게으름뱅이가 쓰면 좋다고 농부에게 황소탈을 씌어 주었습니다. 그런데 농부가 그 탈을 벗으려고 해도 벗겨지지가 않아 소가 되고 말았습니다. 장터에 내다 팔린 소가 된 농부는 그동안 게으름을 피웠던 일을 후회하며 열심히 밭일을 하게 되었습니다. 그 노인이 무를 먹으면 죽는다고 했던 말을 기억하고 죽을 각오로 무를 먹었습니다. 그런데 다시 사람이 되었습니다. 그 농부는 다시 사람이 되어 기뻐하며 부지런한 농부가 되어 일을 열심히 하였다고 합니다.

7 수업의 실제

'마인드 맵'을 활용한 1~6학년 독서(재량) 토의 · 토론 수업

단원	재량 활동−독후 활동	일시	○○년 ○월 ○일 ○교시	장소	교실
주제	이야기 마인드 맵	차시	1~2/2(80분)	지도 교사	○○○
학습 목표	모둠원들이 함께 읽은 이야기 내용을 '이야기 마인드 맵'으로 정리할 수 있다.					
사회적 기술 목표	도란도란 말하기, 다 함께 참여하기, 개인적인 책임					
학습 자료	타이머, PPT(예시 작품), 4절지(모둠 협동 작품), 색연필과 사인펜					

단계	학습내용 및 학습구조	교수 · 학습활동	시간	자료 및 유의점
도입	동기유발 전체 학습	● 동기유발하기 : '이야기 마인드 맵' 사례 보여 주기 　− PPT 자료 제시 　− 주가지를 어떻게 나누었나 살펴보기 　− 부가지를 어떻게 나누었나 살펴보기 　− 지금까지 각 모둠에서 읽은 책 내용과 연관시켜 보기	10′	PPT 자료 준비 출처 : 네이버 카페 '꿈키아(Koomkia)
	학습 문제 확인	● 학습 문제 확인 　모둠원들이 함께 읽은 이야기 내용을 '이야기 마인드 맵'으로 정리할 수 있다.		
전개	모둠 토의 브레인 스토밍	【활동 1】 각 모둠원들이 함께 읽은 이야기 내용 살피기 　[교사] 각 모둠에서는 함께 읽은 이야기 내용을 살피고 어떻게 정리할 것인가 살펴보도록 하자. 　[학생] 주가지, 부가지를 어떻게 정할 것인가 이야기 나눈다.(브레인스토밍) ➡ 각기 다른 '주가지'마다 부가지를 정리해 나간다.(이면지에 정리 — 브레인스토밍) ➡ 각 가지를 정리할 역할 책임을 나눈다.	30′	
	이야기 마인드 맵 (협동작품)	【활동 2】 이야기 마인드 맵 　[교사] 각 모둠에서 정리한 내용을 바탕으로 '이야기 마인드 맵' 활동을 시작해 보도록 하자. 　[학생] 각 모둠에서 정해진 역할 분담에 따라 협동작품 활동을 한다. 　− 주가지, 부가지, 보조가지 등에 대한 체계화 　− 주가지, 부가지, 보조가지 순서대로 작업하기 　− 모둠원들과 시각화 작업에 대한 통일(이미지 등) 　− 생각과 자료 등 모든 것들을 공유하도록 한다. 　− 활동이 마무리되면 마인드 맵 활동을 바탕으로 하여 이야기 내용을 간단하게 정리하기	30′	● 모둠 내 활동지 한 장씩 배부 (4절지) ● 모둠 내 활동이 마무리되면 활동지는 제출한다.(교실 내 적절한 장소에 게시하기)
정리	전체 학습 (교실산책)	【활동 3】 '이야기 마인드 맵' 감상하기 　[교사] 각 모둠에서 만든 '이야기 마인드 맵' 작품을 '교실산책 구조'로 감상해 보도록 하자. 　[학생] 각 모둠원들과 함께 작품을 둘러보면서 감상활동을 해 나간다.(작품별로 잘된 점 찾아 칭찬해 주기)	10′	● 모둠원들과 함께 다니면서 감상하기(좋은 점 찾아서 칭찬하기)

※ 교실산책 구조에 대한 안내 : 작품을 교실 공간에 적절히 배치(게시)한 뒤 각자(또는 모둠원들과) 작품을 둘러보고 각 작품에 대한 느낌과 생각 등을 정리해 보는 활동(감상)이다. 작품을 설명하는 학생은 따로 두지 않는 이 구조는 주로 글쓰기 작품이나 미술작품, 협동작품 등을 전시하고 자유롭게 감상할 수 있도록 하기 위해서 활용하는 구조이다(이 경우에는 작품 옆에 방명록이나 노트 등을 놓아 두고 감상평이나 조언 등을 기록할 수 있도록 하는 것이 좋다).

04 모둠 문장 토의·토론

1 기본이해

모둠 문장 구조는 문장 중에 한 낱말을 비워 놓은 뒤 그 자리에 여러 가지 생각을 넣어서 서로 생각을 나누어 보고 느껴 보게 하는 구조이다(모둠원들이 모여서 함께 토의·토론 하는 과정을 통해 주제와 관련된 새로운 하나의 문장을 창의적이면서도 통합적으로 만들어 나가도록 해 준다). 문장 중에 비어 있는 부분을 낱말로 채운 뒤 함께 토의·토론 하는 과정에서 학생들은 서로의 생각에 대한 차이와 경험의 차이를 느낄 수 있으며, 주제와 관련된 사고 및 이해를 보다 깊이 있게 할 수 있게 된다. 이 구조가 가진 가장 큰 특징은 ① 개인 사고 활동을 바탕으로 자신의 생각과 다른 모둠원의 생각이 어떤 위치에 어떻게 들어가야 좋은가에 대해 서로 나누는 과정에서 토의·토론 활동이 매우 활발해진다는 점인데, ② 그 이유는 자신의 사고 결과

초등협동학습연구회 아해미래 주관 협동학습 직무연수에서 낱말을 중심으로 모둠 문장 만들기 활동을 했던 사례

가 전체 활동에서 분명한 위치를 차지하기 때문에 토의·토론 활동 참여에 대한 동기가 이미 충분해져 있기 때문이다.

2 진행방법

'혼자 생각하기' 단계는 모든 활동을 시작하기 전에 선행되는 필수 활동!!!

❶ 주제를 알려 주고 적절한 시간 동안 생각하고 기록할 시간을 충분히 준다(활동지로 제시해도 좋다).

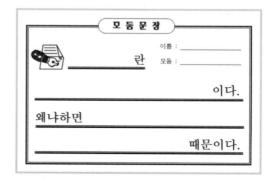

(1) 혼자서 주제에 대한 생각을 바탕으로 하여 그에 대해 한 문장으로 활동지에 나타낸다(그렇게 나타낸 이유까지 자세하게 쓴다).

(2) 주로 비유적인 표현을 많이 하게 되는데, 무엇에 비유하였는지 살펴보는 것도 중요한 과정이 된다.

❷ 개인적으로 쓴 문장을 모둠 내에서 비평 없이 순서대로 돌아가며 발표한다.(보충 및 설명하며 발표하기)

모둠 문장 만들기 ― 의견을 나누고 토의·토론하는 모습

(1) 돌아가며 발표한 후에 각 모둠은 개인적인 문장들에 대해서 토의하고 (누구의 문장이 좋았는지, 창의적이었는지, 감동적이었는지 등) 중요한 용어(처음에 비어 있었던 부분의 낱말)들을 찾아 나열해 본다.

(2) 처음에 비어 있었던 부분에 대한 낱말만 기록이가 정리하여 기록한다.

❸ 각 모둠의 기록이는 정리한 낱말을 칠판에 적는다.(칠판 나누기)

❹ 학생들 모두는 칠판에 기록된 결과물들을 보고 그 의미를 생각해 본다. 교사는 기록된 낱말들에 대하여 학급 구성원 모두와 나눔의 시간을 갖는다. 학급 구성원 모두가 칠판에 기록된 낱말 하나하나를 살펴보면서 왜 그런 생각을 했는지가 이해되는지를 묻고, 이해가 잘 되지 않는 사람이 많다면 그 낱말을 쓴 친구를 찾아 그렇게 생각한 까닭(이유)을 묻고, 설명이 끝나면 칭찬이나 보상을 적극적으로 해 준다.

각자의 생각 정리 및 기록 (1)

각자의 생각 정리 및 기록 (2)

모둠 내에서 나누기 ― 발표

기록이가 칠판에 정리

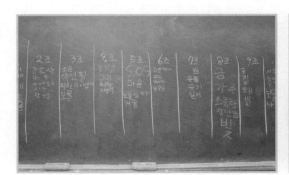

칠판 나누기한 결과

의미 나누기 ― 생각한 까닭

❺ 나눔의 시간이 끝나면 각 모둠에서 나온 중요한 낱말들을 가지고 모둠이 합의해서 1개의 의미 있는 문장을 만들도록 한다. 중 · 고학년의 경우 이 단계까지 충분히 진행할 수 있으나 저학년의 경우에는 4단계(나눔의 시간을 갖는 것)까지만 진행을 해도 괜찮다고 생각한다. 왜냐하면 저학년의 경우 주제와 의미가 통하는 하나의 문장으로 만드는 데 어려움을 많이 느끼기 때문이다.

(1) 모둠원의 문장 가운데 가장 좋다고 생각되는 문장 하나를 선정한 뒤에 그것을 바탕으로 하여 다듬으면서 개선해 나가도 좋다.

(2) 2명 혹은 3명, 4명 모두의 문장을 조합해도 좋다(조합한다는 이야기는 결국 처음에 비어 있었던 부분에 해당되는 중요한 낱말을 2개, 3개, 4개 모두 넣어서 주제와 관련된 새로운 문장을 재창조해 나간다는 말과 같다).

❻ 각 모둠의 기록이는 만들어진 문장을 칠판에 적는다.(칠판 나누기)

(1) 각 모둠별로 돌아가며 모둠 문장을 큰 소리로 읽는다.(자기 모둠의 문장)

(2) 다 읽은 후에 설명이 필요한 부분이 있거나 궁금한 부분이 있으면 서로 질문을 주고받으며 보충한다.(교사가 진행)

상의하여 모둠 문장 만들기

완성한 문장 ― 칠판 나누기

❼ 마무리하는 차원에서 시너지 개념(서로의 생각을 공유하여 좋은 문장을 만들어 낸 것에 대한 이해)에 대하여 서로 나누는 시간을 갖고, 이어서 이 시간의 활동과정을 통해서 배운 점, 새롭게 알게 된 점, 학습한 내용에 대하여 정리할 시간을 갖는다(위의 활동을 통하여 새롭게 알게 되었거나 느낀 점 등을 모둠 안에서 '돌아가며 말하기' 구조를 활용하여 나누는 시간을 갖는 것이 제일 좋다. 모둠원 중에서 1명씩 무작위로 뽑아서 마무리 단

계에서 가졌던 느낌과 생각한 내용을 발표하기도 한다. 이후에는 각자의 공책에 학습한 내용을 정리하는 시간을 갖는다. 보통 마지막 8단계 과정을 많이 생략하기도 하지만 해 주는 것이 더 좋다).

3 활동 효과

❶ 학생들이 고차원적이고도 통합적인 사고와 깊이 있고 추상적인 생각까지 이끌어 낼 수 있도록 해 준다.

❷ 개인적인 사고를 집단적인 사고과정까지 확장시켜 줌으로써 핵심 개념에 대한 이해의 폭을 보다 넓고 깊게 해 줌과 동시에 1+1=2가 아니라 그 이상이 될 수 있다는 시너지를 느끼게 해 준다.

❸ 모둠 문장 구조를 활용한 토의·토론 과정에 참여하면서 자신이 생각하지 못한 것 — 특히 언어의 창의적·창조적 활용 — 을 다른 사람이 생각하고 있다는 점을 잘 느낄 수 있다. 그 과정에서 자연스럽게 배움이 일어나게 된다.

❹ 어떤 개념이나 가치에 대한 정의 (특히 도덕시간에 각 단원의 가치나 덕목에 대하여 미리 생각해 보거나 마지막 정리 차원에서 적용하기), 나름대로 받아들인 특정한 주제나 현상에 대한 개념 정의(과학, 사회, 실과 등에서 어떤 가치가 담긴 단원이나 주제에 대한 것 — 환경이란, 자연이란, 문화재란, 공기란…), 국어시간에 빗대어 표현하기 활동("컴퓨터란 ○○○이다.", "우산이란 ○○○이다." 등), 동화나 이야기가 가져다주는 교훈, 글이 가져다주는 감동, 특정 대상에 대한 생각이나 느낌 등에

> **모둠 문장을 활용한 모둠 시 사례**
>
> #### 오랜 친구
>
> 오랜 친구란 일기장이다.
> 왜냐하면 만날 때마다
> 지난 옛일을 떠올리게 하기 때문이다.
> 오랜 친구란 추억이다.
> 왜냐하면 함께 지낸 만큼
> 진한 감정이 남아 있기 때문이다.
> 오랜 친구란 된장이다.
> 왜냐하면 오랜 친구와 된장은
> 오래 묵을수록 제맛이 살아나기 때문이다.
> 오랜 친구란 보험이다.
> 왜냐하면 함께할수록
> 믿음이 가고 마음 든든하기 때문이다.

대하여 생각해 보는 차원에서 활용하는 데 효과적이다.

(예) 오랜 친구란 '일기장'이다.(모둠원 1)

　　오랜 친구란 '추억'이다.(모둠원 2)

　　오랜 친구란 '된장'이다.(모둠원 3)

　　오랜 친구란 '보험'이다.(모둠원 4)

　　〈모둠 문장〉 오랜 친구란 묵은 된장처럼 구수하고 보험처럼 곁에 있어 든든하며 오랜 일기장처럼 옛 추억을 방울방울 떠올리게 하는 일기장 같은 존재이다.

❺ 학급세우기, 모둠세우기 활동 및 학급운영 과정에서 경험하게 되는 다양한 현상들에 대한 느낌을 모둠 문장으로 정리하고 마무리하기에 효과적인 구조이다.

(예) 어떤 문제가 발생했을 때, 그에 대한 학급회의 혹은 이야기를 진지하게 나눌 시간을 갖고, 모둠 문장으로 마무리하기(마음속 깊이 새기는 과정) ➡ "욕이란, 폭력이란, 왕따란" 등.

❻ 의미 있는 활동을 하고 난 뒤에 마무리하는 차원에서 그 느낌이나 소감을 모둠 문장 구조로 나누어 볼 수 있다. 대체로 그 활동을 통하여 알게 된 중요한 사실이나 정보, 인상 깊었던 점, 감동적이었던 부분, 속이 상했던 점 등을 떠올려 쓰기 마련이다. 이런 글들을 모아서 나중에 학급문집이나 졸업앨범, 학급신문, 학급 홈페이지 등에 실어도 아주 좋은 내용물이 될 수 있다.

채인선, 『아름다운 가치사전』(한울림 어린이 출판)

(예) 『아름다운 가치사전』이란 책이 있다. 이 책은 24가지의 가치를 아이들의 목소리고 생생하게 담아 읽는 이들에게 감동을 주고 있는데, 이와 같은 책을 한 학급에서도 쉽게 만들어 볼 수 있다. ➡ "○○반 가치사전"(학급운영을 하면서 다루는 수많은 일들을 바탕으로 꾸준히 모둠 문장 구조 활동을 적용해 온 뒤, 그 글들을 모아 내면 한 권의 훌륭한 책이 될 수 있다.)

4 주의할 점이나 활동의 팁

❶ 저학년, 때로는 중학년의 경우에는 4단계까지만 진행하는 것도 좋다[어휘력이 떨어지고 추상적인 사고를 통한 창의적(창조적) 활동을 힘들어하며, 낱말을 조합하여 새로운 문장을 만드는 데 어려움이 있다].

❷ 이 구조 활동은 모두의 생각이나 모둠의 생각을 한눈에, 빠른 시간에, 쉽게 비교하고 알아볼 수 있도록 하기 위해서 주로 '칠판 나누기' 구조와 함께 활용되고 있다. 따라서 다양한 '칠판 나누기' 방법에 대한 교사의 준비가 필요하다.

❸ 자신의 모둠에서 나온 낱말들을 조합하여 하나의 문장을 새롭게 만들 때 학년 수준에 따라 두 낱말 이상 사용하기, 세 낱말 이상 사용하기, 모든 낱말을 넣어서 만들기 등으로 조건을 주어도 된다. 물론 이때에도 본시의 학습 주제와 관련된 문장을 만들도록 해야 한다는 사실을 잊지 않도록 한다.

❹ 진정한 모둠 문장의 묘미를 맛볼 수 있는 단계는 바로 5단계(하나의 문장 만들기)이기 때문에 교사는 여기에 더 각별한 주의와 신경을 써 주어야 한다.

❺ 활동 결과물에 대한 활용 방안도 미리 생각해 두고 적용하는 것이 좋다(목적에 따라 활동 결과물들을 잘 모아 두거나 정리해 두어야 한다 — 학급 가치사전, 학급문집이나 학급신문, 졸업앨범, 학급 홈페이지 등에 실을 수 있도록 꾸미거나 다듬는 작업까지 고려하여 진행한다).

참고 : 칠판 나누기 구조에 대하여

1) 기본이해

칠판 나누기 구조란 칠판을 모둠 숫자만큼 분할하여 모둠별로 활동한 결과를 칠판에 동시다발적으로 기록하는 활동을 말한다. 이 구조는 각 모둠의 의견이나 활동 결과 혹은 학급 구성원 모두의 생각이나 결과를 한눈에, 쉽고 빠르게 알아보고자 할 때 많이 활용된다. 칠판 나누기 구조는 칠판에 적힌 다른 모둠이나 친구들의 생각을 보면서 나와 비슷한 점, 다른 점, 차이점, 공통점 등을 생각해 보고 이를 통해 나와 다른 생각이 많다는 것을 느끼게 해 주며 더 나아가 서로의 생각을 인정해 주고 존중해 줄 수 있도록 해 준다.

필자가 있는 협동학습연구회 아해미래 주관 교사 대상의 협동학습 직무연수 과정에서 칠판 나누기 구조를 체험하고 있는 장면

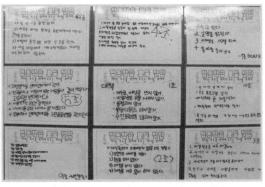

B4용지를 코팅한 뒤 그 뒷면에 고무자석을 뒤에 대고 보드마카로 글씨를 쓴 뒤 칠판에 붙여서 활동한 사례

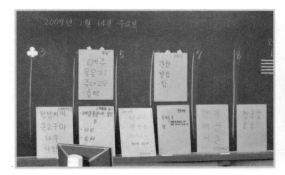

장판으로 만든 모둠 칠판을 이용하여 모둠이나 개인의 의견을 정리하고, 칠판 앞에 세워 놓고 활동한 사례

작은 크기의 종이나 메모지에 개인이나 모둠의 의견을 기록, 정리한 뒤 전지에 분류하여 붙이면서 활동한 사례 ― 아해미래 직무연수

칠판 나누기 구조는 독자적으로 활용되는 구조가 아니라 다른 구조(주로 모둠 문장 구조)와 함께 활용되면서 다른 구조 활동을 뒷받침해 주고, 그 구조 활동의 과정 및 결과를 빛내 주는 역할을 한다.

2) 진행방법

❶ 교사는 학습 과제를 제시하고, 학생들은 각자 자신의 생각을 정리한다.

❷ 정리한 개인 생각을 모둠 내에서 다양한 구조를 활용하여 나눈다.

❸ 각 모둠의 기록이는 학습 과제를 정리한 뒤, 칠판 앞으로 동시다발적으로 나와 자기 모둠에게 주어진 영역에 과제 내용을 기록한다. 이때 다른 모둠의 아동들은 자기 모둠의 결과와 서로 비교해 보면서 내용을 잘 살핀다.

❹ 마무리로 교사는 각 모둠의 활동 결과물들을, 내용을 비교하며 설명한다. 때에 따라서는 각 모둠에게 설명을 하게 하거나 질문을 해도 좋다.

5 수업의 실제

'모둠 문장'을 활용한 6학년 도덕과 토의·토론 수업

단원	1. 성실한 생활	일시	○○년 ○월 ○일 ○교시	장소	교실
주제	분류 기준 정하기	차시	1~2/5(80분)	지도 교사	○○○
학습 목표	다양한 사례를 통해 '성실'이란 무엇인가에 대하여 정의를 내릴 수 있다.				
사회적 기술 목표	도란도란 말하기, 적극적으로 듣기(경청), 타인의 경험 수용하기				
학습 자료	타이머, 보드마카 펜, 보드마카 지우개, 모둠 칠판, PPT				

단계	학습내용 및 학습구조	교수·학습활동	시간	자료 및 유의점
도입	동기유발 전체 학습 학습 문제 확인	● 동기유발하기 : 시 한 편 들려주기 "커다란 면장갑" 　- 들려주는 시 한 편에 담긴 아버지의 모습은 어떤 모습일지 상상해 보자. 　- 자신의 부모님을 생각해 보면서 잘 들어 보도록 하자. ● 학습 문제 확인 　다양한 사례를 통해 '○○'이란 무엇인가에 대하여 정의를 내릴 수 있다.	5′	
전개	모둠 토의	【활동 1】 들려준 시 속에 들어 있는 아버지의 모습에서 찾을 수 있는 가치와 같은 모습들을 우리 생활 속에서도 찾기(지금부터 보여 주는 것 속에서 공통적으로 이야기하고 있는 가치는 무엇인지 생각해 보기) 　[교사] (PPT 제시) 무엇을 표현한 것인가? 　[학생] 모둠원들끼리 서로 생각을 나누고 한 가지 가치를 찾아내어 모둠 칠판에 크게 적는다. 　[교사] 여러분들이 찾은 것 속에는 답이 있을 수도 있고, 없을 수도 있다. 앞으로 몇 번 더 보여 주는 것을 통해 모두가 같은 생각을 할 수 있을지 보도록 하겠다. 　(이와 같은 과정을 계속 반복한다. 학생들은 제시된 슬라이드 속에 담긴 가치를 찾기 위해 지속적으로 논의를 해 나가는데 슬라이드를 새롭게 제시해 나가면서 학급 전체의 의견이 하나로 모아지게 된다. 물론 제대로 찾을 수도 있고, 그렇지 않을 수도 있다.)	20′	● 여러 장의 슬라이드를 준비해 둔다.
	돌아가며 말하기	【활동 2】 보여 준 것과 같은 방식으로 '성실'이라는 것의 정의를 각자 써 보기 　[교사] 보여 준 내용과 같은 방식으로 '성실'이라는 것에 대한 자신의 생각을 한 문장으로 정리해 보자. 　[학생] 자신의 생각을 정리하고, 모둠원들과 서로 나눈다. 나눈 후에 각 모둠의 기록이는 내용을 정리하여 발표한다.	15′	● 기록이는 모둠에서 나온 각자의 문장을 한 장의 종이에 잘 정리하여 발표하고, 끝나면 선생님께 제출한다.
	모둠 문장	【활동 3】 '성실'이란 ○○○이다.(한 낱말로 정의하기) 　[교사] '성실이란 ○○○이다. 왜냐하면 ~ 때문이다.'에 맞게 각자 생각을 정리하고, 모둠에서 나눈다. 　[학생] 모둠 내에서 서로 나누고, 칠판에 기록한다. 　[교사] 칠판에 적힌 내용들에 대하여 서로 소통한다. 　[교사] 각 모둠에서는 자기 모둠에서 나온 낱말을 엮어서 하나의 문장으로 만들도록 한다. 　[학생] 모둠원들과 서로 논의하여 하나의 멋진 문장으로 만든 뒤, 칠판에 기록하고 나눈다.	40′	● 전체적으로 나눈 내용들을 잘 정리해 두었다가 문집에 싣는다.
정리	전체 학습	● 정리 및 다음 차시 안내 : 우리 주변에서 성실하게 생활하고 있는 사람들에 대하여 나누어 보도록 하겠다.		

05 S.W.O.T. 분석 토의·토론

1 기본이해

S.W.O.T.는 Strength(강점), Weakness(약점), Opportunity(기회), Threat(위기)의 첫 글자를 따서 만든 용어이다. S.W.O.T. 분석은 이러한 네 가지 요소를 활용하여 주어진 문제 상황을 분석하고, 그에 대한 적절한 대책을 세울 수 있도록 하는 데 유용한 방법이라 할 수 있다.

본래 이 방법은 스탠퍼드대학에서 1960년대와 1970년대에 《포춘》잡지 선정 500대 기업들을 연구하면서 얻게 된

 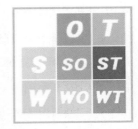

S.W.O.T. 분석을 위한 매트릭스 표   S.W.O.T. 분석을 활용한 전략 도출표

결과를 바탕으로 Albert Humphery가 고안해 낸 내·외부환경 분석 방법의 하나로, 경영 전략을 수립하기 위한 분석 도구로 활용했던 것인데, 이러한 분석을 통해 경영자는 회사가 처한 시장 상황에 대한 인식을 할 수 있으며 앞으로의 전략을 수립하기 위한 중요한 자료로 삼을 수 있었다고 한다(위키백과사전 참조).

이 분석표는 현재 상황을 내적 요소와 외적 요소로 구분하고, 내적 요소는 강점과 약점을, 외적 요소는 기회와 위기로 분석하고, 이를 극복하기 위한 전략을 세울 수 있도록 해 준다. 최근에는 개인의 취업 등과 관련하여 자기 분석을 통해 자신의 장점을 잘 부각시키고 단점을 극복할 수 있는 방안(개인 이력서)으로서 활용되기도 한다.

S.W.O.T. 분석표

외적 요소 ＼ 내적 요소	강점(S)	약점(W)
기회(O)	공격전략 ● 강점을 활용 ● 기회를 잘 살리기	만회전략 ● 약점을 보완 ● 기회를 잘 살리기
위기(T)	우회전략 ● 강점을 활용 ● 위기 극복 또는 최소화	생존전략 ● 약점을 보완 ● 위험 회피 또는 최소화

S.W.O.T. 분석표 작성에 있어서 마지막 단계는 완성된 분석표상의 각 요인들을 따져 보아 현재 자신 또는 집단이나 조직의 위치가 4개의 사분면 중 어떤 위치에 있는지를 파악하는 것으로서 매우 중요한 과정이라 할 수 있다. 꼭 어느 한 사분면에만 한정되어야 할 필요는 없으며, 각 사분면에서 추출된 전략들의 상대적인 우선순위를 정해 보고자 함이 이 단계의 주목적이라 할 수 있다. 이 분석을 바탕으로 각 그룹 또는 개인은 O/S에 위치할 수 있도록 노력을 하지 않으면 안 된다. 현재 자신의 그룹

S.W.O.T. 분석에 의한 전략 수립 단계

또는 개인의 위치에서 O/S로 가기 위한 효과적인 전략을 수립하고 이를 위한 활동 등을 통해 그룹 또는 개인의 상황을 O/S로 이동시키는 것이 S.W.O.T. 분석의 목적이다.

2 진행방법

'혼자 생각하기' 단계는 모든 활동을 시작하기 전에 선행되는 필수 활동!!!

❶ 교사는 과제를 제시하고 개인용 S.W.O.T. 분석표 및 모둠용 S.W.O.T. 분석표를 각 모둠에 나누어 주고, 작성 방법을 자세하게 설명한다.

(예) 과제 : 김치를 보다 널리 알릴 수 있는 방안 찾기

❷ 주어진 과제에 대하여 개인적으로 기회 및 위기, 강점과 약점을 찾아 작성한다. 기회와 위기는 외적 요소를 말하는 것으로서 개인일 경우는 '나'를 제외한 외부 환경에 대한 것들을 기록하고, 그룹이나 국가의 문제라는 경제적·사회적 환경 또는 국제사회의 환경에 대한 것들을 작성하면 된다. 강점과 약점은 내적 요소를 말하는 것으로 '나' 자신 혹은 '그룹, 국가'에 대한 것들을 작성한다.

❸ 각 개인이 작성한 개인용 S.W.O.T. 분석표를 바탕으로 모둠용 S.W.O.T. 분석표를 작성한다(강점, 약점, 기회, 위기 각 항목별로 돌아가며 말하기 혹은 생각 내놓기 구조 등을 활용하여 모둠 내에서 분류, 분석을 할 수 있도록 한다).

(예) 앞에서 제시한 사례에 대한 모둠 S.W.O.T. 분석표 : 김치 알리기

　　 (중요한 키워드 : 건강, 음식, 볼거리, 웰빙, 행사, 세계화)

기회(O)	강점(S)
건강에 대한 관심이 날로 증가 웰빙 상품 유행 — 다양한 행사와 관련 상품의 개발이 가 　능하다. 상품 구매자가 날로 증가(바쁜 생활) 세계 속 한국의 위상이 날로 높아짐	우리의 기본 음식이다. 우리의 것이 곧 세계의 것이다. 건강에 도움이 된다. 쉽게 관심을 끌 수 있다. 국제 경쟁력을 갖춘 건강식이다.
유사제품이 있다(일본의 기무치). 비슷 또는 다양한 많은 종류의 행사 — 관심 끌기 어려움 차별성, 효과적 홍보, 적절한 규모를 정하기가 어렵다.	행사 진행에 제약이 많다(볼거리, 사람 모으기, 행사 규모, 　장소, 소재 등). 외국 사람의 입맛을 맞추기가 어렵다. 관련 기관, 예산, 전문가 부족 우리 자체의 관심도 부족
위기(T)	약점(W)

❹ 문제를 해결할 전략을 세운다. 전략을 세울 때 현재의 위치(S/O, S/T, W/O, W/T)를 파악하고, 가능하면 S/O(강점을 활용, 기회를 살리는 전략)로 가기 위한 효과적인 전략을 세울 수 있도록 한다.

(예) (1) 사람들이 누구나 좋아하는 소재(O)이지만, 볼거리가 약하다는 점(W)에서 기본적으로 관계되는 볼거리를 개발해 볼 필요가 있다.

　　 (2) 유사 행사들(T)이 많은 가운데 웰빙이라는 요소(O)를 효과적으로 활용하기 위해서 제품을 차별화시키도록 한다(신제품 개발, 유사 제품 개발).

　　 (3) 국가적(지역적) 특성을 연결하여 홍보(O) 전략을 개발한다 — 도자기 또는 황토, 숯, 인삼 등의 특산품과 함께 판매한다(W).

　　 (4) 국가적으로 관련 기관이나 부서를 두고 예산 편성, 전문가 지정을 통해 우리나라를 알리는 다양한 전략(O : 우리 전통문화 알리기 축제 등) 속에서 함께 이루어질 수 있도록 한다(W).

❺ 세워진 전략을 나눌 수 있도록 한다(발표, 전시 또는 과제물로 제출한다). 아래는 실제 분석에 따라 세워진 전략의 사례인 만큼 참고하기 바란다.

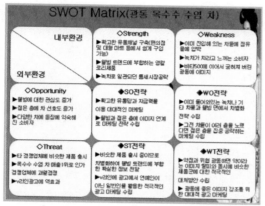

출처 : http://cafe.naver.com/foodcoordi/1284

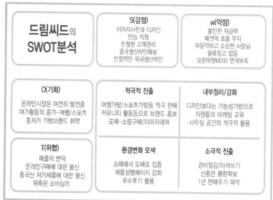

출처 : http://cafe.naver.com/primary9/72

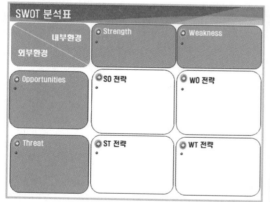

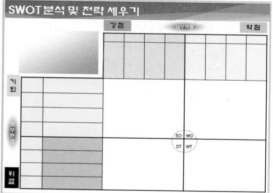

S.W.O.T. 분석 및 전략 세우기 양식 사례

3 활동 효과

❶ 내적인 요소로서의 약점과 강점을 생각해 보고 짚어 볼 수 있다.

❷ 외부적인 환경에 대한 분석을 통해 기회와 위험요소를 분석해 볼 수 있다.

❸ 주어진 문제를 정확하게 진단하고(분석표), 이를 바탕으로 자연스럽게 대안을 만들 수 있도록 도와준다(약점에 대한 보완, 강점 살리기).

❹ 토의·토론을 통해 문제 상황에 대하여 종합적으로 사고하고, 분류·분석하고, 정리할

수 있도록 해 준다.

⑤ "知彼知己百戰不殆"(지피지기백전불태 : 상대를 알고 나를 알면 백 번 싸워도 위태롭지 않다는 뜻으로 상대편과 나의 약점과 강점을 충분히 알고 승산이 있을 때 싸움에 나서면 승리할 수 있다)를 느낄 수 있도록 해 준다.

⑥ 앞에 놓인 문제 상황과 그에 대한 내적 요소, 외적 요소의 분석을 통해 하고자 하는 일과 할 수 있는 일 간의 차이, 우리가 하고자 하는 일과 하게 될 일 간의 차이, 그리고 우리가 하고자 하는 것과 주어진 상황 간의 차이를 확인하고 그룹 또는 개인이 할 수 있는 일과 할 수 없는 일, 앞으로 해야만 하는 일을 결정하고 선택하는 일들을 보다 쉽게 파악할 수 있도록 해 준다.

⑦ 앞으로의 방향성에 대하여 정보를 기반으로 한 선택을 도와준다.

⑧ 무엇보다도 큰 장점은 그 적용 범위가 매우 넓다는 데 있다(마케팅, 생산, 판매, 프로젝트, 제품이나 서비스, 사업, 기업, 그룹이나 기업, 개인 등의 분석, 상황에 대한 분석, 문제 상황에 대한 해결 방안 찾기 등).

4 주의할 점이나 활동의 팁

❶ 꼭 해야만 하는 것은 아니겠지만 토의·토론 활동이 왕성하게 이루어질 수 있도록 하기 위해 학생 개개인이 먼저 개별적으로 S.W.O.T. 분석표를 작성해 보도록 한 다음 모둠 S.W.O.T. 분석표를 작성, 전략 세우기 활동으로 이어질 수 있도록 지도하는 것이 좋다.

❷ 되도록이면 개별적으로 S.W.O.T. 분석표를 작성하는 시간에는 서로 상의하는 일이 없도록 하는 것이 좋다.

❸ 앞서 제시한 것과 같이 전략을 세운다는 것(S/O, W/O, S/T, W/T로 나누어 전략을 세우는 일)은 여간 어려운 일이 아닌 만큼 학생들의 수준에 맞게 전략 세우기 방안을 적절하게 고민해 둘 필요가 있다(앞서 제시한 "김치를 보다 널리 알릴 수 있는 방안 찾기" 사례 참고, S/O, W/T 영역을 중심으로 전략 세우기 등).

❹ 다음과 같이 자기 자신의 장점과 단점을 잘 살피어 보다 발전적인 자기 개발을 해 나갈 수 있는 분석의 틀로도 많이 활용되고 있다.

출처 : http://mjstar.kr/90090510862   출처 : http://blog.naver.com/forever2sy

⑤ 때에 따라서 마인드 맵 형식으로 변환되어 활용되기도 한다.

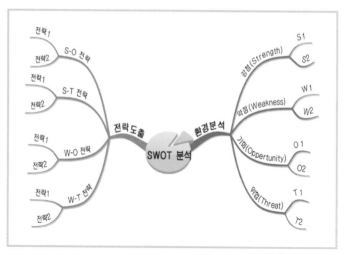

출처 : http://cafe.naver.com/mindmapcenter(정광진)

⑥ 이끔이는 전략 세우기 단계에서 아래와 같은 이끔말을 할 수 있도록 지도한다.

- 우리가 갖고 있는 강점을 어떻게 하면 잘 활용할 수 있을까?
- 우리의 강점으로 이 위기를 어떻게 잘 극복할 수 있을까?
- 주어진 기회를 놓치지 않기 위해 우리의 약점이 드러나지 않도록 할 수 있는 방법은 없을까 고민해 보자.
- 위기를 극복하면서 약점이 드러나지 않도록 할 방법은 없는지 찾아보자.

5 수업의 실제

'S.W.O.T. 분석'을 활용한 6학년 국어·사회과 토의·토론 수업

단원	3-1. 세계 속의 대한민국(사회) 4. 문제와 해결(국어)	일시	○○년 ○월 ○일 ○교시	장소	교실
주제	전략 세우기(우리 문화 알리기)	차시	사회 2~3/국어 9(120분)	지도 교사	○○○
학습 목표	우리 문화유산을 세계에 널리 알릴 수 있는 효과적인 전략을 세울 수 있다.				
사회적 기술 목표	도란도란 말하기, 타인의 생각 수용하기, 개인적인 책임				
학습 자료	타이머, S.W.O.T. 활동지(개인, 모둠), 2절지(발표 자료 만들기-전시장 관람용)				

단계	학습내용 및 학습구조	교수·학습활동	시간	자료 및 유의점
도입	동기유발 전체 학습 학습 문제 확인	● 동기유발하기 : 자랑스러운 우리의 세계 문화유산에 대한 사진 자료 보여 주기(창덕궁, 화성, 석굴암과 불국사, 해인사 장경판전, 종묘, 경주 역사 유적 지구, 고창·화순·강화의 고인돌 유적, 제주 화산섬과 용암 동굴 등) ● 학습 문제 확인 우리 문화유산을 세계에 널리 알릴 수 있는 효과적인 전략을 세울 수 있다.	10′	PPT 자료 준비 수원화성 경주 불국사
전개	모둠 토의 (S.W.O.T. 분석)	【활동 1】지난 시간에 각 모둠별로 결정한 문화유산과 준비한 자료를 바탕으로 우리 문화유산을 세계에 널리 알릴 수 있는 효과적인 전략을 세우기 위해 S.W.O.T. 분석을 먼저 해 보도록 하자. [교사] 개인별 S.W.O.T. 분석을 위한 개인, 모둠 활동지를 배부하고 활동 순서를 안내한다(단계와 시간을 자세히 안내 : 칠판에 정리 또는 PPT로 안내). [학생] 1단계 : 개인적으로 S.W.O.T. 분석을 실행한다. 2단계 : 모둠 내에서 S.W.O.T. 분석자료를 모은다.(모둠별로 한 장의 S.W.O.T. 분석자료 작성-기록이) 【활동 2】각 모둠에서 작성한 S.W.O.T. 분석자료를 바탕으로 효과적인 홍보 전략을 세워 보도록 하자. [교사] 각 모둠이 효과적인 홍보 전략을 세울 수 있도록 순회하면서 도움을 준다. [학생] S.W.O.T. 분석자료를 바탕으로 효과적인 홍보 전략을 세운다. ➡ 세워진 전략을 바탕으로 발표할 자료를 만든다(각 모둠에서 논의한 문화유산에 대한 안내와 홍보 전략을 2절지에 정리. 발표 자료는 시간 내 마치지 못할 경우 수업이 끝난 이후 발표 당일까지의 시간을 잘 활용하여 준비하도록 한다).	20′ 30′ 50′	● 개인별 S.W.O.T. 활동지 및 모둠별 활동지 배부 ● 각 모둠에 2절지 배부 ● 각 모둠에서 자료 제작에 도움이 될 수 있는 참고 작품(S.W.O.T. 분석자료 및 전략)을 게시해 두도록 한다.
정리	전체 학습	● 정리 및 다음 차시 안내 : 각 모둠에서 준비한 "우리 문화유산 알리기 홍보전략"을 전시장 관람 구조로 발표할 수 있도록 한다(1주일 정도의 시간 여유를 두고 세부적으로 점검하고 안내하고 도움을 줄 수 있도록 함). - 각 모둠별로 발표 자료 완성하기(○월 ○일까지) - 각 모둠별로 발표 당일 배부할 홍보물 제작하기(○월 ○일까지 선생님에게 제출. 복사해서 배부할 수 있도록 도움) - 각 모둠별로 발표 연습하기(1차, 2차, 3차, 4차 발표자 순서 정하기-○월 ○일까지) - 교사는 모둠별로 진행되는 사항을 꼼꼼하게 체크	10′	● 일정은 학급 게시판을 이용하여 안내하고 수시로 진행되는 상황을 점검하도록 한다.

S.W.O.T. 분석표 1

	내적 요소 외적 요소	강점(S)	약점(W)
	기회(O)	SO전략	WO전략
	위기(T)	ST전략	WT전략

S.W.O.T. 분석표 2

	내적 요소 외적 요소	내부 환경							
		강점(S)				약점(W)			
외부 환경	기회 (O)	SO전략				WO전략			
	위기 (T)	ST전략				WT전략			

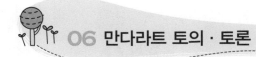

06 만다라트 토의 · 토론

1 기본이해

아이디어를 모으는 도구인 만다라트[1]는 일본의 디자이너인 이마이즈미 히로아키가 개발한 발상기법이다. 만다(Manda), 라(La), 아트(Art)의 합성어로 '목적을 달성하는 기술 또는 도구'를 뜻한다. 떠오르는 아이디어를 즉시 구조화하여 전시하

귀여운 그림	가격	튼튼한		?	팬더 곰	곰돌이 푸우
마시는 부분은 얇게	머그잔?	씻기 편함		?	귀여운 그림?	바람 돌이
컬러링 많이	손잡이	무게		캔디	뿌까	헬로 키티

필자의 반 사례 — 디자인 수업에서 만다라트 설명을 위해 만든 것

도록 해 주는 이 방법은 사람의 뇌 구조에 적합한 방식으로, 생각을 보다 쉽게 정리함은 물론 다양한 아이디어들의 조합을 눈으로 확인할 수 있도록 해 준다.

가 아이디어맨이 되기 위한 준비

(1) 조금만 새로워도 충분히 새롭다.
(2) 아무리 시시해도 아이디어는 아이디어다. 넓히고 정리하라.
(3) 얼핏 보기에 쓸 만한 아이디어를 구체적인 모양으로 정리하라.
(4) 넓혀진 아이디어를 과제해결에 적용하라.
(5) 새로운 아이디어에 기존의 아이디어

아이디어의 확장과 적용 사례
출처 : http://cafe.naver.com/kaffeeheinz

1 가토 마사하루(2003), 박세훈 역, 생각의 도구, 21세기북스 — '만다라트'에 대한 내용은 이 서적을 참고로 하여 재구성한 것임.

를 결부시키면서 실현가능성이라는 잣대를 높이 쳐들고 정리하라.

(6) 사용할 수 있는지 없는지를 냉정하게 판단하여 아이디어를 선택하라.

(7) 아이디어에서는 끊임없이 넓히고 기획으로 나아 갈 때는 좁혀라.

(8) 아이디어를 넓힐 때는 자유분방하게 하라.

(9) 기획으로 좁힐 때에는 단순하게 하라.

(10) 직선적인 생각의 방식을 방사형으로 바꿔라.

(가토 마사하루, 2003, p. 41)

생각의 방식 ─ 명함 사례
출처 : http://www.cardonizer.com

나 아이디어의 특징

(1) 아이디어와 아이디어의 재료는 서로 다르지 않다.

(2) 아이디어를 떠올리는 데는 순서가 없다.

(3) 아이디어는 예상치 않은 곳에서 느닷없이 찾아 온다.

(4) 시행착오가 많을수록 아이디어는 다양해지고 기 획은 탄탄해진다.

(5) 흩어져 있는 정보를 자주 정리할수록 아이디어 는 풍부해진다.

(6) 아이디어는 끌어내면 끌어낼수록 끊임없이 나온다.

(가토 마사하루, 2003, p. 100)

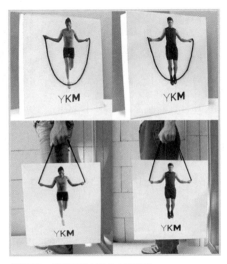

번뜩이는 아이디어 YKM 쇼핑가방
출처 : http://blog.naver.com/soo-warmway

다 아이디어 스케치 요령

(1) 아이디어를 스케치할 종이를 아끼지 말 것

(2) 머리 회전속도와 유연성을 최대화할 것

(3) 아이디어를 자기 마음대로 풀어 놓을 것

(4) 시시하거나 유치한 아이디어라도 주저 말고 밀고 나갈 것

(5) 기존의 모든 상황을 다르게 생각할 것

(6) 생각의 폭을 넓히고 넓히고 또 넓힐 것

(7) 조그만 차이를 중요하게 생각할 것

(8) 뜻하지 않은 방향으로 흐르더라도 멈추지 말고 스케치할 것

(가토 마사하루, 2003, p. 93)

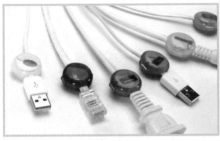
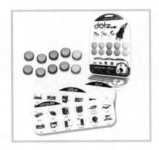

아이디어상품 디자인 사례-플러그 인식표
출처 : http://cafe.naver.com/motiontree/13551

2 진행방법

'혼자 생각하기'단계는 모든 활동을 시작하기 전에 선행되는 필수 활동!!!

❶ 과제를 제시하고 활동지를 배부한다(각 모둠별로 한 장).

❷ 학생들은 활동지를 받아 들고 중앙에 주제를 적어 넣는다.(기록이 활동)

❸ 중앙 주변 칸에 주제와 연관된 아이디어를 적어 넣는다(모둠 내 브레인스토밍 — 반드시 8개를 채워야 한다).

❹ 방금 적어 넣은 만다라트 주변 칸을 주제로 하여 하나씩 확장시켜 나간다.(모둠 내 브레인스토밍)

　※ 첫 장의 아이디어를 한 장씩만 확장시켜 나간다 해도 아이디어는 8×8=64개가 된다.

❺ 모둠 내에서 정리된 것을 발표(제출)하고, 필요한 경우엔 게시물로 활용한다. 실천이 따르는 일에는 작성된 기획안에 따라서 곧바로 실천에 들어가면 된다.

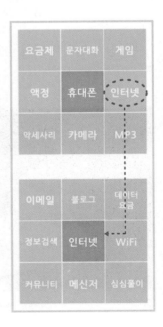

※ 본래 이 활동은 먼저 개별적으로 활동지를 작성하게 하는 것이 더 좋겠으나 교실 수업
속에서는 현실적 여건상 개인 아이디어를 짜내고, 다시 모둠원들의 다양한 의견을 모
아 내는 활동까지 진행하기엔 너무 많은 시간이 걸린다는 한계가 있어 각 모둠에 한
장의 활동지를 주고, 모둠원들이 브레인스토밍 방식으로 진행할 수 있도록 지도해 보
았는데 별 무리 없이 진행되었다.

아이디어의 확장   내가 만들고 싶은 물건(출처 : 창의넷 http://www.tcnc.net)

3 활동 효과

❶ 8개의 출발점에서 시작하여 각각 8개씩 확장하면 64개의 아이디어가 만들어지는데,
64개의 아이디어에서 더 확장하게 되면 수학적으로 억이나 조 단위까지 뻗어 나갈 수
있다.

❷ 참가 인원에 따라 다양하고 엄청난 아이디어가 쏟아지게 된다.

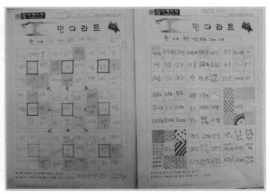

필자의 반 사례 ─ 첨단기술 활용 제품 아이디어 논의

❸ 아이디어의 재료가 되는 요소가 한 테이블 위에 올려져 있기 때문에 많은 아이디어가 생산될 수 있다.

❹ 머릿속에 있던 정보와 아이디어의 힌트들을 눈에 보이는 간단한 형태로 변환시켜 줌으로써 놀랄 만큼 다양한 아이디어가 나올 수 있는(요소를 조합하기 쉬운) 환경을 자연스럽게 만들어 준다.

❺ 방사상으로, 나선형 구조로 움직이는 머리의 구조에 가장 적합한 생각의 도구라 할 수 있다.

❻ 펼쳐져 있는 아이디어들로 다양한 아이디어 조합의 맛을 느낄 수 있다.

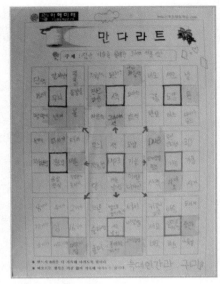

첨단기술 활용 — MP3 개발 사례

4　주의할 점이나 활동의 팁

❶ 첫 장의 중앙 주변에 있는 8개의 칸에는 반드시 8개를 다 적을 수 있도록 하는 것이 좋다. 왜냐하면 아이디어를 생산하는 데 있어서 강제력이 작용하면 필사적으로 생각하게 되기 때문이다. 그러면서 새로운 것이 나올 때가 많다.

❷ 되도록 떠오르는 생각을 거침없이 적어 나가도록 한다.

❸ 개별적 활동, 팀 활동 모두에 적용될 수 있다. 하지만 교실 수업에서는 시간적 여건상 개별 활동 단계를 생략하고 곧바로 팀 단위 활동으로 들어가 아이디어를 공유하고 활동지를 작성할 수 있도록 하는 방안을 주로 활용하게 된다.

❹ 만다라트는 마인드 맵과 비슷한 점이 많으므로 다른 사항들은 177쪽의 "마인드 맵"편을 참고하기 바란다.

❺ 필요에 따라서 교실 전체 학생들을 대상으로 하여 학급 행사를 기획하는 차원에서 칠판에 큰 양식 1개를 그려 놓고 전체 회의를 할 때도 유용하게 활용된다.

※ 만다라트와 마인드 맵은 모두 확장과 전개가 한 장의 종이 위에서 이루어진다는 점에서 많은 공통점을 갖고 있다. 하지만 가장 큰 차이점은 만다라트가 '8'이라는 수를 기본으로 하는 데 비하여 마인드 맵은 숫자의 제약이 없다는 것이다. 따라서 격식을 싫어하는 사람은 마인드 맵을 활용하는 것이 더 좋을 수도 있다.

❻ 만다라트 자체적으로 아이디어의 구조화가 가능하다. 생각을 보다 체계적으로 정리하여 구조화된(구체적인) 아이디어를 얻을 수 있도록 한 것이 바로 '5W 만다라트'이다.

 참고 : 5W 만다라트에 대하여

❶ 기획을 위한 도구로서 5W 만다라트를 이용할 수 있다. 일반 만다라트와 조금 다르게 5W1H 중 5W에 해당하는 What, Who, Why, Where, When의 공간을 만다라트에 할당하고 여기에 그것에 해당하는 내용을 기재하는 방식으로 활용하는 것이다.

❷ 한가운데 칸에 Who를, 아래에 Why를, 위에 What을, 왼쪽에 Where를, 오른쪽에 When을 적는다.

❸ What, Who, Why의 축은 주체적인 행동의 축, Where, Who, When은 주인공을 둘러싼 환경의 축이다.

　● WHY : 작품 전시회가 필요한 이유는 무엇인가? 작품 전시회가 아이들을 움직이게 하

	WHAT 작품 전시회	
WHERE 전시장	WHO ○학년 ○반 학생들	WHEN ○월 ○일 ~ ○월 ○일
	WHY 떨림 설렘 자부심	

필자의 반 사례 — 작품 전시회 기획하기

는 이유는 무엇인가? 작품 전시회가 아이들에게 어떤 도움을 주는가?

- WHAT : 아이들이 참여할 수 있는 활동에 대한 아이디어 응모용지를 만들어 배부하고 수집한다.(전시할 작품은 어떤 것들로 할 것인가? 전시장은 어떻게, 무엇으로 꾸밀 것인가? 전시회 문구는 무엇으로 할 것인가? 전시회를 빛나게 할 특별한 아이디어는 없는가? 홍보 방법은? 전시회를 위한 역할 분담은?)
- WHERE : 전시회 장소(교실 또는 복도?), 홍보물 게시 장소(벽보, 인터넷?)
- WHEN : 1차 준비기간, 2차 준비 기간, 작품 제출 기간, 전시회 기간 등

❹ 이런 식으로 5W 만다라트를 작성해 나감으로써 아이디어의 실행을 위한 방법(How)이 명료해지는 것이다. 다시 말해 이 모두를 합친 것이 HOW가 되는 것이다(흔히 말하는 6하 원칙에서 HOW가 빠진 이유가 여기에 있다).

❺ 실제 필자의 경우는 교실 현장에서 5W 만다라트를 더 많이 활용하고 있다. 그 이유는 학교 및 교실 속에서 이루어지는 많은 일들이 '행사'와 관련되어 있고, 이를 기획할 때 아주 유용하게 활용할 수 있기 때문이다. 아울러 수업에서도 학생들이 자신들의 생각을 정리할 때(개인 또는 모둠, 전체) 체계적인 아이디어를 도출해 낼 수 있기 때문에 자주 활용하고 있는 편이다.

5 수업의 실제

'만다라트'를 활용한 5학년 사회 · 미술과 토의 · 토론 수업

단원	2. 첨단기술과 생활의 변화(사회) 디자인 수업(미술)	일시	○○년 ○월 ○일 ○교시	장소	교실
주제	상품 개발 및 디자인	차시	사회 11~12/미술(160분)	지도 교사	○○○
학습 목표	첨단기술을 이용한 상품을 번뜩이는 아이디어로 개발, 디자인할 수 있다.				
사회적 기술 목표	도란도란 말하기, 타인의 생각 수용하기, 개인적인 책임				
학습 자료	타이머, 만다라트 활동지(모둠), 4절지(개발 상품 전시 자료 만들기), PPT 자료				

단계	학습내용 및 학습구조	교수 · 학습활동	시간	자료 및 유의점
도입	동기유발 전체 학습	● **동기유발하기** : 미래의 첨단 생활 모습이 담긴 PPT 자료 보여 주기 　– 현재 생활 속의 첨단 제품 사례 알아 가기 　– 현재의 생활 모습과 앞으로의 변화될 모습 상상하기	10´	PPT 자료 준비
	학습 문제 확인	● **학습 문제 확인** 　첨단기술을 이용한 상품을 번뜩이는 아이디어로 개발, 디자인할 수 있다.		아이패드(애플사)
전개	모둠 토의 돌아가며 말하기	【활동 1】 각 모둠별로 어떤 첨단 제품을 개발하면 좋은지 아이디어를 모아 결정하기 　[교사] 현재의 모습 속에서 개발하고 싶은 첨단 제품에 대한 아이디어를 나누어 보고, 모둠에서 개발할 첨단 제품 한 가지를 선정해 보자.	20´	
	말하기카드	[학생] '혼자 생각하기'를 한 후 모둠 내 돌아가며 말하기로 나눈다.(기록이 정리) ➡ 나온 의견에 대한 토의 · 토론(말하기카드 활용)을 통해 개발할 첨단 제품을 결정한다.		
	만다라트 (브레인스토밍 방식)	【활동 2】 각 모둠별로 결정한 첨단 제품에 대한 개발 아이디어 나누기 　[교사] 각 모둠에서 결정한 제품에 대하여 현재의 모습보다 더 발전한 상품 아이디어를 개발해 보도록 하자.(모둠별로 한 장의 만다라트 활동지 배부)	50´	첨단TV(삼성) ● 각 모둠별로 한 장의 만다라트 활동지 배부
		[학생] 모둠별로 한 장의 만다라트 활동지를 놓고, 상품 개발을 위한 아이디어를 나눈다.(브레인스토밍 방식) ➡ 나눈 아이디어를 바탕으로 하여 개발할 상품 디자인하기 준비를 한다.		
	모둠 협동작품 만들기	【활동 3】 각 모둠별로 결정한 상품에 대한 디자인하기 　[교사] 각 모둠에서 결정한 상품에 대한 디자인 및 세부적인 설명을 한 장의 종이에 그리고 정리하도록 하자.	70´	● 각 모둠별로 한 장의 4절지 배부
		[학생] 작성한 만다라트 활동지를 바탕으로 각 모둠에서 결정한 제품의 디자인 및 세부적인 설명이 들어간 계획서를 작성한다.(4절지) 　– 모둠원들끼리 역할을 분담하여 협동적으로 작품을 완성한다.(완성된 작품은 교실에 전시) 　– 교사는 각 모둠을 순회하면서 꼼꼼하게 체크하고 도움을 준다.		
정리	전체 학습	● **정리 및 다음 차시 안내** : 미래 시대에 발달할 산업에 대한 자료 조사 과제 제시 (유전공학, 생명공학, 문화, 환경, 극미세기술, 우주개발, 정보통신 등)	10´	● 작품이 완성되는 대로 교실에 전시한다.

만다라트 활용양식 1

<table>
<tr><td></td><td></td><td></td></tr>
<tr><td></td><td></td><td></td></tr>
<tr><td></td><td></td><td></td></tr>
</table>

만다라트 활용양식 2

〈브레인스토밍하기〉	〈브레인스토밍하기〉	〈브레인스토밍하기〉
〈브레인스토밍하기〉		〈브레인스토밍하기〉
〈브레인스토밍하기〉	〈브레인스토밍하기〉	〈브레인스토밍하기〉

07 P.M.I. 분석 토의·토론

1 기본이해

P.M.I. 구조는 '좋은 점(Plus)', '나쁜 점(Minus)', '흥미로운 점(Interesting)'으로 나누어 문제점에 대한 비판적 분석을 해 나가는 데 도움을 준다. 앞에 놓인 문제점이나 제안된 아이디어의 장점(P), 단점(M), 흥미로운 점(I)을 따져 본 후 그 아이디어를 평가하고 개선방안을 찾아가는 기법으로서 하나의 아이디어나 문제점에 대해 집중적으로 분석해 보고자 할 때 간단하면서도 효과적으로 활용할 수 있으며 이를 통해 비판적 분석능력을 기르고 문제점에 대한 대안을 찾아 나갈 수 있다. 현재 이 구조는 마인드 맵 형식으로 변화를 주어 활용되기도 하며, 발명교육이나 창의성 교육 등에도 많이 활용되고 있는 편이다.

출처 : http://blog.naver.com/mamma1221(신문 기사를 바탕으로 한 P.M.I. 구조의 마인드 맵핑)

어린이동아 창의력 교실(2007.12.12)

이담초등학교 사례 — 발명반 및 발명기법 수업 사례
출처 : http://cafe.naver.com/idaminventioncha

2 진행방법

'혼자 생각하기' 단계는 모든 활동을 시작하기 전에 선행되는 필수 활동!!!

❶ 교사는 모둠(개인)에게 주제를 제시한다.

❷ 각 개인과 모둠에 활동지를 배부한다(개인 활동을 먼저 하고, 이를 바탕으로 모둠 의견을 모을 수도 있고, 개인 활동 없이 바로 모둠 활동으로 넘어갈 수도 있다).

❸ 각 개인은 모둠 내에서 돌아가며 말하기(또는 돌아가며 쓰기)로 개인 생각을 말하고, 기록이는 모둠 활동지에 기록한다(P → M → I 순서로 정리).

P. M. I. 구조			이름 : _____ 모둠 : _____

주 제 : _____

좋은 점(P : +)	나쁜 점(M : −)	흥미로운 점(I)	개선방안(우리들의 의견)
			이름
			이름
			이름
			이름
			이름

서울초등협동학습연구회 아해미래 홈페이지 자료

❹ 모든 내용이 정리되면 기록이는 내용을 모둠원들에게 한 번 읽어 준다.

아이디어	버스 안에 있는 좌석은 모두 치워 버려야 한다.
P (Plus)	• 버스에 더 많은 사람이 탈 수 있다(공간 활용). • 버스를 타거나 내리기가 더 쉽다. • 버스를 제작하거나 수리하는 비용이 보다 적게 들 것이다.
M (Minus)	• 버스가 갑자기 서면 승객들이 넘어질 것이다(위험성). • 노인이나 장애를 가진 분들은 버스를 이용할 수 없을 것이다(불편함). • 쇼핑백을 들거나 아기를 데리고 다니기가 어려울 것이다.
I (Interesting)	한 가지는 좌석이 있고, 다른 한 가지는 좌석이 없는, 두 가지 유형의 버스를 생각하게 하는 흥미로운 아이디어이다. • 같은 버스라도 유형을 달리하면 일을 더 많이 할 수 있다는 흥미로움이 있다. • 버스에서는 편안함이 그렇게 중요하지 않을 수도 있다는 재미있는 아이디어이다.

⑤ 문제해결방안이나 개선점을 찾는 주제라면 이를 바탕으로 토의·토론을 해 나가도록 한다(앞의 '생각 내놓기' 구조를 소개하는 내용 중 맨 뒤의 "생각 내놓기 구조 활동 결과로 제시된 대안의 평가 사례 : P.M.I. 구조 활용" 사례 참고).

⑥ 정리된 자료는 발표물, 형성평가자료, 게시물 등으로 활용한다.

3 활동 효과

❶ E. de Bono가 개발한 CoRT(Cognitive Research Trust) 프로그램 속의 사고 기법으로서 긍정적, 부정적, 재미있는 측면 등으로 나누어 대안의 모든 측면들을 고려해 본 다음에 의사를 결정하는 데 도움을 주어 열린 마음과 태도로 활동에 임할 수 있도록 해 준다.

❷ 어떤 문제 상황에 대하여 충동적으로 아이디어를 내거나 정서적으로 반응하는 것을 막고 시야를 넓혀 주는 데에 큰 도움이 된다.

4 주의할 점이나 활동의 팁

❶ 자신의 모둠 또는 한 개인(자신 또는 타인, 위인, 책 속의 인물 등)에 대한 분석에도 활용할 수 있다.

❷ 이야기 속 상황에서 문제점을 찾아 대안을 제시하는 데도 활용할 수 있다.

❸ 시간을 충분히 확보하여 개인 활동시간을 갖도록 하는 것이 더 바람직하다.

❹ 본래 'I'는 'Interesting'인데 개선을 뜻하는 'Improvement'로 변화를 주어 활용할 수도 있다. 최종 대안으로 한 가지만을 결정해야 할 경우에는 다음과 같은 활동지를 마련한 뒤, 나온 의견들을 종합적으로 살피면서 최종 대안 및 그렇게 결정된 이유를 정리·발표할 수도 있다.

( ) 모둠 — 모둠원 (, , ,)				
문제 및 해결 방안	P	M	I(개선 방안)	결정 여부
문제점 : 1.				
2.				
3.				
결정 및 발표 내용	우리 모둠이 결정한 해결 방안은 ( )입니다. 왜냐하면			

서울초등협동학습연구회 아해미래 홈페이지 자료

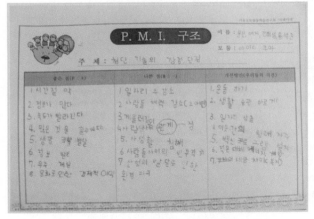

필자의 반 사례 — 첨단기술의 발전에 따른 장점과 단점 살피기

5 수업의 실제

'P.M.I. 분석'을 활용한 3학년 사회과 토의·토론 수업

단원	3. 이동과 의사소통	일시	○○년 ○월 ○일 ○교시	장소	교실
주제	이동수단의 발달과 그 영향	차시	사회 13~14/15(80분)	지도 교사	○○○
학습 목표	이동수단의 발달이 우리 생활에 미친 영향을 말할 수 있다.				
사회적 기술 목표	도란도란 말하기, 타인의 생각 수용하기, 경청하기				
학습 자료	타이머, P.M.I. 활동지(개인), PPT 자료, 4절지(모둠별 P.M.I. 활동 내용 정리)				

단계	학습내용 및 학습구조	교수·학습활동	시간	자료 및 유의점
도입	동기유발 전체 학습	● 동기유발하기 : 지난 시간에 공부한 교통수단의 발달에 관련된 이미지 보여 주기 　− 바다, 하늘, 도로의 교통수단 발달사 보기 　− 교통과 관련된 문제 상황 이미지 보여 주기	10´	PPT 자료 준비
전개	학습 문제 확인 전체 학습	● 학습 문제 확인 이동수단의 발달이 우리 생활에 미친 영향을 말할 수 있다. ● 학습 방법 탐색(분류 기준 세우기) [교사] 어떤 방법으로 과제를 해결할 것인가 알아보자. [학생] 좋은 점, 나쁜 점, 미래생활에 미치는 영향으로 나누어 알아보는 것이 좋겠습니다.	10´	
	모둠 토의 (P.M.I. 구조)	【활동 1】 개인별로 P.M.I. 활동지 기록하기 [교사] 각 개인별로 P.M.I. 활동지에 자신의 생각을 정리하도록 하자. [학생] 이동수단의 발달에 따라 좋아지는 점(P), 이동수단의 발달에 따라 생기는 문제점(M), 이동수단의 발달이 미래 생활에 미치는 영향(I)으로 나누어 정리한다.(활동지)	15´	
		【활동 2】 모둠별로 P.M.I. 활동 내용 정리하기 [교사] 각 모둠별로 P.M.I. 활동지를 직접 그리고, 그 속에 모둠원들의 생각을 모두 정리하도록 하자. [학생] 모둠별로 나누어 준 4절지에 이동수단의 발달에 따라 좋아지는 점(P), 이동수단의 발달에 따라 생기는 문제점(M), 이동수단의 발달이 미래 생활에 미치는 영향(I)으로 나누어 정리한다.(돌아가며 말하기, 기록이 정리)	20´	● 각 모둠별로 네 장의 P.M.I. 활동지 및 4절지 한 장 배부
	전체 학습	【활동 3】 모둠별로 정리한 내용 발표하기 [교사] 모둠별로 정리한 내용을 발표하도록 하자. [학생] 정리한 내용을 발표하고, 질문 및 보충을 한다. 정리한 자료는 교실에 게시한다.	15´	● 정리한 자료가 완성되는 대로 교실에 전시한다.
정리		● 정리 및 다음 차시 안내 　− 이번 시간을 통해 알게 된 점 말해 보기, 각자 노트에 공부한 내용 정리하기 　− 다음 차시 안내 : 이동, 의사소통수단의 발달과 우리 생활과의 관계를 이해하는 시간 갖기	10´	

※ 교과서 내용의 재구성을 통해 '이동수단'과 '통신수단'을 따로 분리, 재구성하여 지도함.
※ 교과서 내용의 재구성을 통해 14차시 "미래의 이동과 의사소통 모습 상상하여 표현하기"는 미술시간과 연계하여 활동하기로 하고, 13~14차시 수업을 위의 계획안에 따라 진행함.

〈개인별 P.M.I. 활동지〉

이동수단의 발달이 우리 생활에 미치는 영향

○○○○초등학교   제 3학년 ○반 (   )모둠 이름(   )

이동수단의 발달이 우리 생활에 미친 영향은 무엇인지 좋은 점, 나쁜 점, 미래 생활에 미치는 영향으로 나누어 생각해 봅시다.

P(Plus) 이동수단의 발달이 우리에게 가져다준 좋은 점	
M(Minus) 이동수단의 발달이 우리에게 가져다준 나쁜 점	
I(Interesting) 이동수단의 발달이 미래 생활에 미치는 영향	

08 돌아가며 쓰기/말하기 토의 · 토론

1 기본이해

가 돌아가며 말하기

돌아가며 말하기 구조는 교사가 하나의 주제를 주면, 학생들은 그 주제에 대한 자신의 생각을 모둠원들과 돌아가면서 한 사람씩 차례대로 이야기 나누는 것이다. 이 구조를 통해서 모둠원들은 서로의 생각과 창의적 아이디어를 공유할 수 있고 주제나 상황에 따라 반복적으로 돌아가면서 사용할 수 있다(한 바퀴만 도는 것이 아니라 2회, 3회 …돌아가며 말할 수 있다). 이 구조의 장점은 ① 모둠원 모두가 동등하게 참여할 수 있도록 해 주고, ② 적극적으로 말하고 서로의 생각을 들어 줄 수 있도록 해 주는 활동으로서, ③ 모든 사람들의 참여를 최대한 이끌어내는 데 주된 목적을 두어 활용된다.

나 돌아가며 쓰기

돌아가며 쓰기 구조는 적용하기가 매우 쉽고 간단하다. 교사가 주제를 제시하면, 학생들은 그 주제에 대한 다양한 생각과 창의적 아이디어를 돌아가면서 종이 위에 펜으로 적어서 나누도록 하는 것이다. 이 구조는 글을 이용하여 모둠원들의 생각을 알아볼 수 있도록 해 주고, 학습한 내용을 잘 이해하였는지 확인하는 데 도움을 주기도 한다. 또한 주제나 상황에 따라 반복적으로(2회 이상 돌아가며 쓰기) 활동을 할 수도 있다. 이 구조는 모둠원 모두가 동등하게 참여할 수 있도록 해 주고 모든 사람들의 참여를 극대화시키는 방안으로 많이 활용된다.

※ '돌아가며 말하기'와 '돌아가며 쓰기'는 서로 상보적인 특성을 갖고 있으므로 각각의 활동이 가진 장점과 단점(말과 글)을 잘 살려서 활동할 필요가 있다.

2 진행방법

'혼자 생각하기'단계는 모든 활동을 시작하기 전에 선행되는 필수 활동!!!

가 돌아가며 말하기

① 교사가 주제를 제시한다.
② 각자 주제와 관련해서 생각할 시간을 잠시 갖는다.
③ 모둠 내에서 번호순으로(1~4번) 돌아가면서 자신의 생각을 나눈다.(목소리는 2단계 '도란도란' 말하기)
④ 교사와 함께 정리한다.

필자 교실에서의 활동 사례

나 돌아가며 쓰기

① 교사가 주제를 제시한다.
② 주제와 관련해서 생각할 시간을 잠시 갖는다.
③ 학생들은 자신의 모둠 내에서 돌아가며 주어진 활동지에 펜으로 한 가지씩 돌아가며 적는다.(1~4번)
④ 각 모둠에서 정리하거나 적은 내용을 전체 앞에서 발표하고, 교사와 함께 정리하고 마무리한다.

필자 교실에서의 활동 사례

3 활동 효과

① 이 두 가지 구조는 언제 어디서나 쉽고 빠르게 서로의 다양한 생각과 창의적인 아이디어를 나눌 수 있는 특징과 효과를 갖고 있다.
② 이 두 가지 구조는 활동하는 사람들의 참여를 극대화시킬 수 있도록 해 준다.

❸ 수업의 도입, 본시, 정리 단계 어디에서든 부담 없이 활용할 수 있다.

4 주의할 점이나 활동의 팁

❶ 돌아가며 말하기 활동을 할 때 각 모둠별로 '모둠 마이크 — 말하기 마이크'를 활용하면 순서에 대한 상징성과 말하기 차례에 대한 권한을 느낄 수가 있고(마이크를 들고 있는 모둠원만 말할 수 있음), 교사는 각 모둠별로 누가 말하는 차례인지, 순서에 따라 누구까지 진행되었는지를 확인할 수 있다.(이렇게 간단한 구조에서 매번 모둠 마이크를 활용한다는 것은 어찌 보면 불편함 — 마이크를 꺼내 오고, 가져다 두고, 마이크로 장난을 할 수도 있고 — 을 초래할 수도 있기 때문에 깊이 고민하고 활용하는 것이 좋다.)

모둠 마이크 활용

❷ 돌아가며 말하기 활동을 할 때 필요에 따라서는 돌아가며 말하기 활동을 하는 동안 메모지나 공책 등에 각 모둠원들의 생각을 기록하고, 정리하도록 하면 집중하여 듣기 활동에 도움을 줄 수 있다.

❸ 돌아가며 말하기 활동을 할 때는 모둠별로 생각이나 아이디어를 정리할 수 있는 담당자를 두도록 하는 것이 좋다.(기록이)

❹ 돌아가며 쓰기 활동을 할 때는 모둠 내에서 각 모둠원의 활동에 대한 내용을 알고자 한다면(누가 어떤 생각을 썼는지 확인함) 색깔펜을 활용한다(색깔펜을 활용하는 이유에 대해서는 앞의 5장 "토의·토론을 위한 도구 준비"에서 안내한 바가 있다).

❺ 두 가지 활동 모두 자신의 의견이나 생각이 더 이상 없을 때는 "패스"를 하고 다음 사람에게 차례를 넘기도록 한다. 모든 사람이 패스를 하고 넘기게 되면 활동은 마무리된다.

❻ 돌아가며 쓰기 구조는 각 모둠별로 연필 한 자루와 활동지 한 장만 가지고 활동하기 때문에 어떤 순간에도 생각을 쓰고 있는 모둠원 이외에 다른 모둠원들은 활동지에 기록된 내용을 꼭 보고 있어야 한다는 규칙이 필요하다. 그렇게 하지 않으면 차례가 되어 쓰고 있는 모둠원 이외에 다른 모둠원들은 불필요한 활동을 하거나 활동을 방해하기도 하고, 아예 활동에서 벗어나 있으려고 하는 상황이 발생하게 된다. 활동에 참여하지 않거나 활동을 방해하거나 활동에서 벗어나 있으려고 하는 학생이 발생하는 경우는 흥미가 없거나 꼭 보고 있지 않아도 별 문제가 없는 상황이어서 굳이 협동할(생각이나 의견을 나눌)

필요성을 못 느낄 때이거나 사회적 기술(특히 다른 사람의 생각이나 글을 존중하고 이해하며 활동하기)이 부족한 경우 등이다. 따라서 '돌아가며 쓰기' 구조를 활용할 때는 이 구조가 가장 알맞은 구조인가(가장 효율적인가), 꼭 이 구조로 할 필요가 있는가, 보다 더 효과적인 구조는 없는가, 꼭 협동학습으로 할 필요가 있는가 등에 대하여 고민하지 않으면 안 된다(물론 다른 구조도 마찬가지이겠지만).

❼ 특히 돌아가며 쓰기 활동의 경우, 한 가지 주제가 주어질 때는 활동지가 한 장만 필요하겠지만 두 가지 혹은 네 가지 주제가 주어질 때는 활동지가 두 장 혹은 네 장이 필요하고 이 경우에는 동시다발적으로 돌아가면서 쓰기 활동을 하지 않으면 안 된다. 이는 돌아가며 쓰기 구조의 변형으로서 따로 '동시다발적으로 돌아가며 쓰기' 라는 구조 활동으로 이름을 붙여 활용한다.

❽ 두 가지 구조 활동이 모두 끝나면 신호체계를 활용하여 알릴 수 있도록 한다.

모둠 이름(명패)

명패의 아랫면 신호 문구

모둠 팻말의 두 면에는 모둠 이름을, 아랫면에는 신호 내용을 쓴다.

❾ '돌아가며 말하기' 는 '휘발성(말은 기록되지 않는다)' 이 있는 반면 '돌아가며 쓰기' 는 '기록성' 이라는 특징을 갖고 있다는 점에서 구별된다고 할 수 있다. 또한 '말하기' 는 빠르고 쉽지만 '쓰기' 는 시간이 많이 걸리고 힘들다는 특징도 갖고 있다. 따라서 각각의 활동이 가진 장점과 단점, 그리고 상황에 따라 적절하게 '쓰기' 와 '말하기' 활동을 구분하여 활용할 수 있는 교사의 지혜가 필요하다.

❿ 두 가지 구조 활동 모두 시간 관리가 잘 이루어져야 한다. 학생들은 간단한 질문에도 시간 체크를 하지 않으면 무한정 시간을 쓰려고 한다. 따라서 구조를 적용한 활동에서는 시간 체크가 필수적이라 할 수 있다(타이머 활용하기, 사전에 활동 시간을 꼭 강조하기 — 각자 생각하기 3분, 돌아가며 쓰기 5분, 지킴이의 시간 조절, 주어진 시간 안에 책임 완수하기를 강조하기 등).

⓫ '돌아가며 말하기' 와 '돌아가며 쓰기' 활동에서 인원수를 2명으로 조정하여 짝끼리 활동을 하게 되면 '번갈아 말하기' 와 '번갈아 쓰기' 로 활동 명칭이 바뀌게 된다. 필요에 따라서 둘씩 짝지어 활동을 할 필요도 있다.

참고 1 : 패스 제도에 대한 이해

구조를 적용한 활동을 하다 보면 차례가 되었을 때 자신의 생각을 말하거나 쓰지 못하는 경우가 종종 발생한다. 이유는 다양하다. 미처 생각을 하지 못했을 때, 이미 생각해 놓은 것들을 다 말하고 나서 더 이상 말하거나 쓸 것이 없을 때, 아무리 생각해도 생각이 나지 않거나 좋은 아이디어가 떠오르지 않을 때, 알고 있는 것이 없을 때, 주어진 문제에 대한 판단이 서지 않았을 때 등. 이런 경우에 해당 학생 차례에서 계속 멈추어 있게 할 수는 없는 일이고, 아무리 재촉하지 말고 정중하게 기다려 주라고 말은 하지만 그리 쉽지만은 않다는 것을 우리들은 너무나도 잘 알고 있다. 이럴 때를 위해 활용할 수 있는 것이 바로 '패스' 제도이다. 이 제도를 활용할 때도 나름대로의 약속과 규칙이 필요하다. 그 내용을 살펴보면 아래와 같다.

[규칙 1] 패스는 활동 과정 속에서 반드시 1회 혹은 2회로 제한한다.

[규칙 2] 패스를 쓰더라도 다음 차례가 왔을 때는 꼭 말하거나 쓰기 활동을 해야 한다.

[규칙 3] 연속으로 사용하지 않도록 한다.

[규칙 4] 패스를 사용했을 때는 다른 사람들 모두가 활동을 하고 난 후에, 반드시 마지막에 패스를 사용한 사람이 꼭 자신의 생각을 말이나 글로 나타내야 한다.

[규칙 5] 말로 의사소통을 하는 과정에서 할 말이 없거나 판단이 되지 않아 패스를 활용한 경우에는 다른 사람들의 의견을 잘 듣고, 다른 사람의 의견 가운데서 자신이 판단해 볼 때 좋다고 생각하는 점이나 동의하는 점을 기억해 두었다가 나중에 자신의 차례에서 다른 사람의 의견에 동의하듯이 말하는 정도라도 하도록 한다(예 : "나는 철수가 말한 것처럼 자연을 보호해야 하는 이유가 '자연은 우리 후손들에게 잘 물려주어야 할 소중한 재산' 이기 때문이라고 생각해.").

[규칙 6] "패스"를 말할 때는 작은 소리로 말하기(너무 크게 말하지 않기) ➡ 이를 위해서 패스 카드를 만들어 모둠 사물함에 넣고 쓰기도 한다.

[규칙 7] 패스 제도를 활용할 때도 사회적 기술을 잘 사용할 수 있도록 한다.

참고 2 : '돌아가며 ○○하기'와 '번갈아 ○○하기'에 대한 이해 돕기

'돌아가며' 활동과 '번갈아' 활동은 어찌 생각해 보면 인원수의 차이만 있을 뿐 서로 다르지 않다고 생각할 수도 있다. 상당히 많은 점에서는 그렇다. 하지만 이 구조를 어떻게, 어떤 상황에서 활용하느냐에 따라서 전혀 다른 독립적인 구조로 생각할 수도 있게 된다. 또한 어떤 단계(연령)의 학생들에게 적용하느냐에 따라 달라지기도 한다.

필자의 반 사례 — 번갈아 쓰기

 사례 1 일반적으로 저학년 학생들에게는 '돌아가며'보다는 '번갈아'가 더 유용하다. 왜냐하면 저학년 학생들에게는 활동의 결과보다는 참여의 기회를 극대화시키는 것이 더 중요하다고 보기 때문이다. 고학년의 경우에는 '돌아가며'가 더 유용한데 그 이유는 참여의 기회도 중요하지만 다른 사람의 생각이나 의견을 집중해서 듣고(보고) 자신의 생각과 비교도 하고 공통점과 차이점도 생각해 보도록 하는 것이 더 중요하다고 보기 때문이다.

 사례 2 다양한 사례나 아이디어의 공유, 깊이 있는 사고를 바탕으로 다른 사람과 내 생각의 비교·대조 등의 작업이 필요한 활동에는 '돌아가며' 활동을 하는 것이 더 좋다.

 사례 3 간단한 생각이나 의견의 교환, 한 가지 주제에 집중하여 대화를 할 필요가 있을 때는 '번갈아' 활동을 하는 것이 더 좋다.

사례 4 토의나 토론 활동(많은 사람들과 다양한 생각과 사고의 교환)에 가까운 주제나 과제에 대해서는 '돌아가며' 활동을 하는 것이 더 좋다.

 사례 5 친밀도를 높이기 위한 활동이나 간단한 활동(주제)에 대해서는 '번갈아' 활동을 하는 것이 더 좋다.

 사례 6 '돌아가며' 활동과 '번갈아' 활동은 독자적인 구조로 활용되기도 하지만 다른 구조 활동 속에 녹아 들어가 다른 구조 활동을 빛내는 데 활용되기도 한다(공통적인 세 가지 주요 목적 — 정보의 처리, 이해력 높이기, 참여의 극대화).

 ## 참고 3 : 동시다발적으로 돌아가며 쓰기에 대한 이해

1) 기본이해

'동시다발적으로 돌아가며 쓰기' 구조는 '돌아가며 쓰기' 구조를 보완한 것으로 두 가지 구조가 서로 유사한 특징을 가졌으면서도 나름대로는 큰 차이점을 가지고 있다. 돌아가며 쓰기의 경우는 모둠 내에서 한 장의 활동지와 한 개의 연필로 활동을 하는 데 비해 동시다발적으로 돌아가며 쓰기는 모둠 내에 인원수만큼 각기 다른 주제나 질문이 적혀 있는 활동지가 존재하고, 각각의 모둠원들은 자기 앞에 한 장씩 활동지를 가지고 주어진 시간만큼 활동을 한다는 점이 바로 그것이다. 이 구조는 학생들이 과제에 더 잘 집중할 수 있도록 해 주고, 글을 이용하여 각기 다른 주제에 대한 모둠원들의 다양

동시다발적으로 돌아가며 쓰기 활동지 양식 사례

한 생각을 짧은 시간 내에 알아볼 수 있도록 해 주며, 모둠원 모두가 동등하게 참여할 수 있도록 해 줌으로써 모든 학생들의 참여를 극대화시키는 방안으로 많이 활용되고 있다.

2) 진행방법

❶ 교사는 네 가지 주제 또는 네 가지 질문을 제시한다(활동지)

❷ 4명의 모둠원들은 각기 다른 활동지를 받아 들고, 자신에게 주어진 질문에 대한 다양한 생각을 정리하여 기록한다.

❸ 교사는 적절한 시간을 주고, 타이머를 띄운다. 학생들은 주어진 시간 동안 생각을 정리하여 쓰도록 한다.

❹ 정해진 시간이 지나고, 교사가 신호를 하면 학생들은 시계방향으로 활동지를 돌린다(동시 신호에 따르지 않고 각자 따로 돌리지 않도록 함).

❺ 학생들은 자기에게 오는 활동지의 내용을 잘 읽어 보고 이미 다른 사람이 쓴 것에 추가하여 더 적거나 수정해야 할 것, 생각해 볼 점 등이 있다면 어떤 것이 그런지 쓰고, 이유도 함께 적어 주도록 한다.

필자의 반 사례

❻ 3단계부터 시작해서 계속 반복한다(처음 기록을 시작했던 활동지가 본인에게 돌아올 때까지).

❼ 모두 다 돌았으면 활동지를 가운데 놓고 모둠원 모두가 동시에 살피면서 더 보충할 것이 없는지 상의하고, 다 정리되었으면 한 장의 큰 종이에 붙이거나 다른 활동지에 종합 · 정리하도록 한다(이를 위한 충분한 시간을 확보해야 보다 양질의 활동이 이루어질 수 있다).

3) 활동 효과

❶ '돌아가며 쓰기' 및 '번갈아 쓰기' 활동에 비하여 집중도 및 참여도가 더 극대화된다.

❷ 여러 가지 소주제에 대한 다양한 생각이나 창의적인 아이디어들을 짧은 시간 안에 효과적으로 모아 낼 수 있다.

❸ 정보의 공유와 소통, 문제해결방안의 제시, 창의적인 아이디어 개발 등에 많이 활용된다.

4) 주의할 점이나 활동의 팁

❶ 활동이 끝나고 나면 활동지를 한 장의 종이에 붙이거나 정리하여 발표 자료로 활용하기도 하고 게시물로 활용하기도 한다(활동 결과를 교사와 함께 정리하는 시간이 필요).

색깔펜 활용 사례

❷ 때로는 네 가지 색깔펜을 이용할 필요도 있다(개인적인 책임 부분을 알 수 있게 해 주고, 각 모둠원들이 활동에서 얼마나 참여했는지를 알 수 있다 ― 5장에서 이미 설명함).

❸ 시작 신호와 함께 타이머를 띄우고, 시간을 체크할 수 있도록 하며, 신호를 주기 전에는 활동지를 개별적으로 돌리지 않도록 한다(모둠 내에서 개별적으로 돌리게 하면 주어진 시간을 충분히 활용하여 깊이 있는 사고나 다양한 사고를 하지 않게 되며, 어느 한 학생 앞에 활동지가 모두 쌓여 있는 상황을 자주 목격하게 될 것이다).

❹ 미리 만들어 둔 네 장의 활동지(네 가지 주제는 병렬적이어야 함)도 좋지만, 이면지를 활용하여 학생들이 직접 상단에 주제를 기록하고 사고활동을 하는 것도 좋다.

5) 수업의 실제

'동시다발적으로 돌아가며 쓰기'를 활용한 5학년 사회과 토의·토론 수업

단원	2-1. 도시지역의 생활	일시	○○년 ○월 ○일 ○교시	장소	교실
주제	도시의 여러 가지 문제 해결하기	차시	사회 7~8/17(80분)	지도 교사	○○○
학습 목표	도시의 여러 가지 문제(교통문제, 주택문제, 환경문제, 쓰레기문제)에 대한 해결 방안을 찾을 수 있다.				
사회적 기술 목표	개인적인 책임 다하기, 시간 지키기, 타인의 생각 수용하기				
학습 자료	타이머, 동시다발적으로 돌아가며 쓰기 활동지(개인), PPT 자료, 4절지				

단계	학습내용 및 학습구조	교수·학습활동	시간	자료 및 유의점
도입	동기유발 번호순으로 구조	● **동기유발하기** : 지난 시간에 공부한 내용을 다시 한 번 생각해 보기 　– 번호순으로 구조 활동(4문항을 미리 준비) 　– 번호순으로 돌아가며 답하기(답하기 전에 모둠원들과 답을 공유할 시간 갖기)	10′	PPT 자료 준비
전개	학습 문제 확인 전체 학습	● **학습 문제 확인** 도시의 여러 가지 문제에 대한 해결 방안을 찾을 수 있다. ● **학습을 위한 소주제 탐색**(대표적인 도시 문제) 　[교사] 도시의 여러 가지 문제 가운데 대표적인 문제 네 가지만 뽑아 보도록 하자. 　[학생] 교통, 주택, 환경, 쓰레기 문제가 있습니다.	5′	
		【활동 1】 각 도시 문제에 대한 특징 알아보기 　[교사] 대표적인 네 가지 도시 문제에 대한 특징과 원인을 모두가 함께 정리하여 보도록 하자. 　[학생] 네 가지 도시 문제에 대한 특징과 원인을 생각나는 대로 발표한다. 　[교사] 학생들의 발표에 따른 정리 및 부연 설명을 한다. 　[학생] 칠판에 정리된 내용을 노트에 기록한다.	25′	● 모두 함께 나눈 내용은 칠판에 정리하고, 학생들은 칠판에 정리된 내용을 자신의 노트에 정리해 두도록 한다.
	동시다발적으로 돌아가며 쓰기	【활동 2】 모두 함께 알아본 네 가지 도시 문제에 대한 특징과 원인을 바탕으로 각 문제에 대한 해결 방안을 찾아 정리하기(B4용지) 　[교사] 각 모둠 내에서 정리한 내용을 바탕으로 각 문제에 대한 해결 방안을 '동시다발적으로 돌아가며 쓰기' 구조로 찾아서 정리해 보도록 하자. 　[학생] 각 모둠별로 주어진 활동지를 이용하여 '동시다발적으로 돌아가며 쓰기' 구조로 해결 방안을 찾아 정리한다. 　– 1차적으로 동시다발적으로 돌아가며 쓰기 활동을 한다. 　– 2차적으로 활동지를 한 가지씩 살펴보면서 수정, 보완, 삭제, 추가 활동을 해 나간다. 　– 1, 2차 활동을 통해 정리된 해결 방안을 B4용지에 정리하도록 한다.	25′	● 활동지는 6분, 5분, 4분, 3분씩 시간을 할애하여 쓰고 돌린다(자기 것으로 만들어 기억하고 이해하는 시간 포함).
정리	전체 학습	● **정리 및 다음 차시 안내** 　– 각 모둠별로 정리한 내용 발표하기, 질문 및 보충하기, 정리한 자료는 교실에 게시하기, 다음 차시 안내	15′	● 모둠별 활동지는 교실에 게시

09 짝 토의 · 토론

1 기본이해

짝 토의 · 토론은 협동학습에서 손꼽힐 만한 매우 간단한 구조 가운데 하나이다. 이 구조는 분단별로 앉거나 혹은 다른 방식의 조별학습, 협동학습에서 언제든지 활용할 수 있다. 간단한 활동지와 함께 "네 짝과 토의 · 토론을 해 보아라."라고 말만 해 주면 된다. 이렇게 모둠 혹은 분단식 자리배치에서 짝을 이용해 활동을 구조화시키면 매우 효과가 크다(1명은 생각이나 의견을 말하고, 또 다른 1명은 경청 ― 모두가 토의 · 토론 활동에 참여, 집중도가 높아진다).

2 진행방법

'혼자 생각하기'단계는 모든 활동을 시작하기 전에 선행되는 필수 활동!!!

❶ 모둠 내에서 둘씩 짝을 지어 미니 모둠을 만든다.
❷ 교사는 학생들에게 과제를 제시하고 그 주제에 대하여 혼자 생각할 시간을 갖도록 안내한다.
❸ 본격적인 토의 · 토론 활동이 시작되기 전에 "각자가 들은 이야기는 전체 앞에서 발표하도록 할 것이기에 반드시 메모하면서 잘 듣도록 해야 한다."라고 강조를 해 준다.
❹ 토의 · 토론 활동이 시작되면 한 학생이 먼저 자신의 생각을 발표한다. 이때 다른 학생은 말없이 활동지나 노트에 메모하면서 듣도록 하되, 간단한 질문은 허용될 수 있도록 한다(예 : 다시 한 번 말해 주세요. 그게 무슨 뜻인가요? ~라는 말이지요? 천천히 말해 주세요).
❺ 한 사람의 활동이 끝나면 서로 역할을 바꾸어서 위의 3번 단계에 해당되는 활동을 반복한다.
❻ 활동이 끝나면 교사는 학생들에게 들은 이야기를 발표할 수 있도록 한다(스스로 발표하게끔 먼저 유도하는 것이 좋고, 발표할 사람이 없으면 뽑기나 지명을 통해서 발표하도록 한다. 아울러 뒤에 발표하는 사람들은 중복되는 것을 피하기 위해 앞에서 나온 이야기는 빼고 발표하도록 안내해 줄 필요가 있다).

3 활동 효과

❶ 모둠 단위보다 짝 토의·토론이 더 효과적이라 말할 수 있는데, 그 이유는 적극적인 참여도(말하기 및 듣기, 집중도 등)가 모둠에 비하여 두 배나 더 증가하기 때문이다.

❷ 수학 문제 풀기에서 다양한 문제 해결 방법을 찾고자 할 때, 과학 실험 중 예상대로 결과가 나오지 않는 이유, 사회과 학습에서 어떤 현상에 대한 원인이나 이유 찾기 등 다양한 아이디어를 찾고자 할 때 적용할 수 있다.

❸ 대화 상대가 둘밖에 없기 때문에 매우 편안한 상태에서 진행할 수 있다.

❹ 특히 발표할 때는 타인의 것을 자기의 것으로 이해하고 받아들인 뒤 발표하도록 되어 있어서 듣기 능력 및 발표력이 향상되고 고급사고가 가능해진다(내 생각은 짝이 발표하고, 짝의 생각은 내가 발표한다).

❺ 자기의 생각을 다른 사람이 이해하여 발표하는 것을 듣고 자기 생각에 대한 피드백을 하게 된다(내가 저렇게 말했구나. 내 생각이 저렇게 받아들여졌구나. 그래, 내가 그렇게 말했지. 내 생각을 보다 더 잘 표현해 주었구나).

❻ 두 사람의 생각을 학급 전체로 확장시켜서 모두의 의견을 모으게 되면 엄청나게 많은 양의 아이디어를 모을 수 있다.

❼ 발표하는 내용은 자기의 생각이 아니라 들은 이야기인 만큼 발표하는 사람에게 부담이 많이 줄어든다.

4 주의할 점이나 활동의 팁

❶ 활동 주제에 따라 다른 구조나 활동지가 함께 사용되기도 한다.
   (예) 지구본과 전도의 공통점과 차이점 생각하기 : 짝 토의·토론으로 활동을 하되, 벤다이어그램 활동지를 함께 활용하여 해결한다.

❷ 둘 보다 넷의 생각이 더 낫다고 생각할 경우 짝 토의·토론을 모둠 토의·토론 활동으로 발전시킬 수 있다. 차이점은 2명이 활동하던 것을 4명이 함께 활동하는 것뿐이다. 모둠 토의·토론 활동의 경우 이 책에서 안내하는 다양한 방식으로 서로의 아이디어를 공유할 수 있다.

❸ 모둠 내에서 번갈아 가면서 나눈 내용을 발표할 때는 두 사람 모두 발표하되, 서로 생각을 바꾸어서 발표하도록 한다.

10 만일 그래프 토의 · 토론

1 기본이해

'만일 그래프'는 일어난 상황을 정리해 보게 한 뒤, 그와는 다른 상황(쉽게 생각하여 반대되는 상황만 생각할 필요는 없다)을 생각해 보게 함으로써 그 뒤에 일어날 수 있는 다양한 결과에 대하여 예측할 수 있도록 도와준다.

만일 그래프는 주어진 상황에 대하여 한 사람 한 사람의 다양한 생각들을 스스로 정리해 보고 다른 사람들과 공유할 수 있도록 해 주기도 하지만 모둠의 다른 사람과 서로 이야기를 나누어 보게 함으로써 미리 예측한 결과를 서로 비교 · 분석해 보면서 다양한 아이디어, 문제해결 방안 또는 교훈과 감동 등을 얻을 수 있도록 해 주고, 서로의 가치관에 대한 이해 및 수용이 가능하도록 돕는다.

2 진행방법

'혼자 생각하기' 단계는 모든 활동을 시작하기 전에 선행되는 필수 활동!!!

❶ 교사는 학생들에게 하나의 상황을 제시한다.
❷ 학생들은 주어진 상황에 대하여 다양한 방향으로 자신의 생각을 정리한다(꼭 '있다/없다', '했다/안 했다'와 같이 이분법적으로 생각할 필요는 없다는 것을 미리 알려 주는 것이 좋다).

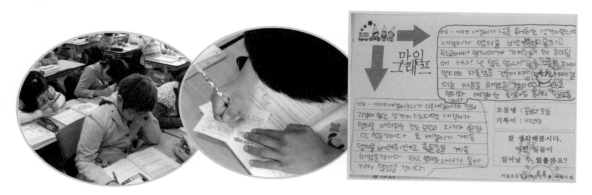

5-1 국어 읽기 "우리집에 이사 온 아이" — 인물의 성격과 사건의 전개에 주의하며 글 읽기

❸ 각자 정리한 생각을 바탕으로 모둠 내에서 서로의 생각을 나눈다.

모둠 내에서 각자 생각 나누기

모둠원의 결과물 모으기

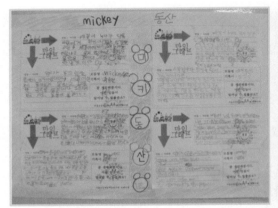

모둠원의 결과물을 모은 사례

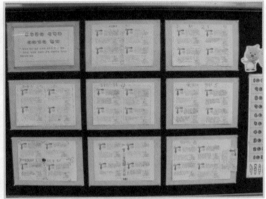

각 모둠의 활동 결과물을 모아 게시물로 활용한 사례 — 필자의 반 교실 뒷벽 게시물

❹ 나눈 생각을 바탕으로 서로 비교, 분석하여 바람직한 방향을 선택한다.

❺ 선택한 결과를 바탕으로 과제를 완수한다.

3 활동 효과

❶ 주어진 상황에 대한 결과를 미리 예측해 봄으로써 바람직한 문제해결방안을 찾을 수 있도록 해 준다.

❷ 여러 사람과 생각을 나눔으로써 같은 상황에 대해서도 가치관에 따라 다양한 생각을 할 수 있다는 점, 각자의 입장을 이해할 수 있도록 해 준다는 점, 교훈과 감동을 얻을 수 있다는 점에서 긍정적이라 할 수 있다.

❸ 상황을 정확히 분석하고 그에 따라 벌어지게 될 결과를 미리 예측, 서로가 생각한 결과에 대한 비교 · 분석이 가능하도록 해 준다.

❹ 비교 · 분석한 결과를 토대로 바람직한 방향으로의 의사 결정에도 도움을 준다.

4 주의할 점이나 활동의 팁

❶ "만일 ~이라면"의 가정하에 '있다/없다', '했다/안 했다'와 같이 이분법적으로만 생각할 필요는 없다는 것을 미리 알려 주는 것이 좋다.

> (예) 인물의 성격과 이야기의 전개에 있어서 "세걸이가 용기 있는 아이였다면, 세걸이가 소심한 아이였다면, 세걸이가 남을 잘 무시하는 아이였다면, 세걸이가 잘난 척을 잘하는 아이였다면…"

❷ 개인적인 생각은 노트에 정리해도 좋고, 규격화된 활동지에 쓴 뒤 모아서 큰 종이에 붙여서 전시물로 활용해도 좋다(앞의 사진 참조).

❸ 의사결정을 위해 특정 상황에 따른 다양한 방향으로의 결정과 그에 따르는 장단점을 예상하고 이것을 바탕으로 비교 · 분석을 하고자 할 때 활용할 수도 있다.

〈활동지 사례〉

5학년 1학기 국어 말하기/듣기/쓰기 — 3. 삶의 향기
이야기의 일부분을 바꾸어 표현하는 방법 알기
("종범이"를 읽고)

종범이가 친절한 아이였다면?

아이들 가운데 힘이
센 아이가 있었다면?

내가 종범이 또는 아이들 가운데
한 명의 입장이었다면?

(　　　　　)모둠
이름(　　　　　)

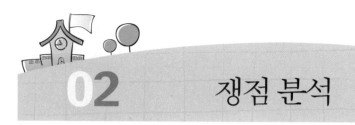

02 쟁점 분석

01 말하기 카드/다시 말하기 카드 토의 · 토론

1 기본이해

이 두 가지 구조는 바로 의사소통과 관련하여 모둠 내에서 대화를 통한 학습 활동이 보다 원활하게 이루어질 수 있도록 돕는 것으로서, 그 자체로 어떤 활동 결과물을 만들어 낸다기보다는 다른 구조 활동이 잘 이루어질 수 있도록 옆에서 돕고 보조해 주는 역할을 해 준다는 데서 그 의미를 찾을 수 있다. 이 활동도 궁극에 가서는 도구를 쓰지 않으면서도 원활한 활동을 해 나갈 수 있는 능력을 자연스럽게 길러 나가고자 함에 그 목적을 두고 있다고 볼 때, 가능한 한 많은 활동에서 이 두 가지 중 한 가지만이라도 제대로 활용할 수 있도록 계획하고 실천해 나간다면 교사가 의도하는 방향으로 흘러가게 될 가능성이 높다.

가 말하기 카드

말하기 카드는 이를 이용하여 활동에 소극적인 학생, 참여를 하지 않고 수업활동에서 벗어나려는 학생, 논의에 대한 주도권을 독점하려고 하는 학생 등의 발생을 최소화시키고자 함에 그 목적이 있다. 이 카드는 모든 구성원들이 동등하게 말할 수 있도록 해 주고 어느 한 사람이 이야기를 독점해 나갈 수 없도록 해 준다. 이에 모둠 구성원들이 익숙해지면 궁극에 가서는 카드 없이도 자연스럽게 대화에 적극적으로 참여할 수 있게 되며 동등한 참여의 원리를 내면화하게 된다.(토의 · 토론 활동의 구조화에서 토의 · 토론 활동의 비구조화로 가기)

나 다시 말하기 카드

다시 말하기 카드를 활용하는 이유는 상대방이나 이전에 발표한 사람의 말을 그대로 혹은 자기가 이해한 대로, 자기 말로 정리하여 말한 다음에야 자기의 생각을 말할 수 있도록 하기 위함이다. 자신의 의견을 말할 때는 반드시 전 사람의 말을 되풀이하여 말해야 하는데, 이를 위한 권한을 표시하면서 활동 자체의 목적을 잊지 않도록 하기 위해서 상징적으로 활용하는 도구인 것이다. 다시 말하기 카드는 ① 듣는 사람이 없이 각자 자기 말만 하는 상황을 해소시켜 주고, ② 자신의 생각을 상대방이 어떻게 이해하고 듣는지 알게 되어 의사소통기술에 관한 힌트를 얻게 되며, ③ 발표를 하기 전에 이전 사람의 말을 다시 한 번 반복해야 하기 때문에 발표하는 사람의 이야기를 집중해서 듣도록 해 준다는 좋은 점이 있다.

　필자가 활동하고 있는 연구회 홈페이지(서울초등협동학습연구회 아해미래－http://futuer.e-wut2.co.kr)에 가면 이런 도구들을 다운받아 이용할 수 있다(직접 만들어 쓰는 것이 제일 좋다. 왜냐하면 만들면서 한 번 더 고민하게 되기 때문이다. 그냥 색종이나 빨대, 도미노 칩 등을 이용해도 얼마든지 가능하다).

말하기 카드

다시 말하기 카드

2 진행방법

'혼자 생각하기'단계는 모든 활동을 시작하기 전에 선행되는 필수 활동!!!

가 말하기 카드

❶ 교사는 토론 주제를 제시한다.

❷ 모둠원 중 아무나 말하기 카드를 한 장씩 내려놓으면서 토의 · 토론 활동을 시작한다. 학생들은 각자 토의 · 토론 활동을 할 때 모둠의 중앙에 말하기 카드를 내려놓는다. 그들은 모든 모둠원들이 말하기 카드를 한 장도 들고 있지 않을 때까지 계속 활동한다.

❸ 말하기 카드를 모두 내려놓은 모둠원은 더 이상 발언권이 없다.

❹ 모둠원 전체가 말하기 카드를 다 사용했는데도 불구하고 논의가 끝나지 않으면 다시 말하기 카드를 똑같이 나누어 가진 뒤 앞의 1, 2, 3번 과정을 반복한다.

말하기 카드 활용 — 교사 연수 사례

나 다시 말하기 카드

❶ 교사는 토론 주제를 제시한다.

❷ 모둠원 중 누군가 자신의 의견을 이야기하면 이어서 자신의 의견을 말하고 싶은 사람이 다시 말하기 카드를 집어 들고, 바로 자신의 앞 차례에 말한 사람의 의견을 간략하게 정리하여 말해 주고, 자신의 생각을 말하도록 한 뒤 다시 말하기 카드를 내려놓는다.

다시 말하기 카드 활용 — 필자의 반 사례

다시 말하기 카드 활용 — 교사 연수 사례

❸ 다음에 말하고자 하는 사람은 앞의 2번 과정을 반복하면서 토의 · 토론 활동을 지속한다.

3 주의할 점이나 활동의 팁

❶ 말하기 카드를 색깔카드로 만들어 사용하면 교사가 한눈에 누가 대화를 독점하는지, 누가 대화에 참여하고 있는지, 참여하고 있지 않는지를 확인할 수 있어서 매우 좋다.

❷ '예/아니요'의 대답은 말하기 카드를 내지 않아도 된다.

❸ 다시 말하기 카드는 모둠당 한 장만 만들어 사용하되 카드의 크기를 조금 크게 만들어 사용하게 되면 각 모둠별로 누가 말하고 있는지를 확인할 수 있다.

❹ '말하기 카드'나 '다시 말하기 카드'를 활용한 활동에 익숙해져서 카드 없이도 충분히 활동할 수 있는 단계(이 경우에는 카드의 활용 — 구조화 — 이 오히려 활동을 방해하게 된다)가 되면 구조화를 해체시키는 것(카드를 전혀 사용하지 않고 그냥 활동에 임하는 것)이 오히려 활동에 더 도움이 된다는 사실 또한 꼭 기억해 두도록 하자.

참고 : 소집단 토의 · 토론과 협동학습

교실에서 가장 많이 이루어지고 있는 토의 · 토론 활동은 주로 소집단 토의 · 토론이다. 협동학습으로 토의 · 토론하기도 소집단에 그 기반을 두고 있는데, 소집단 토의 · 토론은 주제에 따라 모둠 내에서 역할을 나누고 진행하거나 특별히 역할을 정하지 않고 자유롭게 생각을 주고받을 수 있다는 점에서 큰 장점을 가지고 있다. 하지만 이를 위해서 ① 소음 조절 능력, ② 시간 조절 능력, ③ 토의 · 토론 훈련(말하기/듣기/태도 등), ④ 토의 · 토론 활동의 목적(어디까지 결과를 이끌어 내야 하는가 등에 대한 한계 지정) 공유, ⑤ 시간제한(주어진 시간) 지키기 등에 대한 명확한 이해와 훈련이 필요하다.

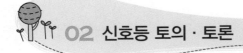

02 신호등 토의 · 토론

1 기본이해

협동학습으로 토의 · 토론하기는 주로 소집단(모둠) 중심의 토의 · 토론 활동인 데 비해서 신호등 토의 · 토론은 대집단을 대상으로 한 활동에 많이 활용된다는 점에서 크게 구분된다고 할 수 있다. 하지만 현장에서 많이 활용되고 있기에 '협동학습으로 토의 · 토론하기'와는 별도로 소개해 보고자 한다.

신호등 토의 · 토론 수업은 다른 활동에 비하여 진행의 주도권을 교사가 갖고 있다는 점부터 많이 다르다. 주로 교사가 주제와 관련하여 질문을 던지면 학생들이 그에 따른 각자의 의견을 발표해 나가게 되는데, 주어진 주제에 대하여 찬성이면 녹색 카드를, 중립이거나 또 다른 생각이 있으면 노란색 카드를, 반대이면 빨간색 카드를 들게 하고, 색깔마다 고르게 발표할 수 있도록 진행된다.

필자의 반 사례 — 신호등 카드

교사가 수업을 진행해 나가면서 교사와 학생 사이에 질문과 답변이 오고 가는 면만을 보면 보통 강의식 수업과 큰 차이점을 못 느낄 수도 있겠지만 ① 학생들 모두가 자신의 의사를 어떤 식으로든(신호등 카드) 표현할 수 있도록 해 주며, ② 학생들은 단순한 '예/아니요' 식 의사표현을 넘어서 '그렇게 생각하는 까닭, 이유'를 설명할 수 있어야 한다는 점, ③ 그리고 발표를 하지 않아도 카드로 의사표현을 하는 것만으로도 토의 · 토론 활동에 참여하고 있다는 효과를 줄 수 있다는 점에서 분명한 차이를 느낄 수 있다.

2 진행방법

'혼자 생각하기' 단계는 모든 활동을 시작하기 전에 선행되는 필수 활동!!!

❶ 교사는 학생들에게 신호등 카드를 배부한 뒤, 주제를 제시한다.(질문하기)
  ● 질문 유형 : "여러분들은 학교에서 교복을 입는 것에 대하여 어떻게 생각하나요?"
    ('예/아니요' 로 답을 할 수 있으면서도 그 까닭/이유를 설명할 수 있는 것이어야 한
    다).
❷ 학생들은 선생님이 던진 질문이나 주제, 문제를 신중히 생각하여 자기 의견을 공책이나
  메모지에 정리한다(필요하다면 활동지를 만들어 배부).
❸ 교사의 신호에 따라 학생들은 자신의 의사를 결정하고, 찬성 · 반대 · 중립의 신호등을
  든다(물론 수업 전에 색깔별 카드의 의미와 활용법을 설명한다).
❹ 교사는 찬성 · 반대 · 중립 신호등을 든 학생들을 고르게 지명하고 의견을 듣는다.
❺ 학생들은 계속해서 자신이 선택한 카드를 들고 있도록 한다.
❻ 한 가지 주제나 질문만으로 토론 수업을 계속해 나가도 좋고, 같은 방식으로 계속 다른
  질문을 던져 가면서 토론 수업을 진행해 나가고, 학생들의 의견을 듣도록 해도 좋다.

필자의 반 사례 — 신호등 카드 활용 수업

3 활동 효과

❶ 학생들의 흥미를 높이고 적극적인 참여를 유도할 수 있다(자신의 의견을 카드로 표현하는 것만으로도 토론 활동에 참여하는 효과를 얻을 수 있다).
❷ 참여하는 학생들의 이야기를 신중하게 듣도록 해 준다(비교 분석 가능).
❸ 자신의 생각에 대한 근거를 제시하는 능력을 키워 준다.
❹ 간단한 준비만으로도 참여하는 모든 학생들의 생각과 의견을 빠른 시간 내에 파악할 수 있다.
❺ 짧은 시간 활용(여러 가지 주제나 질문에 대하여 간단하게 살펴볼 때)해도 좋고, 장시간 활용(특정 주제를 깊이 있게 논의하고자 할 때)해도 충분히 좋은 활동이 된다.

4 주의할 점이나 활동의 팁

❶ 때로는 발표 잘하는 친구를 먼저 지명하여, 의견 발표 요령을 아이들이 알게 할 필요도 있다.
❷ 노란색 카드를 든 친구를 설득하는 방향으로 이야기를 진행하면 효과가 좋을 때도 있다.
❸ 누군가를 먼저 지명할 때, 같은 의견(같은 색깔 카드)이지만 그 근거가 다른 학생의 의견을 추가로 더 들어 보고 다른 의견(다른 색깔 카드)을 들어 보도록 하는 것이 더 좋다.
❹ 토의·토론 중간에 신호등 카드를 다시 한 번 들게 하여 이전과 생각이 달라진 학생은 없는지 살펴보고, 있다면 왜 바뀌게 되었는지를 들어 보는 것도 좋다.(토의·토론을 하면서 카드의 색이 한쪽으로 몰리면 의견이 모아지는 것, 계속 다양하게 나오면 논쟁적인 활동이 되고 있다고 보면 된다.)
❺ 자리배치는 교실 앞쪽(교사)을 바라보도록 하되, 가능하면 오른쪽에서 보는 그림과 같은 형태가 제일 좋다고 할 수 있다. 이런 자리배치 형태는 모두 마주 보는 듯한 느낌을 주며 교사가 학생들을 고르게 둘러볼 수 있도록 해 주어 주로 대집단 토의·토론 활동을 할 때 많이 쓰이고 있다.

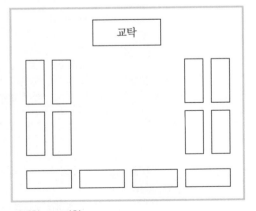

마체형 — ㄷ자형

5 수업의 실제

'신호등 토의·토론'을 활용한 5학년 국어과 토의·토론 수업

단원	5-2. 4마당 2. 곧은 생각 좋은 생각	일시	○○년 ○월 ○일 ○교시	장소	교실
주제	적절한 근거를 들어 가며 토의·토론하기	차시	국어 7~8/9(80분)	지도 교사	○○○
학습 목표	기념일의 필요성에 대하여 적절한 근거를 들어 가며 토의·토론할 수 있다.				
사회적 기술 목표	경청하기, 사람을 비판하지 않기				
학습 자료	타이머, 신호등 카드, PPT 자료				

단계	학습내용 및 학습구조	교수·학습활동	시간	자료 및 유의점
도입	동기유발 번호순으로 구조	● 동기유발하기 : 지난 시간에 공부한 내용을 다시 한 번 생각해 보기(PPT 자료 제시) 　– 토의·토론의 좋은 점 알아보기 　– 토의·토론할 때 주의할 점 알아보기 　– 주장에 따른 근거의 중요성 이해하기	10´	PPT 자료 준비
	학습 문제 확인	● 학습 문제 확인 빼빼로 데이의 필요성에 대하여 적절한 근거를 들어 가며 토의·토론을 할 수 있다.		
전개	개별 학습	● 토의·토론을 위한 개인적인 생각 정리하기 [교사] 지금부터 '빼빼로 데이의 필요성'에 대한 자신의 생각(찬성/반대)을 근거와 함께 정리해 보도록 하자. [학생] 찬성/반대의 의견과 함께 그를 뒷받침하는 근거를 정리한다. 　– '빼빼로 데이'의 시작과 그 의의에 대한 자료 제시 　– 현실 속에서 '빼빼로 데이'의 실제 상황 자료 제시 　– 제시된 자료를 바탕으로 자신의 의견을 세우고, 그 근거가 될 수 있는 자신의 생각 정리하기	15´	
	신호등 토의·토론	【활동 1】 신호등 토의·토론 [교사] 각자 자신이 갖고 있는 신호등 카드를 사용하여 자신의 입장을 표현해 보도록 하자. [학생] 각자 자신의 입장을 신호등 카드로 제시한다. [교사] 찬성, 반대, 중도 입장을 가진 학생들을 차례대로 지명하여 주장과 근거를 들어 본다. [학생] 자신의 입장과 그 근거를 충분히 설명한다. 　– 앞 사람의 반대 의견 혹은 중도 입장을 가진 여러 사람의 생각과 근거를 충분히 들도록 한다.	20´	● 다른 사람의 의견을 들을 때 중요한 내용은 메모하며 듣도록 한다(6단 논법으로 정리할 때 도움이 된다).
	개별 학습 (6단 논법으로 논술하기)	【활동 2】 최종적으로 대안 마련하기 [교사] 지금까지 토의·토론 활동을 한 결과를 바탕으로 자신의 최종 입장을 정리해 보도록 하자. 　– 토의·토론 과정에서 제기된 긍정적인 면을 잘 반영하고 부정적인 면을 최소화시킬 수 있는 자신의 생각과 방안을 글로 정리할 수 있도록 안내 　(6단 논법으로 정리하기) [학생] 교사의 안내에 따라 자신의 생각을 정리한다.	20´	
정리	전체 학습	● 정리하기 　– 각 개인별로 정리한 자신의 생각을 발표하기 　– 발표한 자료는 모아 둔 뒤 수행평가 자료로 활용하고, 문집 등에도 활용한다.(다음 차시 안내)	15´	

〈신호등 토의·토론 활동지 사례〉

신호등 토의·토론 정리표

내용	찬/반/중립	입장 선택의 이유 및 근거 정리
토론 주제		
배경 설명		
배경 설명 후의 입장 결정		
주제 관련 자료 확인 후의 입장 결정		
토론 후의 입장 결정		

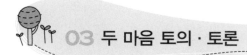

03 두 마음 토의 · 토론

1 기본이해

'두 마음 토의 · 토론'은 소집단 중심의 찬반 토론 수업을 할 때 간단하지만 매우 효과적으로 사용할 수 있는 방식이다. 일반적으로 토의 · 토론 수업의 실제 장면을 살펴보면 특정 학생이 토의 · 토론 시간을 독점하는가 하면 일부 학생은 참여에 소극적이어서 바람직한 토의 · 토론 활동이 이루어지지 않고 있는 실정임에 비하여 두 마음 토의 · 토론은 구조화된 활동 자체가 소집단 구성원 모두를 자연스럽게 적극적이고도 동등한 참여 속으로 끌어들일 수 있도록 해 준다는 장점을 갖고 있다. 따라서 이 활동에 참여하는 학생들은 재미와 역동적인 움직임을 경험해 볼 수 있어서 매우 유용하다 할 수 있다. 특히 중립자에게 찬성 및 반대 입장의 주장과 이를 뒷받침하는 근거를 정리하면서 자신의 입장(어떤 쪽의 손을 들어 줄 것인가/그에 대한 이유)을 밝힐 수 있도록 한다는 매우 특이한 점을 갖고 있다.

2 진행방법

'혼자 생각하기' 단계는 모든 활동을 시작하기 전에 선행되는 필수 활동!!!

❶ 교사는 학생들에게 찬성과 반대로 나뉘어 토의 · 토론할 수 있는 갈등 상황 주제를 제시한다(주제는 문장으로만 제시해도 좋으나 이야기 형식이나 기사 자료와 같은 형식으로 제시해 주면 더 좋은 활동이 될 수 있다).

협동학습 모둠에서 두 마음 토론을 위한 역할 및 책임 활동 예시

1번	찬성 토론자	찬성하는 입장에서 토의 · 토론 활동에 참여한다.
2번	반대 토론자	반대하는 입장에서 토의 · 토론 활동에 참여한다.
3번	중립자	중립적인 입장에서 양측의 주장과 근거를 들어 보고, 자신의 입장을 정리하여 밝힌다(어떤 쪽의 손을 들어 줄 것인가/그렇게 판정한 이유). 실질적으로 모둠 내에서 중립자는 사회자 역할을 해 나가도록 한다.
4번	관찰자	모둠에서 이루어진 토의 · 토론 활동을 지켜본 결과 및 소감을 학급 전체 앞에서 발표하도록 한다.

※ 역할은 교사가 지정할 수도 있고, 모둠 내에서 상의하여 결정하도록 할 수도 있다.

❷ 교사는 모둠원들에게 각자의 역할을 부여한다. 여러 안내서에 따르면 보통은 3인 1조로 소집단 구성을 소개(2명은 토론자, 1명은 중립자)하고 있으나 협동학습의 특성상 4인 1조를 중심으로 한다는 점에서 '관찰자' 1명을 더 두고 그에게 특별한 임무를 부여하였다.

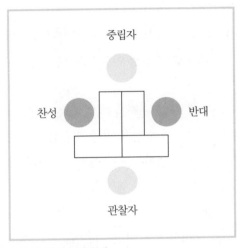

모둠 내 자리 배치 형태

❸ 모둠 내에서의 자리 배치를 T자형으로 하고, 중립자가 찬성 및 반대 토론자 모두를 정면에서 바라볼 수 있는 중간 위치에 앉도록 하며 관찰자는 중립자 옆에 자리하여 활동을 주의 깊게 바라보면서 활동 과정 및 소감을 수시로 정리해 나가도록 안내한다.

❹ 활동 규칙을 자세하게 안내한다.

- **규칙 1** : 중립자가 고개를 돌려 쳐다본 토론자만 이야기할 수 있도록 한다.
- **규칙 2** : 토론자(찬성 측/반대 측) 사이에는 어떤 대화도 하지 않는다.
- **규칙 3** : 토론자는 필요한 경우 딱 1회만 중립자에게 자기를 주목해 줄 것을 요청한 뒤 자신의 생각을 말할 수 있다.
- **규칙 4** : 중립자 또한 어떤 이야기도 하지 말고 듣기만 하도록 한다.
- **규칙 5** : 중립자는 꼭 한 번씩 번갈아 가며 토론자의 이야기를 들어 줄 필요는 없으나 가능하면 고르게 이야기할 수 있도록 기회를 준다.
- **규칙 6** : 중립자는 이야기를 듣다가 중간에 고개를 다른 토론자에게로 돌릴 수도 있으

나(이야기를 충분히 이해했을 때, 별로 듣고 싶지 않을 때, 같은 이야기가 반복되고 있을 때, 주제와 먼 이야기를 하고 있을 때, 시간을 혼자서 너무 많이 사용하고 있을 때, 설득력이 떨어질 때 등) 가능하면 이야기하던 토론자가 말을 마칠 수 있도록 충분한 시간을 주는 것이 좋다. 이때 중립자가 고개를 돌리면 이야기를 하던 토론자는 즉시 이야기를 멈추어야 한다.

- **규칙 7** : 반드시 시간제한을 둔다.
- **규칙 8** : 중립자는 자신의 개인적인 입장에서 벗어나 주제에 대한 중립을 반드시 지켜야 한다(토론자의 이야기만을 바탕으로 판정을 내린다).

❺ 학생들은 교사의 시작 신호에 따라 규칙을 지켜 가며 토의·토론 활동을 해 나간다. 이때 가능하면 중립자는 판단의 근거로 삼을 만한 내용들을 메모하며 듣도록 한다.

❻ 주어진 시간이 지나면 모둠 내 중립자는 양측에서 이야기한 것을 바탕으로 하여 어느 편의 이야기가 타당한지 판단하여 마음의 결정을 내린다(약간의 시간을 주어 판단의 근거를 정리하도록 하는 것이 좋다).

❼ 각 모둠의 중립자는 모둠 내에서 판단의 근거를 들어 가며 판정을 내리도록 한다(여러 안내서에 따르면 이 단계에서 중립자가 학급 전체에 발표하도록 되어 있는데, 필자의 경우 협동학습 모둠의 특성상 중립자는 모둠 내에서만 판정을 내리고 정리하는 방식으로 활동을 진행하였다).

❽ 교사의 진행에 따라 각 모둠의 관찰자는 모둠 내 토의·토론 과정 및 판정 결과, 판정을 지켜본 자신의 소감 등을 학급 전체에 발표할 수 있도록 한다.

3 활동 효과

❶ 모든 학생들이 열심히 참여하는 모습을 볼 수 있다.(흥미와 참여)

❷ 조금이라도 설득이 되지 않으면 중립자가 바로 다른 쪽 방향으로 고개를 돌리기 때문에 열심히 자신의 입장에 대한 근거를 찾아 이야기하게 된다.

❸ 모든 모둠원이 무엇인가 하지 않으면 안 되도록 활동을 구조화하였기에 협동학습의 네 가지 원리가 잘 녹아 들어갈 수 있도록 해 준다.

❹ 중립자에게는 토론자의 이야기를 듣고 비교·분석을 할 수 있도록 해 주고, 관찰자에게는 활동 전 과정을 지켜보면서 종합적인 정리를 할 수 있도록 해 준다.

4 주의할 점이나 활동의 팁

❶ 중립자가 고개를 돌리면서 활동하는 것보다 모둠 마이크를 활용하여 토론자 앞으로 가져가면 그 사람이 말할 수 있도록 하는 것이 더 좋다.

❷ 주제가 잘 선정되어야 한다. 토론 주제가 너무 막연하거나 별로 학생들의 흥미를 끌지 못한다면 활동은 잘 이루어질 수 없다.

❸ 두 마음 토의 · 토론은 참여자가 적절한 토론능력을 갖추고 있을 때 비로소 효과가 높아질 수 있다. 따라서 가능하면 주제와 관련하여 어느 정도의 사전 지식이나 정보를 학생들에게 제공하거나 미리 공부해 올 수 있도록 안내해야 한다.

❹ 특히 중립자는 자신의 개인적인 입장에서 벗어나 주제에 대하여 중립에 설 수 있도록 지도해야 한다(판정은 순전히 토의 · 토론 과정에 따른 것이어야 한다).

❺ 마무리 단계에서 정리를 잘해 주어야 한다. 특히 어떤 가치를 다루는 주제일 경우에는 교사 나름대로의 입장과 교육적인 측면을 고려하여 학생들에게 논리적으로 잘 설명해 줄 필요도 있다.

❻ 다른 어떤 활동보다도 논리적 판단능력과 친분관계 등에 얽매이지 않는 자세, 관련 주제에 대한 보다 많은 정보력 등을 요구하는 만큼 연령대가 낮은 학생들보다는 높은 학생들에게 적절한 활동이라 할 수 있다.

5 수업의 실제

'두 마음 토의 · 토론'을 활용한 5학년 도덕과 토의 · 토론 수업

단원	5-1. 서로 존중하는 태도	일시	○○년 ○월 ○일 ○교시	장소	교실
주제	다른 사람의 권익 존중하기	차시	도덕 1~2/3(80분)	지도 교사	○○○
학습 목표	다른 사람의 권익을 존중해야 하는 까닭을 말할 수 있다.				
사회적 기술 목표	경청하기, 공정하게 평가하기				
학습 자료	타이머, 모둠 마이크, 뉴스 자료(악성댓글로 인한 사건 · 사고 사례 : PPT)				

단계	학습내용 및 학습구조	교수 · 학습활동	시간	자료 및 유의점
도입	동기유발	● 동기유발하기 : 폭력적인 악플로 인해 발생한 다양한 사건 · 사고 사례 제시(PPT) 　－ 왜 이런 일이 일어나게 되었는가? 　－ 그 원인은 무엇인가? 　－ 다른 사람의 권익이란?	15′	PPT 자료 준비
	학습 문제 확인 전체 학습	● 학습 문제 확인 다른 사람의 권익을 존중해야 하는 까닭을 말할 수 있다. ● 다른 사람의 권익을 존중해야 하는 까닭 알기 [교사] 다른 사람의 권익을 존중해야 하는 까닭을 알아봅시다. [학생] "사람은 모두 소중한 존재이기 때문입니다." 등. [교사] 다른 사람을 차별하지 않고 똑같이 권리를 존중해야 하는 까닭을 알아봅시다. [학생] "모두 사람으로서의 권리를 누려야 하기 때문입니다." 등.	15′	출처 : http://cafe. daum.net/747kw
전개	두 마음 토의 · 토론	【활동 1】 두 마음 토의 · 토론하기 [교사] 각 모둠에서는 다음의 주제를 놓고 모둠 내에서 역할을 정하여 '두 마음 토의 · 토론'을 해 보도록 하자. [학생] 모둠 내에서 역할을 나누고, 생각할 시간을 갖는다. 　－ 주제 : '인터넷 실명제'는 실시되어야 하는가? 　－ 역할 : 찬성 측, 반대 측, 중립자, 관찰자 　－ 교사가 역할에 따른 책임 및 주의할 점을 안내한다. 　－ 각 입장별로 충분히 생각한 뒤 준비가 되었으면 토의 · 토론을 시작하도록 한다. 　－ 중립자는 활동을 진행하고, 관찰자는 내용을 기록 · 정리해 나가도록 한다. 　－ 주어진 시간 동안의 활동이 끝나면 중립자는 모둠 내 활동에 대한 결과를 발표한다.	30′ 15′	● 특히 중립자는 철저하게 자신의 입장을 버리고, 중립적 위치를 잘 지켜 나가도록 한다.
	전체학습	【활동 2】 모둠 내에서 정리한 내용 발표하기 [교사] 각 모둠 내에서 정리한 내용을 바탕으로 관찰자가 모둠 순서에 따라 활동 결과를 발표하도록 안내한다. [학생] 모둠 내 활동 및 중립자의 판정을 바탕으로 관찰자가 관찰 결과를 발표한다.	5′	
정리		● 정리 및 다음 차시 안내 　－ 전체 발표가 마무리되면 교사가 전체 활동에 대한 평가 및 정리를 해 주도록 한다. 　－ 정리가 끝나면 다음 차시 안내로 마무리한다.		

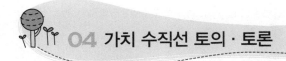

04 가치 수직선 토의 · 토론

1 기본이해

이 구조는 주제에 대한 자신의 현재 상태를 살피고 이를 통해서 자신의 모습을 발견하도록 해주고, 자신과 입장이 다른 사람들의 생각을 들어 본 뒤 자신의 생각과 입장에 변화가 있었는지를 살펴보게 함으로써 자기의 가치판단 경험, 그에 따른 실천적 변화, 자기 자신에 대한 신념과 자존감 향상을 꾀하는 데 도움을 주는 구조이다. 이 활동의 특성상 토의 · 토론 집단은 본래 모둠을 벗어나 의도적으로 극찬성, 극반대, 중립자들이 각 모둠에 고르게 섞일 수 있도록 구성하거나 정반대의 입장을 가진 짝을 만나서 1 : 1 토의 · 토론을 하도록 하는데, 이를 통해 학생들은 여러 사람의 생각과 가치를 접하게 됨으로써 서로의 가치관에 대한 차이를 인정 · 수용하고 받아들일 수 있는 기회와 경험을 갖게 되고, 그 과정 속에서 자기 가치관에 대한 이유를 논리적으로 분명하게 표현함으로써 발표력 및 자신감을 향상시키고, 긍정적인 분위기를 형성시켜 나갈 수 있게 된다.

2 진행방법

'혼자 생각하기' 단계는 모든 활동을 시작하기 전에 선행되는 필수 활동!!!

활동 방식에는 대표적으로 두 가지 방식이 있는데 본래의 협동학습 모둠을 그대로 활용한 모둠 가치 수직선과 본래의 모둠을 벗어나 생각이 다른 사람들과 새롭게 모둠을 구성하거나 정반대 입장을 가진 사람과 만나 1 : 1 토의 · 토론을 하게 되는 학급 가치 수직선 방식이 있다.

가 모둠 가치 수직선

❶ 주제 제시 : 교사는 찬성–반대의 가치 판단을 내릴 수 있는 주제를 제시한다.
❷ 위치 정하기 : 학생들은 자신의 생각을 바탕으로 강한 찬성과 강한 반대, 또는 그 사이 어느 지점에 자신의 위치를 표시한다.(활동지)
❸ 모둠 내 토의 · 토론 : 각자의 입장을 바탕으로 3단계 인터뷰나 모둠 토의 · 토론(말하기

카드, 다시 말하기 여권 활용) 방식으로 이야기를 나누며 생각의 차이 및 그 근거를 파악하고 모둠원들을 설득하거나 이해시킨다.

❹ 새로운 위치 정하기 : 1차 토의·토론 이후 2단계로 돌아가 위치를 다시 정하고, 3단계를 반복한다. 4단계부터는 선택적으로 할 수 있는 활동으로서 학생들의 수준에 따라서 4단계 이후까지 진행할 수도 있고 3단계에서 끝낼 수도 있다.

❺ 주제 속에 담긴 가치 찾기 및 종합 : 학생들은 주제 속에 담긴 핵심 가치, 자신의 위치가 의미하는 가치 등을 찾아 이야기할 준비를 한다.

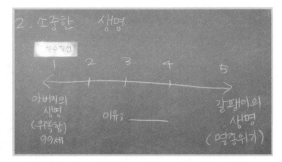

출처 : http://www.cyworld.com/psjiyeon

갈팽이를 잡아 아버지를 살릴 것인가?(사진 속의 사례)

99세의 생명이 위독한 아버지를 살리려면 멸종 위기에 처한 갈팽이를 잡아 쓸개를 꺼내 아버지의 약으로 써야 한다. 하지만 갈팽이는 멸종 위기에 처한 동물로 이제 막 새끼를 낳은 상태이며, 갈팽이 새끼는 어미가 약 3년 동안 길러 주어야 살 수 있다고 한다.

● 갈등을 일으키는 가치관 1 : 아버지의 생명이 위독하시다.
● 갈등을 일으키는 가치관 2 : 멸종 위기에 처한 갈팽이와 어린 생명도 소중하다.

이렇게 주제 속에 내재된 핵심 가치들을 발견할 수 있다면 학생들은 이 양자의 욕구를 충족시킬 수 있는 대안을 생각해 낼 수 있는 준비가 되었다고 할 수 있다. 이 단계까지 가려면 학생들의 수준(연령, 사고 수준 등)이 상당한 수준까지 와 있지 않으면 어렵다고 볼 수 있다.

❻ 자신이 정리한 내용을 모둠 내 또는 학급 전체에 발표하고 나눈다.

나 학급 가치 수직선

❶ 주제 제시 : 교사는 찬성−반대의 가치
판단을 내릴 수 있는 주제를 제시한다.

❷ 위치 정하여 가치 수직선에 표시하기 :
학생들은 자신의 생각을 바탕으로 강한
찬성과 강한 반대, 또는 그 사이 어느 지
점에 자신의 위치를 표시한다(개인 활
동지 속 가치 수직선).

❸ 위치 결정하기 : 학생들은 자리에서 일
어나 교실을 가로지르는 상상의 수직선
위에 말 그대로 자기 위치를 결정하여
선다.

❹ 옆 사람과 이야기 나누기 : 수직선상에
서 자신의 옆에 선 사람과 짝을 지어 왜
이 지점에 서게 되었는지 이야기를 나
눈다.

필자의 반 학급 가치 수직선 활동 사례

❺ 가치 수직선 접기 : 찬성 쪽에 선 학생들
이 반대쪽에 선 학생들과 만나 새롭게 짝을 만든다. 이렇게 짝이 만들어지면 강한 찬성
측 학생과 강한 반대 측 학생이 서로 마주 보게 되고, 그다음에는 두 번째로 강하게 서로
상반된 의견을 가진 사람끼리, 다음에는 세 번째로… 등.

❻ 토의·토론하기 : 학생들은 새롭게 만난 짝과 다시 말하기 구조를 활용하여 열띤 토의·
토론 활동에 들어간다.

❼ 새로운 위치 정하기 : 1차 토의·토론 이후 3단계로 돌아가 위치를 다시 정하고, 이후 활
동을 반복한다. 7단계부터는 선택적으로 할 수 있는 활동으로서 학생들의 수준에 따라 6
단계 이후 자신의 1차 선택과 2차 선택 결과를 바탕으로 변화가 있었는지(예 : 1차 선택
은 +5, 2차 선택은 −3)의 유무, 변화가 있었다면(없었다면) 왜 그런 결과를 얻게 되었
는지에 대하여 자신의 활동지에 정리하도록 하고 끝낼 수도 있다.

⑧ 주제 속에 담긴 가치 찾기 및 종합 : 학생들은 주제 속에 담긴 핵심 가치, 자신의 위치가 의미하는 가치 등을 찾아 이야기할 준비를 한다(이 단계부터의 내용은 모둠 가치 수직선 활동과 같다).

⑨ 자신이 정리한 내용을 모둠 내 또는 학급 전체에 발표하고 나눈다.

3 활동 효과

① 학생들은 자기 자신의 가치를 더욱 명료화시킬 수 있게 된다.

② 바람직한 방향으로 흘러간다면 서로의 차이점을 '축하' 하게 된다.

③ 서로 다름을 인정하고 수용하는 만큼 학급과 모둠은 성숙하게 발전할 수 있다(서로 다르기 때문에 더 풍요롭다).

4 주의할 점이나 활동의 팁

① 모둠 내에서 성숙한 토의 · 토론을 통해 서로의 차이점을 수용하고, 개개인의 생각과 가치가 존중받고 의미 있게 받아들여질 때 성공할 수 있는 만큼 학급 내 분위기 조성에 주의를 기울이지 않으면 안 된다.

② 학급 가치 수직선에서 가치 수직선에 표시할 때, 되도록 양극단은 정말, 아주 강하게 그렇게 생각하지 않은 한 표시하지 않도록 할 필요도 있다.

③ 학급 가치 수직선에서 위치 결정하기 단계를 보다 수월하게 하기 위해 가치 수직선의 단계를 20단계 정도로 두고, 중립은 '0', 극찬성은 '+10', 극반대는 '−10' 으로 놓아 자신의 위치를 표시한 뒤, 일어나서 자신의 위치를 다른 사람과 비교하며 찾아서 설 수 있도록 하면 된다.

④ 학급 가치 수직선 활동을 할 때 서서 활동하는 것보다는 의자를 2열로 나란히 놓아두고, 서로 마주 보고 앉은 상태에서 진행하면 더 좋다.

⑤ 모둠 가치 수직선이나 학급 가치 수직선 활동에서 짝이 맞지 않을 경우에는 교사도 자신의 위치를 찾아 학생들과 함께 활동해 주는 것이 좋다.

⑥ 학급 가치 수직선이나 모둠 가치 수직선 활동이 마무리된 이후 '글쓰기' 활동으로 이어지면 '토의 · 토론' 활동이 '논술' 로 이어지게 되어 더 좋은 학습 효과를 볼 수 있다.(토의 · 토론과 논술이 큰 차이가 있겠는가. 자신의 생각을 말로 하면 토의 · 토론이 되는 것

이고, 글로 정리하면 논술이 되는 것일 뿐.)

 참고 : 가치 수직선 접기

1단계 : 자신이 정한 가치 점수에 따라 1열로 줄을 선다.

찬성 ← 찬 - ◯ - ◯ - ◯ - ? - ? - ◯ - ◯ - ◯ - 반 → 반대

2단계 : 가운데를 중심으로 가치 수직선을 접는다(서로 반대 의견을 가진 사람끼리 만나게 된다).

? - ◯ - ◯ - ◯ - 반 → 반대
? - ◯ - ◯ - ◯ - 찬 → 찬성

　아래와 같이 가치 수직선을 나누어 짝을 지을 수도 있다. 이 경우, 특히 주제에 대하여 특별한 관점이 없거나 다른 시각에서 바라보는 사람들은 강한 찬성/반대 의견을 갖고 있는 사람들과 마주 보게 된다. 그렇게 됨으로써 두 사람 사이의 강한 상요작용이 일어나 설득이 되거나 반대 입장으로 돌아서기도 한다.

찬성 ← 찬 - ◯ - ◯ - ◯ - ? -
　- ? - ◯ - ◯ - ◯ - 반 → 반대

5 수업의 실제

'가치 수직선'을 활용한 6학년 도덕·과학과 토의·토론 수업

단원	6-2. 2. 소중한 생명(도덕) 6-2. 3. 쾌적한 환경(과학)	일시	○○년 ○월 ○일 ○교시	장소	교실
주제	생명을 존중해야 하는 까닭 알기	차시	도덕 1/3(40분) 과학 8~9/9(80분)	지도 교사	○○○
학습 목표	생명을 존중하는 태도와 그 중요성을 이해할 수 있다. 환경 보전 방법을 알고 실천에 옮기려는 태도를 가질 수 있다.				
사회적 기술 목표	개인적인 책임 다하기, 시간 지키기, 타인의 생각 수용하기				
학습 자료	타이머, PPT 자료 및 인쇄물(기사 자료)				

단계	학습내용 및 학습구조	교수·학습활동	시간	자료 및 유의점
도입	동기유발	● 동기유발하기 : 신문 기사 자료 읽어 보기("신도림역 맹꽁이를 기억하십니까?") 　- PPT를 통해 기사 자료 보여 주기 　- 이런 일이 일어난 까닭은 무엇인지 알아보기	15´	PPT 자료 준비
	학습 문제 확인	● 학습 문제 확인 　생명을 존중하는 태도와 그 중요성을 이해할 수 있다. 　환경 보전 방법을 알고 실천에 옮기려는 태도를 가질 수 있다.		
전개	개별 학습	● 학습을 위한 문제 탐색 및 개인 입장 정리하기 　[교사] 기사 자료를 읽고 개인의 입장 및 그렇게 생각하는 까닭을 6단 논법으로 정리하여 보자. 　- 개발인가, 보존(생명 존중 및 환경 보전)인가? 　[학생] 자신의 입장을 정하고, 그에 따른 논리적 근거를 6단 논법으로 정리한 후 자신의 입장은 가치 수직선의 어느 지점에 있는지 생각해 본다.	15´	신도림역 맹꽁이를 기억하십니까? http://www.moazine.com
	모둠 토의 (가치 수직선)	【활동 1】가치 수직선 토의·토론 　[교사] 이 상황에 대한 자신의 입장을 가치 수직선 위에 표시해 보고, 그 순서에 따라 한 줄로 서 보도록 하자. 　[학생] (1) 생각을 정리한 노트를 들고 자신의 위치를 찾아 줄을 맞추어 선다. (2) 가치 수직선 접기로 대형을 맞춘다. (3) 대형을 맞춘 상태에서 4인 1모둠을 구성하여 모둠 토의·토론 활동을 진행한다. 　- 서로 간 의견에서 받아들일 수 있는 점을 찾아 기록하고, 이를 바탕으로 좋은 해결 방안을 생각해 보기 　- 각 모둠에서 찾은 해결 방안 발표하기 　- 실제 사례 제시하기(앞의 기사에 대한 실제 상황)	30´	
	협동화 (모둠 활동)	【활동 2】환경 포스터 만들기 　[교사] 지금까지의 결과를 바탕으로 환경 포스터를 제작해 보도록 하자. 　[학생] 본래 모둠으로 돌아가서 환경 포스터를 제작한다. 　- 제작한 포스터는 교실 내 게시물 활용, 전시한다.	50´	
정리	전체 학습	● 정리 및 다음 차시 안내 　- 생명의 소중함 및 환경 보전의 필요성 정리하기 　- 다음 차시 안내하기	10´	

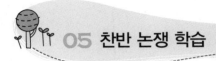

05 찬반 논쟁 학습

1 기본이해

찬반(pro-con) 논쟁 학습은 Johnson & Johnson이 창안한 것으로 알려져 있다. 이 활동은 모둠 내 서로 반대되는 작은 모둠을 만들어 갈등 상황을 의도적으로 만들고, 그 속에서 참석자들이 자신의 생각과 다른 주장, 경험, 관점들을 동시에 경험하게 함으로써 개념 갈등과 심적 불평형 상태를 만들어 주어 최초로 가졌던 자신의 신념에 대하여 회의를 품고 이를 해결하기 위해서 보다 많은 정보의 습득과 경험, 추론, 확산적 사고를 할 수 있도록 만들어 준다. 이 과정을 통해서 참석자들은 관련된 주제에 대한 지식을 재구성하게 된다. 이 활동의 가장 큰 특징은 찬성(pro), 반대(con)로 의견이 나누어져 있고 대립되는 논쟁의 과정에서 찬성과 반대의 입장을 다 경험해 봄으로써 최선의 해결책을 모색하여 문제를 해결해 나가도록 하는 데 있다.

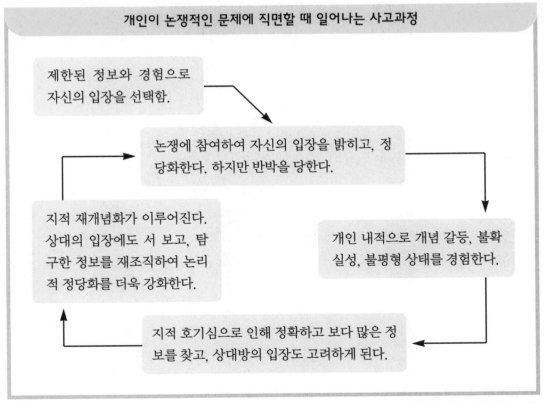

개인이 논쟁적인 문제에 직면할 때 일어나는 사고과정

제한된 정보와 경험으로 자신의 입장을 선택함.

논쟁에 참여하여 자신의 입장을 밝히고, 정당화한다. 하지만 반박을 당한다.

개인 내적으로 개념 갈등, 불확실성, 불평형 상태를 경험한다.

지적 호기심으로 인해 정확하고 보다 많은 정보를 찾고, 상대방의 입장도 고려하게 된다.

지적 재개념화가 이루어진다. 상대의 입장에도 서 보고, 탐구한 정보를 재조직하여 논리적 정당화를 더욱 강화한다.

출처 : 정문성, 2008, 토의·토론 수업방법 36, 교육과학사, p. 119

2 진행방법

'혼자 생각하기'단계는 모든 활동을 시작하기 전에 선행되는 필수 활동!!!

찬반 토의·토론을 학습에 적용할 때 다음과 같은 6단계에 의해 진행된다. 입장 바꿔 토의·토론하기는 협동학습이기에 가능하며 다른 입장에서 사고를 했던 토론자들의 아이디어는 상대방이 미처 생각하지 못한 것을 지적해 줄 가능성이 많다. 하지만 학년 수준에 따라 어려워할 수도 있는 만큼 5단계 입장 바꿔 토의·토론하기는 생략할 수 있다.

❶ 교사는 학생들에게 과제를 제시한다.
❷ 학생들은 모둠 내에서 역할을 정한다(찬성 2명, 반대 2명).
❸ 각 모둠 내에서 같은 입장을 가진 사람끼리 팀이 되어 자료를 준비하고 공유한다(바람직한 활동을 위해서 미리 모둠 내에서 역할을 나누고 나서 자료를 조사해 올 충분한 시간적 여유를 준 뒤, 본시 수업 초기에 자료를 공유하고 나서 시작하는 것이 좋겠다).
❹ 각 모둠 내에서 팀별로 자신들의 주장을 밝힌다(찬반 대립 토의·토론에서 입론 과정에 해당된다). 이때 같은 팀끼리는 자신들의 주장을 밝히면서도 상대팀이 주장하는 내용을 메모하며 듣는 활동이 동시에 이루어져야 한다.

(예) 찬반 대립 토의·토론에서의 입론 과정
우리들은 "○○○○○○"라는 주제에 대하여 찬성 측(반대 측) 입장에 서서 주장합니다.
그 이유는 (   )가지가 있습니다.
첫째, (   )이기 때문입니다. 그 근거로 ○월 ○일자 신문기사 사례를 들 수 있습니다.
둘째, (   )이기 때문입니다. 우리들이 조사한 ○○자료에 의하면 …입니다.
셋째, (   )이기 때문입니다. 이 분야의 전문가 ○○○에 의하면 …입니다.
이와 같은 이유로 우리들은 "○○○○○○"라는 주에 대해서 찬성 측(반대 측) 입장임을 밝힙니다.

❺ 각 모둠 내에서 팀별로 협의 시간을 갖고 상대팀에게 질문할 목록을 작성한다.

(예)

● 자료는 언제 것이고, 출처는 어디입니까?

● 지금의 현실과 잘 맞는 새로운 것을 보여 주십시오.

● 혹시 "○○○○○○"라는 점에 대해서는 어떻게 생각하시는지요?

● 그 전문가의 말에 혹시 문제점은 없나요? 이를테면…

● 그 자료가 일반화될 수 있는 것인가요?

● 그 근거가 흔히 있을 수 있는 일인가요?

● 근거 자료로 "○○○○○○"를 들었는데, 이 근거 자료는 "○○○○○○"라는 점에서
문제가 있다고 생각합니다. 그에 대한 생각은 어떠한가요?

❻ 질문할 목록을 바탕으로 모둠 내에서 자유 토의·토론 시간을 갖는다. 이때 자기 팀의
주장은 열심히 정당화하고, 상대 팀의 주장이나 비판에 대하여 열심히 반박하도록 한다
(8단계를 위해 메모하며 활동할 필요성이 있다).

❼ 자유 토의·토론 활동이 끝나면 입장을 바꾸어 다시 한 번 토의·토론 시간을 갖는다(찬
성 입장이었던 팀은 반대 입장에서, 반대 입장이었던 팀은 찬성 입장에서 토의·토론 활
동 시간을 갖는다). 이 단계는 처음에 섰던 자신들의 입장과는 다른 관점에서 상대 팀의
주장이나 근거에 대한 오류를 찾아 주고 지적해 주는 활동일 가능성이 많아진다(8단계
를 위해 메모하며 활동할 필요성이 있다).

❽ 토의·토론 활동이 끝나면 각 모둠은 활동 과정에서 나왔던 모든 생각들을 모아서 정리
한다. 이 과정에서 각 모둠은 자신들만의 입장을 선택하도록 하는데, 찬성, 반대 또는 제
3의 대안을 선택할 수도 있다는 것을 알려 준다.

❾ 각 모둠별로 합의된 결과를 발표하도록 한다. 발표할 때는 그렇게 결정하게 된 근거도
함께 제시할 수 있도록 한다.

❿ 교사는 모든 과정을 함께 정리하도록 한다.(교사의 심사평 및 정리)

3 활동 효과

❶ 토의·토론 과정에서 문제를 풀어 가는 심리적 갈등과정이 그대로 반영된다(찬반 양쪽에 서 봄으로써 심적 불평형상태를 모두 경험, 그 과정 속에서 나온 의견들이 모둠 입장을 정하는 데 큰 영향을 준다).

❷ 본래의 모둠을 그대로 활용하기 때문에 모둠원 모두가 소외됨이 없이 토의·토론에 참여할 수 있다.

❸ 모둠 내 서로 다른 주장에 대한 근거를 충분히 다룸과 동시에 반대 입장에 서 보는 경험을 하기 때문에 양측 입장에 대한 정확한 판단을 내릴 수 있게 된다.

❹ 하나의 모둠 내 두 개의 작은 모둠이 만들어져 찬반 대립 토론을 하지만 이는 모둠이 의사결정을 해 나가는 데 꼭 필요한 협동적 과정이다.

❺ 논쟁적 활동이 협동학습 속에서 이루어질 때에는 문제 해결을 위한 새로운 해결책을 만들어 내는 창조적 활동에 더 큰 가치를 두게 되어 긍정적 상호의존 및 시너지 효과를 경험하게 된다.

4 주의할 점이나 활동의 팁

❶ 모둠 내 토의·토론 과정에서 찬성과 반대 의사 표시로 신호등 카드를 활용해도 좋다.

❷ 모둠 내 역할 분담을 할 때 교사가 임의로 팀을 나누어 주는 것도 좋다. 왜냐하면 찬성과 반대로 팀을 나누어 토의·토론 활동을 하는 것은 일종의 역할놀이와 같은 차원이기 때문이다. 따라서 학생들에게 이런 취지와 목적을 명확히 알리고 부담을 갖지 않도록 충분히 설명해 주는 것이 좋다. 다만 모둠 내에서 토의·토론 능력 등이 떨어지는 학생끼리 한 팀이 되지 않도록 해야 한다는 점은 잊지 않도록 한다.

❸ 모둠 내 토의·토론 과정에서 최대한 의도적으로 자신의 입장을 적극적으로 지지하고 밝힐 수 있도록 강조할 필요도 있다. 찬반 양쪽을 다 경험하고 새로운 결론을 이끌어 내는 것이 핵심인데, 그 이전에 모둠 내에서 의견을 조정하여 정리해 버린다면 활동은 그 의미를 잃어버리게 될 것이다.

❹ 학생들의 연령대에 따라서 '입장 바꾸기' 단계를 어려워할 수도 있다(실제로 이 단계를 제일 어려워하고 힘들어한다). 따라서 학생들 수준에 따라 이 단계를 생략하고 바로 다음 단계로 넘어가는 것도 한번 고려해 볼 필요가 있다.

참고 : 토의·토론 활동에서 많이 나타나는 질문 유형

※ 질문 유형은 일반적인 수업 시간에 교사가 학생들에게 하는 질문 유형과 거의 일치한다(출처 : http://blog.naver.com/yullissam/22981830 통합논술방).

1. 의견을 유도하는 질문

- 그 의견(이야기)의 핵심(가장 재미있었던 점)은 무엇입니까?(왜 그렇게 생각하는지 말해 줄 수 있습니까?)
- ~라는 의견에 대해서 어떻게 생각하나요?
- ~라는 점에 대하여 하실 말이 있으신가요?
- ~라는 점에 대하여 생각해 보겠습니까?
- ~에 대하여 잘 이해가 되지 않는 부분이 있습니까?

2. 의견을 명료화하기 위한 질문

- 지금 하신 말씀은 ~라는 말(뜻)입니까?
- 당신의 생각을 좀 더 자세히 말씀해 줄 수 있겠습니까?
- 당신의 말을 좀 더 쉽게 설명해 줄 수 있나요?
- 당신의 의견(말)에 대한 예를 들어 설명해 주시겠습니까?
- 당신의 의견(이야기)에 대한 결론은 무엇입니까?

3. 의견의 요점을 파악하도록 하는 질문

- 당신이 한 말 중에서 어느 것이 가장 중요하다는 것인가요?
- 당신의 의견을 간단하게 줄여서 말해 주세요.
- 당신의 의견을 요약해 줄 수 있습니까?

4. 의견의 결과를 탐색하는 질문

- 모든 사람이 당신의 생각대로 된다면 어떻게 될까요?
- 당신의 생각대로 일이 이루어진다면 어떻게 될까요?
- 당신의 생각대로라면, ~일 경우에는 어떤 일이 벌어질까요?

- 그렇게 된다면 어떤 결과가 나타나게 될까요?
- 예외가 되는 경우는 없을까요?
- 좀 다르게 생각하는 사람은 없을까요?
- 당신의 의견이 틀린 것일 가능성은 없을까요?

5. 신념이나 의견의 논거를 탐색하는 질문

- 그렇게 생각하는 이유는 무엇인가요?
- 왜 그렇게 생각하시나요?
- 당신의 의견에 대한 근거를 제시해 주실 수 있나요?
- 이 의견에 찬성하는(반대하는) 이유는 무엇인가요?
- 당신의 주장을 증명하기 위한 예시나 반대 사례를 제시해 줄 수 있나요?

6. 해답이나 결론을 알게 된 방법을 묻는 질문

- ～이라고요? 그것을 어떻게 알게 되었나요?
- 지금 그 근거(의견, 말)는 확실한 것인가요?
- 그것에 대한 더 확실한 근거(반증, 반례)는 없나요?

7. 새로운 대안을 도출하고 검토하게 하는 질문

- 다른 의견을 갖고 있는 분은 없으신가요?
- 또 다른 방법은 없는 것일까요?
- 이 의견에 대하여 어떻게 생각하시나요?
- 또 다른 가능성은 없는 것일까요?

8. 관계를 탐색하는 질문

- 서로 같은 의견이 있는지 살펴보겠습니까?
- 비슷한 특징을 가진 것은 무엇인가요?
- 두 가지 중에서 어떤 것이 더 큰 의미를 갖고 있나요?
- ～과 …의 공통점과 차이점은 무엇인가요?

9. 질문에 대한 질문

- 그 질문이 적절하다고 생각하시나요?
- 그 질문이 현실성이 있다고 생각하시나요?
- 그 질문을 하시는 이유는 무엇인가요?

10. 상대방의 표현을 해석하는 질문

- 한마디로 말해서 ~라는 것인가요?
- 당신의 말은 ~라고 표현해도(이해해도) 되겠습니까?
- 그러니까 당신은 ~라 생각하고 있는 것이지요?

11. 일관성을 추구하는 질문

- 조금 전에 당신이 한 말과 바로 지금 당신이 한 말은 같은 의미인가요?
- 두 사람의 생각(두 가지 의견)이 서로 반대(모순)되는 것은 아닌가요?
- 두 사람의 생각(두 가지 의견)이 어떤 점에서 반대(공통)되는 것인지 이야기해 주시겠습니까?
- 두 사람의 생각(두 가지 의견)은 비슷한데 서로 다른 방법으로 말하고 있는 것은 아닌가요?

12. 개념의 정의나 명료화를 묻는 질문

- ~란 말은 무엇을 뜻하는 것인가요?
- ~란 낱말, 용어의 뜻은 무엇인가요?
- ~의 중요한 특징은 무엇인가요?
- ~의 반대되는 표현에는 어떤 것이 있나요?
- 당신이 말한 ~란 의견에 포함되는 사례에는 어떤 것들이 있나요?
- 그 말 속에는 ~라는 것들이 포함되나요?

13. 가정이나 전제를 묻는 질문

- 왜 그렇게 생각하나요?
- 당신의 말이 가리키고 있는 것은 무엇인가요?
- 당신 말의 전제는 무엇인가요?
- 어떤 전제(가정)에서 그렇게 말을 한 것인가요?

● 당신의 말은 ~을 가정(전제)하고 있는 것인가요?

14. 가정이나 전제의 정당성을 묻는 질문

● 그 가정(전제)들이 왜 옳다고 생각하는 것인가요?

● 그 전제는 과연 참일까요?

● 당신의 그 전제가 옳다는 것을 증명할 수 있나요?

● 왜 그런 가정을 했나요?

● 그 반례는 없는 것일까요?

5 수업의 실제

'찬반 논쟁 학습'을 활용한 5학년 국어과 토의 · 토론 수업

단원	5-1. 3. 삶의 향기	일시	○○년 ○월 ○일 ○교시	장소	교실
주제	이야기 바꾸어 쓰기, 문제 해결	차시	국어 4/9(40분), 재량시간(독서) 40분	지도 교사	○○○
학습 목표	이야기의 일부분을 바꾸어 표현하는 방법을 알 수 있다. 실생활 속에서 겪을 수 있는 문제 상황을 지혜롭게 해결해 나갈 수 있다.				
사회적 기술 목표	토의 · 토론 규칙 지키기(시간, 순서, 사람 비판하지 않기 등)				
학습 자료	타이머, 이야기 자료(듣기 자료)				

단계	학습내용 및 학습구조	교수 · 학습활동	시간	자료 및 유의점
도입	동기유발 (전체 학습) 학습 문제 확인	● 동기유발하기 : '종범이' 이야기 읽기 – 같은 경험 떠올리기, 그때의 마음은 어떠했는가? – 혹시 자신이 '종범이'와 같은 적은 없었는가? ● 학습 문제 확인 – 실생활 속에서 겪을 수 있는 문제 상황을 지혜롭게 해결해 나갈 수 있다. – 이야기의 일부분을 바꾸어 표현하는 방법을 알 수 있다.	15′	● 가능한 경우에는 이야기 속의 상황을 역할극으로 재현해도 좋다. ● 찬성 및 반대 측에서 1명씩 기록이 역할을 할 사람을 선정하여 논의한 내용을 정리한다.
전개	찬반 논쟁 (모둠별)	【활동 1】찬반 논쟁하기 [교사] 모둠 내 2명씩 찬성/반대 역할을 나누고, 논제에 대한 입장과 그 근거를 논의하여 계획서에 정리하도록 하자. 종범이에게 놀이터를 양보해야 하는가? [학생] 자신의 입장 및 근거를 정리하고 같은 팀끼리 의견을 나눈 후, 절차에 따라 찬반 논쟁 활동을 한다. – 주장 발표(찬성 측부터 시작) – 상대방 주장에 대한 비판 및 반박(반대 측부터 시작) – 입장 바꾸어 논의(찬성은 반대로, 반대는 찬성으로) – 바꾼 입장에 따른 의견과 근거 제시 – 모둠 내에서 의견 모으기 및 발표(지금까지 나온 의견을 종합하여 학급 전체에 발표) [교사] 각 모둠에서 나온 의견을 바탕으로 활동을 정리하도록 하자(상황에 지혜롭게 대처하기 및 동생들 배려하기).	40′	
	전체 학습 (교과서 속 이야기 내용 탐색) (학습 문제 해결)	【활동 2】'이야기의 일부분 바꾸어 표현하기'를 위한 방법 찾기 [교사] 종범이가 아이들을 밀쳐 냈을 때 아이들의 마음은 어떠했을까? 종범이가 주먹을 치켜 올렸을 때 아이들이 움츠린 까닭은 무엇인가? 종범이의 성격은 어떠한가? 종범이가 다정한 아이였다면? 아이들 가운데 힘이 센 아이가 있었다면? 동네 아저씨가 옆을 지나가고 있었다면? 자신이 그 아이들 중 한 명이었다면? [학생] 각 질문에 따른 다양한 답변을 한다. [교사] 이야기 일부분을 바꾸어 표현하는 방법을 알아보도록 하자. [학생] 인물의 행동이나 성격 바꾸기, 새로운 인물을 등장시켜 표현하기, 사건을 바꾸어 표현하기, 일이 일어난 시간적 · 공간적 배경을 바꾸어 표현하기 등의 방법이 있습니다.	25′	● 바꾸어 표현한 이야기는 과제로 다음 날까지 제출한다.
정리	과제 제시	[교사] 여러분들이 말한 방법에 따라 '종범이' 이야기를 바꾸어 표현하고 내일까지 제출하자.		

06 토의–토론망 토의·토론

1 기본이해

우리 모두는 민감한 주제를 놓고 토의·토론 활동에 참여한 적이 있거나 토의·토론하는 장면을 본 경험을 갖고 있는데, 이때 토의·토론에 너무 집중한 나머지 매우 흥분된 감정을 주체하지 못한 자신을 발견하거나 그런 상태에 놓이게 된 참석자들을 접하게 된다. 하지만 때로는 진지한 자세로 대화에 참여하기도 하였을 것이다. 이처럼 토의·토론 활동에는 동전의 양면과도 같은 점이 존재한다. 대화를 서로 주고받으면서 자신의 생각을 정리하기도 하고 상대방의 주장에 대하여 반박하기도 하지만 동시에 상대의 주장과 대안, 다양한 정보들을 받아들이기도 한다. 바로 이 점에 착안하여 고안된 것이 바로 토의–토론망(discussion web)이다.

　토의·토론 수업이 학생들의 고급사고력 신장에 매우 도움이 된다는 것은 누구나 잘 알고 있는 사실이다. 하지만 학생들을 토의·토론 활동에 적극 끌어들이는 일은 여간 어려운 일이 아니다. 하지만 토의–토론망은 주로 제시되는 이야기(문학 작품 등)나 구체적이면서도 현실적, 역사적, 사회적 상황 등이 있어서 모든 학생들을 토의·토론 활동으로 쉽게 끌어들일 수 있다는 장점을 갖고 있다.

2 진행방법

　　　'혼자 생각하기' 단계는 모든 활동을 시작하기 전에 선행되는 필수 활동!!!

❶ 교사는 이야기나 역사적 사실 속에 등장하는 인물의 행동에 대해 의견이 대립되거나 논쟁의 여지가 있는 자료를 제시한다.

❷ 학생들은 이야기와 관련된 배경 지식을 활성화하고(브레인스토밍, 마인드 맵 등), 글을 읽는 목적을 정하게 된다.

❸ 학생들이 글을 읽은 뒤 토의–토론망을 소개하고, 토의·토론 주제를 이끌어 내기 위한 발문을 시작한다.

(예 1) 경제활동 속에서 경쟁은 과연 도움을 주기만 하는 것인가?(5학년 2학기 사회과 1단
　　　원 우리 나라의 경제성장 중 "자유와 경쟁" ― 동네에 피자집이 하나만 있었다가 하
　　　나 더 생겼다.)

(예 2) 첨단 산업과 기술의 발달은 우리에게 이롭기만 한 것인가?(5학년 2학기 사회과 2단
　　　원 정보화 시대의 생활과 산업 중 "첨단 기술과 산업의 발달" ― 첨단 기술로 우리의
　　　생활과 산업이 많이 변해 가고 있다.)

❹ 학생들은 모둠 내에서 2명씩 짝을 이뤄 역할을 정한다(찬성 2명, 반대 2명).

❺ 모둠 내 두 팀은 서로 반대되는 입장에서 토의·토론 활동(질문과 답변, 주장과 근거 제
시 등)을 해 나간다. 필요한 경우 제시된 자료나 이야기 본문을 참고할 수 있도록 한다.

❻ 토의·토론 과정에서 나오는 다양한 의견 및 근거들을 토의―토론망(활동지)에 정리해
나간다(충분히 설득력 있는 논거들을 마련해야 한다).

❼ 정리 후에 모둠 내에서 의견이나 입장이 서로 같은 학생들끼리 다시 미니 모둠을 만들도
록 한다(1 : 3, 2 : 2, 어느 한쪽으로의 쏠림 현상 등 다양한 모습이 나타날 수 있다).

❽ 모둠 내 미니 모둠은 주제나 문제에 대한 의견이 충분히 일치하도록 논의할 시간을 갖는
다(토의―토론망 활동지를 앞에 놓고 이를 바탕으로 의견을 주고받으면서 어느 한쪽으
로 합의하기).

❾ 각 모둠은 합의한 결론에 대한 근거와 함께 토의-토론망 활동지에 정리한다.

근거 제시		근거 제시
1. 기업에게 경쟁에 따른 무리한 투자를 요구하여 손실을 가져올 수 있다.	 **아니다** ← → **그렇다**	1. 기업은 좋은 물건이나 상품을 개발하기 위해 노력하게 된다.

근거 제시

1. 기업에게 경쟁에 따른 무리한 투자를 요구하여 손실을 가져올 수 있다.
2. 경쟁에서 뒤떨어진 기업에게는 큰 손실을 가져다주어 사회적, 경제적으로 큰 어려움을 겪게 된다.
3. 극단적으로 가게 되면 경쟁하는 모든 기업은 결과적으로 모두 손해를 보게 된다(출혈경쟁).
4. 경쟁을 위해 사용한 만큼의 비용은 모두 물건 값에 포함되어 소비자에게 부담을 주게 된다.
5. 과정보다는 결과를 중요하게 생각하게 되어 도덕적으로 많은 문제가 발생할 수 있다(부정부패 등).
6. 지나친 경쟁은 독과점, 매점 매석, 담합 등의 현상을 초래하게 되어 사회적 · 경제적 문제가 된다.
7. 지나친 경쟁은 상품의 질이나 가격, 제품의 양 등에 영향을 주어 소비자가 손해를 보게 될 수 있다.
8. 지나친 경쟁은 사람의 가치를 소홀하게 생각하도록 만들어 비인간적인 사회가 될 수 있다.

아니다 ← → **그렇다**

경제활동 속에서 경쟁은 과연 도움을 주기만 하는 것인가?

↓

결론

↓

근거 제시

1. 기업은 좋은 물건이나 상품을 개발하기 위해 노력하게 된다.
2. 기업은 좋은 서비스를 제공하기 위해서 노력하게 된다.
3. 기업의 이익이 증가하고 기업의 이미지가 좋아져 더 나은 기업으로 발전하게 된다.
4. 경쟁을 통해 국가는 외화를 벌어들일 수 있다.
5. 경쟁을 통해 일자리가 증가하고, 국가 경제가 발전하게 된다.
6. 소비자는 질 좋은 물건을 얻을 수 있다.
7. 소비자는 보다 저렴한 가격에 물건을 구입할 수 있다.
8. 소비자는 다양한 상품을 놓고 선택할 기회가 많아진다.

경제활동 속에서 경쟁은 도움을 주기도 하지만 많은 폐해가 나타나기도 하는 만큼 지나친 경쟁적 상황이 나타나지 않도록 노력할 필요가 있으며, 경쟁보다는 협동적 활동을 통해 서로 함께 잘되어 갈 수 있는 방향을 찾아 나가도록 노력해야 할 것이라 생각한다. 물론 협동만 강조하다 보면 기술 개발이나 발전을 위한 노력을 게을리할 위험도 있겠지만 협동적 상황이 경쟁적 상황보다는 사회적 문제를 덜 발생시킬 수 있고, 비리나 빈익빈 부익부 현상을 최소화시킬 수 있을 것이라 생각한다.

❿ 각 모둠은 내린 결론 및 그에 대한 근거를 입장별(찬성 혹은 반대)로 순서를 정하여 발표한다. 이때 근거는 각 모둠별로 한 가지씩만 발표하게 한다(앞에서 모두 발표하게 되면 뒤에 발표하는 모둠은 새로운 의견을 낼 수 없게 되는 현상이 일어나는 것을 막기 위함이다). 이를 위해서 각 모둠은 적극적 듣기 활동에 신경을 써야 한다.

⓫ 앞의 과정을 마무리하면 학생들은 논의 주제에 대하여 각자 개인적인 의견을 정리할 수 있도록 한다(논술하기). 협동적 활동 이후에 이루어지는 개별적 과정인 이 단계는 글을 통해 최종적으로 자신의 생각을 이끌어 낼 수 있도록 해 주며 글을 쓰는 과정에서 반대편 의견에 대한 반박, 같은 의견에 대한 새로운 생각을 덧붙여 나갈 수 있도록 해 준다.

3 활동 효과

❶ 언어 활동의 네 가지 측면(말하기, 듣기, 읽기, 쓰기)을 모두 포함하고 있다.

❷ 학생들이 협동적 활동을 통해 상호작용하는 기회를 다양하게 맛볼 수 있다.

❸ 특히 문학 수업이나 사회과에서 토의·토론 수업을 할 때 유용하다.

❹ 학생들이 토의·토론 활동에 적극적으로 참여할 수 있도록 해 준다.

❺ 어떤 주제나 문제점에 대하여 두 가지 측면을 모두 고려하고 평가할 수 있다는 생각의 틀을 갖도록 해 준다.

❻ 자신의 의견을 주장하기 전에 상대편의 주장 및 그 근거를 한 번 더 찾아보고 생각할 수 있도록 해 준다.

❼ 학생들은 자신의 주장에 대하여 체계적이고 타당한 근거를 들어 글을 쓸 수 있게 된다 (논술문).

4 주의할 점이나 활동의 팁

❶ 5~6단계에서 참가자들은 양쪽의 입장 모두 옳다는 생각을 잠시 접어 둘 필요가 있다. 이 단계는 찬반 논쟁 학습에서처럼 일종의 역할놀이와 같은 차원에서 하는 활동이기 때문이다. 따라서 학생들에게 이런 취지와 목적을 명확히 알리고 부담을 갖지 않도록 충분히 설명해 주는 것이 좋다.

❷ 위의 1번과 같은 이유로 모둠 내에서 2개의 팀으로 나눌 때는 교사가 임의로 나누어 줄 필요도 있다. 다만 모둠 내에서 토의·토론 능력 등이 떨어지는 학생끼리 한 팀이 되지 않도록 해야 한다는 점은 잊지 않도록 한다.

❸ 가능한 시간을 확보하여 논술문 쓰기 활동까지 이어지도록 하되, 시간이 부족하면 과제로 제시하거나 온라인 토의·토론방(학급 홈페이지)에 올릴 수 있도록 안내를 한다.

5 수업의 실제

'토의-토론망'을 활용한 5학년 사회과 토의 · 토론 수업

단원	5-1. 1. 우리나라 경제생활의 특징	일시	○○년 ○월 ○일 ○교시	장소	교실
주제	자유와 경쟁	차시	사회 2~3/14(80분)	지도 교사	○○○
학습 목표	자유와 경쟁의 사례를 통해 그 장점과 단점을 이해할 수 있다.				
사회적 기술 목표	타인의 생각 수용하기(지지 혹은 인정), 더 나은 생각 만들어 내기				
학습 자료	타이머, PPT 자료, 토의-토론망 활동지				

단계	학습내용 및 학습구조	교수 · 학습활동	시간	자료 및 유의점
도입	동기유발 (전체 학습) 학습 문제 확인	● 동기유발하기 : 지난 시간에 공부한 내용 알아보기 　－ 우리나라 경제 제도의 특징 　－ 자유와 경쟁에 대한 이해 ● 학습 문제 확인 　자유와 경쟁의 사례를 통해 그 장점과 단점을 이해할 수 있다.	10′	PPT 자료 준비
전개	모둠 활동 돌아가며 말하기	【활동 1】기업 간의 다양한 경쟁 사례 알아보기 　[교사] 기업 간의 다양한 경쟁 사례에는 어떤 것들이 있는지 알아보도록 하자. 　[학생] '혼자 생각할 시간 갖기 ➡ 모둠 내에서 돌아가며 말하기로 나누기 ➡ 전체와 함께 나누기'의 단계로 활동한다. 　[교사] 경쟁으로 인해 일어나는 다양한 사례를 설명해 준다(긍정적인 면, 부정적인 면의 몇 가지 사례 설명).	20′	
	토의-토론 망 분석	【활동 2】기업 간 경쟁이 가져다주는 장점 · 단점 알기 　[교사] 각 모둠에서는 기업 간의 경쟁이 가져다주는 장점과 단점에 대하여 토의-토론망을 통해 분석해 보도록 하자. 　[학생] 모둠 내에서 2(장점) : 2(단점)로 팀을 나눈다. 　－ 팀 내에서 각자의 입장을 생각해 보는 시간 갖기 　－ 서로 반대되는 입장에서 토의 · 토론 활동 ➡ 그 속에서 나온 의견들을 토의-토론망에 정리해 나가기 　－ 모둠 내 입장이 같은 사람들끼리 다시 미니 모둠을 만들어 서로 토의 · 토론 활동 진행 ➡ 충분한 논의를 통해 모둠 내 의견을 어느 한 방향으로 정리 ➡ 지금까지 나온 의견을 종합하여 합의에 의한 결론을 도출한 뒤 토의-토론망에 정리 ➡ 각 모둠에서 정리한 결과를 전체와 나누기 　[교사] 학생들이 발표한 내용을 토대로 경쟁이 가져다주는 장점도 있지만 경쟁의 폐해도 있다는 사실을 충분히 이해할 수 있도록 지도 · 정리한다.	30′	
	개별 학습 (논술)	【활동 3】개인적인 생각 정리하기 　[교사] 각 모둠에서 활동한 내용 및 다른 모둠의 발표를 통해 이해하게 된 것을 바탕으로 '경쟁의 장점과 단점'에 대한 자신의 생각을 글로 정리해 보도록 하자. 　[학생] 각자 자신의 생각을 글로 정리한다(논술하기). 　－ 각자 정리한 내용을 전체와 나눈다.	15′	PPT 자료 준비
정리	전체 학습	● 정리 및 다음 차시 안내 　[교사] 기업 간의 경쟁을 잘 조절하기 위해 국가가 하는 일을 안내하고 설명해 주기, 다음 차시 안내하기	5′	

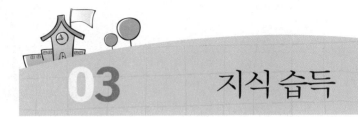

03 지식 습득

01 직소 토의 · 토론/모둠 내 직소 토의 · 토론

1 기본이해

직소(jigsaw) 모형은 '과제 분담 학습 모형'이라고 달리 부르기도 하는데, 이 개념은 직소의 명칭에서 드러나는 바와 같이 직소 퍼즐에서 유래된 것으로, 본래의 모집단이 전문가 집단으로 갈라졌다가 활동을 한 후 다시 모집단으로 돌아오는 모습이 마치 퍼즐 조각 그림 끼어 맞추기와 같다고 하여 붙여진 이름이다. 퍼즐 조각 그림이 한 조각이라도 빠지거나 다른 곳에 가 있으면 그림이 완성될 수 없는 것처럼, 이 모형은 과제 분담이라는 구조화를 통해서 모둠 구성원 간의 긍정적인 상호의존성을 높이고자 하는 차원에서 Aronson에 의해서 개발되었다. 직소 모형은 모둠에서 각 개인에게 과제의 일부나 불완전한 과제를 주고 같은 과제를 맡은 사람들끼리 모여서 과제를 해결하게 한 뒤, 동료들 간에 긍정적이고 상호의존적인 환경을 만들어 주어 '배움'이 일어날 수 있도록 해 주었다. 그 이후에 학습 주제나 단원 전체에 대하여 평가를 받도록 하였는데, 이에 따라 각 모둠의 구성원들은 서로 도움을 주고받지 않을 수 없게 되었다.

직소 모형은 아직도 많은 교사들에게 사랑받고 있으며 그 나름대로의 단점을 보완하여 현재 직소 1, 직소 2, 직소 3까지 수정, 보완이 된 상태이다. 직소 모형 1, 2, 3에 대한 차이점을 간단히 설명하면 다음과 같다.

			1단계	모집단 : 과제 분담 활동
		직소 1	2단계	전문가 집단 : 전문가 활동
	직소 2		3단계	모집단 : 상호 교수 및 질문, 응답
직소 3			4단계	모집단 : 평가
			5단계	일정 기간 경과
	정문성, 2002, PP. 179~180 참고		6단계	모집단 재소집 : 평가 대비 공부
			7단계	평가 실시 : 팀 성취도 배분 학습 평가 방법 사용

※ 직소 1＝개인 평가만 있고 모둠 평가(특히 집단 과정 평가)가 없었음.

※ 직소 2＝활동 후 곧바로 개별 평가(STAD 평가)를 통해 집단 보상(개별 보상에 집단 보상을 추가 ➡ 이 과정에서 향상점수제도를 도입하였다)

※ 직소 3＝일정 시간이 지난 후 모집단을 재소집해 복습을 한 뒤 개별 평가 후 집단 보상을 하였다(직소 1은 학습 동기와 향상을 학습자 간의 상호 협동과 응집성에 바탕을 두었으나, 직소 2, 3은 보상 체계를 통한 개인의 책임과 모둠원들 사이의 상호의존성에 의한 학습 동기 유발과 학력력 향상을 꾀하고자 한 점이 큰 차이점이다).

2 진행방법

❶ 교사는 모집단에 과제를 제시하고, 각 모둠에서는 과제를 분담하도록 한다.

❷ 전문가 집단을 구성하고, 전문가 활동을 진행한다. 활동은 주로 토의·토론으로 진행되는데, 활동이 끝나면 각 전문가 집단별로 전문가 학습지를 만들게 된다. 전문가 집단에서 다루어야 할 핵심적인 사항과 범위 등은 전문가 집단이 구성되면 교사가 다음과 같은 자료를 작성하여 제시해 주는 것이 좋다(다음과 같은 자료를 모집단에 배부할 경우, 각자 역할을 맡은 학생은 자신의 역할에 대한 내용을 잘라서 전문가 집단으로 모이도록 하면 되고, 모집단에 주제만 제시할 경우에는 전문가 집단

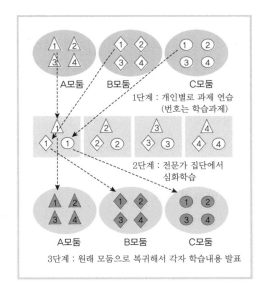

이 구성되면 전문가 집단별로 자료를 따로 만들어 제시하면 된다).

전문가 모둠 1 : 모시에 대하여

1. 모시의 특징에 대하여 알아보도록 합시다.
2. 모시의 재료와 그(재료) 특징에 대하여 알아봅시다.
3. 모시를 만드는 과정에 대하여 알아봅시다.
4. 옛날과 오늘날 모시가 어떻게 활용되고 있는지에 대하여 알아봅시다.

전문가 모둠 2 : 삼베에 대하여

1. 삼베의 특징에 대하여 알아보도록 합시다.
2. 삼베의 재료와 그(재료) 특징에 대하여 알아봅시다.
3. 삼베를 만드는 과정에 대하여 알아봅시다.
4. 옛날과 오늘날 삼베가 어떻게 활용되고 있는지에 대하여 알아봅시다.

전문가 모둠 3 : 무명에 대하여

1. 무명의 특징에 대하여 알아보도록 합시다.
2. 무명의 재료와 그(재료) 특징에 대하여 알아봅시다.
3. 무명을 만드는 과정에 대하여 알아봅시다.
4. 옛날과 오늘날 무명이 어떻게 활용되고 있는지에 대하여 알아봅시다.

전문가 모둠 4 : 명주에 대하여

1. 명주의 특징에 대하여 알아보도록 합시다.
2. 명주의 재료와 그(재료) 특징에 대하여 알아봅시다.
3. 명주를 만드는 과정에 대하여 알아봅시다.
4. 옛날과 오늘날 명주가 어떻게 활용되고 있는지에 대하여 알아봅시다.

❸ 각 전문가 집단에서 학습지를 만들 때는 모집단으로 돌아가서 어떤 방식으로 정보를 나눌 것인가에 대한 협의도 함께 이루어질 수 있도록 지도한다.

❹ 각 전문가는 다시 모집단으로 돌아가 동료들과 정보를 나눈다. 이때 다른 학생들은 다른 동료들이 알아 온 것에 대하여 공부를 하지 않은 상태이기 때문에 각 주제별 전문가의 설명을 잘 듣고, 자기의 것으로 만들어야 한다(필요한 경우에는 각자의 공책에 메모하며 듣도록 하고, 각 전문가들은 자신들이 정리한 내용을 모둠원들에게 복사하여 나누어주는 것도 생각해 볼 필요가 있다).

3 활동 효과

❶ 자신이 맡은 주제에 대하여 책임과 의무를 지게 되며, 책임과 의무를 다하지 않으면 같은 모둠의 다른 동료들에게 부정적인 영향을 끼치게 되므로 구성원 모두가 활동에 중요한 핵심 인물이 되도록 한다.

❷ 직소 모형은 모둠에서 각 개인에게 서로 다른 과제(배타적 과제)를 맡도록 하여 개별적 책무성을 강화시켰다.

❸ 각 개인에게 부여한 개별적 책무성은 결국 학습 동기를 강화시키는 효과를 가져왔다.

❹ 동료들 간에 긍정적이고 상호의존적인 활동(각자 공부한 내용을 가르쳐 주고 배움)은 학생들의 인지정교화에 큰 효과가 있었고, 듣기 능력 향상에도 크게 영향을 주었다.

4 주의할 점이나 활동의 팁

❶ 직소 모형을 적용하기 위해서는 ① 학습 과제가 혼자 힘으로는 해결할 수 없는 것이어야 하고, ② 모둠의 인원수만큼 분리되는 것이어야 하며, ③ 내용상으로는 병렬적인 관계에 있는 주제나 과제가 좋다. 아울러 ④ 난이도 또한 조절이 필요한데 너무 어려운 과제가 아니어야 하고(중중 수준 정도), ⑤ 각 모둠에서의 '하' 수준 학생들에 대한 배려가 있어야 한다. 아울러 ⑥ 학생들의 사회적 기술(특히 듣기능력은 필수적인 것이다. 듣지 않고서는 다른 사람이 공부해 온 것들을 내 것으로 만들 수 없다)이 상당한 수준에 올라 있어서 보다 효과적이라 할 수 있다.

❷ 과제에 대한 문제 : 보통은 각 개인별로 맡은 과제를 조사해 오라고 한다. 그러면 학생들은 인터넷을 검색, 바로 인쇄해 가지고 오는 경우가 보통이다. 그런 경우 이해도 없이 그

냥 오는 경우가 많다. 이런 문제점을 해결하기 위해서는 최소한의 자료는 교사가 제시하고, 더 부족한 부분을 알아 오기 위해 각자 역할 분담을 하되, 단순히 조사해 온 자료의 조합이 아니라 알아 온 내용을 바탕으로 모둠원들이 내용을 재구성하여 정리해 나갈 수 있도록 해야 한다. 아울러 도움이 되는 책을 교실에 비치(도서실 대여 혹은 집에 있는 책 가져오기 등)하거나 자료를 구할 수 있는 곳(특히 온라인 사이트)을 안내해 주는 일도 필요하다.

이 부분에서 가장 많은 오류가 나타난다. 수평적·병렬적인 구조가 아닌 주제나 과제를 제시하고 무조건 인원수만큼 잘라서 과제를 해결하게 한다고 다 되는 것은 아니다. 예를 들자면 '임진왜란의 원인, 경과, 결과, 역사적 의의'와 같이 나누어 놓고 과제 분담 학습을 하게 하는 경우와 같은 오류를 많이 범한다. 분리된 소주제가 서로 연관성을 가지고 있으며 수직적 관계를 갖고 있는 과제나 주제는 함부로 잘라서 제시하면 안 된다. 전후 관계를 따져 보면서 전체적이고, 종합적인 이해가 필요한 주제나 과제는 그 특징에 맞게 전체적인 윤곽을 그려 가면서 유기적으로 다루어 가지 않으면 제대로 이해할 수가 없다. 직소 모형을 적용하기에 적당한 주제로는 봄, 여름, 가을, 겨울의 계절별 별자리, 조선의 궁궐 탐구(경복궁, 창덕궁, 창경궁, 경운궁), 옷감의 재료(모시, 삼베, 무명, 명주), 지역에 따른 가옥의 특징(북부, 중부, 남부, 기타 — 제주, 울릉도, 산간지역) 등과 같은 것이 좋다고 할 수 있다.

❸ 과제를 나눌 때도 과제를 상, 중상, 중하, 하 수준으로 분류를 해 놓고, 각 과제를 모둠에서 어떻게 분담할 것인가에 대한 대책도 필요하다. 바람직한 경우 모둠 내에서 서로 상의하여 과제를 나누어 맡게 되겠지만 자칫하면 모둠 내에서 학습력이 떨어지는 학생이 최상 수준의 과제를 가져가는 문제도 발생할 수 있다. 때문에 필요하다면 교사가 과제를 직접 지정해 주거나 조정해 줄 필요도 있다(각 모둠마다 과제가 같을 경우는 각 모둠별로 이끔이는 과제 1번, 지킴이는 과제 2번, 칭찬이는 과제 3번, 기록이는 과제 4번을 해결, 모둠마다 과제가 다를 경우 과제 계획서를 교사가 점검하면서 과제 분담 상태 조절해 주기).

❹ 모집단으로 돌아가서 전문가 활동을 한 결과를 나눌 때에도 다양한 협동학습 구조를 활용하도록 안내한다(돌아가며 말하기, 플래시 카드, 짝 점검, 부채모양 뽑기, 정리한 자료를 복사하여 나누어 주기 등).

❺ 평가를 대비한 모둠원들의 준비 과정에서도 협동학습 구조가 활용될 수 있도록 한다(플래시 카드, 문제 보내기, 5단계 오 · 엑스 퀴즈, 짝 점검 등).

❻ 전문가 집단이 구성되었을 때 너무 인원이 많으면 오히려 활동을 제대로 할 수 없다는 점을 감안하여 6명 정도의 전문가 집단까지는 그대로 운영하되 7명은 3명과 4명으로, 8명은 4명과 4명으로, 9명은 4명과 5명으로 다시 나누어 전문가 집단을 운영하는 노하우가 필요하다(교실 내 A그룹과 B그룹으로 나누어진 전문가 집단이 활동을 하게 된다 — 8모둠일 경우 1~4모둠은 A그룹, 5~8모둠은 B그룹으로 지정하여 활동).

❼ 모집단에서는 과제 분담만 하고 자료는 전문가 집단에 모였을 때 제시하도록 한다. 그리고 제시함과 동시에 전문가 활동을 구조화시켜야 한다. 예를 들자면 자료는 2~3명이 하나의 자료를 가지고 보게 하기(개인별로 자료를 받아 들면 개별 활동이 이루어지기 십상이다), 자료를 읽을 때 '돌아가며 읽기' 구조 활용하기, 구체적으로 활동하기 전에 역할 분담하기(전문가 집단 내에서 이끔이, 기록이, 칭찬이, 지킴이 등을 분담), 전문가 활동을 할 때 적절한 협동학습 구조 활용하기, 모둠으로 돌아갈 준비할 때 여러 가지 자료를 함께 만들기(플래시 카드, 퀴즈 문항, 각종 활동지 등), 사회적 기술이 적극적으로 발휘될 수 있도록 구조화하기 등이 그것이다.

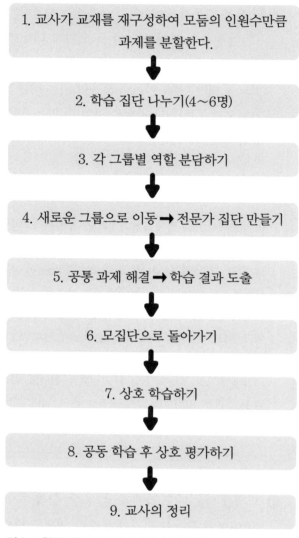

1. 교사가 교재를 재구성하여 모둠의 인원수만큼 과제를 분할한다.

2. 학습 집단 나누기(4~6명)

3. 각 그룹별 역할 분담하기

4. 새로운 그룹으로 이동 ➡ 전문가 집단 만들기

5. 공통 과제 해결 ➡ 학습 결과 도출

6. 모집단으로 돌아가기

7. 상호 학습하기

8. 공동 학습 후 상호 평가하기

9. 교사의 정리

직소 모형의 단계별 활동에 대한 일반적인 이해

1. 교사가 교재를 재구성하여 모둠의 인원수만큼 과제를 분할한다.

2. 학습 집단 나누기(이질 집단−모둠 편성)

3. 각 그룹별 역할 분담하기(모둠별 고유 번호−과제 분담)

4. 새로운 그룹으로 이동 ➡ 전문가 집단 만들기(같은 번호−과제)

5. 과제 해결 ➡ 생각−짝−나누기, 돌아가며 말하기, 짝 토론 등

6. 모집단으로 돌아가기

7. 상호 학습하기 ➡ 돌아가며 말하기, 모둠 인터뷰 등

8. 공동 학습 후 상호 평가하기 ➡ 번호순으로 퀴즈, 플래시 카드 등

9. 교사의 정리 ➡ 일제학습, 경쟁학습, 개별학습 등으로 정리

협동학습 구조를 통해 분석해 본 직소 모형의 단계별 활동에 대한 이해

참고 : 모둠 내 직소 토의 · 토론

이 구조는 큰 틀에서는 직소 모형과 차이가 없다. 하지만 모둠 내 직소 구조는 직소 모형의 장점을 도입하되, 전문가 집단으로 흩어졌다가 다시 본래의 집단으로 돌아오는 과정을 생략하고, 각 모둠 내에서 과제에 대한 역할 분담을 한 뒤, 각자가 각 과제에 대하여 개별적으로 충분히 공부하고 숙지하여 모둠 내 다른 모둠원들에게 설명하고 나눌 수 있도록 한 '구조' 활동으로서 직소 모형의 단점(적용의 어려움, 장시간을 필요로 한다는 점, 많은 준비가 필요하다는 점 등)을 해결하기 위해서 변형된 것이라고 생각하면 무리가 없을 듯하다. 모둠 내 직소 구조는 자료의 조사 및 정리, 의사소통 및 의사 조절 능력, 정보의 나눔과 지식 습득 활동에 도움이 되며 교사의 아이디어에 따라 다양한 변형이 가능하다. 직소 모형과 모둠 내 직소 구조의 차이를 간단히 살펴보면 아래와 같다.

직소 모형	항목	모둠 내 직소
전문가 집단을 구성하여 활동함	전문가 집단 구성	전문가 집단을 구성하지 않음 모둠 내에서 각 개인이 스스로 전문가 역할을 함
여럿이서 함께 나누며 해결	과제 학습	혼자 해결함
중중 수준이 적당	과제의 난이도	중하 수준이 적당
일부만 주어지거나 주제에 따라 전문가 집단이 조사하여 마련함	과제 해결을 위한 자료	모든 자료가 주어지거나 각자 조사하여 마련함
다소 많을 수 있음	전체 과제의 양	1차시 내에서 소화할 수 있는 정도의 분량
개인 평가를 통한 집단 평가	평가	없거나 최소화함

1) 진행방법

❶ 교사가 과제를 미리 모둠 인원수만큼 나누어 놓고, 과제의 난이도에 따라 각 모둠원들에게 서로 다른 과제를 부여한다(과제를 네 가지로 나누어 주기만 하고 각 모둠 내에서 상의하여 과제를 분담할 수도 있다).

(예) 1번은 탄수화물의 역할과 음식, 2번은 단백질의 역할과 음식, 3번은 지방의 역할과 음식, 4번은 비타민의 역할과 음식

❷ 각 모둠원들은 교사에게서 받은 자료를 가지고, 자기 자리에서 조용히 각자에게 주어진 과제에 대하여 공부한다(자료를 조사해 오도록 할 수도 있다).

❸ 일정 시간이 지나면 각자 학습한 내용을 다른 모둠원들에게 설명한다.

❹ 교사가 학습한 내용에 대하여 점검을 한다(퀴즈나 형성평가 등). 이때도 '번호순으로' 구조 등을 활용하여 퀴즈 게임 활동을 할 수 있다. 이 경우 본래 자신이 맡았던 내용에 대한 질문은 하지 않는다(각 모둠의 2번 학생이 '단백질'에 대한 내용을 담당했을 경우, 2번 모둠원들에게는 '단백질'에 대한 질문은 하지 않도록 한다).

2) 주의할 점이나 활동의 팁

❶ 1차시 혹은 2차시 연속으로 할 수 있을 만큼의 많지 않은 내용이나 주제이면서도 병렬적인 구조를 가진 과제에 적용 가능하다.

❷ 조사 활동을 과제로 한 후 다음 시간에 그 내용을 서로 나누고 이해하는 활동을 해도 좋고, 교사가 모든 자료를 만들어 나누어 주고 활동을 해도 좋다.

❸ 모둠 내 정보를 나누는 활동이 끝난 후 퀴즈식 평가에 대비하여 서로 공부하는 시간을 주는 것이 좋다.

❹ 학생들의 수준차를 고려하여 과제를 부여하며, 직소 모형처럼 너무 어려운 주제는 적절하지 못하므로 1~2차시 내에 충분히, 손쉽게 학습할 수 있는 내용을 선정한다.

❺ 평가가 없거나 최소화되어서 학습 동기와 성취도의 향상을 학습자 간의 상호 협동과 응집성에만 기대기는 힘든 점이 있다. 이를 해결하기 위해 과제 수행 과정 및 태도, 퀴즈 결과에 따른 보상 등의 방법을 도입하는 것도 고려해 볼 필요가 있다(필자의 경우에는 어떤 경우에도 외적 보상을 하는 것에 대하여 반대의 입장을 분명히 한다).

5 **수업의 실제**

'직소 모형'을 활용한 5학년 과학과 토의 · 토론 수업

단원	5-2. 태양의 가족	일시	○○년 ○월 ○일 ○교시	장소	교실
주제	태양계 행성 및 그 특징	차시	과학 1, 5/6(80분)	지도 교사	○○○
학습 목표	태양계 내 행성의 종류와 그 특징에 대하여 말할 수 있다.				
사회적 기술 목표	개인적인 책임 다하기(특히 과제에 대한 책임), 소곤소곤 말하기				
학습 자료	타이머				

단계	학습내용 및 학습구조	교수 · 학습활동	시간	자료 및 유의점
도입	동기유발	● **동기유발하기** : 지난 시간에 공부한 내용을 다시 한 번 생각해 보기(기본 용어 이해 및 태양계 가족)	5´	PPT 자료 준비
전개	학습 문제 확인 전체 활동	● **학습 문제 확인** 태양계 내 행성의 종류와 그 특징에 대하여 말할 수 있다. ● **활동 안내** [교사] 사전에 모둠 내에서 과제에 대한 역할을 분담하였다. 각자의 역할 분담에 따라 조사해 온 것을 바탕으로 전문가 집단을 만들어 활동에 들어가도록 하겠다. [학생] 공통 과제를 중심으로 본래 모둠을 벗어나 전문가 집단을 구성한다. − 수성과 금성, 지구와 화성, 목성과 토성, 천왕성과 해왕성(4개의 그룹으로 전문가 집단 만들기) − 학급 전체 논의를 통해 각 행성에 대한 특징을 정리하는 방식에 대한 합의를 이끌어 낸다. ➡ 행성의 실제 모습(사진), 행성의 크기 및 특징, 행성의 주요 구성 성분, 행성의 위성, 기타	10´	● 논의 결과에 따른 활동지는 교사가 만들어 배부
	모둠 활동 전문가 활동 (직소)	【활동 1】 전문가 활동하기 [교사] 각 전문가 집단별로 과제 활동지를 바탕으로 전문가 활동에 들어가도록 하자. [학생] 전문가 집단별로 합의한 바에 따라 행성의 특징을 정리 ➡ 모집단으로 돌아가서 활동할 자료 제작(학급 전체 논의를 통해 합의한 방식에 따라 자료 만들기 ─ 교사가 활동지를 만들어 배부) ➡ 각 전문가 집단별로 제작한 자료를 복사하여 나누어 갖기(교사가 일괄적으로 수합한 뒤 인원수만큼 복사해 준다) ➡ 본래의 모집단으로 돌아가기	20´	● 각 전문가 집단별로 역할 분담(기록 및 진행 등) ● 모집단 활동 후 형성평가를 볼 것이라는 안내가 필요하다.
	모둠 활동 모집단 활동	【활동 2】 전문가 활동 결과를 모집단에서 나누기 [교사] 각 전문가 집단에서 정리한 내용을 모둠 내에서 다양한 방식으로 (예 : 돌아가며 말하기) 발표 · 공유하도록 하자. [학생] 각자 전문가 활동을 통해 정리한 내용을 다른 모둠원들에게 알려 주기 ➡ 서로 배우면서 가르치기 ➡ 배운 내용은 각자의 노트에 정리하기 ➡ 배운 내용을 종합적으로 정리 · 확인하기(형성평가 대비 공부)	30´	● 평가에 대비하여 공부할 시간도 준다. ● 개인별 형성평가 및 정리
정리	전체 학습	● **정리 및 확인(형성평가)** − 개인별로 형성평가를 실시한 후, 교사는 전문가 활동에 대한 전체 내용을 종합적으로 정리해 준다(우수한 모둠에 대하여 칭찬. 예 : 향상점수 제도 등).	15´	● 시간이 부족할 때 형성평가는 다음 시간으로 미루기

목성, 토성 전문가 집단 활동지

서울구산초등학교 5학년 5반 이름(홍석준)

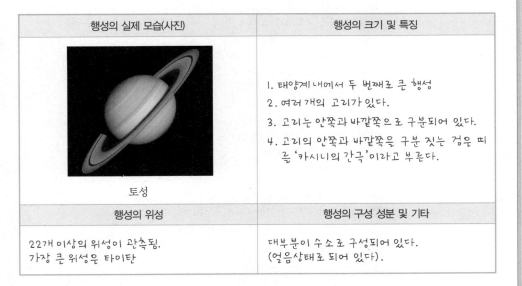

행성의 실제 모습(사진)	행성의 크기 및 특징
목성	1. 태양계 내에서 가장 큰 행성 2. 표면에 여러 개의 줄무늬가 있다. 3. 거대한 소용돌이가 관측된다. 4. 가장 큰 소용돌이(눈 모양)를 대적반(대적점)이라고 한다.
행성의 위성	행성의 구성 성분 및 기타
16개 이상의 위성이 관측됨. 가니메데, 이오, 칼리스토, 유로파 등	대부분이 수소로 구성되어 있다. (얼음상태로 되어 있다).

행성의 실제 모습(사진)	행성의 크기 및 특징
토성	1. 태양계 내에서 두 번째로 큰 행성 2. 여러 개의 고리가 있다. 3. 고리는 안쪽과 바깥쪽으로 구분되어 있다. 4. 고리의 안쪽과 바깥쪽을 구분 짓는 검은 띠를 '카시니의 간극'이라고 부른다.
행성의 위성	행성의 구성 성분 및 기타
22개 이상의 위성이 관측됨. 가장 큰 위성은 타이탄	대부분이 수소로 구성되어 있다. (얼음상태로 되어 있다).

〈태양계의 가족 : 모집단 내에서의 개인별 활동지〉

과학 5-2학기 7. 태양의 가족 **태양계 행성의 특징 알아보기**	서울구산초등학교 5학년 5반 아이스랜드 모둠 이름(강명지)

행 성	특 징
수성	태양에서 가장 가깝다. 태양계에서 가장 작은 행성이다. 공기가 없다.
금성	지구에 가장 가깝고, 지구 안쪽에서 돈다. 지구와 비슷한 크기이다. 이산화탄소로 구성된 대기가 있다.
지구	표면에 물이 있어 생명체가 존재하는 유일한 행성이다. 위성이 1개 있다. 지구의 위성은 달이다.
화성	지구의 바로 바깥쪽을 돌며, 빛깔이 매우 붉은 행성이다. 물이 흐른 흔적이 있다. 2개의 위성을 갖고 있다.
목성	태양계에서 가장 큰 행성이고, 16개 이상의 위성을 가지고 있다. 표면에 여러 개의 줄무늬가 있고, 큰 소용돌이(대적점)가 관측된다. 대부분이 수소로 이루어져 있다.
토성	아름다운 여러 개의 고리와 많은 위성이 있다. 태양계에서 두 번째로 큰 행성이다. 대부분이 수소로 이루어져 있다.
천왕성	태양계에서 세 번째로 큰 행성으로 많은 위성이 있다. 메탄으로 이루어져 있어 푸른색을 띤다.
해왕성	크기는 천왕성과 비슷하고, 메탄으로 이루어져 있어 푸른색을 띤다. 태양계에서 가장 멀리 떨어져 있다. 13개 이상의 위성이 관측되었다.

〈개인별 형성평가지〉
※ 사진 확인을 위해 TV로 크게 보여 주면서 형성평가를 합니다.

	과학 5−2학기 7. 태양의 가족 **태양계 행성의 특징 알아보기**	서울구산초등학교 5학년 5반 ( )번 이름 ( )

※ 다음과 같은 특징을 가진 행성의 이름을 쓰고, 알맞은 사진을 오려 붙이시오.

행성의 특징	이름	모습(사진)
태양에서 가장 가깝고, 태양계에서 가장 작은 행성입니다.		
태양계에서 가장 아름다운 행성으로 여러 개의 고리가 있습니다.		
태양계에서 세 번째로 크고, 두 번째로 멀리 떨어진 행성입니다.		
지구와 가장 가깝고, 새벽 동쪽 하늘이나 초저녁 서쪽 하늘에서 볼 수 있습니다.		
표면에 물이 있어 생물이 존재하고 위성인 달을 가지고 있는 초록별입니다.		
태양에서 가장 멀리 있고 천왕성과 크기가 비슷합니다.		
지구의 바로 바깥쪽을 돌고 있고 빛깔이 붉습니다.		
태양계에서 가장 큰 행성으로 표면에는 여러 개의 줄무늬가 있습니다.		

※ 오려서 해당되는 칸에 붙이세요.

02 ○가고 ○남기 토의 · 토론

1 기본이해

이 구조는 각 모둠별로 토의 · 토론을 한 후에 다른 모둠의 정보와 서로 교환하는 것을 목적으로 한다. 다른 모둠의 정보를 모아 오기 위해 2명이 가고, 2명은 모둠에 남아서 자신의 모둠에 찾아온 다른 모둠원들에게 공부한 내용을 설명하는 방식이 있고, 3명이 가고 1명이 남는 방식(그 반대의 경우도 가능)도 있다. 주로 내용이 많지 않으며 복잡하지 않은 정보(기본 사고 수준)나 기술(기능 : 종이 접기 방법 등) 등을 나눌 때 많이 사용되는데, 듣기 능력이 떨어지거나 정리 · 메모하는 능력이 떨어지는 경우 또는 학년 수준이 낮거나 기억력 등이 부족한 경우에는 활동하기에 어려울 수도 있다. 여기에서는 그래도 많이 사용되고 있는 셋 가고 하나 남기와 둘 가고 둘 남기 구조에 대하여 안내해 보기로 하겠다.

2 진행방법

가 셋 가고 하나 남기

❶ 교사는 토의 · 토론을 통해 정보 공유(지식 습득)를 할 수 있는 과제를 제시한다. 이 경우 과제는 각 모둠별로 서로 다른 것이어야 한다.

❷ 모둠 내에서 제시된 과제에 대한 토의 · 토론 활동을 통해 충분한 학습이 이루어질 수 있도록 한다(조사해 온 자료 나누기 또는 교과서 내용 활용하기, 선생님께서 나누어 주신 자료 활용하기 등).

❸ 모둠 내에서 충분한 학습이 이루어진 후에는 꼭 필요한 내용만 뽑아서 차트나 북 아트를 활용하여 정리해 두도록 한다.

❹ 모둠 내에서 이동해야 할 사람과 남아야 할 사람을 정한다.

❺ 남기로 정해진 학생은 자료를 갖고 모둠에 남아 있고 이동해야 할 학생들은 다음과 같은 방법 가운데 한 가지에 따라 순환하는 방식으로 이동을 한다. 어떤 방식이든 장점과 단점이 있는 만큼 상황에 따라 적절한 선택이 필요하다.

● 3명이 모두 개별적으로 흩어져 각기 다른 모둠에 1명씩 가서 정보를 수집한 후 모둠으

로 돌아가 각자 알아 온 정보를 나누는 방식(직소와 비슷)

- 3명이 함께 돌아다니면서 계속 정보를 수집한 후 3명이 함께 알아 온 정보를 모둠에 남아 있었던 1명의 모둠원에게 설명하고 알려 주는 방식
- 3명이 함께 다니되 모둠을 옮길 때마다 3명 중 1명은 모둠에 남아 있던 1명의 모둠원과 교체하고 다시 함께 다니게 함으로써 모둠에 남아 설명하는 역할도 골고루 맡아서 할 수 있게 하는 방식

❻ 다른 모둠으로 이동하는 학생들은 돌아다니면서 다양한 정보를 수집해 온다(이때 메모하거나 정리하며 듣는 것은 필수!). 필요한 경우 각 모둠에 남아서 설명을 하는 학생들은 다른 모둠에서 온 학생들에게 나누어 줄 자료(복사물 등)를 만들어 놓고 배부하도록 한다.

❼ 이동하던 학생들이 다 돌아다닌 후 본래 모둠으로 돌아오면 활동의 막바지에 접어들게 된다. 이 단계가 되면 돌아다녔던 학생들은 모둠에 남아 있던 학생에게 자신들이 수집해 온 정보에 대하여 들은 대로 설명 및 전달을 해 주어 지식 습득에 결손이 생기지 않도록 한다.

❽ 필요에 따라서 교사는 각 모둠별로 활동에 따른 결과물이나 완성한 과제를 제출하도록 할 수도 있고, 발표나 퀴즈 또는 형성평가로 간단하게 성취도를 파악할 수도 있다.

❾ 교사는 마무리하는 차원에서 최종 정리를 해 주도록 한다(자칫 잘못된 정보의 나눔이나 오개념이 형성될 수도 있기 때문이다).

나 둘 가고 둘 남기

❶ 교사는 토의·토론을 통해 정보 공유(지식 습득)를 할 수 있는 과제를 제시한다. 이 경우 각 모둠별로 과제는 서로 다른 것이어야 한다.

❷ 모둠 내에서 제시된 과제에 대한 토의·토론 활동을 통해 충분한 학습이 이루어질 수 있도록 한다(조사해 온 자료 나누기 또는 교과서 내용 활용하기, 선생님께서 나누어 주신 자료 활용하기 등).

❸ 모둠 내에서 충분한 학습이 이루어진 후에는 꼭 필요한 내용만 뽑아서 차트나 북 아트를 활용하여 정리해 두도록 한다.

❹ 모둠 내에서 이동해야 할 사람과 남아야 할 사람을 정한다.

❺ 두 사람은 모둠에 남고, 두 사람은 다른 모둠으로 정해진 규칙에 따라 이동하여 정보를 나누도록 한다. 이때도 다음과 같은 지혜가 필요하다.

● 남아 있는 학생들의 경우 : 맡은 역할 책임을 한 번씩 돌아가면서 수행한다. 예를 들자면 1명은 설명할 때 다른 1명은 자료 배부를 하거나 듣는 태도를 평가할 수 있도록 한다. 그런 후 다른 모둠원이 오면 역할을 바꾼다.

● 이동하는 학생들의 경우 : 역시 맡은 역할 책임을 한 번씩 돌아가면서 수행한다. 예를 들자면 1명은 설명을 들으면서 내용을 꼼꼼하게 메모하도록 하고, 다른 1명은 설명을 들으면서 발표하는 태도를 평가할 수 있도록 한다. 그런 후 다른 모둠으로 이동하게 되면 역할을 바꾼다.

❻ 학생들은 앞의 5번 단계를 정해진 횟수만큼 이동하며 반복한다(이동하는 방법과 횟수에 대해서는 뒤에 따로 안내함).

❼ 이동하던 학생들이 다 돌아다닌 후 본래 모둠으로 돌아오면 활동의 막바지에 접어들게 된다. 이 단계가 되면 돌아다녔던 학생들은 모둠에 남아 있던 학생에게 자신들이 수집해온 정보에 대해 들은 대로 설명 및 전달을 해 주어 지식 습득에 결손이 생기지 않도록 한다.

❽ 필요에 따라서 교사는 각 모둠별로 활동에 따른 결과물이나 완성한 과제를 제출하도록 할 수도 있고, 발표나 퀴즈 또는 형성평가로 간단하게 성취도를 파악할 수도 있다.

❾ 교사는 마무리하는 차원에서 최종 정리를 해 주도록 한다(자칫 잘못된 정보의 나눔이나 오개념이 형성될 수도 있기 때문이다).

3 활동 효과

❶ 개인적 활동이 소집단 활동으로 또 대집단 활동으로 확장되는 효과를 얻게 된다. 결국 학급 구성원들은 모두 같은 내용을 학습하게 된다.

❷ 다른 모둠에 가서 정보를 얻는 학생은 흥미를 가지고 참여할 수 있으며, 그 과정에서 듣기 능력도 향상되고, 모둠으로 돌아와서는 알아 온 정보에 대한 설명이 필요하기 때문에 발표력도 향상될 수 있다.

❸ 모둠에 남아서 설명하는 학생은 기본 사고(지식, 이해) 수준의 정보를 나누어 주지만 설명하고 질문에 대한 답변 및 보충설명, 사례제시 등을 하는 과정에서 적용·분석력 등의 고급사고력 및 발표력을 향상시킬 수 있다.

❹ 자리를 이동하는 학생과 남아 있는 학생 사이의 역동적인 활동이 전개된다.

❺ 소집단 내에서 동시다발적으로 발표하기 및 듣기 훈련 활동이 진행된다.

⑥ 자신의 역할에 대하여 책임감을 갖고 활동할 수 있도록 해 준다.

⑦ 교사중심의 전달 방식보다 학생들의 참여도, 집중도가 더 높아진다.

4 주의할 점이나 활동의 팁

❶ 다른 모둠으로 이동해서 알아 와야 할 정보가 많거나 기능 수준이 높을 경우에는 학습력이 높은 학생을 보내는 것이 좋다(설명해야 할 내용이 많지 않거나 간단할 경우에는 학습력이 낮은 학생이 다른 모둠으로 이동하는 것도 괜찮다).

❷ 하나의 모둠에서 활동하는 시간은 교사가 적절하게 시간을 배분하여 정해 두고, 정해진 신호에 따라서 이동할 수 있도록 안내하는 것이 좋다(나누고자 하는 정보의 내용에 따라 5분 정도 내외의 시간이 필요하다).

❸ 이동 시 발생하는 다소의 소음은 어쩔 수 없으나 이 또한 최소화시킬 수 있도록 규칙을 만들어 두고 실천하게 한다.

❹ 이동하기 전에는 반드시 자신의 모둠이 맡은 것에 대해서 서로 나누고 공부하는 시간이 꼭 필요하다.

❺ 이동할 때는 반드시 메모하고 정리하며 듣는 습관을 갖도록 하는 것이 좋다.

❻ 각 모둠의 활동 상황(듣는 태도, 발표하는 태도 등)을 점검하기 위해서 간단한 체크리스트를 만들어 나누어 주고 활동하게 하는 것도 하나의 방법이다(다른 모둠으로 돌아다니는 학생들은 각 모둠에 남아 있는 학생의 발표 태도에 대한 평가를 하고, 각 모둠에 남아 있는 학생은 정보를 구하러 오는 학생들의 듣기 태도에 대한 평가를 하도록 한다).

참고 : 이동하는 방법과 횟수에 대한 안내

학급 내 모둠이 너무 많으면 과제의 수를 적절히 조절하고, 모둠을 두 그룹 또는 세 그룹으로 나누어 활동하게 하면 효과적이다.

6모둠일 경우

A, B 두 그룹으로 나누고 과제를 세 가지로 하여 각 모둠이 1개씩 과제를 맡으면 이동은 각 그룹별로 두 번만 해도 된다.

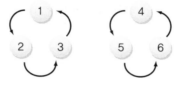

6모둠 3과제일 경우

9모둠일 경우

A, B, C 세 그룹으로 나누고 과제를 세 가지로 하여 각 모둠이 1개씩 과제를 맡으면 이동은 각 그룹별로 두 번만 해도 된다.

9모둠 3과제일 경우

8모둠일 경우

A, B 두 그룹으로 나누고 과제를 네 가지로 하여 각 모둠이 1개씩 과제를 맡으면 이동은 각 그룹별로 세 번만 해도 된다.

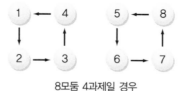

8모둠 4과제일 경우

둘 가고 둘 남기의 경우 사례

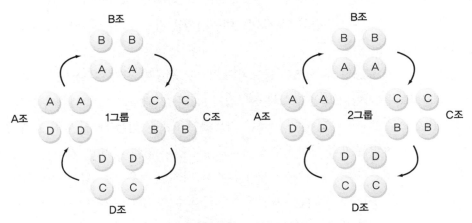

8모둠 4과제일 경우 1, 2그룹으로 나누어 활동

셋 가고 하나 남기의 경우 사례

★ 1그룹과 2그룹의 과제는 동일, 각 그룹별로 과제가 4개일 경우, 이동하는 3명이 각자 다른 조로 흩어져서 동시에 한 가지씩 책임을 맡아서 활동하고 본래의 모둠으로 돌아오는 경우의 사례

★ 1그룹과 2그룹의 과제는 동일, 각 그룹별로 과제가 4개일 경우, 이동하는 3명이 함께 같은 조로 이동하여 설명을 듣고, 순서대로 세 번의 이동을 한 후 본래 모둠으로 돌아오는 경우의 사례

　협동학습에서는 주로 4인 1모둠을 원칙으로 하기 때문에 각 모둠별로 인원수가 4명이 아닐 경우에는 문제가 발생할 수 있으며, 모둠의 수도 위의 사례와 같은 경우가 아닐 때(예를 들어 5모둠이거나 7모둠일 경우 등)에는 활동하기에 어려울 수도 있다.

활동 주제의 사례

❶ 주제가 세 가지일 경우 : 조상들의 의생활, 조상들의 식생활, 조상들의 주생활

❷ 주제가 네 가지일 경우 : 봄철의 생활모습, 여름철의 생활모습, 가을철의 생활모습, 겨울철의 생활모습

❸ 주제가 기능적인 요소일 때 : 1조는 물고기 모양으로 색종이 접기, 2조는 꽃 모양으로 색종이 접기, 3조는 비행기 모양으로 색종이 접기, 4조는 사람 모양으로 색종이 접기

※ 필자의 경험으로 볼 때, 가고 남기 구조는 기능적인 요소를 다룰 때 훨씬 더 효과적이라 생각한다. 왜냐하면 주제가 많아질수록 생각보다 시간이 많이 걸리고, 지식 습득에 대한 결손이 생길 우려가 크며, 주제가 세 가지 혹은 네 가지일 경우 가고 남기 구조보다 직소 모형(모둠 내 직소)으로 활동하는 것이 더 효과적일 수 있으며 또 다른 구조의 적용을 통해 나누는 것이 효과적일 수도 있기 때문이다.

5 수업의 실제

'셋 가고 하나 남기'를 활용한 4학년 사회과 토의·토론 수업

단원	2. 여러 지역의 생활	일시	○○년 ○월 ○일 ○교시	장소	교실
주제	1. 촌락의 생활 모습	차시	사회 2~4/15(120분)	지도 교사	○○○
학습 목표	촌락의 자연환경과 산업, 시설, 문화, 발전 사례를 이해할 수 있다.				
사회적 기술 목표	개인적인 책임 다하기, 시간 지키기, 메모하며 듣기				
학습 자료	타이머, 전문가 활동지				

단계	학습내용 및 학습구조	교수·학습활동	시간	자료 및 유의점
도입	활동 안내	● 셋 가고 하나 남기 구조에 대한 소개 – 수업 절차 안내 및 유의점 설명 – 모둠 내에서 전문가 활동을 적극적으로 하도록 한다. – 모둠 내에서 한 가지씩 역할을 나눈다(남아서 설명할 1명과 다른 곳으로 이동하여 새로운 정보를 알아 올 3명 및 각기 다른 역할 책임을 나눈다. ➡ 촌락의 자연환경과 산업, 시설, 문화, 발전 사례). – 1모둠 : 촌락의 자연환경과 산업 – 2모둠 : 촌락의 자연환경과 시설 및 문화(이 주제는 2명이 책임을 맡도록 한다) – 3모둠 : 촌락의 자연환경과 발전	10′	● 각 모둠별로 맡은 과제에 대하여 조사 자료를 준비하도록 한다. ● 2모둠 주제는 내용이 비교적 많으므로 2명이 함께 활동한다(설명도 2명, 배우러 가는 학생도 2명).
전개	학습 문제 확인	● 학습 문제 확인 촌락의 자연환경과 산업, 시설, 문화, 발전 사례를 이해할 수 있다.		
	모둠 활동 주어진 과제에 대한 전문가 활동	【활동 1】 각 모둠 내 주어진 과제에 대한 전문가 활동 [교사] 각 모둠에서는 조사한 자료를 바탕으로 주어진 과제에 대한 전문가 활동을 진행하도록 하자. [학생] 각자 조사해 온 자료를 바탕으로 주어진 과제에 대한 전문가 활동을 진행한다. – 주어진 전문가 활동지를 바탕으로 내용을 정리한다. – 각 모둠 구성원은 해당 과제에 대한 전문가가 된다.	20′	● 각 모둠은 맡은 과제에 대하여 모두가 전문가가 될 수 있도록 한다(전문가 활동지).
	셋 가고 하나 남기	【활동 2】 셋 가고 하나 남기 활동 [교사] 각 모둠 내에서 역할 분담을 한 뒤, 각자의 역할에 따라 해당 모둠으로 이동하도록 하자. [학생] 맡은 역할에 따라 활동을 시작한다. – 남아서 설명할 사람 1명, 나머지 세 가지 주제에 대하여 각각 알아 올 사람을 1명씩 정한 후 흩어진다. – 주어진 시간 동안 정보의 공유가 이루어진다(정보의 공유와 배움의 과정이 자연스럽게 이루어진다).	20′	● 각 개인은 자신이 맡은 과제에 대하여 책임을 질 수 있도록 안내한다. ● 필요시 전문가 활동 자료를 복사하여 배부한다.
	모집단 활동	【활동 3】 모둠 내에서 정보 공유하기 [교사] 각자가 알아 온 정보를 모둠 내에서 나누어 보도록 하자. [학생] 맡은 역할에 따라 알아 온 정보를 모둠 내에서 돌아가면서 설명하고 안내한다. – 다른 모둠원들은 설명하고 안내해 주는 내용을 자신의 활동지나 노트에 기록, 정리 ➡ 형성평가 대비 공부	50′	● 모둠 내에서 정보의 공유가 이루어진 뒤 충분히 공부할 수 있도록 안내한다(형성평가 대비 공부).
정리	전체 학습	● 정리 및 확인(형성평가) – 개인별로 형성평가를 실시한 후, 교사는 전체 내용을 종합적으로 정리해 준다.	20′	● 우수 모둠 칭찬

<촌락의 자연환경과 산업 : 모집단 내에서의 전문가 활동지>

	사회 4–2학기 2. 여러 지역의 생활 **1. 촌락의 생활모습 알아보기**	서울구산초등학교 5학년 5반 ( ) 모둠

1. 주요 용어 정리

촌락	
농촌	
어촌	
산지촌	

2. 촌락의 모습을 조사하는 방법

3. 촌락에서 볼 수 있는 모습

농촌	어촌	산지촌

4. 촌락의 자연환경과 산업과의 관계

구분	농촌	어촌	산지촌
자연환경			
자연에서 얻을 수 있는 것			
주로 발달한 산업			

5. 촌락마다 발달한 산업이 다른 이유

〈촌락의 자연환경과 시설 및 문화 : 모집단 내에서의 전문가 활동지〉

	사회 4−2학기 2. 여러 지역의 생활 1. 촌락의 생활모습 알아보기	서울구산초등학교 5학년 5반 ( ) 모둠

1. 촌락에서 볼 수 있는 다양한 시설과 시설이 필요한 이유

구분	시설 이름	시설이 필요한 이유
공통시설	마을 회관	
농촌	정미소	
	저수지	
	인공 수로	
	저장 창고	
어촌	건조장	
	소금 창고	
	등대, 방파제	
	생선 직판장	
산지촌	목장	
	광산	

2. 촌락의 시설을 통해 짐작할 수 있는 촌락 지역 주민들의 생활 모습

3. 촌락의 가옥 분포 특징

농촌	
어촌	
산지촌	

4. 촌락의 문화 활동과 뜻

구분	문화 활동	뜻
농촌	기우제	
	풍물놀이	
어촌	풍어제	
산지촌	산신제	

〈촌락의 자연환경과 발전 : 모집단 내에서의 전문가 활동지〉

	사회 4−2학기 2. 여러 지역의 생활 **1. 촌락의 생활모습 알아보기**	서울구산초등학교 5학년 5반 ( ) 모둠

1. 촌락의 옛날과 오늘날 모습

구분	옛날	오늘날
인구		
건물		
도로		
하는 일		

2. 촌락의 인구가 점점 증가하는 까닭

※ 귀농현상이란?

− 귀농현상이 나타나는 이유

3. 촌락의 발전 사례

농공 단지 조성	
지역 축제	
특화 산업	
친환경 농업	
생태 마을 조성	
농수산물 해외수출	

03 동심원(물레방아-회전목마) 토의·토론

1 기본이해

이 구조는 학생들이 안쪽과 바깥쪽으로 2개의 원을 만들고, 안쪽에 서고 바깥쪽에 서서 서로 마주 본 학생들끼리 짝이 되어 정보나 생각을 나누는 것으로서, 교실 안에서 보다 많은 사람들과 깊이 있고 의미 있는 생각과 정보를 나눌 수 있도록 하는 데 도움을 준다. 동심원 토의·토론은 보통 지식 습득 활동에도 많이 활용되지만 쟁점 분석 활동에도 많이 활용되고 있는 상황이다. 하지만 교실 여건이 이 활동을 하기에 조금은 불편한 점(동심원 가운데가 비어 있게 되는 활동 구조상 넓은 공간이 필요한데, 교실에서는 학생들이 많을 경우 책상과 의자가 활동에 방해가 될 수 있다)이 있어서 활동을 할 때 생각과 고민이 필요하다.

2 진행방법

'혼자 생각하기' 단계는 모든 활동을 시작하기 전에 선행되는 필수 활동!!!

❶ 교사는 학생들에게 과제를 제시하고, 학생들은 잠시 생각할 시간을 갖는다.

❷ 동심원 구조 활동에 필요한 자리 배정을 한다(예 : 각 모둠의 1, 2번은 바깥쪽 원, 각 모둠의 3, 4번은 안쪽 원을 만든다. 남자는 바깥쪽에, 여자는 안쪽에 할 수도 있다).

❸ 배정된 자리에 맞게 학생들은 둥글게 안쪽 원과 바깥쪽 원 2개를 만든다.

❹ 안쪽의 원과 바깥쪽의 원에 선 학생들은 서로 마주 본 사람들끼리 짝이 되어 토의·토론 활동을 하게 된다.

❺ 주어진 시간 동안 활동을 한 후 교사의 신호에 따라 2개의 원이 엇갈리게(예 : 바깥쪽 원은 시계 방향, 안쪽 원은 그 반대 방향) 돌게 되는데, 이때 다시 새롭게 마주 본 사람과 짝을 만들어 또다시 정보를 교환한다.

❻ 여러 사람을 만나 충분히 활동을 했으면 본래 모둠으로 돌아가 자신이 알아 온 정보나 지식을 모둠원들과 '돌아가며 말하기' 방식으로 나눈다.

❼ 교사가 활동을 정리하도록 한다.

3 활동 효과

❶ 서로의 생각을 보다 깊고 넓게 할 수 있다.

❷ 역동적으로 발표하고 듣고, 메모할 수 있도록 해 준다.

❸ 많은 사람들을 만나 다양한 정보와 생각을 나눌 수 있다(사고력 신장).

❹ 학생들의 토의·토론 활동에 참여가 극대화된다(절반은 말하고, 절반은 듣기).

❺ 여러 사람과 정보를 공유하고 생각을 나누는 데 시간이 많이 걸리지 않는다. 아울러 빠른 시간 안에 말하고, 메모하고, 정리하고, 이동하기 때문에 학생들의 이해력 및 듣기능력, 정리능력, 발표력 등이 신장된다.

4 주의할 점이나 활동의 팁

❶ 활동은 '번갈아 말하기' 방식으로 정보를 교환하고, 듣는 사람이 메모하고 기록하는 방법을 가장 많이 활용하지만 때로는 '번갈아 쓰기' 방식으로 말을 사용하지 않으면서 서로의 생각을 글로써 주고받는 방식으로 진행하기도 한다.

❷ 그냥 서서 활동을 할 수도 있지만 여건이 허락된다면 책상을 모두 교실 가장자리 주변으로 밀어 놓고, 의자만 교실 가운데로 가져가 2개의 원을 만든 뒤 앉아서 활동을 하는 방법도 생각해 볼 수 있다.

❸ 안쪽과 바깥쪽 2개의 원이 서로 반대 방향으로 이동할 때는 교사가 나름대로 규칙을 세워 이동하게 하는 것이 좋다(예 : 안쪽 또는 바깥쪽 중 어느 한쪽의 원만 세 번 이동하기, 안쪽과 바깥쪽의 원 모두 서로 반대 방향으로 두 번만 이동하기, 안쪽과 바깥쪽의 원 모두 가벼운 발걸음으로 돌아가 교사가 멈춤 신호를 주면 정지한 후 마주 보고 있는 학생과 짝이 되기 등).

❹ 쟁점 토의·토론 활동에 이용할 경우 원을 만드는 방식은 달리하는 것이 좋다.

- 교사가 주제를 제시하면 학생들은 충분히 생각할 시간을 갖는다.
- 안쪽 원은 찬성 측, 바깥쪽 원은 반대 측 입장을 선택한 학생들끼리 선다.
- 마주 본 학생들끼리 짝이 된 후, 교사가 제시한 주제에 대하여 안쪽에 선 학생이 먼저 자신의 의견과 그에 대한 근거나 이유를 말한다.
- 바깥쪽에 선 학생도 자신의 의견과 그에 대한 근거나 이유를 말한다.
- 이후 번갈아 말하기 구조를 활용하여 토의·토론 활동을 한다.

- 교사의 신호에 따라 안쪽의 원과 바깥쪽의 원이 서로 반대 방향으로 돈다.
- 다시 마주하게 된 학생과 짝이 되어 바로 앞의 네 단계 활동을 반복한다.
- 토의 · 토론 활동이 몇 차례 반복된 후에 학생들은 자기 자리로 돌아가 들은 의견을 종합 · 정리하여 최종 보고서를 쓴 후 제출한다.

5 수업의 실제

'동심원'을 활용한 3학년 과학과 토의 · 토론 수업

단원	3−1. 자석의 성질	일시	○○년 ○월 ○일 ○교시	장소	교실
주제	생활에서 자석을 이용한 예	차시	과학 8/10(40분)	지도 교사	○○○
학습 목표	자석이 우리 생활 속에서 이용되는 예를 말할 수 있다.				
사회적 기술 목표	질서 지키기, 소곤소곤 말하기, 메모하며 듣기				
학습 자료	타이머, 활동지(개인), PPT 자료, 영상물(자석으로 기록한 정보)				

단계	학습내용 및 학습구조	교수 · 학습활동	시간	자료 및 유의점

도입	동기유발 (전체 학습) 학습 문제 확인	● 동기유발하기 : 지난 시간에 공부한 내용을 다시 한 번 생각해 보기
		  − 자화란 무엇인가? 못을 이용한 나침반 만들기
		● 학습 문제 확인
		  자석이 우리 생활 속에서 이용되는 예를 말할 수 있다.
		● 혼자 생각하기
			5′	PPT 자료 준비

	개별 학습	[교사] 자석이 우리 생활 속에서 이용되는 사례를 찾아보도록 하자. [학생] 혼자 생각하기 — 학습지에 정리한다.	6′	● 개인 활동지 배부하기

전개	전체 학습 동심원 구조 활동	【활동 1】 정보 나누기
		[교사] 안과 밖 2개의 원으로 만든 후, 마주한 사람과 짝을 지어서 개인적으로 정리한 내용을 나누어 보도록 하자.
		[학생] 마주 보고 있는 짝과 각자 알고 있는 정보를 나누도록 한다. 이때 새롭게 알게 된 정보는 자신의 활동지에 다른 색 펜으로 추가해 나간다.
		  − 주어진 시간 동안 활동을 한 후 선생님의 신호에 따라 서로 다른 방향으로 이동한 후 새롭게 만난 사람과 짝을 이루어 다시 정보를 나눈다(두세 차례 더 진행).
		  − 선생님의 신호에 따라 본래 모둠으로 돌아간다.
			10′	● 개인 활동지에 다른 색 펜으로 새롭게 알게 된 정보를 기록해 나간다.

	모둠 활동 돌아가며 말하기	【활동 2】 모둠 내에서 정리한 내용 나누기 [교사] 동심원 활동을 통해 서로 알아 온 내용을 모둠 내에서 나누어 보자. [학생] 수집한 정보를 '돌아가며 말하기' 구조로 발표하고 공유한다(활동지에 최종 정리).	5′	
	전체 학습	【활동 3】 자석으로 기록한 정보의 모습 관찰하기 [교사] 자석으로 기록한 정보의 모습이 담긴 영상물을 시청하고, 신용카드에 철가루를 뿌려 보도록 하겠다. [학생] 영상물을 시청 ➡ 검은 띠에서 철가루가 늘어선 모양은 상품의 바코드와 비슷한 모양임을 확인한다. − 신용카드의 검은 띠에 뿌려진 철가루의 모습을 관찰한다.	10′	● 영상물 준비

정리		● 정리 및 다음 차시 안내
		  − 생활에 이용된 예 : 냉장고, 필통, 자석일판, 바둑판, 자석집게, 클립 통, 자석 드라이버 등
		  − 정보를 기록한 예 : 녹음테이프, 공중전화카드, 예금통장, 비디오테이프, 디스켓, 신용카드 등
		  − 다음 차시 안내
			4′	

〈과학과 동심원 활동을 위한 개인별 활동지〉

	과학 3-1학기 2. 자석의 성질 자석과 우리의 생활	○○○○초등학교 3학년 ○반 (　)번 이름 (　　　　　)

1. 자석을 우리 생활에 이용하는 예(이 부분만 동심원 활동)

철로 된 물체를 끌어당기는 성질을 이용한 사례	
일정한 방향을 가리키는 성질을 이용한 사례	
자석으로 정보를 기록한 사례 (소리, 그림, 문자 등)	

2. 자석을 이용할 때 편리한 점

-
-
-
-

3. 신용카드의 검은 띠에 철가루를 뿌렸을 때 관찰할 수 있는 모양

-
-
-
-

04 K.W.L. 차트 토의 · 토론

1 기본이해

K.W.L.(know, want to know, learned) 차트는 교수–학습활동에 학생들의 배경지식을 적극 활용할 목적으로 Ogle에 의해 개발되었다. K.W.L. 차트는 사실적 내용을 담고 있는 글을 읽거나 듣기 활동을 하기 이전과 그 이후에 사용하는 것을 목적으로 한다(읽거나 듣기 이전과 읽거나 듣고 난 후의 생각과 지식의 변화에 중점을 둔다. ➡ 배경지식을 바탕으로 하여 모둠 내에서 토의 · 토론 활동을 한 후 학생들의 지식 체계–인지구조에 변화가 생긴다는 구성주의적 입장과 맥을 같이한다).

　이 구조는 독서 후 활동에도 많이 활용되고 있다. 독서를 하는 이유도 읽기 전에 자신의 경험 혹은 사전 지식을 책과 연결시키고, 책을 읽고 난 후에 새롭게 알게 된 사실을 자신의 생활 속에 활용할 수 있도록 하며, 책을 읽고 난 후에 파생된 또 다른 궁금한 점이나 좀 더 깊이 있게 알고자 하는 점들을 찾아서 정리하도록 하는 데 그 목적이 있다. 이 구조는 그런 활동이 보다 효율적이고 쉽게 이루어질 수 있도록 도와주는 틀이 되어 준다(개인적으로 활동할 때는 정리 및 기록을 위한 틀로서 활용, 모둠원들이 함께 한 가지 주제나 과제를 놓고 해 나간다면 모둠원들이 탐구한 주제나 과제에 대한 모든 과정을 고스란히 보여 주며 그 속에서 지식과 정보를 나누고 습득할 수 있도록 도와주는 자료가 된다 — 책 읽기, 과제 분담 학습, 주제 탐구 학습 등을 할 때 많이 활용된다).

2 진행방법

　　'혼자 생각하기'단계는 모든 활동을 시작하기 전에 선행되는 필수 활동!!!

❶ 이미 알고 있는 것(사실, 사전 지식) : 첫 번째 칸에 글을 읽기 전, 과제를 탐구하기 전에 주어진 내용이나 과제에 대해 알고 있는 것을 기록한다 — 브레인스토밍하기('What I Know' 칸에 적어 놓는다 — 배경 지식 확인하고 일깨우기).

❷ 알고자 하는 것(사실, 탐구할 내용, 탐구 목적) : 두 번째 칸에 그 글을 통해서 알고 싶은 것에 대해 적는다('What I Want to know' 칸에 적어 놓는다 — 책이나 글을 읽는 목

K·W·L 차트

제목 : 우리나라에 있는 세계 문화유산

기록이 : _____
모둠명 : _____

K (Know : 이미 알고 있는 것)	W (Want to know : 더 알고 싶은 것)	L (Learned : 새롭게 알게 된 사실)
첨성대의 모습		

K.W.L. 활동지 사례

표 설정하기).

❸ 학생들은 관련된 글이나 서적을 통해 스스로의 질문에 대한 답이나 정보를 찾아 그 주제에 대한 이해를 확장시키도록 한다. 이때는 'W–알고 싶은 것'에 따른 'L–배운 것'에 주의를 기울이면서 읽도록 안내한다.

❹ 모둠원들끼리 주어진 과제에 대하여 토의·토론 활동을 하는 과정 속에서 책이나 탐구활동으로 인하여 새롭게 알게 된 것(사실, 지식), 활동을 통해 새롭게 배운 것, 알게 된 것을 적는다('What I 〈have〉 Learned' 칸에 적어 놓는다 — 목적 달성).

❺ 활동을 마무리한 다음에는 차트를 바탕으로 모든 정보를 종합·정리해 놓은 개념 지도(마인드 맵)를 만들어 보도록 하는 것도 좋다. 이 활동은 개인적으로 해도 좋고, 모둠원들과 함께해도 좋고, 학급 전체와 함께해도 좋다.

K.W.L. 차트 활동을 바탕으로 모둠별 탐구 내용을 정리하여 발표 자료 및 학생들에게 배부할 자료로 만든 것 — 2003년 당시 6학년 학생들의 작품 사례

3 활동 효과

❶ 모둠별 주제 탐구 학습, 모둠별 조사 혹은 과제 분담 학습(사회나 과학 등)에 활용되며 새로운 지식의 습득과 인지 구조 변화에 많은 도움을 준다.

❷ 독서 활동 전후에 많이 활용되기도 한다. 책을 읽기 전 알고 있는 사실, 읽고 나서 알게 된 사실, 더 알고 싶은 점 등(예 : 위인전, 과학적 사실이나 지식에 대한 것, 역사적 사실이나 지식에 대한 것, 설명문이나 주장하는 글, 자연 현상에 대한 지식을 담은 서적 등에 적합함).

주어진 자료를 읽어 보고, 이미 알고 있는 정보 공유

❸ 프로젝트 학습이나 문제 중심 학습 활동(PBL)을 할 때 많이 활용된다(이 활동을 바탕으로 앞의 사진과 같은 발표 자료와 배부 자료를 만들어 볼 수 있다).

❹ K.W.L(아는 것/궁금한 것/배운 것) 차트는 학생들의 사전 지식을 접목, 활용하기 위해 가장 널리 활용되고 있다. 이 구조는 학생들이 특정한 단원이나 주제에 대해 본격적인 학습을 하기 전에(단원 학습 들어가기 활동) 이미 알고 있는 것을 물어봄으로써 사전 지식을 확인시켜 주고, 본격적인 단원 학습이나 주제에 대한 탐구 활동을 시작하기 전에 개인적인 관심도와 흥미를 높여 준다.

알고자 하는 것을 탐구하고, 그에 따른 역할 분담하기

❺ 글을 읽기 전이나 탐구 활동 등을 하기 전에 주제에 대해 알고 있는 기존 지식을 활성화시키고, 더 알고 싶은 내용을 생각해 보면서 흥미를 자극할 수 있다.

역할 분담에 따라 각자 조사해 온 자료 및 정보 공유

❻ 글을 읽거나 탐구 활동을 하면서 자신의 예측이 옳은지 확인하고 글을 읽은 후 또는 과제 활동을 마무리한 후에는 새롭게 배운 내용, 새롭게 알게 된 사실이 무엇인지 평가하고 조직적으로 종합 · 정리하는 능력을 길러 준다.

❼ 각 단계와 과정을 겪으면서 아이들은 능동적으로 책 읽기 및 탐구 과정에 참여하게 된다

(자기 질문 기능 신장, 주제에 대한 자신의 질문에 스스로 답을 구하기 위하여 적극 참여한다).

❽ 글을 읽거나 토의 · 토론 활동을 하기 전에 자신이 알고 있는 것과 모르고 있는 것을 생각하게 하여 활동에 능동적으로 참여할 수 있도록 해 준다.

❾ 학생들은 자기질문 능력을 신장시키고, 주제에 대한 자기 자신의 질문에 대하여 답을 찾기 위해 능동적으로 글을 읽고 필요한 정보를 찾는 능력을 길러 준다.

❿ 학생들은 정보를 의미 있게 조직하는 방법 및 그 능력을 신장시킬 수 있다.

4 주의할 점이나 활동의 팁

❶ 칸을 하나 더 만들고, 네 번째 칸에 글을 읽고 난 후에 느끼는 정서(affect)를 추가할 수도 있는데, 이 경우는 K.W.L.A. 차트라 한다. 이 항목에는 개인적인 느낌과 관련된 것을 적는데, 글에서 혹은 활동을 하면서 가장 흥미롭게 느낀 것, 가장 좋았던 것이나 싫었던 것을 적고, 왜 그 정보가 가장 중요하다고 느꼈는지도 적도록 한다.

❷ 읽기 활동을 돕는 효과적인 전략 중에 한 가지로 적극 활용할 수 있다.

❸ 어떤 한 가지 주제에 대하여 서로 상호작용하는 활동 등에도 쓸 수 있다. 예를 들자면, 토의 · 토론 활동 주제 등에 대하여 시작을 하기 전에 각자가 먼저 생각하는 시간을 가지면서 이미 알고 있는 사실을 K칸에 먼저 정리해 둔다. 이후 충분한 시간을 가지고 토의 · 토론 활동을 진행한 다음 활동을 통해서 알게 된 사실을 L칸에 정리한다. 그런 다음 마무리 과정으로 전체적인 활동을 하면서 더 알고 싶은 것, 더 논해 보고 싶은 것 등에 대한 내용을 W칸에 정리해 놓으면 된다.

● K.W.L. 차트는 학생들이 이미 알고 있는 것으로부터 의미를 체계화하고, 이미 알고 있는 지식과 새로운 지식을 비교하고, 아이디어를 보다 명확하게 제시할 수 있게 해 준다(구성주의적이다).

● 또한 주제에 대한 집중력과 관심(학습에 대한 흥미와 호기심)을 유지하고 지금까지 배운 내용이 무엇인지 추적할 수 있는 방법을 제공해 준다.

● 궁극적으로 K.W.L. 차트는 학생이 배운 내용을 확인하기 위한 평가 자료의 하나로서 활용이 가능하다(개인, 모둠의 진단 자료).

● 학생들은 새로운 학습 단원을 시작하면서 차트 작성을 시작하여 단원이 완료될 때까지 지속적으로 꾸준하게 각 칸에 해당되는 내용을 기록해 나가고, 참고하게 된다.

- K.W.L. 차트는 채점 대상이 아니다. 왜냐하면 학생들은 점수에 연연하지 않고 자신의 생각이나 질문을 자유롭게 적어 넣을 수 있어야 하기 때문이다.
- 이 차트는 또 일대일 토론 또는 전체 학급 토론을 준비하기 위한 자료로도 활용이 가능하다.

'태양계 행성'에 관한 K.W.L. 차트		
이미 알고 있는 것	알고 싶은 것	알게 된 것
<ul><li>옛날에는 주로 눈으로 관찰하였다.</li><li>오늘날에는 뛰어난 성능의 망원경으로 관찰한다.</li><li>명왕성은 빠지게 되었다.</li><li>태양이 가장 중심에 있다.</li><li>행성은 항성의 주위를 도는 것을 말한다.</li><li>지구에서 가장 가까운 항성은 바로 '태양'이다.</li><li>항성은 스스로 밝은 빛을 내는 동그란 모양의 큰 별을 말한다.</li><li>행성에는 수성, 금성, 지구, 화성, 목성, 토성, 천왕성, 해왕성이 있다.</li></ul>	<ul><li>행성을 더 자세하게 관찰할 수 있는 방법은?</li><li>각각의 행성에 대한 특징은 무엇인가?</li><li>생명이 살 수 있을 만한 곳은 없는가?</li><li>왜 다른 행성에는 생명체가 없는 것인가?</li><li>태양계 행성이 되기 위한 조건은 무엇인가?</li><li>명왕성은 왜 빠지게 되었는가?</li><li>현재 우리나라의 우주탐사는 어떻게 되어 가고 있는가?</li></ul>	<ul><li>전파 망원경, 허블 망원경, 우주 탐사선, 인공 위성을 이용하여 관측</li><li>수성 — 태양계에서 가장 작은 행성, 금성 — 지구에서 가장 가까움, 지구 — 생명체가 있는 이유는 물이 있기 때문, 화성 — 빛깔이 붉고, 생명체가 있을 가능성이 가장 높음, 목성 — 태양계 행성 중 가장 크고 위성이 16개나 됨, 토성 — 아름다운 고리가 있고, 위성도 많음, 천왕성 — 태양계에서 세 번째로 크고 위성도 많음, 해왕성 — 천왕성과 비슷한 크기이고, 푸른색임.</li><li>태양계 행성이 되기 위한 조건은 ① 태양 주위를 돌아야 하고, ② 어느 정도 질량을 갖고 있으며 지구처럼 둥근 형태여야 하며, ③ 공전궤도상에 다른 물체가 없어야 한다는 것이다.</li><li>명왕성은 자기 공전궤도 내에서 지배적인 역할을 하지 못하고, 적당한 크기를 갖고 있지 못하여 태양계에서 제외되었다.</li><li>우리의 우주 탐사 : 과학용으로 우리별 1, 2, 3호, 방송통신용으로 무궁화 1, 2, 3호가 발사되었다.</li></ul>

5 수업의 실제

'K.W.L. 차트'를 활용한 4학년 과학과 토의 · 토론 수업

단원	4-2. 4. 화산과 지진	일시	○○년 ○월 ○일 ○교시	장소	교실
주제	분출하는 화산	차시	과학 1~2/10(80분)	지도 교사	○○○
학습 목표	화산의 모양 및 화산이 분출할 때 나오는 물질에 대하여 말할 수 있다.				
사회적 기술 목표	적극적으로 칭찬하기, 타인의 생각 수용하기, 친절하게 알려 주기				
학습 자료	K.W.L. 차트 활동지(개인, 모둠), 화산 관련 동영상, 백과사전이나 전문서적				

단계	학습내용 및 학습구조	교수 · 학습활동	시간	자료 및 유의점
도입	동기유발 번호순으로 구조	● 동기유발하기 : 화산 관련 영상물 시청하기 – 화산 폭발 관련 영상물 시청 – 영상물을 시청하면서 화산 폭발 시 분출하는 물질에 대하여 자세히 관찰하도록 안내하기	10′	
	학습 문제 확인	● 학습 문제 확인 화산의 모양 및 화산이 분출할 때 나오는 물질에 대하여 말할 수 있다.		영상 자료 준비 – 화산 관련 영화 '단테스피크'
전개	개별 학습	● 학습 목표 관련 개인적 생각 정리하기 [교사] 화산의 모양 및 화산 폭발 시 나오는 물질에 대하여 이미 알고 있는 것과 알고 싶은 것을 각자 차트에 정리해 보도록 하자. [학생] 개인적으로 생각할 시간을 갖고 차트에 정리한다.	10′	● 개인별 K.W.L. 차트에 정리
	모둠 활동 K.W.L. 차트 만들기	【활동 1】 모둠별 K.W.L. 차트 만들기 [교사] 모둠별로 K.W.L. 차트를 작성해 보도록 하자. [학생] 개인적으로 알고 있는 사실과 궁금한 점을 돌아가며 말하기로 발표한다. 이때 누군가의 궁금한 점에 대해 다른 모둠원이 설명해 줄 수 있다면 그를 통해 충분히 해결하도록 한다(완전히 해결된 것이 아니라면 계속 'W' 항목에 둔다). [교사] 모둠별 질문을 살펴보고, 학습목표 관련 중요한 사항이 어느 항목(K/W)에도 들어 있지 않을 경우 해당 모둠에게 질문 방식으로 탐색할 문제를 제시한다. [학생] 각자의 K.W.L. 차트 활동지를 모둠 내에서 돌아가며 말하기로 발표하고 소통한다(정보의 공유). – 각 모둠의 기록이는 모둠 K.W.L. 차트를 정리한다.	20′	● 모둠별 K.W.L. 차트에 정리(기록이가 정리) ● 필요한 경우 핵심 질문을 교사가 제시한다. ● 질문을 만들 때 실험관찰책을 반드시 참고할 수 있도록 안내한다.
	모둠 활동 정보 검색 및 문제 해결	【활동 2】 정보 검색을 통한 문제 해결 [교사] 각 모둠은 역할 분담을 통해 준비한 자료를 바탕으로 문제를 해결해 나가도록 하자. [학생] 모둠 내에서 해결하지 못한 궁금한 점은 미리 준비해 온 백과사전이나 전문서적을 통해 함께 해결해 나가도록 한다. – 찾은 정보는 모둠 내 소통을 통해 반드시 공유한다. – 찾은 정보는 핵심만 추려서 차트에 정리한다.	20′	● 사전에 백과사전이나 화산 관련 전문서적을 준비할 수 있도록 안내한다.
정리	전체 학습	● 형성평가 및 정리, 다음 차시 안내 – 전체 활동에 대한 형성평가 및 정리 – 정리한 모둠별 K.W.L. 차트는 교실에 게시하기 – 다음 차시 안내	20′	● 모둠별 활동지는 교실에 게시

〈과학과 형성평가지〉

	과학 4-2학기 4. 화산과 지진 **분출하는 화산**	○○○○초등학교 3학년 ○반 (　)번 이름 (　　　)

1. 제주도에 있는 한라산은 크기가 크고 경사가 완만하지만, 산방산은 크기가 작고 경사가 급한 모양을 하고 있습니다. 이처럼 같은 화산임에도 불구하고 모양이 서로 다른 이유로 가장 알맞은 것은 무엇입니까? ……………………………………………………………………… (　　　)

   (가) 화산이 분출하는 시간에 따라 모양이 달라진다.
   (나) 화산이 분출할 때의 날씨에 따라 모양이 달라진다.
   (다) 분출되는 화산 가스의 양에 따라 모양이 달라진다.
   (라) 분출되는 용암의 끈적거림에 따라 모양이 달라진다.

2. 다음은 화산이 분출할 때 나오는 물질을 상태에 따라 기체, 액체, 고체로 구분한 것입니다. 빈칸에 알맞은 말을 넣으시오. ……………………………………………………………… (　　　)

기체 상태	
액체 상태	
고체 상태	

3. 다음 중 화산의 특징과 거리가 먼 것은 무엇입니까?………………………………… (　　　)

   (가) 봉우리가 하나이다.
   (나) 삿갓을 엎어놓은 원뿔 모양을 하고 있다.
   (다) 화산 꼭대기에는 용암이나 화산 가스가 분출한 흔적으로 움푹 파인 분화구가 있다.
   (라) 화산 꼭대기에는 호수가 생기기도 한다.
   (마) 화산은 여러 개의 산이 연결되어 산줄기나 산맥을 이루고 있다.

4. 다음 중 화산이 분출한 후 지표면의 변화에 대한 설명으로 옳지 않은 것은 무엇입니까?… (　　　)

   (가) 산의 모양이 변하거나 없어지기도 한다.
   (나) 바다에서의 화산활동은 섬을 만들기도 한다.
   (다) 용암이 흐르면 땅이 모두 녹아 없어지기도 한다.
   (라) 흘러내린 용암이 굳으면서 새로운 모양의 땅이 생기기도 한다.
   (마) 편평했던 지면에 화산 분출물이 쌓여 산처럼 솟아오르기도 한다.

5. 다음은 무엇에 대한 설명인지 쓰시오.

고체 상태의 화산 분출물, 회색을 띠는 물질 손으로 만지면 밀가루처럼 부드럽다.	(답)

05 하나 주고 하나 받기 토의·토론

 기본이해

이 구조는 각 모둠별로 토의·토론을 한 후에 다른 모둠의 정보와 서로 교환하는 것을 목적으로 한다. 다른 모둠의 정보를 모아 오는 것(지식 습득 및 공유)을 주목적으로 하는데, 1차적으로 학생들은 모둠에서 서로 정보를 나누며 공유를 하고, 모두 자리에서 동시에 일어나 돌아다니면서 다른 모둠원들과 1 : 1로 만나 지식을 한 가지씩 공유하도록 한 것이 가장 큰 특징이라 할 수 있다. 이 구조는 지식 습득만이 아니라 아이디어의 공유를 목적으로 할 때도 많이 활용된다.

2 진행방법

'혼자 생각하기'단계는 모든 활동을 시작하기 전에 선행되는 필수 활동!!!

❶ 교사는 학생들에게 토의·토론 주제를 제시하고 내용을 기록할 활동지를 네 장씩 배부한다.

❷ 각 모둠원들은 과제와 관련하여 개인적인 생각을 정리할 시간을 갖는다(메모할 필요도 있다).

❸ 혼자 생각하는 시간이 지나면 모둠원들끼리 브레인스토밍 토의·토론을 한다(지식의 공유 및 습득).

❹ 브레인스토밍을 하면서 '하나 주고' 항목에 들어갈 좋은 내용이라고 모둠원들이 동의하면 각자의 활동지에 그 내용만 기록한다(동의하지 않으면 그 의견은 버린다).

❺ 주어진 시간 동안 '하나 주고' 항목에 서로 공유할 지식을 채웠으면 모두 자리에서 일어선다.

❻ 모든 학생은 자리에서 일어나 다른 모둠의 학생과

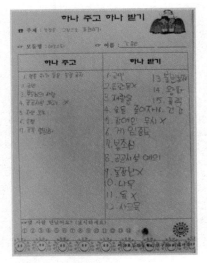

활동지 및 결과물 사례

만나 짝을 이룬다.

❼ 짝을 이룬 학생과 함께 '하나 주고' 항목에 있는 아이디어를 하나씩 나눈다. 나누면서 자신에게 없는 아이디어는 '하나 받기' 항목에 기록하도록 한다.

❽ 정보를 1개씩 나눈 후에는 헤어지고, 다시 다른 짝을 찾아 나선다. 이후에 새로운 짝을 만나 7~8단계 활동을 반복한다.

❾ 활동이 끝나면 본래 모둠으로 돌아와 자신이 새롭게 습득한 지식과 정보를 모둠원들과 '돌아가며 말하기' 구조를 활용하여 나눈다.

※ 3, 4단계를 생략하고, 개인적인 생각을 '하나 주고'에 정리한 뒤 자리에서 일어나 다니면서 다른 사람과 나눈 생각들을 '하나 받기'에 정리한 후, 그 결과물들을 갖고 모둠으로 돌아와 나누면서 최종 정리를 해 주어도 좋다.

혼자 생각하기

자리에서 일어나 서로 나누기

모둠으로 돌아와 나누기

3 활동 효과

❶ 활동이 매우 역동적(발표, 듣기, 메모 등)이고, 활동에서 소외되는 학생들이 거의 없다(일단 모둠에서 토의 · 토론 활동을 1차적으로 하고 돌아다니기 때문에 내 생각만을 가지고 다른 사람을 만나 갈 때보다 자신감이 많이 생기고, 부담감도 그만큼 줄어든다).

❷ '우리의 생각 — 합의된 집단적 지식'을 가지고 활동에 참여하기 때문에 학생들이 능동적이게 된다.

❸ 한 가지 과제나 주제에 대하여 모든 학생들이 보다 많은 양의 새로운 지식과 정보를 공유(많은 사람들을 만나 나누게 됨)할 수 있도록 하고자 할 때 많이 활용되며, 그 결과로 학생들의 인지 구조 변화에 많은 도움을 준다.

❹ 서로 한 가지씩 지식과 정보를 주고받으면서 긍정적인 관계(지적 공동체 — 협동적 배움)를 맺어 나간다.

❺ 학생들의 토의·토론 활동에 참여가 극대화된다(절반은 말하고, 절반은 듣기).

❻ 여러 사람과 지식 및 정보를 공유하고 생각을 나누는 데 시간이 많이 걸리지 않는다. 아울러 빠른 시간 안에 말하고, 메모하고, 정리하고, 이동하기 때문에 학생들의 이해력 및 듣기능력, 정리능력, 발표력 등이 신장된다.

4 주의할 점이나 활동의 팁

❶ 자리에서 일어나 돌아다니면서 짝을 만날 때는 소음을 보다 줄일 수 있는 방안을 마련한 뒤 활동할 필요가 있다(예 : 짝이 없는 사람은 오른손을 번쩍 들어 올리고, 왼손은 입에 가져간 후에 말을 하지 않고 눈으로만 의사표시를 하며 다른 짝을 만나 가도록 한다).

❷ 활동을 충분히 하였으면(서로 많은 것을 주고받았으면) 교실 모퉁이나 어느 지점에 서서 소극적인 모습을 보이거나 아직 내용을 많이 채우지 못한 친구에게 도움을 주도록 안내하는 것을 잊지 말아야 한다.

❸ 활동량은 개수(예 : 받은 정보의 양을 6개 채운 사람들은 못 채운 친구들을 도와주거나 자리로 돌아간다)로 정할 수도 있고, 시간제한(예 : 나누는 시간은 5분, 주어진 시간 동안 최대한 많이 나누도록 한다)을 두고 할 수도 있다.

❹ 필요한 경우에는 또 다른 조건을 두고 짝을 만나 나눌 수 있도록 할 수도 있다(예 : 남자는 반드시 여자를 만나고, 여자는 반드시 남자를 만난다. 자기가 만난 사람 가운데 반은 여자여야 하고, 반은 남자여야 한다).

5 수업의 실제

'하나 주고 하나 받기'를 활용한 3학년 국어과 토의 · 토론 수업

단원	3-2. 4. 차근차근 하나씩	일시	○○년 ○월 ○일 ○교시	장소	교실
주제	하나의 낱말이 여러 가지 뜻으로 사용되는 경우 살펴보기	차시	국어(말하기/듣기) 1~2/4(80분)	지도 교사	○○○
학습 목표	1. 하나의 낱말이 여러 가지 뜻으로 사용되는 경우를 말할 수 있다. 2. 하나의 낱말이 지닌 여러 가지 뜻을 구별하는 방법을 알 수 있다.				
사회적 기술 목표	소곤소곤 말하기, 시간 지키기, 질서 지키기				
학습 자료	타이머, 활동지, 듣기 자료, 국어사전				

단계	학습내용 및 학습구조	교수 · 학습활동	시간	자료 및 유의점
도입	동기유발 번호순으로 구조 학습 문제 확인	● 동기유발하기 : 교과서 속 그림을 살펴보면서 같은 낱말이나 뜻이 다르게 쓰인 말 찾기 － '해'에 대한 다양한 뜻 이해하기 ● 학습 문제 확인 하나의 낱말이 여러 가지 뜻으로 사용되는 경우를 말할 수 있다.	5′	

전개	전체 학습	【활동 1】 들려주는 이야기를 듣고 답하기
		  [교사] 이야기를 듣고 다음 물음에 답을 해 보자.
		  －두 사람의 대화에서 반복되는 말은 무엇인가요?
		  [학생] '눈'입니다.
		  [교사] 민수가 말한 '눈'은 어떤 뜻인가요?
		  [학생] '시력'을 뜻합니다.
			10′	● 듣기 자료 준비

		【활동 2】 혼자 생각하기
		  [교사] 개인적으로 하나의 낱말이 여러 가지 뜻으로 사용되는 경우를 써 보 도록 하자.
		  [학생] 개별 활동지에 하나의 낱말이 여러 가지 뜻으로 사용되는 경우를 적 는다(그 의미도 함께 적어 주기).
			10′	● 하나 주고 하 나 받기 활동지 준비

	모둠 활동 모둠 내 직소	【활동 3】 하나 주고 하나 받기를 통해 공유하기
		  [교사] 혼자 생각하여 정리한 내용을 다른 사람과 만나서 함께 나눌 수 있 도록 하자.
		  [학생] 자리에서 일어나 여러 친구들과 짝을 이루어 가며 정보를 하나씩 주 고받는다(새로운 정보는 기록).
			10′	

	돌아가며 말하기	【활동 4】 모둠으로 돌아와 알아 온 정보 나누기
		  [교사] 활동을 통해 알게 된 정보를 모둠원들과 함께 나누도록 하자.
		  [학생] 돌아가며 말하기를 통해 서로 나누고 정리한다.
		  [교사] 모둠 활동 후 전체적으로 하나의 낱말이 여러 가지 뜻으로 사용되는 다양한 경우를 함께 나누어 보자.
			20′	

	동시다발적 으로 돌아가며 쓰기	【활동 5】 들려주는 이야기를 듣고 답하기
		  [교사] 이야기를 듣고 낱말의 뜻을 구별해 보자.
		  [교사] 문장을 읽고 낱말의 뜻을 구별해 보자.
		  [학생] 사전을 찾거나 문장의 앞뒤 관계를 따져 가면서 각자 해결하고 모둠 원들과 함께 나눈다(답 확인하기).
			20′	● 듣기 자료 준비
				● 사전 준비

정리	전체 학습	● 정리 및 다음 차시 안내 －하나의 낱말이 지닌 여러 가지 뜻을 구별하는 방법 정리(국어사전 찾기, 문장의 앞뒤 살펴보기)	5′	● 시간이 남으 면 낱말 찾기 놀 이하기

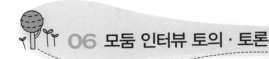

06 모둠 인터뷰 토의 · 토론

기본이해

모둠 인터뷰는 모둠원들이 정해진 시간 동안 모둠 구성원 중 특정 역할을 맡은 한 학생을 놓고, 나머지 학생들이 인터 뷰를 하는 방식으로 진행된다. 예를 들 자면 모둠 내에서 한 학생이 어떤 역사 적 인물이나 특정 분야의 전문가 역할 을 맡아 가상으로 그 인물이 되어 보기 또는 전문가 되기를 하고, 나머지 모둠 원들은 그 학생에게 인터뷰나 질문을 하는 방식이 있을 수 있다. 또 다른 방식 으로는 주제에 맞게 각자 인터뷰할 질

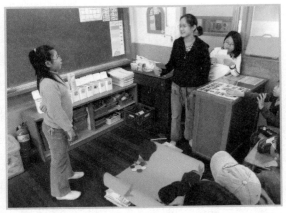

필자의 반 사례 — 교육 연극을 먼저 보여 준 이후에 인터뷰 활동 이 이어졌다.

문을 만들게 한 뒤 각 모둠 내에서 자신이 만든 질문지를 이용하여 돌아가면서 다른 모둠원들 을 인터뷰하는 방식도 있을 수 있다(예 : 첫 만남의 날, 서로 궁금한 점과 관련하여 질문지를 만들고 인터뷰 방식을 통해 여러 사람들의 생각을 알아보고자 할 때 활용할 수 있다). 한편 가 상 인물이 되어 보는 활동으로서 모둠 범위를 넘어서서 학급 전체 속에서 특정 개인, 특정 모 둠원이 교실 앞으로 나와 가상 인물의 입장이 되어 간단한 연기 활동을 하거나 정지동작을 보 여 준 이후에 인터뷰를 받고 그에 대한 답변을 하는 방식으로도 얼마든지 가능하다. 각자 인터 뷰나 질문은 주로 알고 싶은 점, 궁금해하는 점 등에 대하여 하는데, 인터뷰를 받는 학생은 가 상의 인물이나 전문가가 되어 보거나 또는 자신이 처한 입장에서 솔직한 생각이나 의견을 대 답하도록 하여 감정 이입 및 간접적 경험(당시의 상황이나 입장에서 인물의 심리적 상태를 간 접적으로 경험 — 일종의 역할극처럼)을 하게 되고, 호기심과 탐구심을 바탕으로 한 질문 주고 받기를 통해 질문하는 학생은 지적 호기심 충족 및 정보의 교환과 지식 습득을 하게 된다.

2 진행방법

'혼자 생각하기' 단계는 모든 활동을 시작하기 전에 선행되는 필수 활동!!!

꼭 다음에서 안내하는 방식으로 진행하지 않아도 얼마든지 가능하다.

❶ 각 모둠에서 인터뷰할 인물을 설정한다. 인터뷰할 인물은 가상의 인물일 수도 있고, 역사적 인물일 수도 있고, 어떤 상황에 놓인 특정 인물일 수도 있으며 이야기 속의 등장인물일 수도 있다(교사가 정해 줄 수도 있고, 학생들이 스스로 선택할 수도 있다).

❷ 모둠 내에서 한 학생이 결정된 인물의 역할을 맡아 인터뷰를 받는다.

❸ 다른 모둠원들은 인터뷰할 질문을 만들 시간을 잠깐 갖는다(기자 역할).

❹ 주어진 시간 동안 모둠 내에서 인터뷰 활동이 진행된다. 인터뷰는 자유롭게 하고 싶은 질문을 하거나 돌아가며 말하기 방식으로 해도 좋다.

❺ 인터뷰가 끝나면 설정된 가상 인물의 역할을 모둠 내에서 다른 사람에게 넘긴다(보통은 번호 순서대로 역할을 맡는데, 모두가 경험해 보도록 한다).

❻ 또 다른 사람이 인물의 역할을 맡으면 앞의 4단계, 5단계 활동을 반복해서 진행한다. 이렇게 되면 같은 질문에 대해서도 다양한 답변이 나오게 된다.

❼ 모든 활동이 끝나면 느낀 점이나 소감을 서로 나눈다(모둠 내 ➡ 학급 전체).

※ 모둠 내에서가 아니라 학급 전체에서 몇몇의 학생이 특정 인물이 되어 보도록 한 뒤(예 : 이야기 속의 인물 되어 보기), 교실 앞으로 나와서 모든 학생들에게 다양한 질문을 받도

★ 5학년 교과서에 나오는 "나무를 심는 사람들"의 앞, 뒤 이야기 만들기 및 타블로(움직임이 없는 정지동작) 활동 ― 정지 장면 완성 후 마음속의 이야기를 듣고, 동작의 주인공이 되어서 다른 학생들의 질문에 답변을 한다.

http://blog.joinsmsn.com/yoo9792/10473802(yoo9792님의 블로그)

록 하고 그에 대한 가상 인물의 입장에서 답변해 보도록 하는 방식도 가능하고, 특정 모둠원 모두가 이야기 속의 가상 인물이 되어 교실 앞으로 나와 모든 학생들에게 다양한 질문을 받도록 하고, 그에 대한 가상인물의 입장에서 답변해 보도록 할 수도 있다. 주로 학교 현장에서는 교육 연극 차원에서 많이 도입 · 적용하고 있다(주로 같은 책 또는 같은 이야기를 듣거나 똑같은 상황에 처해 있다는 전제를 바탕으로 활동을 하게 된다).

3 활동 효과

❶ 교육 연극 분야에서 많이 활용되고 있는 '핫 체어'(Hot-Chair, 또는 핫시팅)와 같다고 보면 된다. 이야기 속의 등장인물을 맡은 한 아이가 의자에 앉고 나머지 아이들이 인터뷰를 하는데, 주로 인물의 성격이나 생각, 말과 행동에 따른 이유 등을 나누어 보고자 할 때 많이 활용된다.

❷ 교육 연극 분야에서 많이 활용되고 있는 타블로(움직임이 없는 정지동작) 기법도 이와 같은 맥락에서 바라볼 수 있겠다.

❷ 활동에 빠져들게 되면 전문가적인 책임성과 진지한 태도를 갖게 된다.

❸ 하나의 상황 속에서 다양한 사람들의 생각을 통해 공통점 및 차이점을 느낄 수 있게 된다(인물의 심리를 보다 구체적으로 추측하고 이해하게 됨).

❹ 이야기 속의 인물이 되어 보는 활동

★ 동화를 읽어 주고, 동화 속의 그 무엇이 되어 친구들의 질문 받기 — 입장 바꿔 생각하기. 동화 속의 주인공 또는 사물이 되어 친구들의 질문에 답변하는 모습
http://blog.joinsmsn.com/yoo9792/10284385(yoo9792님의 블로그)

에서나 질문을 하는 입장에서나 모두 인물을 바라보는 시각과 사건을 바라보는 시각에서 깊이와 폭이 달라진다(등장인물의 성격과 그가 처한 상황, 이야기의 내용을 정확히

이해하고 있어서 가능하기 때문에 학생들은 이야기를 보다 깊이 있게 바라보고 이해하게 된다).

④ 약간의 즉흥적인 요소도 가미되어 있어서 순발력과 창의력도 향상된다.

⑤ 때로는 즉흥적으로 떠오르는 생각을 부담 없이 이야기할 수 있도록 하여 발표력 향상에 도움을 준다.

⑥ 모든 학생들이 다 참여하게 된다(소외되는 학생이 없다).

4 주의할 점이나 활동의 팁

❶ 인터뷰를 받을 때 결정된 인물의 이름을 목걸이나 명찰과 같이 만들어 활용하면 더 실감 나게 활동할 수 있다.

❷ 목걸이나 명찰은 모둠 내에서 어떤 사람이 인터뷰를 받고 있는가를 확인할 수 있는 도구가 되기도 한다(모둠별 진행 상황 파악).

❸ 인터뷰할 때 기자 역할을 맡은 학생은 좀 더 실감나는 활동을 위해서 모둠 마이크를 사용한다.

❹ 인터뷰 활동이 성의 없거나 장난스런 활동으로 변질되지 않도록 각별한 주의가 요구된다.

❺ 역할이 보다 전문성을 요하는 활동일 때는 그에 맞는 가상 상황을 설정하고 토의 · 토론 활동이 이루어질 수 있도록 한다(그 상황과 관련된 전문적인 지식을 가진 전문가 역할의 예 : 박물관 상황에서의 고고학자, 사건 해결에 있어서의 탐정이나 형사, 문제 해결 방안을 찾아 나가는 데 있어서의 정치인이나 사회학자, 과학적 현상을 탐구해 나가는 데 있어서의 과학자 등). 이때 아이들이 자신의 경험과 지식을 최대한 발휘하여 발표하고 토의 · 토론을 해 나갈 수 있도록 전문가적인 자세와 진지한 태도, 책임의식 등에 대하여 강조해 둘 필요가 있다.

❻ 이야기를 바탕으로 인터뷰를 하기 위해서는 등장인물이 처한 상황이나 인물의 성격 등을 보다 자세히 알아 두어야 하고, 이야기의 내용 또한 정확히 이해하고 있어야 한다(이야기를 꼼꼼하게 읽어야 한다). 이런 경우에는 보통 학급 전체를 대상으로 하여 활동 범위를 확대시키는 경우가 더 많다(교육 연극으로서).

❼ 특정 상황에 따른 전문가가 되어 보는 활동에서는 관련된 사전 지식이 필요하기 때문에 미리 공지하고 그 분야에 대한 전문가가 되어 오도록 할 필요가 있다(미리 중요한 정보

나 자료 찾아보기, 공부나 탐구해 오기 등).

❽ 이야기 속의 인물이 되어 보기에서는 각 모둠원이 동시에 서로 다른 역할을 맡아 인터뷰를 주고받는 방식으로 진행을 해도 좋다. 이때는 질문이 특정 인물에게 집중되지 않도록 적절한 안배가 필요하다(이야기 선정에 있어서 주인공이 여럿이거나 비중이 있는 인물이 4명 정도 등장하는 이야기를 택하도록 한다).

- 모둠 내에서 각자 한 가지씩 등장인물의 역할 맡기
- 각자 궁금한 것에 대한 질문 만들기(어떤 인물에게 무엇이 궁금한가)
- 모둠 내에서 각자 궁금한 점을 해당 인물에게 질문하고 답변을 듣기(질문하는 사람에 대한 범위를 모둠 내로 꼭 한정시킬 필요는 없다. 특정 모둠을 앞으로 나오라고 하여 의자에 앉게 한 뒤, 나머지 학급 구성원 모두가 질문을 할 수 있도록 해도 의미 있는 활동이 될 수 있다).
- 충분한 시간을 가지면서 위의 세 단계를 반복한다.
- 활동이 끝나면 소감을 나누고 정리한다.

참고 : 3단계 인터뷰 토의·토론에 대한 이해

1) 기본이해

3단계 인터뷰 구조는 모둠원들이 정해진 순서에 따라 짝을 지어 인터뷰를 하고, 인터뷰한 내용을 번호 순서에 따라 돌아가며 말하기 구조를 이용하여 모둠 내에서 서로 나눌 수 있도록 만들어진 구조이다. 이 구조는 자신이 알고 있는 것을 바탕으로 다른 사람에게 그것을 설명할 수 있는 능력을 길러 주고 서로 정보를 교환할 수 있도록 해 주는 데 도움을 주며 관심 분야에 대해 더 학습할 수 있도록 예상 가능한 상황을 만들어 주거나 한 가지 주제에 대한 개인적인 경험을 나누는 데 유용하다(예를 들자면 역사 속의 한 인물 역할을 맡아 인터뷰를 진행하며 그의 성격을 알아내는 활동, 내가 박물

필자의 반 사례 — "여름방학이 끝나고"

관의 관장이 된다면? 등). 3단계 인터뷰 구조는 한 단원의 시작 단계에 단원 개관 차원에서 자주 활용할 수 있으며, 수업의 도입 단계나 종합적인 정리 단계에도 활용할 수 있다(내용 이해 및 내용 익히기에 유용). 또한 학급세우기 및 모둠세우기 활동에도 많이 활용되는 구조이기도 하다(서로를 알아 가는 데 유용한 구조라 할 수 있다).

2) 진행방법

'혼자 생각하기' 단계는 모든 활동을 시작하기 전에 선행되는 필수 활동!!!

1, 2단계를 어깨짝끼리 진행하고 있는 모습

❶ 학생들은 모둠 내에서 2명씩 짝을 짓는다(활동의 특성상 얼굴을 마주하는 사람과 함께하는 것이 좋다. 모둠식 자리배치가 아니라면 그냥 어깨짝끼리 해도 무방하다). 한 사람은 인터뷰를 하는 사람이 되고 다른 한 명은 인터뷰를 받는 사람이 된다.

❷ 교사는 인터뷰 활동지를 미리 준비하여 학생들에게 나누어 준다.

모둠원들과 3단계 활동 진행 — 5학년 국어("경험 속으로")

❸ 인터뷰를 시작하기 전에 주어진 활동지 속의 질문에 대하여 잠시 혼자 생각할 시간을 갖도록 한다. 왜냐하면 곧바로 답하기에 어려운 질문이 올 수도 있기 때문이다.

❹ 저학년의 경우 질문지는 모두 만들어 주는 것이 좋겠고, 중·고학년의 경우는 한두 칸 혹은 그 이상의 빈칸을 주고, 하고 싶은 질문을 직접 만들 수 있도록 하는 것도 좋다.

❺ 인터뷰 1단계 : 가령 모둠 내 1번이 자신의 얼굴짝인 2번을, 3번이 자신의 얼굴짝인 4

5학년 1학기 국어("경험 속으로") — 시간을 나타내는 말(결과물)

번을 동시에 인터뷰하고, 그 내용을 활동지에 메모해 둔다.

❻ 인터뷰 1단계가 끝나면 서로의 역할을 바꾸어 인터뷰 2단계를 진행한다(역할을 바꾸어서 2번이 1번을, 4번이 3번을 인터뷰하고, 그 내용을 활동지에 메모해 둔다).

❼ 각자 인터뷰한 내용(짝에 대한 내용)을 '돌아가면서 말하기' 구조를 이용해서 자신의 모둠 내에서 발표한다.

3) 활동 효과

❶ 독서 후 활동으로 활용해도 좋다(교사가 미리 인터뷰 질문지를 만들어 놓고 각자 읽은 책에 대하여 인터뷰를 하도록 한다. 가령 제목, 작가에 대하여, 줄거리에 대하여, 감동받은 부분, 기억에 남는 부분, 인물에 대하여, 책을 통해 얻은 교훈, 이 책을 친구에게 꼭 소개한다면 어떻게 소개하고 싶은가 등).

❷ 정답이 있는 질문이 아니라 개방적인 질문을 여러 개 만들어 놓고, 서로 묻고 답하면서 다른 사람들의 다양한 생각을 서로 나눌 수 있는 내용이면 얼마든지 좋다(이 과정을 통해서 서로를 알아 갈 수 있도록 할 수도 있고, 특정 주제와 관련된 내용의 이해 및 정보 공유하기 활동 등에도 유용하게 사용된다).

❸ 역사 속의 인물이나 이야기 속의 인물이 되어 보고, 그와 관련된 깊이 있는 활동을 바탕으로 그 인물에 대해 인터뷰 주고받기 등의 활동을 할 수 있다.

❹ 특정 교과목의 단원을 시작하기 전에 주제에 대한 사전 지식과 경험이 어느 정도 갖추어져 있는지 파악해 보고, 단원에 대한 흥미와 동기를 유발하고자 할 때 활용하기(사회과나 과학과 등의 대단원 도입을 위한 준비나 동기유발 — 이 단원에서 배우고 싶은 내용은?, 이 주제와 관련된 경험을 해 본 적이 있는가?, 이 내용이 자신에게 어떤 도움이 될 것이라 생각하는가?, 이 주제와 관련하여 생각나거나 이미 알고 있는 내용 혹은 낱말들은 무엇인가? 등), 단원이나 특정 주제와 관련된 차시 활동의 마무리 단계에서 활용하기(이 단원 또는 차시에서 무엇을 배웠는가?, 더 알고 싶은 것은 무엇인가?, 배우고 느낀 것을 어떻게 활용하고 싶은가?, 내게 도움이 되는 점은 무엇인가? 등)

❺ 학년 초기에 혹은 모둠을 처음 구성한 뒤 서로 인사를 나누고 알아 갈 수 있도록 하기 위한 첫 활동으로 해도 좋다(자기 소개하기).

❻ 이야기, 시, 주어진 자료, 영상물, 특정 상황에 대한 경험을 놓고, 그를 통해 느끼고, 관찰하고, 깨닫고, 특이하게 경험한 점 등을 나눌 수 있다(예 : 한 편의 시를 읽고, 그 시를

통해서 느낀 점, 재미있었던 점, 슬펐던 점, 감동적인 부분, 나라면 어떻게 했을까, 특정 부분을 바꾸어 쓴다면 어느 부분을 바꾸고 싶은가, 더 좋은 표현이 있다면 등의 내용을 3단계 인터뷰 활동으로 나누기).

❼ 수련회, 현장학습 등을 다녀온 후에 그와 관련된 인터뷰 질문지를 만들어 활동하기(사후 정리 학습 활동)

❽ 학급의 다양한 행사나 활동(특히 프로젝트 활동, 장시간 진행된 의미 있는 활동 등)을 한 후에 반성의 차원에서 그와 관련된 인터뷰 질문지를 만들어 활동하기

❾ 말하고 듣기의 중요성을 깨닫게 하기 위한 훈련, 발표 활동에 어려움이 많은 학생들에 대한 자신감 획득을 위해 활용하기(많은 사람들 앞에서 발표하는 것에 대한 부담 — 주목받는 것, 틀릴지도 모른다는 점 등 — 을 많이 갖고 있거나 수줍음을 많이 타는 학생들에게는 2~3인 앞에서 발표하거나 말하기가 훨씬 더 안정적이고 부담이 줄어드는 상황이 된다)

> 좀 더 자세히 말하자면 발표하는 사람은 자신에 대한 것을 말하는 것이 아니라 다른 사람에 대한 입장을 대변해 주어야 하기 때문에 좀 더 귀 기울여 듣게 되고 책임감도 생긴다는 점, 발표할 때도 자신의 이야기가 아니기 때문에 부담감도 훨씬 줄어들게 된다는 점, 그로 인하여 발표에 대한 거부감도 많이 사라지게 된다는 점, 그리고 무엇보다도 인터뷰를 주고받는 과정에서 기록하고 메모하는 활동을 통해서 보고 할 것이 있다는 것에 대한 안도감, 인터뷰를 주고받는 활동 자체가 어떻게 보면 발표라고 말할 수 있겠지만 이 구조는 발표 활동을 '인터뷰'라는 것으로 포장하여 학생들이 발표라고 느끼지 못하게 만들어 준다는 점에서 매우 '신선한 발표 방법의 한 가지'라고도 말할 수 있다는 점 등에서 매우 효과적이라 할 수 있다.

4) 주의할 점이나 활동의 팁

❶ 질문에 대하여 개인적으로 답하고 싶지 않을 때는 그 마음을 존중해 주어 말하고 싶은 다른 것으로 이야기를 해도 좋다는 규칙을 만들 필요가 있다.

❷ 질문지는 미리 만들어 두는 것이 좋겠지만 학년에 따라서 차이를 두는 것이 좋다. 가령 1, 2, 3학년 정도는 다 만들어 주는 것이 좋겠지만 4학년 정도부터는 질문지 가운데 1~2칸 정도를 비워 두고 그 빈칸에 자신이 생각하는 질문을 직접 만들어 본 후 인터뷰를 할

수도 있다. 가능하다면 고학년으로 갈수록 빈칸의 수를 늘릴 수도 있고, 더 능숙한 수준에 이르렀다면 처음부터 질문지를 빈칸으로 주고, 직접 질문을 만들 수 있는 시간을 준 뒤 인터뷰를 하게 할 수도 있다.

❸ 짝끼리 할 때는 소곤소곤 말하기를, 모둠 내에서 돌아가며 말하기를 할 때는 도란도란 말하기를 통해 대화를 나눌 수 있도록 한다.

❹ 적절한 시간 안배가 반드시 필요하다. 인터뷰하는 시간에 있어서 모둠별, 각 개인별로 편차가 매우 심하다. 따라서 각자 정해진 시간을 책임질 수 있도록 해야 하고 반드시 모두가 볼 수 있도록 타이머 등을 이용해 시간 체크를 꼭 하도록 한다.

❺ 인터뷰한 내용에 대해서는 개방적인 생각과 느낌을 갖도록 한다.

❻ 꼭 필요한 경우에만 모둠 마이크 등을 활용하도록 한다.

❼ 인터뷰 질문지를 받자마자 바로 시작하지 말고, 같은 문항에 대하여 서로 어떤 답변을 주고받을 것인지에 대한 개인적인 시간을 반드시 갖도록 하는 것이 좋다. 질문에 따라 개인적으로 깊이 고민해서 답변을 하거나 난감한 상황이 있을 수도 있기 때문이다. 질문을 만들어서 할 경우에도 예민한 질문이나 난처한 질문은 하지 않도록 안내해야 한다.

❽ 다른 사람의 생각이나 의견을 대신 발표한다고 하여 성의를 보이지 않거나 대충 이야기하고 넘어가는 일은 절대로 없어야 한다(개인적인 책임 및 긍정적인 상호의존 강조).

❾ 학급세우기 차원에서 학년 초 자기 소개하기 활동을 할 경우 3단계 활동과정의 폭은 '모둠 내'라는 범위로 한정 지을 필요는 없다. 다시 말해서 2단계까지는 짝끼리 하고, 3단계 활동은 전체 앞에서 발표하는 방식으로 해도 별 무리가 없다.

인터뷰한 짝의 내용을 학급 전체 학생들과 나누고 있는 모습

5 수업의 실제

'모둠 인터뷰'를 활용한 3학년 국어과 & 재량 토의 · 토론 수업

단원	7. 마음을 읽어요.	일시	○○년 ○월 ○일 ○교시	장소	교실
주제	새롭게 꾸민 이야기와 연극	차시	듣/말 3~4/4(80분), 재량시간(40분)	지도 교사	○○○
학습 목표	새롭게 꾸민 이야기를 연극으로 나타낼 수 있다.				
사회적 기술 목표	개인적인 책임 다하기, 타인의 의견 수용하기, 타인의 입장 이해하기				
학습 자료	미리 꾸민 이야기, 각종 연극용 소품을 만들 재료, 도깨비 방망이 동영상 자료				

단계	학습내용 및 학습구조	교수 · 학습활동	시간	자료 및 유의점
도입	동기유발 (전체 학습) 학습 문제 확인	● 동기유발하기 : 동영상 시청("도깨비 방망이") 　– 등장인물의 특성을 관찰하면서 동영상 시청하기 ● 학습 문제 확인 　새롭게 꾸민 이야기를 연극으로 나타낼 수 있다.	10´	동영상 자료 — "도깨비 방망이"
전개	전체 학습	【활동 1】 등장인물 흉내 내기 　[교사] 이야기 속 등장인물을 흉내 내 보자. 　[학생] 다양한 표정을 지으며 흉내를 내 본다. 　– 교과서 249쪽 표정 딱지를 붙이고 흉내 내 보기 　– 등장인물의 말투가 살아 있도록 흉내 내기	10´	
	모둠 활동 (모둠별 연극 만들기)	【활동 2】 등장인물의 특성을 살려 연극으로 만들기 　[교사] 지난 시간에 모둠별로 꾸며 본 이야기 속 등장인물의 특성을 살려 이야기를 다시 꾸며 보도록 하자. 　[학생] 이야기 속 등장인물의 특성을 잘 살릴 수 있는 역할을 배정하고 연극 활동 준비 및 연습을 한다. 　– 필요한 경우 소품을 준비해 오거나 직접 만들되 간단하게 제작할 수 있도록 한다(시간 절약하기). 　– 부족한 점들에 대해서는 미리 예고한 발표일 전까지 틈나는 대로 준비, 연습을 충분히 해 오도록 한다.	20´	● 각 모둠별로 지난 시간에 만들어 놓은 이야기를 바탕으로 연극 활동으로 꾸미기(여기까지가 1시간, 나머지 활동은 며칠간 준비 및 연습시간을 주고 활동하게 한다)
	전체 활동 연극 발표하기	【활동 3】 (며칠 뒤) 발표 및 질문 주고받기 　[교사] 각 모둠별로 준비한 연극을 발표해 보고, 관람한 친구들은 궁금한 점에 대하여 질문을 해 본다. 　[학생] 각 모둠별로 준비한 연극을 발표한다. 　– 연기를 할 때 이야기 속의 주인공이 되어 보고, 그 입장에서 말하고 행동하도록 한다. 　– 충분한 연습을 통해 대본을 보고 읽거나 더듬거리며 대사를 하는 일이 최소화될 수 있도록 한다. 　– 한 모둠 한 모둠 연기가 끝나면 연극을 보고 나서 궁금한 점 등에 대하여 질문을 받도록 하고, 그에 대하여 해당 인물의 입장에서 답변을 할 수 있도록 한다. 　– 한 모둠 한 모둠 발표가 끝나면 잘된 점에 대하여 이야기를 해 주도록 한다. 　– 각 개인별로 평가표를 받아 들고, 모둠별 연기 활동에 대하여 나름대로의 관점으로 평가를 하도록 한다.	70´	● 학생 개인별로 평가표를 가지고 각 모둠의 연극 활동에 대하여 나름대로의 관점에서 평가를 해 나갈 수 있도록 한다. ● 나중에 평가표를 수거하여 평가 자료로 활용한다.
정리	전체 학습	● 정리 및 다음 차시 안내 　– 교사는 각 모둠별로 준비에서부터 발표에 이르기까지 모든 사항에 대하여 조언을 해 준다(주로 칭찬하기).	10´	

318

07 사전 지식 브레인스토밍 토의·토론

 기본이해

여러분이 개미에 대해 알고 있는 것은 무엇인가? 지렁이에 대해서 어느 정도나 알고 있는가? 달에 대해서는 어느 정도 알고 있는가? 세종대왕에 대해서는 얼마나 알고 있는가? 만일 여러분이 이런 것들에 대한 글을 읽게 된다면 읽기 전에 잠시나마 이미 알고 있는 것들을 머릿속에 떠올리게 될 것(사전 지식에 대한 점검)이다. 이처럼 우리 모두는 어떤 글을 읽거나 어떤 주제에 대하여 이야기를 나눌 때 이미 알고 있는 지식이나 적절한 정보를 떠올림으로써 관련된 주제나 글 속의 새로운 자료와 연결시켜 주제나 글의 내용을 예측하거나 상상할 수 있게 된다(효율적인 책 읽기나 주제에 대한 탐구는 글을 읽거나 어떤 주제에 대하여 탐구를 해 나가기 전에 자신이 알고 있는 것을 활성화시키는 것을 포함한다). 따라서 적절한 사전 지식을 확인하도록 하는 일은 새로운 주제에 대한 탐구나 책 읽기를 시작하는 방법으로 매우 유용하다 할 수 있다. 왜냐하면 수업과 관련하여 학생들이 떠올리는 사전 지식과 경험은 새로운 주제에 대한 학습이나 책 읽기를 성공적으로 이끌어 나가는 데 결정적인 역할을 하며, 인지 구조의 재구성에 필수적인 요소이기 때문이다. 이렇게 볼 때 교사는 학생들이 새로운 주제에 대한 탐구나 독서 활동을 시작하기 이전에 이미 알고 있는 것이 무엇인지를 체크해 봄으로써 학생들이 기존의 지식을 유용하게 처리할 수 있도록 도와주고, 학생들이 이미 알고 있는 것을 드러낼 수 있도록 해 주며, 장차 배우게 될 내용과 관련짓도록 돕는 일에 최선을 다하지 않으면 안 되는데, '사전 지식 브레인스토밍' 활동이 바로 그런 목적(학습 전에 학생들의 사전 지식을 끌어내는 일)을 달성하는 데 매우 유용한 틀이라 할 수 있다.

사람들은 글에 있는 정보와 자신의 배경지식 사이의 상호작용을 통해 의미를 재구성해 간다. 따라서 학습 주체가 적절한 배경지식을 사용하지 못하는 경우 글을 잘못 해석하거나 특정 주제에 대해 제대로 이해하지 못하게 된다. 이것이 바로 스키마 이론인데, 스키마는 새로운 정보를 받아들일 수 있는 틀을 제공하며, 중요한 정보를 판단하게 하여 정보를 선택적으로 받아들일 수 있도록 해 주고, 글 속에서 생략된 정보를 추론할 수 있게 하는 등의 다양한 기능을 가지고 있다. 따라서 스키마를 새로운 주제의 탐구나 독서 과정의 적절한 시기에 최대한 활용하면 지식 습득 및 이해에 지대한 영향을 미치게 된다. 학교 현장에서는 이를 위해 연상하기, 예측 및 추론하기, 질문하기 등을 많이 활용하고 있다. 이러한 스키마 이론이 일상생활 속에서는 "아는 만큼 보이고 본 만큼 안다.", "새로운 것을 알 때도 100% 모르는 것에서 알 수 없다.", "배경지식이 많을수록 새로운 지식의 활용도가 높다.", "기존에 가지고 있던 지식을 통해서 지식 구조를 만들어 낸다."와 같은 말로 이해되고 있다.

2 진행방법

'혼자 생각하기' 단계는 모든 활동을 시작하기 전에 선행되는 필수 활동!!!

'사전 지식 브레인스토밍' 활동을 위한 전략으로서 가장 많이 활용되고 있는 것은 '알기–LINK', '목록작성–분류–명명', '알파벳 표 채우기' 등이다.

가 알기–LINK(List-Inquire-Note-Know) 활동 : 학급 전체 활동(대집단)

이 활동은 사전 지식에 대한 논의가 학생 주도로 이루어지도록 하고자 할 때 많이 활용된다.

❶ 교사는 공부하게 될 단원이나 탐구 주제에서 핵심어나 개념을 뽑아낸다.
❷ 뽑아낸 단서를 칠판의 중앙에 큰 글씨로 적는다.
❸ 학생들은 그 핵심어와 관련하여 떠오르는 것들을 모두 정리한다(약 5~10분)(예 : '태양계' 하면 떠오르는 것들을 모두 써 보자).
❹ 학생들에게 한 가지씩 생각한 것을 발표하도록 한다. 그리고 학생들이 발표한 내용을 칠판에 써 나간다(학급 전체 활동).

⑤ 더 이상 나올 내용이 없으면 칠판에 적힌 항목들에 대하여 학생들이 다양한 질문을 할 수 있도록 안내한다.

⑥ 교사는 학생들의 질문에 대하여 적절한 답변과 함께 "왜 그렇게 생각하니?, "왜 그런 질문을 하게 되었니?", "그 부분이 바로 우리가 앞으로 탐구해 나가야 할 내용이다."와 같은 반응을 보이면서 그들의 사고를 자극한다.

⑦ 이 단계에서 교사는 학생들이 칠판에 적힌 단어나 개념들에 대해 서로 관련을 맺도록 해 주고, 각자의 이해와 공유 및 확장 과정에서 상호작용이 잘 일어날 수 있도록 지도한다 (질문하는 동안 잘 들어 주기, 서로 존중해 주기, 칭찬하기 등).

⑧ 질문하는 단계가 마무리되면 칠판에 적힌 낱말들에 대하여 주고받은 내용들을 스스로 정리해 보는 시간을 갖도록 한다(사전 경험 및 교실 내에서 이루어진 논의를 근거로 정리).

⑨ 이후 읽을 책이나 탐구할 주제에 대한 학습이 마무리되면 활동을 통해 새롭게 알게 된 사실들을 따로 정리할 수 있도록 지도하는 것이 좋다.

나 목록작성 – 분류 – 명명(List-Group-Label) 활동

이 활동은 읽을 책이나 주제에 대하여 어느 정도 적절한 지식이나 정보를 갖고 있는 학생 개인을 상대로 하거나 주제에 대하여 공동탐구를 해 나가야 할 모둠에게 효과적인 전략이라 할 수 있다.

❶ 핵심 주제나 낱말을 제시하고, 학생 개인 또는 모둠원들에게 그 낱말로 연상되는 것들을 모두 적을 수 있도록 한다(약 5~10분).

❷ 모둠원들과 함께할 경우, 돌아가며 말하기 방식 또는 브레인스토밍 방식으로 모둠에서 나온 생각들을 하나의 활동지에 기록하도록 한다(관련이 없거나 관련성이 떨어지는 것들은 합의를 통해 제외시킨다).

❸ 충분한 의견 공유가 이루어졌거나 개인적인 활동이 마무리되었다면 이를 바탕으로 하여 공통점을 갖는 항목끼리 묶어 나갈 수 있도록 한다. 이때 적절한 활동지를 배부하여 각 항목별로 구분하여 정리해 나가도록 안내한다(활발한 토의 · 토론 활동이 이루어질 수 있도록 지도하되, 항목은 최소한 3개 정도 이상이 될 수 있도록 한다).

❹ 마지막으로 범주화 단계를 거친다. 이 단계에서는 각자 혹은 모둠원들이 정리한 것을 검토하고, 각 항목에 알맞은 적절한 이름을 붙이는데, 이는 각 하위 목록의 제목으로 이용될 수 있다.

❺ 각 개인 혹은 모둠에서 범주화시킨 결과물들을 공유한다(이때 목록을 조직한 근거도 함께 설명할 수 있도록 한다)[예 : 양서류(탐구 주제) ➡ 생각한 것들(개구리, 도롱뇽, 물가 근처에 사는 생물, 두꺼비, 벌레를 먹음, 냉혈, 연못, 어항, 점액성 피부 등) ➡ 분류하고 범주화하기 ➡ 제목 붙이기(양서류 동물의 종류, 서식처, 특징 등)].

다 알파벳 표 채우기(Sequential Roundtable Alphabet) 활동 : 자음표 채우기

이 활동은 폭넓은 배경지식을 갖고 있는 학생들에게 매우 효과적인 전략이라 할 수 있다(주로 용어, 사실, 사건에 대한 기억을 촉진시켜 준다).

❶ 각 개인이나 모둠에 알파벳 채우기 표를 배부한다(우리나라의 경우 자음표를 만들어 배부하면 된다).
❷ 각 알파벳(자음)으로 시작되는 단어를 연상하여 적는다(정해진 시간 안에 가능한 한 많은 내용을 채우도록 한다).
❸ 각 개인 또는 모둠에서 적은 내용을 모둠원들과 함께 공유하고 정리한다.
❹ 모둠에서 공유한 내용을 학급 전체에 발표한다.

자음표 채우기 (주제 :)	ㄱ	ㄴ	ㄷ	ㄹ
ㅁ	ㅂ	ㅅ	ㅇ	ㅈ
ㅊ	ㅋ	ㅌ	ㅍ	ㅎ

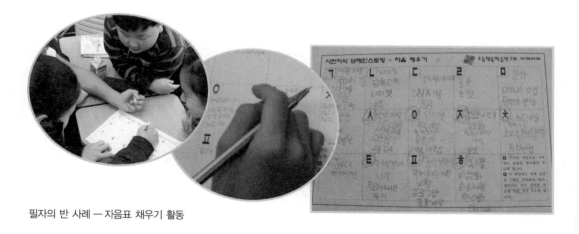

필자의 반 사례 — 자음표 채우기 활동

3 활동 효과

❶ 학생들은 이미 알고 있는 지식을 바탕으로 하여 새로운 것들에 대한 학습을 준비하거나 새롭게 공부할 내용에 대한 예측을 할 수 있다(단원 도입 활동을 할 때 매우 많이 활용된다).

❷ 이미 알고 있는 것을 바탕으로 글을 읽거나 학습을 해 나감으로써 학습 동기가 높아지게 된다.

❸ 보다 넓은 사전 지식을 갖고 있는 학생들과 지식과 정보를 공유하게 됨으로써 모든 학생들이 학습 주제나 책에 대하여 나름대로 친숙한 상태에서 학습 또는 책 읽기를 시작할 수 있다.

❹ 배경지식이 전혀 없던 학생들도 학습을 시작하기 전에 어느 정도 기초가 되는 정보를 접하거나 습득할 수 있다.

❺ 배경지식에 오류가 있거나 잘못된 지식과 정보를 갖고 있었던 학생들에게는 그것들을 수정해 나갈 수 있는 좋은 기회가 된다.

❻ 학생들이 스스로 질문을 만들고, 설명을 듣고, 생각을 꺼내 놓은 과정에서 참여에 대한 책임을 지게 된다.

❼ 충분한 학습 후에는 그 내용을 바탕으로 복습도 가능하게 해 준다(단원을 총정리하는 차원에서도 자주 활용된다).

4 주의할 점이나 활동의 팁

❶ 어떤 활동을 하더라도 상대방에 대한 의견을 존중해 주고, 수용하는 자세가 필요하다(특히 주제와 관련성이 떨어지는 의견들이 나왔을 때 더욱 그렇다).

❷ 일종의 브레인스토밍 활동이기 때문에 나머지 주의할 점이나 활동의 팁은 173쪽의 "브레인스토밍 토의 · 토론"을 참고하기 바란다.

08 집단 탐구를 위한 Co-op Co-op 토의·토론

1. 기본이해

집단 탐구를 위한 Co-op Co-op 모형은 '자율적 협동학습 모형'이라고도 불리는데, 이 활동은 학생들의 자연적인 호기심과 표현력 등을 발전시킬 수 있는 조건을 제공하는 것을 중요하게 생각한다. 그리고 이러한 능력을 발휘시킬 수 있는 조건은 학생 자신이 흥미와 관심을 갖고 있는 주제에 대하여 같은 관심을 가진 동료들과 함께 그 주제에 대한 토론과 조사를 할 수 있는 학습 환경을 만들어 주는 것이라는 데 핵심이 있다. Kagan이 개발한 자율적 협동학습 모형은 한 학급에서 토의·토론 과정을 통해 학습할 주제를 학생들이 직접 선정하고, 각자의 흥미에 따라 소집단을 구성한 다음 소집단 내에서 각 구성원들은 자신이 맡아 수행할 주제를 다시 선택·조사·정리·재구성하여 집단의 과제를 완성하고, 각 집단의 과제가 함께 모여 학급 전체의 학습과제를 완성하게 된다는 것인데, 소집단 간의 상호 협동적 활동을 통하여 학급 전체의 학습목표를 달성하도록 한 것이 가장 큰 특징이라 할 수 있다. 이처럼 학급 전체가 협동적으로 학습과제를 해결하기 위해 소집단들이 협동학습을 한다고 하여 '협동을 위한 협동학습'이라는 이름으로도 불리고 있다. 이 모형의 특징을 살펴보면 다음과 같다.

- 학생들의 자연적인 호기심과 지적 능력, 표현력을 이끌어 내고 신장시키는 것을 강조한다(호기심에 따라 행동 ➡ 새로운 경험 ➡ 그 속에서 새로운 지식을 습득하고 만족감을 얻는다).
- 집단 내의 협동과 집단 간의 협동을 강조해서 학급 전체가 특정한 주제와 관련된 학습 경험을 나눌 수 있도록 되어 있다(집단 구성원들끼리 함께 공부 ➡ 지식 습득 및 이해의 폭 확장 ➡ 산출한 결과물들을 학급 전체와 공유 ➡ 다른 집단의 구성원들도 함께 지식 습득 및 이해의 폭 확장).

2. 진행방법

❶ 학습 주제 소개하기 : 교사는 수업 초기에 학생들이 앞으로 탐구하게 될 주제에 대한 흥미를 발견하고 이를 적극적으로 표현하도록 유도하고 격려한다. 보통 교사가 학습 주제

를 학생들에게 소개하는 데 있어서 강의, 인쇄물, 비디오 또는 학생들의 관심을 자극할 수 있는 자료 읽기 등의 방법을 많이 사용한다. 이 단계의 가장 큰 목적은 학생들의 흥미와 호기심을 유발시켜 자발적인 학습 동기를 불러일으키고 참여도를 높이는 것이라 할 수 있다.

❷ 학생 중심의 학급 토의 · 토론 : 학생들은 주제에 대하여 이미 알고 있는 것, 더 알고 싶은 것 등을 브레인스토밍하고, 교실 전체 토의 · 토론을 하게 된다. 이 과정에서 한 주제에 대해 다양한 소주제들이 만들어지게 된다. 이렇게 만들어진 다양한 소주제를 바탕으로 토의 · 토론을 거쳐 주제들을 분류한 뒤 최종적으로 다룰 소주제들을 결정한다. 이 단계에서 토의 · 토론 활동의 목적은 학생들 스스로가 주제에 대하여 공부를 해 나가도록 이끄는 것뿐만 아니라 자신의 호기심을 자극하고 발견해서 학습에 더 많이 참여하도록 하는 데 있다. 따라서 Co-op Co-op 모형의 성패는 1단계와 2단계에 있다고 해도 과언이 아닐 것이다.

❸ 소집단 구성을 위한 소주제 선택하기 : 2단계까지의 활동을 통해 생산된 다양한 학습 주제들 중에서 학생들 스스로가 학습하고자 하는 소주제를 각자 선택한다.

❹ 소주제별 소집단 구성하기 : 학생들 각자가 스스로 선택한 주제를 중심으로 소집단을 구성한다. 이 단계에서 주의해야 할 점이 있다면 집단 구성에 있어서 한 집단 내의 이질성을 최대화시켜 학생들 간의 긍정적인 상호작용이 일어날 수 있도록 해야 한다는 점인데, 이는 말처럼 그리 쉽지만은 않다(특정 소집단에 잘하는 아이들이 몰릴 수도 있고, 그 반대의 상황이 벌어질 수도 있다).

❺ 모둠세우기를 통한 집단세우기 및 사회적 기술 개발 : 자율적 협동학습 모형은 '우리는 하나' 라는 집단의식이 형성되기 전에는 성공적으로 과제를 완수할 수 없다. 따라서 소집단이 구성되면 모둠세우기 활동은 필수적이라 할 수 있다. Kagan(1999)은 그의 저서에서 모둠세우기의 목표를 다음과 같이 정하고 있다.

- 서로에 대해 알기
- 모둠 정체성 세우기
- 상호 지원
- 차이점 존중하기
- 시너지 개발

한편 토의 · 토론 활동이 원활하게 이루어질 수 있도록 하기 위해 사회적 기술을 개발하고 지속적으로 유지될 수 있도록 해야 하는데, 꼭 필요한 것으로는 아래와 같은 것이 있다.

- 상대방의 말에 경청하기
- 도움이 되는 비판하기(사람 비판 금지)
- 지원적인 질문
- 갈등 해결 기술

　　바람직한 이질 모둠 구성 및 성공적인 주제 탐구 활동을 위해 앞의 3~5단계를 다음과 같이 진행하기도 한다(실제로는 이 방법을 더 선호한다).

- 3단계 : 학습 집단 구성하기(보통은 미리 교사가 이질 모둠을 구성해 놓는다)
- 4단계 : 모둠세우기 및 사회적 기술 개발
- 5단계 : 구성된 모둠원들이 서로 토의 · 토론하여 소주제를 선정(서로 신뢰하고 의사소통기술을 잘 개발, 습득하였다면 모둠은 자신들의 특성에 맞는 알맞은 주제를 선택하게 된다. 교사는 그 과정에서 각 모둠을 순회하면서 촉진자 역할을 충실히 해내도록 한다. 만일 이 과정에서 여러 집단이 같은 소주제를 선택하게 된다면 서로 접근 방법을 다르게 하여 진행하거나 다른 집단이 또 다른 소주제를 선택하도록 유도해 나갈 필요가 있다. 아울러 매우 중요한 소주제임에도 불구하고 그것을 선택한 모둠이 없을 경우, 이를 충분히 알려서 이를 다룰 수 있는 모둠이 생겨나도록 해야 한다)

필자의 반 사례 ─ 역할분담

❻ 소주제의 정교화 : 소주제별로 모인 소집단은 소집단 내에서의 토의 · 토론 활동 통해서

자신들이 맡은 소주제를 보다 정교한 형태로 구체화시키고, 연구할 범주를 정하도록 한다.

❼ 각 개인별 과제 선택과 분업 : 소집단 구성원들은 소주제를 몇 개의 하위 과제로 나누고 구성원 모두가 자신이 원하는 과제를 분담하도록 한다. 학생들이 개별적으로 선택한 과제는 모둠이 선택한 소주제의 각기 다른 한 부분을 말한다. 이 하위 과제들은 어느 정도 서로 중첩되는 부분이 있어서 모둠 구성원들은 서로 수집한 정보를 나눌 수 있도록 해야 하며 각기 자신만의 독특한 과제 수행을 통해 모둠에 기여할 수 있어야 한다. 이때 교사는 학생들의 수준에 따라 과제가 잘 분담되었는지 살펴보고, 그렇지 않은 모둠이 있다면 조절해 줄 필요가 있다(과제 분담에 도움을 주는 방법 : 과제와 학생의 능력 사이의 적절성 안내, 과제 수행을 위해 활용할 수 있는 자원 안내, 나누어진 과제에 대한 자세한 안내 등).

모둠 구성원들이 집단에 중요한 기여를 하도록 하는 방법

- 집단에 대한 다른 동료의 기여도를 평가하도록 한다.
- 각자의 과제에 대한 보고서나 프로젝트를 만들도록 한다.
- 교사가 각자의 기여도를 점검하도록 한다.

---

❽ 각 개인별 책임 과제 완수(하위 과제 해결) : 각 모둠의 학생들은 자신이 맡은 과제를 개별 학습(자신만의 독특한 방식으로 과제 수행)하고 소집단 내에서 발표할 준비를 한다. 이때 교사는 학생들이 되도록 많은 준비를 하고 자신이 선택한 과제에 대하여 책임을 지게 함으로써 집단 전체의 성패가 자신에게 달려 있음을 깨닫도록 지도해야 한다.

❾ 모둠 내에서의 개인별 과제 발표 : 이 단계에서 학생들은 자신이 맡은 과제에 대한 학습 및 조사 결과를 발표함으로써 서로의 학습 경험을 공유하게 되는데, 이때의 과정은 직소 모형과 비슷한

모둠 내 개인 과제 발표 사례

양상을 보이게 된다. 이때 학생들은 발표(토
의 · 토론)자, 기록이, 진행자 등의 역할을 분
담하여 발표의 질을 높이도록 해야 한다.

❿ 소집단별 학급 전체 발표 준비 : 모둠 내에서
과제에 대한 발표가 모두 마무리되면, 학생들
은 그동안에 나타난 결과물들을 종합적으로
정리하고 수정 · 보완해서 학급 전체에 보고
할 수 있도록 준비한다. 이때 각 소집단별로
준비한 것들은 단지 모둠 내에서의 개인별 과
제를 종합한 것 이상의 의미를 담고 있는 것
이 될 수 있도록 해야 한다. 이를 위해 발표
방식을 다양하게 할 필요가 있으며(예 : 논
쟁, 전시, 설명, 역할극, 프레젠테이션, 인터
넷 홈페이지 활용, 전시장 관람구조 활용 등),
교사는 발표를 연습할 수 있는 기회를 충분히
제공해 주어야 한다.

모둠별 발표 준비 — 홍보물

⓫ 소집단별 학급 발표 : 소집단별 학급 발표 단계에서는 소집단별로 전체 학급에 대해 발
표하고 교실 전체가 그에 대하여 토의 · 토론 활동을 해 나간다. 이때 소집단별로 발표시
간을 정해 주고, 다른 모둠에 속한 학생으로 하여금 시간관리를 해 나갈 수 있도록 한다.
발표의 특성에 따라 질의 · 응답 혹은 피드백이 필요할 수도 있는 만큼 교사의 적절한 지
도와 안내가 필요한 단계라 할 수 있다.

필자의 반 사례 — 모둠별 발표

⑫ 평가와 반성 : 학업성취에 대한 개인별 평가는 형성평가 등의 시험을 통해 이루어지기도 하고, 소집단별 평가는 학급 전체 학생들에 의한 발표 평가, 소집단 보고서에 대한 교사의 평가, 소집단 구성원들에 의해 이루어지는 집단 내 개인의 기여도에 대한 평가, 각 학생들의 과제 보고서나 과제 발표에 대한 교사의 평가, 개인별 활동에 대한 반성(성찰 일기) 등을 통해 이루어진다. 이를 위해 교사는 발표 내용이나 형식에 있어서 장단점에 대한 것들을 학급 구성원 모두가 토의 · 토론해 나갈 수 있도록 유도하고, 형식적인 평가 양식을 개발하여 체크해 나가도록 한다(특히 활동이 마무리되기까지의 과정에서 학생들이 보여 준 사회적 기술에 대한 반성, 집단 구성원 각자에 대한 집단에의 기여도를 반드시 체크해 나갈 수 있도록 한다).

개인별 성찰 일기 쓰기 — 반성

필자의 반 사례 — 모둠별 보고서

지금까지 안내한 자율적 협동학습 모형의 주요 절차를 간단히 나타내 보면 아래와 같다.

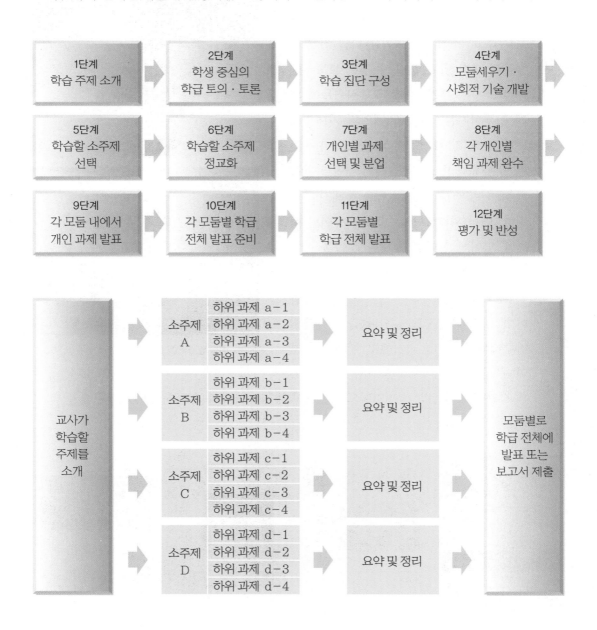

3 활동 효과

❶ 학생들이 학습할 주제와 집단을 직접 선택할 수 있어서 자율성이 신장되고 자연스럽게 내재적 동기유발이 이루어진다(학급 전체가 학습할 주제를 토의·토론 ➡ 학생 각자는 자신의 흥미에 따라 소주제 선택 ➡ 소주제를 중심으로 집단 구성 ➡ 협동적으로 활동 ➡ 외적 보상이 불필요).

❷ 소집단 구성원 한 사람이라도 자신의 책무에 소홀하게 되면 집단 전체의 실패로 이어지며, 이는 곧 학급 전체의 실패로 직결되기 때문에 이 활동에 참가하는 학생 모두는 '나의 실패는 곧 전체의 실패'라는 생각을 가지고 책무성을 높여 나갈 수 있게 된다.

❸ 학생들이 주제를 탐색하고, 소집단 형성 및 수행할 과제를 선택하는 과정에서 토의·토론 활동이 자연스럽게 일어나게 되고, 폭이 넓고 심도 깊은 사고를 할 수 있게 되어 학생들의 고급사고력 신장에 도움이 된다.

❹ 소집단별로 학습 결과물들을 생산해 내는 과정에서 학생들은 분업적·협동적 활동을 통해 통합학습능력을 신장시키고, 긍정적인 상호작용을 통해 사회적 기술(특히 관계 맺는 기술)을 터득해 나가며, 듣는 기술을 통해 감정 이입 및 관점 선택 능력을 신장시키고 다른 사람의 주장과 자기의 주장을 적절하게 조절할 수 있는 능력을 향상시킬 수 있게 된다.

❺ 소집단별로 정리한 결과물들을 학급 전체에 발표하기 위해 준비를 하는 과정에서 토의·토론 능력, 협상 능력, 비판적 사고력, 의사결정 능력 등 다양한 고급사고를 경험하게 된다. 또한 조사한 내용을 전체 학급에 발표하는 과정을 통해 같은 학급의 모든 다른 학생에게 다양한 정보를 제공할 수 있게 된다(소주제 영역에서 깊이 있는 지식과 정보를 습득). 그 결과로 학생들은 다른 소집단의 발표에 대해 적절한 판단과 지지를 보내면서 역시 사고력과 발표력을 신장시키게 된다.

4 주의할 점이나 활동의 팁

❶ 그 어떤 활동보다 과제에 대한 개인적인 책무성이 강조되는 만큼 학생들이 과제 해결에 최선을 다할 수 있도록 지도하고 관리할 필요가 있다(예 : 과제 점검표를 만들고 매일 아침에 각 모둠별로 체크한 후 교사가 관리, 과제 해결에 어려움을 겪고 있는 학생들을 찾아 문제 해결을 위한 도움 주기, 학급 홈페이지 등을 활용하여 매일 과제를 올리고 점검

하기, 모둠 구성원들이 홈페이지를 통해 과제에 대한 다양한 정보를 나눌 수 있도록 하기, 결석으로 인한 차질 예방 등).

❷ 과제에 대한 개인적인 책무성이 강조된 만큼 소집단 내에서 과제가 적절하게 배분(특히 난이도 면)되었는가에 관심을 가져야 한다.

❸ 학생들이 자유롭게 주제를 선정하도록 하는 만큼 교사가 생각하는 것과 거리가 멀어질 수도 있으므로(예 : 보다 본질적인 주제를 다루었으면 좋겠는데 학생들은 지엽적인 주제를 선택하고자 할 때, 꼭 다루어야 할 중요한 소주제가 나오지 않았을 때 등) 학생들이 의견을 제시할 때 교사는 학습목표와 관련지어 핵심적인 주제로 유도할 필요가 있다.

❹ 실제로 소주제를 선택할 때 특히 학생들의 흥미와 관심을 끄는 소주제가 있기 마련이다. 이럴 때 소주제 선택을 통한 집단 구성에 교사가 강제로 개입을 하게 되면 내적 동기가 그만큼 떨어지게 되어 '자유로운 주제 선택'이라는 원칙을 크게 벗어나게 된다. 따라서 이럴 때 교사는 학생들이 선호하지 않는 소주제에 대하여 학생들의 흥미를 유도할 수 있는 자료 제시나 안내 및 설명을 해 주어 학생들이 자발적으로 다른 소주제로 이동할 수 있도록 해 주어야 한다.

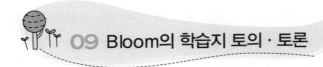

09 Bloom의 학습지 토의 · 토론

1 기본이해

학생들은 학습지라는 것에 대하여 긍정적인 인식보다는 부정적인 인식을 더 많이 갖고 있다. 왜냐하면 지식의 암기와 이해 수준에 머물고 있는 문제에 대한 단순 반복과 숙달이 중심이고, 진행 방식도 학습지를 나누어 주고 각자 풀고 모두 함께 답을 맞추고 설명해 주거나 특정 학생을 지목하여 풀게 하는 틀에서 벗어나지 못하여 학생들의 흥미와 지적 욕구를 자극하지 못하기 때문이다(개별식 구조, 일제식 구조의 틀을 벗어나지 못함으로 인하여 학생들끼리의 지적 상호작용이 턱없이 부족함). 그 속에서 학생들은 결코 지적 만족감과 즐거움을 느끼지 못한다. 그러다 보니 수업시간이 끝나고 나서 쉬는 시간에 보면 학습지가 교실 바닥에 나뒹굴거나 쓰레기통에서 발견되기도 한다. 그런 모습을 볼 때마다 교사로서 만감이 교차하게 된다("내가 이 학습지를 만들기 위해 밤잠도 설쳐 가면서 어렵게 만들었건만 이렇게 쉽게 버려진 모습을 보니 화가 나네! 누구의 것인지 찾아내서 혼을 내?"). 하지만 Bloom의 학습지는 그에 대한 좋은 대안이 될 수 있다. 왜냐하면 좋은 학습지는 학생들의 흥미와 관심을 끌고 학생들의 사고와 지적 욕구를 자극하여 배움이 일어날 수 있도록 해 주며 모둠 내에서 구성원들끼리의 상호작용(토의 · 토론)이 활발하게 일어날 수 있도록 적절히 구조화되어야 하는데, Bloom의 학습지는 그런 면들을 모두 갖추고 있기 때문이다.

2 학습지 만들기

Kagan(1999)은 그의 저서에서 모둠에서의 협동적 활동을 위한 '협동 학습지'를 만드는 6가지 원칙을 아래와 같이 제시하고 있다(필자가 요약 · 재구성함).

❶ 명료성 : 질문은 명확하게 해야 한다. 왜냐하면 질문이 명확하지 않으면 문제 해결보다도 그 문제가 무엇을 요구하는 것인지 파악하느라 시간을 허비하기 때문이다.

  (예) "~에 해당되는 것을 모두 찾기" ➡ "~에 해당되는 것 세 가지 찾기"

❷ 모둠 언어 : 모둠 학습지는 모둠원들이 함께 답하고 연구해야 하는 것이다. 모둠에 개별적인 '너'는 없다. 오직 모둠원 전체의 공유와 검증을 통한 합의가 있을 뿐이다. 왜냐하면 모둠원들이 항상 의견 일치를 보는 것은 아니기 때문이다. 자칫하면 모둠의 토의 · 토론, 과제 해결, 정보 찾기 과정은 분쟁과 불일치, 힘겨루기의 시간으로 전락할 수 있다는 것을 잊어서는 안 된다.

(예) "가장 중요한 것은 무엇일까?" ➡ "~의 중요성 세 가지를 적으세요."

❸ 난이도 순서 : 가장 쉬운 문항을 처음에 둔다. 왜냐하면 성적이 낮은 학생이 처음부터 어려운 문제로 시간을 끌다 결국 다 끝내지 못하고 마는 상황을 만들지 않기 위함이다. 그 다음엔 지식과 이해 수준을 넘어 적용과 분석 문제를, 마지막으로 종합 · 평가의 문항을 낸다.

(예) 처음 : 지식, 이해 수준(~을 찾아라, 이것을 무엇이라 하는가, ~을 써라)
　　중간 : 적용, 분석 수준(비교하라, 대조하라, ~게 나누어라)
　　끝 : 종합, 평가 수준(공식화하라, 만들어 보라, 비평하라)

❹ 마지막 질문은 개방형 질문으로! : 왜냐하면 모둠마다 과제를 해결하는 데 있어서 시간 편차가 발생하기 때문에 다른 모둠이 끝낼 때까지 기다리면서 풀 수 있는 개방형 문제를 제시해 주는 것이 좋다.

(예) ~에 관한 이유를 모두 적어라, ~의 장단점을 모두 찾아보시오.

❺ 사고력 훈련을 위한 구성 : 학습지의 구성을 어떻게 하느냐에 따라 학생들에게 일어나는 사고의 종류와 양은 매우 크게 달라진다. 형식이 없는 학습지보다는 형식에 의한, 개방적인 문제가 포함된 학습지에서 보다 풍성한 결과를 얻을 수 있을 것이다.

(예) 구조화되지 않은 학습지와 구조화된 학습지 사례 비교

(구조화되지 않은 학습지)

도시와 촌락의 차이점 비교하기

도시	촌락

(구조화된 학습지)

도시와 촌락의 차이점 비교하기

도시	항목	촌락
	건물의 모양	
	직업	
	땅의 이용	
	인구	
	집과 집 사이 거리	
	교통-통신	
	문화, 생활환경	
	자연환경	
	기타	

❻ Bloom 학습지 : 다양한 인지력의 전 영역을 학습지에서 다루기 위해 Bloom의 분류법을 사용하라. 좋은 학습지는 모든 학습자들을 위한 그 무엇인가가 있다. 다시 말해서 좋은 학습지는 학습력이 떨어지는 학생도 풀 수 있는 문항과, 학습력이 높은 학생도 도전의식을 가지고 참여할 수 있는 자극적인 문항이 함께 있다.

3 Bloom의 분류법을 사용한 학습지 만들기

평가문항을 작성할 때뿐만이 아니라 학습지를 만들 때도 Bloom의 분류는 매우 유용하다. Bloom의 분류 각 단계로부터 학습할 문항을 추출한다면 큰 도움이 될 것이다.

❶ 지식 수준 : 정보의 기억 및 인식에 대한 것을 말한다(사실의 기억, 용어나 법칙 등에 대한 인지). 주로 암기와 반복의 과정으로 진행된다.

(예) 기억하라, 확인하라, 무엇인가, 누구인가, 정의를 내려라 등

❷ 이해 수준 : 학습 도구 다루기, 다른 말로 고치기, 자신의 말로 자세히 묘사하기 등에 해

당된다. 주로 설명과 예를 들어 말하기 등의 과정으로 진행된다.

(예) 자세히 쓰시오, 비교하라, 예를 들어 설명하라, 이유는 무엇인가, 중심 주제는 무엇인가 등

❸ 적용 수준 : 학습한 내용을 문제 풀이에 응용하기에 해당된다(습득한 지식과 그에 대한 이해를 바탕으로 다른 상황에서의 문제를 해결해 나감). 주로 실습이나 현실생활에서의 실천적 적용 또는 현실적인 문제 상황을 해결하는 방향으로 이어진다. 활동지에 응용 수준의 문항이 많으면 많을수록 좋다. 학습을 통해 습득한 지식과 정보를 다른 문제 해결에 응용하도록 하는 것은 깊이 있는 '배움'으로 이끄는 효과적인 방법 중 하나라 할 수 있다.

(예) 적용하라, 분류하라, 선택하라, 해결하라, ~을 사용하여 …을 설명하라 등

❹ 분석 수준 : 이유 · 원인 · 동기 분석하기, 적절한 증거를 근거로 결론 내리기 및 추론하기, 일반화시키기 및 보조 증거를 찾기 위한 결론, 추론, 일반화, 분석하기 등에 해당된다(어떤 문제를 세부적으로 나누고, 그 부분들 사이의 관계를 살핌). 주로 연역이나 귀납에 의한 논리적 사고를 중심으로 진행된다.

(예) ~을 분석하라, 원인을 파악하라, 추론하라, ~로부터 내릴 수 있는 결론은 무엇인가, ~에 대한 증거를 들어 설명하라 등

❺ 종합 수준 : 아이디어나 관련 정보 묶기에 대한 것으로, 독창적인 의사소통 방식 산출, 여러 정보를 기초로 예견하기, 여러 자원을 활용하여 문제 해결하기 등이 이에 해당된다. 주로 창의적 · 확산적 사고를 바탕으로 결합 · 분리 등을 통해 문제 상황에 대한 해결 방안을 찾아 일반화시키는 과정으로 진행된다.

(예) ~을 바탕으로 고안하라, 계획하라, 구성하라, 개발하라, 주어진 조건을 모두 충족시킬 수 있는 계획을 세워라, ~과 …을 연관 지어 보시오 등

❻ 평가 수준 : 아이디어, 해결책, 미학적인 과제들의 장점을 판단하고, 논의하고, 칭찬하고, 비평하기 등에 해당된다(여러 가지 산출물에 대한 가치 판단). 수업 속에서는 주로 토의 · 토론, 논술 활동으로 진행된다.

(예) 얼마나 좋은가, 아름다운가, 두 가지 대안의 긍정적인 면과 부정적인 면을 쓰시오 등

학습지에 대한 또 다른 생각

현장에서 제작 · 공유되고 있는 학습지를 보면 질문 유형이 주로 지식, 이해 수준, 단순 문제 풀이나 단답형 수준(기본 사고 수준)에 머물고 있어서 학생들의 고급사고(적용, 분석, 종합, 평가)를 자극하지 못하고 있다. 최근 들어 구성주의적 사고가 학교 현장에도 영향을 주면서 "정답은 무엇이니?"(수렴적 질문)라는 식의 질문보다 "네 생각은 무엇이니? 왜 그렇게 생각하니?"(확산적 질문)라는 식의 질문이 더 바람직한 것으로 여겨지고 있지만 아직도 그 수준은 미미한 정도에 머물고 있다 해도 과언이 아니다. 더욱이 미래형 교육과정을 논하고 창의적인 인재 육성을 준비하며 혁신학교(학교혁신) 분위기가 무르익어 가는 이때, 학교 현장에서의 수업이 기본 사고 수준에 머물러 있거나 그 수준을 크게 벗어나지 못하고 있다면 심각한 문제가 아닐 수 없다. 따라서 학습지를 제작하는 데 있어서 기존의 사고와 틀을 과감히 벗어던지고 다양한 유형의 학습지를 제작 · 개발하여 현장에 적용할 필요가 있다.

(예) 마인드 맵, 그림이나 만화로 표현하기, 도표 활용하기, 윈도-패닝, K.W.L. 차트, 함께 차트, P.M.I. 활동지, 만다라트 활동지 등(창의적 사고와 확산적 사고, 즉 고급사고를 자극하는 데 도움이 되는 활동지 제작에 힘을 써 보자).

10 함께 차트 토의 · 토론

1 기본이해

'함께 차트' 구조는 한 가지 주제에 대한 여러 사람의 생각이나 여러 가지 관점을 정리하는 데 매우 유용한 구조라 할 수 있다. 이 구조는 주어진 한 가지 주제에 대한 토의 · 토론 과정을 거치면서 생산된 다양한 의견, 내용, 문제 해결 방법 등을 한눈에 보면서 서로의 생각에 있어서 차이점과 공통점 및 찬성/반대 입장 등을 알 수 있도록 해 준다. 의사결정 및 정보의 교환, 정보 수집, 비교 및 분류, 분석, 대조 등에 유용하다고 할 수 있겠다.

2 진행방법

'혼자 생각하기' 단계는 모든 활동을 시작하기 전에 선행되는 필수 활동!!!

❶ 활동을 위한 학습지를 미리 제작한다(행의 수는 항목의 수만큼, 열의 수는 5칸으로 한다. 보통 모둠의 인원을 4명이라고 놓고, 제일 가운데에 주제 또는 항목을 쓰는 칸을 마련한다).

❷ 맨 윗줄에 각 모둠원의 이름을 쓰고, 제일 가운데 칸은 주제와 관련된 항목(비교할 내용 등)을 쓰도록 한다. 주제는 활동에 따라 교사가 미리 써 놓고 활동지를 나누어 주어도 좋고, 때에 따라서는 아동들이 직접 분류 기준 혹은 주제에 따른 여러 가지 항목을 직접 정하여 모둠별로 적게 해 보는 것도 좋다(아래 예시 참조).

교사가 미리 준비해 두어야 할 활동지 양식

모둠원 1(이름)	모둠원 2(이름)	주제	모둠원 3(이름)	모둠원 4(이름)
		항목 1		
		항목 2		
		항목 3		
		항목 4		
		항목 5		

❸ 돌아가며 쓰기 구조 등을 이용, 각자 생각한 내용을 채운다(또는 기록이가 정리한다).

❹ 활동 결과에 따라 모둠 내에서 발표시간을 갖거나, 모둠 내에서 정리하여 학급 발표를 하기도 하고, 그 결과물 자체를 학급 게시물로 활용하여 다른 모둠과 비교해 볼 수도 있다.

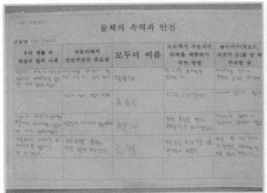

함께 차트 활동 결과 사례

구조 활동 결과물 게시판 사례

3 활동 효과

❶ 각 학년의 국어교과나 독서 후 활동으로 각 이야기에 나오는 인물끼리 비교하거나 나와 책 속의 인물을 비교하는 활동에도 이용될 수 있다.

수학 — 우리의 몸 각 부위의 길이 재 보기

모둠원 1	모둠원 2	길이	모둠원 3	모둠원 4
		입		
		손 한 뼘		
		눈썹 사이		
		머리카락		
		발 크기		

인물 비교하기 — 주인공과 나

장영실	장영실과 나	나
	인내심	
	창의성	
	습관	
	문제해결력	
	도전정신	

❷ 학년 초 학급세우기, 모둠세우기 차원에서 서로에 대하여 소개하는 알아 가는 활동에도 효과가 있다(항목의 예 : 좋아하는 과목, 좋아하는 색, 감명 깊게 읽었던 책, 취미, 특기, 좋아하는 것, 싫어하는 것, 특기나 잘하는 것 등).

학급 활동을 위한 활동지 사례

모둠원 1	모둠원 2	항목	모둠원 3	모둠원 4
		가족 소개		
		좋아하는 책		
		감명 깊었던 영화		
		취미		
		별명		
		좋아하는 노래		

❸ 학급 또는 모둠에서 회의한 결과로 제시된 다양한 사례에 대하여 각자 개인의 의견을 묻는 활동지로 활용할 수도 있다. 의사표현 및 의사결정의 한 방법으로 '함께 차트'를 활용하면 보다 쉽게 의사결정에 도달할 수 있으며, 보다 많은 사람들이 찬성하는 의견이 어느 쪽인지 한눈에 쉽게 알아볼 수 있다.

회의 결과를 놓고 의사결정과정에서 활용할 수 있는 사례 : 안건 3에 모두 찬성

모두미 1	모두미 2	제시된 의견	모두미 3	모두미 4
찬성	찬성	안건 1	반대	반대
반대	찬성	안건 2	찬성	찬성
찬성	찬성	안건 3	찬성	찬성
찬성	반대	안건 4	찬성	반대
반대	반대	안건 5	반대	찬성
반대	찬성	안건 6	찬성	반대

※ 위의 사례에서 볼 때, 의사결정은 '안건 3'으로 될 가능성이 많다.

※ 경우에 따라서 '안건 2'와 '안건 3'을 놓고 다시 토의 · 토론 활동을 진행할 수도 있다(4명 중 3명이 찬성을 하였다는 것은 나름대로 가치가 있는 것으로 판단할 수 있기 때문).

※ 문제 해결 방안 찾기에서 복수 선택이 가능한 경우라면 위의 사례에서는 '안건 2'와 '안건 3'은 채택, '안건 1, 4, 6'은 재논의를 할 필요가 있다고 볼 수도 있다.

❹ 자신의 생각이나 의견을 말하기 전에 생각을 노트나 메모지에 정리하게 함으로써 생각을 보다 깊이 있게 하고, 정교하게 다듬을 수 있도록 해 주며, 생각한 것을 잊지 않도록 해 주어 정확한 사고 및 추상적 사고의 구체화를 가능하게 해 준다(이를 위해서는 주어진 항목별로 자신의 생각을 메모지에 의무적으로 기록, 정리할 수 있는 시간을 갖도록 해야 한다).

❺ 자신의 의견을 말하는 것과 함께 타인의 의견을 잘 들을 수 있도록 해 준다(공통점, 차이점, 비교, 대조 등을 하기 위함).

❻ 주로 지식의 습득 및 정보의 공유에 효과가 크다.

❼ 자신이 생각한 내용과 타인이 생각한 내용을 눈으로 직접 보면서 활동함으로써 타인의 생각과 경험 및 지적 수준에 대한 폭과 깊이를 자신과 비교하게 되어 긍정적인 자극을 받는 계기가 되기도 한다.

4 주의할 점이나 활동의 팁

학습지에 기록하는 방법은 여러 가지가 있다. 교사는 효율적인 기록 방법을 꼭 마련해 두어야만 한다. 왜냐하면 특히 기록하는 분량이 많을 경우 기록이가 무척 힘들어하는 경우가 있기 때문이다.

❶ 한 장의 모둠 활동지에 모두가 동시다발적으로 기록하는 방법을 사용할 수도 있다.

❷ 돌아가며 각자 색이 다른 펜으로 채워 가는 방법을 사용할 수도 있다.

❸ 다른 방법으로는 돌아가며 말하기 방식으로 모둠 내에서 생각을 말하고, 기록이가 정리하는 방식도 있을 수 있다.

❹ 그 외에 의견을 적을 수 있는 크기 정도의 종이 또는 포스트잇을 각 개인에게 여러 장 나누어 주고, 그 종이쪽지에 적은 뒤 각각 자기가 채워야 할 항목의 빈칸에 붙이도록 하는 방법도 있다. 기타 여러 가지 방법이 있을 수 있겠다.

어떤 것이 제일 효과적이고 합리적인지는 나름대로 고민하여 판단하는 것이 좋겠다(필자의 경우는 주로 종이쪽지에 써서 붙이는 방법을 이용한다. 내용이 간단하면 기록이가 정리하여 쓰거나 돌아가며 쓰기로 하겠지만 그렇지 않을 경우 기록이에게 어려움이 생길 수도 있다. 포스트잇의 사용에 대한 필자의 견해는 부정적이다. 왜냐하면 이와 같은 활동에 포스트잇을 사용할 경우 매우 많은 양이 필요한데, 그에 소모되는 자원과 예산 낭비는 매우 심하다고 볼 수 있기 때문이다. 따라서 포스트잇보다는 재단기로 미리 적당한 크기의 이면지를 많이 잘라놓고 필요한 수만큼 가져가서 쓰고 붙이도록 하면 예산도 절약되고, 자원 낭비도 막을 수 있다).

이면지를 잘라서 쓰고 붙인 사례

사회 · 경제교육 활동에서 활용 사례

5 수업의 실제

'함께 차트'를 활용한 5학년 과학과 토의·토론 수업

단원	3. 열매	일시	○○년 ○월 ○일 ○교시	장소	교실
주제	씨와 열매의 이용	차시	과학 3/3(40분)	지도 교사	○○○
학습 목표	씨와 열매가 우리 생활 속에서 이용되는 사례를 말할 수 있다.				
사회적 기술 목표	개인적인 책임 다하기, 차례 지켜 말하기, 도란도란 말하기				
학습 자료	타이머, 모둠용 함께 차트 활동지, 이면지(쪽지), 번호순으로 퀴즈 PPT				

단계	학습내용 및 학습구조	교수·학습활동	시간	자료 및 유의점
도입	동기유발 번호순으로 구조	● 동기유발하기 : 지난 시간에 공부한 내용을 다시 한 번 생각해 보기(씨가 퍼지는 방법 알아보기) 　- 번호순으로 구조 활동(4문항을 미리 준비) 　- 번호순으로 돌아가며 답하기(답하기 전에 모둠원들과 답을 공유할 시간 갖기)	5′	● 미리 문항을 PPT로 만들어 둔다.
	학습 문제 확인	● 학습 문제 확인 　씨와 열매가 우리 생활 속에서 이용되는 사례를 말할 수 있다.		
전개	개별 학습	【활동 1】 씨와 열매가 우리 생활 속에서 이용되는 사례에 대하여 각자 생각하기 　[교사] 씨와 열매가 우리 생활 속에서 이용되는 사례에 대하여 각자 생각해 보도록 하자. 　[학생] '식생활, 약재, 기름, 의생활' 네 가지로 나누어 각각의 사례에 대하여 생각해 보도록 한다. 　- 개인별로 네 장의 작은 쪽지에 각각 한 가지 소주제에 대한 사례를 적어 보도록 한다.	10′	● 이면지를 작은 크기의 쪽지로 잘라 둔다.
	모둠 학습 함께 차트	【활동 2】 모둠 내에서 정리한 내용 나누기 　[교사] 개인별로 생각한 내용을 모둠 내에서 돌아가며 말하기로 발표하고 공유하도록 하자. 　[학생] 모둠 내에서 각자 생각한 내용을 '돌아가며 말하기' 구조로 발표하고 공유한다(각자 생각한 내용을 발표한 뒤에 모둠용 함께 차트 활동지에 붙인다).	10′	● 정리활동을 위한 PPT 자료 준비
	전체 학습	【활동 3】 각 모둠에서 정리한 내용 발표하기 　[교사] 각 모둠 내에서 정리한 내용을 발표해 보도록 하자. 1모둠부터 식생활 속에서의 사례에 대하여 발표해 보도록 하자(다음 모둠은 앞 모둠에서 발표한 내용은 빼고 말한다). 　[학생] 모든 모둠이 식생활에 대한 내용을 먼저 나누고 공유, 그다음으로 약재, 기름, 의생활에 대한 내용을 같은 방식으로 나누고 공유한다. 　- 자기 모둠들이 생각하지 못한 내용이 나오면 다른 색깔 펜으로 추가하여 정리해 두도록 한다(기록이).	10′	
정리		● 정리 및 다음 차시 안내 　- 씨나 열매가 우리 생활 속에 적용된 사례 나누기(씨나 열매의 모양을 응용 : 벨크로-우엉의 씨, 씨나 열매가 퍼지는 원리를 응용 : 낙하산-민들레 씨, 프로펠러-단풍나무 씨) 　- 각 모둠별로 정리한 자료는 교실에 게시하기	5′	

11 전시장 관람 토의·토론

1 기본이해

전시장 관람 구조는 전시장에 가면 큐레이터(미술관이라면 도슨트)가 방문객에게 여러 작품을 설명하듯이 각 모둠에서 다양한 방식을 통하여 만들어 낸 모둠 작품(전시물, 미술 작품, 발표 자료, 글쓰기 결과, 모둠 과제 등)을 모둠의 대표가 다른 모둠의 구성원들에게 설명하는 방식으로 활동하는 것을 말한다. 이때 학생들은 모둠별로 모여서 순서대로 옮겨 다니면서 다른 모둠의 작품을 감상하고 정보 및 지식을 습득하거나 평가하기, 토의 및 토론하기, 필요한 경우에는 조언도 해 주면서 교실 안을 돌아다니게 된다.

발표 자료 준비 및 논의

2 진행방법

❶ 교사가 활동 주제나 과제를 제시하고, 각 모둠은 역할을 분담하여 과제를 해결한 뒤 발표 자료를 만드는 데 필요한 모든 준비물을 미리 마련해 놓는다(전지, 크레파스, 색연필, 사인펜, 풀, 가위, 색종이, 칼, 가위, 발표 자료, 각종 사진 등).

❷ 각 모둠별로 작품 활동에 들어간다(글, 그림, 입체작품, 전시물, 발표물 등).

❸ 모둠별로 완성한 작품을 교실 벽면의 지정된 장소에 붙인다.

❹ 본격적인 발표에 들어가기 전에 각 모둠에서 발표 연습을 한다(돌아가며 한 번

발표 자료 제작 논의

발표 자료 제작 과정

발표 자료 전시 및 각 모둠별 대표자 발표 사례 ─ 발표를 잘하는 사람이 모델로 활동

씩 해 보기, 잘하는 사람을 모델로 삼아서 따라 하기, 발표 내용 다듬기 등).

❺ 발표 연습을 다 하였으면 1번 발표자(큐레이터)만 남기고 나머지 모둠원들은 정해진 순서(시계 바늘이 돌아가는 방향 혹은 그 반대)에 따라 옆 모둠 작품 앞으로 이동한다. 이를 위해 교실 가장자리 주변의 책상이나 사물들을 가운데 쪽으로 모아 두거나 방해되지 않도록 한쪽으로 몰아 두도록 한다. 소규모의 강당이나 활동 공간(특별실 등)이 학교에 있다면 그런 장소로 옮겨 가서 해도 좋다.

❻ 교사의 동시 시작 신호에 따라 발표자는 자기 앞에 온 다른 모둠의 학생들에게 자기 모둠의 작품이나 발표물에 대한 내용을 설명한다. 설명을 마치면 질문이나 궁금한 점에 대하여 나누도록 한다. 이때 교사는 시간 관리를 한다(타이머를 띄우고 활동 시간 체크).

❼ 일정한 시간이 지나면 교사의 신호에 따라 일제히 정해진 방향으로 이동하여 6단계 과정을 되풀이한다(신호 없이는 이동하는 일이 없도록 한다. 이동을 할 때도 저학년의 경우에는 어깨에 손을 얹고 한 줄로, 기차놀이하듯이 이동하면 훨씬 질서유지도 잘되고 안정적인 모습을 보이게 된다. 고학년의 경우에는 가볍게 손을 잡거나 모여서 이동할 수 있도록 안내하면 좋다).

❽ 한 아동이 계속 발표자 역할을 하게 되면 다른 모둠의 작품을 볼 수 없기 때문에 2~3회 정도 작품 설명을 할 때마다 각 모둠의 설명하는 학생을 교체하여 각 모둠의 전원이 발표 활동에 골고루 참여할 수 있도록 한다(발표하는 학생의 부담도 줄어들게 된다).

각 모둠별 발표 및 타 모둠 활동 결과물 공유(순회)

발표 후 전체 둘러보기

벽면에 붙여 놓고 활동했던 사례 — 발표 장면 (1)

벽면에 붙여 놓고 활동했던 사례 — 발표 장면 (2)

발표 후 전체 둘러보기

❾ 단순한 감상에서 그치지 않고 중요한 정보를 공유하고, 기억하고, 이해하지 않으면 안 될 내용으로 활동을 한다면 관람 활동을 시작하기 전에 "끝에 가서 퀴즈나 형성평가 등이 있을 것이다."라는 안내를 미리 해 두어야 학생들이 그에 대비할 수가 있고, 그 결과로 활동에 대한 효과를 최대한 이끌어 낼 수 있다(성의 없는 학생, 집중하지 않는 학생, 대강 보고 넘어가는 학생, 적극적으로 듣지 않는 학생의 발생을 최소화시킨다).

교사 연수과정에서 작품 제작 사례

교사 연수과정에서 작품 발표 사례

❿ 때로는 활동이 끝나면 좋은 작품이나 아이디어를 낸 모둠을 선정하기 위하여 스티커를 한 장씩 나누어 주고 마음에 드는 작품 옆에 붙이고 오도록 한다(자기 모둠에 붙이지 않기, 공정하게 평가해 주기 등에 대한 강조가 필요).

⓫ 교사의 정리 설명을 통해 다른 모둠의 내용을 못 들은 발표자를 배려하며, 설명을 잘한 발표자를 선정하여 개인티켓으로 격려한다(서로 듣지 못한 내용에 대해서는 각 모둠별로 돌아가며 설명하고 듣도록 구조화해도 좋다).

3 활동 효과

보통 모둠별로 발표를 할 때 전지 등에 내용을 정리하고, 앞쪽에 붙여 놓은 뒤 학생 전부를 대상으로 일방적인 전달만 하게 된다. 이럴 경우 학생들은 적극적으로 들어 주지 않는다. 발표를 통해 중요한 내용을 다른 사람들에게 전달하고, 듣는 사람은 그 내용을 자기의 것으로 만들기 위해 노력해야 하지만 현실적으로는 그것이 힘들다. 전시장 관람 구조는 이런 단점을 많이 보완해 주고 있는데, 학생들이 발표를 큐레이터 활동처럼 느끼게 만들어 자연스럽게 접근하게 만들어 주고, 발표를 하기 위해 각 모둠에서 준비할 시간을 주어 부담이 많이 줄어들게 되며, 준비 과정 및 타 모둠의 발표를 통해서 학생들이 많은 것을 배우고 익히게 된다. 뿐만 아니라 학생들은 모든 일련의 과정 속에서 서로 돕고, 긍정적인 상호작용을 활발하게 해 나가며, 자신의 과제 책임과 그에 따른 역할 수행을 적극적으로 해 나가려고 애 쓰게 된다. 그 결과로 학급 모두가 하나가 될 수 있으며 개인과 개인, 모둠과 모둠은 타인 및 모둠에 대하여 책임을 지는 자세와 그 방법을 터득하게 된다(집단 속에서 자신을 드러내지 않으려는 일이 없도록 최선을 다해 노력함).

4 주의할 점이나 활동의 팁

❶ 발표를 위한 방안으로서 활용 가치가 높은 만큼 이 구조 활동을 자주 사용하기 위한 교사의 의도적인 노력이 필요하다.

❷ 이 구조 활동은 상당한 사회적 기술이 필요하다고 볼 수 있다. 그런 만큼 준비되지 않은 상태에서 시도하지 말고 학급 구성원들이 협동학습에 어느 정도 익숙해졌을 때, 사회적 기술이 어느 정도 체득되었을 때 실시해야만 문제점들을 최소화시킬 수 있다.

❸ 발표하는 친구에게 타 모둠원들은 적극적인 칭찬과 격려를 아끼지 않도록 당부한다(누구나 발표를 다 해야 하고, 자신 스스로도 상대방의 마음과 다르지 않다는 것을 잘 알고 있기에 발표하는 사람에 대한 배려와 공감, 그리고 격려는 필수적인 것).

❹ 각 모둠별로 발표가 끝나는 단계마다 말미에 설명을 들은 모둠원들에게 핵심 내용에 대하여 퀴즈 형식으로 이벤트를 마련하여 보상을 하기도 한다(사탕 등을 준비).

5 수업의 실제

'함께 차트'를 활용한 5학년 사회과 토의 · 토론 수업

단원	5–1. 2–1. 도시 지역의 생활	일시	○○년 ○월 ○일 ○교시	장소	교실
주제	도시의 여러 문제 및 해결방안	차시	사회 6~8/17(120분)	지도 교사	○○○
학습 목표	도시에서 발생하는 여러 가지 문제 및 그 해결방안을 제시할 수 있다.				
사회적 기술 목표	개인적인 책임 다하기, 도란도란 말하기, 질서 지키기				
학습 자료	타이머, 전지, 각 모둠별 발표 자료				

단계	학습내용 및 학습구조	교수 · 학습활동	시간	자료 및 유의점
도입	전체 학습 및 모둠 학습	● 1차시 : 도시의 다양한 문제점 알아보기(1일차) – 교통, 환경, 주차, 주택, 쓰레기 등 – 각 모둠별로 해결 과제 선택하기 – 각 모둠별로 역할 분담하기(선택한 과제에 대하여 역할 분담을 통해 실태 파악, 문제의 원인, 해결방안 등에 대한 자료 수집) ― 역할 분담한 내용을 선생님께 제출	40′	● 수시로 수집해 온 자료에 대하여 회의를 하고, 부족한 것이나 수정해야 할 내용을 보완한다.
전개	조사 및 자료 정리 발표 연습	● 2차시 : 발표 자료 제작 및 발표 연습하기(2일차) – 각 모둠별로 준비해 온 자료(수정 및 보완)를 바탕으로 전지에 발표 자료를 제작한다. – 교사의 확인 및 지도 조언이 꼭 필요하다(혹시 빠졌거나 부족한 내용, 수정 및 보완해야 할 것들 살피기). – 자료 제작 후 모둠별로 발표 연습을 한다.	40′	● 2일차 : 첫 시간을 마치고 며칠 후에 진행 ● 활동이 끝난 후 모둠별로 반성의 시간을 꼭 갖도록 한다(잘된 점, 부족한 점 찾기 ― 성찰 기록문 쓰기).
정리	전시장 관람	● 3차시 : 전시장 관람 순서에 따라 발표하고 순회하면서 전체적으로 함께 학습해 나가기(3일차) – 전체적으로 활동이 끝나면 형성평가를 실시한다.	40′	

04 의사결정하기

01 결정 흐름 차트 토의·토론

1 기본이해

결정 흐름 차트는 토의·토론 활동 중 어떤 사안에 대하여 의사를 결정해야 할 상황에 놓이게 되었을 때 유용하게 활용되는 구조이다. 이 구조는 여러 항목을 미리 나열해 놓고 모둠원들이 각각의 항목에 대한 장점과 단점을 다양하게 뽑아내어 기록, 정리해 본 다음 가장 좋은 항목으로 결정하는 데 큰 도움을 준다. 또한 이 구조는 투표나 특별한 도구를 사용하는 방식과는 달리 문제 해결 과정에 대한 흐름을 읽을 수 있다는 장점도 가지고 있어서 많이 활용되고 있다.

2 진행방법

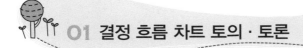

'혼자 생각하기'단계는 모든 활동을 시작하기 전에 선행되는 필수 활동!!!

❶ 교사는 토의·토론 주제를 제시한다.
❷ 학생들은 주제 및 그에 따른 항목을 추출, 차트에 기록한다(기록이).
❸ 학생들은 서로 토의·토론하여 각 항목에 장단점을 기록한다(브레인스토밍).
❹ 가장 좋은 항목을 선택한다(단점이 가장 적으면서도 장점이 가장 많은 항목).
❺ 아주 특별한 이견이 없는 한 모두가 결정에 따르는 것을 원칙으로 한다.

주제 : 우리 시도의 교육 문제 해결(교육감 선거)

	후보 A	후보 B	후보 C	후보 D
장점				
단점				

과제 확인, 토의·토론 준비

모둠 내 토의·토론

모둠별 토의·토론 내용 정리

3 활동 효과

❶ 누구나 토의·토론 활동에 참여할 수 있으며, 브레인스토밍하는 과정을 통해 다른 사람의 생각과 내 생각의 공통점과 차이점을 이해하게 되고, 다른 사람의 경험적 사고를 나의 것으로 이해하고 받아들이게 된다.

❷ 토의·토론을 통해 주제에 따른 항목별로 세부적인 사항을 따져 봄으로써 현 상황을 분석하고, 장점과 단점 등을 파악하여 의사결정하는 데 도움을 준다.

모둠별로 주제 토의

토의한 내용을 차트에 기록

동전 내놓기로 의사결정

❸ 적어 놓은 자료를 언제든지 수정할 수 있어서 편안한 가운데 참여하게 되고, 활동 과정이 끝나면 자연스럽게 의사결정에 이르도록 해 준다.

 주의할 점이나 활동의 팁

❶ 어떤 쪽으로 결론이 나도 모두가 반드시 결정에 따라야 한다는 사전 약속이 반드시 필요하다. 그렇지 않으면 이 활동은 무의미하다고 할 수 있다.

❷ 항목을 꼭 4개로 할 필요는 없다. 상황에 따라서 2개만 가지고 회의를 할 수도 있다.

❸ 최종 결정을 할 때는 단점이 가장 적으면서도 장점이 가장 많은 항목이 좋다. 그러나 현실적으로 딱 떨어지게 구별되지 않는 상황이 더 많다. 그리고 나온 항목에 따라서는 단점이 많지만 그곳에 마음이 끌리게 되는 경우도 많다(예 : 현장학습을 가려고 하는데 '산'의 경우 장점이 많이 나왔고 단점은 조금 나온 데 비하여 '놀이공원'은 장점은 적지만 단점이 많이 나왔다. 하지만 학생들은 산과 놀이공원 가운데 마음은 놀이공원에 끌릴 수밖에 없다). 이런 경우가 발생하지 않도록(위 사례의 경우 결정하기 전에 주어진 시간 동안 놀이공원의 장점을 충분히 더 생각해 보기) 충분히 논의해야 할 필요도 있지만, 필자의 경우 최종 결정을 내릴 때 주로 '동전 내놓기' 구조를 활용하여 결정할 때가 많다.

❹ 이 구조는 구성원들에게 강제적으로 생각을 내도록 구조화되어 있지 못하다. 따라서 자칫하면 활동이 한두 사람에 의해서 주도될 가능성이 크다. 가능하면 활동 시작 전에 혼자 생각할 시간을 확보하여 개인적인 생각을 가지고 활동에 참여할 수 있게 지도할 필요가 있다.

❺ 이 구조는 꼭 의사결정의 상황이 아니더라도 다양한 주제와 항목에 대한 분석의 틀로서 이용되기도 한다. 예를 들자면 이런 경우이다.

주제 : 이야기 속에 나오는 인물에 대한 탐구

	흥부	놀부	흥부 부인	놀부 부인
장점				
단점				

주제 : 환경오염에 대하여

	토양 오염	공기 오염	물의 오염
현상	• 생물이 잘 자라지 못함 • 건강 피해 • 미나마타병 등	• 건강 피해(호흡기 등) • 스모그 현상 • 지구 온난화 현상	• 물이 더러워짐 • 건강 피해 • 물속 생물의 폐사
원인	• 중금속 • 농약	• 자동차 매연(화석연료) • 공장 굴뚝의 연기 • 쓰레기 소각	• 생활하수 • 각종 쓰레기 • 공장, 축사의 폐수
해결 방안	• 농약 사용 줄이기 • 퇴비 사용하기 • 농사법 개발(유기농) • 토양 휴식년제 등	• 굴뚝에 집진장치 설치 • 자전거 많이 이용하기 • 대체 에너지 개발하기 • 자동차 사용 줄이기 등	• 하수 정화 처리하기 • 쓰레기 버리지 않기 • 공장, 축사 폐수 정화 • 수질 오염 감시하기 등
우리의 할 일	• 쓰레기 버리지 않기 • 홍보하기 • 유기농산물 애용하기 • 나무 많이 심기	• 자전거 많이 이용하기 • 걸어다니기 • 홍보하기 • 에너지 절약하기	• 쓰레기 버리지 않기 • 물 아껴 쓰기 • 생활하수 줄이기 • 수질 오염 감시하기

O2 동전 내놓기 토의·토론

1 기본이해

보통 의사결정을 할 때 다수결 혹은 투표 방법을 많이 활용하고 있는데, 이는 구성원들이 민주적인 시민의식을 갖추었을 때는 유용할 수 있으나 그렇지 않을 경우에는 여러 문제가 발생하게 된다(소수의 의견 무시, 결정 따르지 않기 등). 또한 다양한 대안 가운데 어느 한쪽으로 의견이 모아질 때 100% 찬성하여 결정되는 경우는 매우 드물다. 이는 단지 다른 것보다 결정된 것이 더 낫다고 생각하는 것일 뿐이다. 하지만 결과적으로 본다면 결국 다른 대안은 버리고 그 대안에 100% 찬성의견을 내는 것과 마찬가지인 것이다. 하지만 동전 내놓기 활동을 통해 의사결정을 하게 되면 그런 단점을 보완할 수 있다. 왜냐하면 이 활동은 주어진 대안들 가운데 복수를 선택하고, 그 각각의 의견에 따른 자신의 생각을 좋아하는 만큼만 표현하도록 해 주어 복수 선택 및 질적 의사결정이 가능하도록 해 주기 때문이다. 동전 내놓기 활동은 학생 각자가 모의 화폐를 동일한 액수만큼 나누어 갖도록 한 다음, 제시된 의견에 대하여 액수를 정하여 제시하게 하고, 끝으로 각 항목에 놓은 액수를 합산하여 결정을 내리도록 하면 된다. 의사결정과 관련하여 신속한 결정을 내려야 할 경우에 '동전 내놓기' 구조를 활용하면 매우 유용하다. 이 구조는 투표와 달리 분명한 승자와 패자를 만들지 않는다는 큰 장점을 가지고 있어서 많이 활용되고 있다.

필자가 만들어 활용하는 모의 화폐

2 진행방법

'혼자 생각하기' 단계는 모든 활동을 시작하기 전에 선행되는 필수 활동!!!

❶ 토의나 브레인스토밍, 돌아가며 말하기 등을 통해 가능한 한 많은 의견을 찾아 제시한다.

❷ 제시된 여러 의견들을 3~4개 정도로 정리한다(모둠원들끼리 상의하거나 피라미드 토의·토론, 함께 차트, 결정 흐름 차트, 창문 열기 등을 이용).

❸ 모둠원 각자는 10원, 100원, 500원짜리 등의 동전을 똑같은 액수로 나누어 가진다(모의 화폐를 미리 만들어 놓고 사용하면 좋다. 또한 교사의 의도에 따라 다양한 액수만큼 동전을 나누어 주고, 각각의 안건에 대하여 자신이 매기고 싶은 가치만큼만 모의 화폐를 내려놓게 하면 된다. 그리고 화폐의 종류도 교사의 생각과 의도에 따라 다양하게 만들어 활용하면 된다).

❹ 각각의 안건마다 동전 1개씩을 사용할 수 있다(모의 화폐의 액수를 달리 갖고 할 때는 모든 안건에 나름대로의 가치만큼 돈을 내려놓을 수 있도록 한다. 특정 안건에 '올인' 하거나 돈의 가치를 전혀 부여하지 않는 상황은 발생하지 않도록 한다).

❺ 각각의 안건에 모인 동전의 합에 따라 최종 결정을 내린다.

협동학습연구회 아해미래 주관, 교사 대상 협동학습 직무연수과정의 동전 내놓기 활동

3　활동 효과

❶ 학생들이 활동에 흥미를 갖고 참여할 수 있도록 해 준다.

❷ 결과에 대한 기대 및 결과에 따른 거부감이 다른 방식(투표, 다수결 등)에 비하여 현저히 줄어들게 되어 마음이 보다 편안해진다.

❸ 주어진 대안들 가운데 복수를 선택하고, 그 각각의 의견에 따른 자신의 생각을 좋아하는 만큼만 표현하도록 해 주어 복수 선택 및 질적 의사결정이 가능하도록 해 준다(이런 이유 때문에 이 활동의 명칭을 '복수선택 질적 의사결정' 이라고 부르기도 한다).

❹ 한 개인의 선택에 대한 다양성을 높여 주고, 집단 내에서의 합의 도출에 있어서 그 가능

성을 매우 높게 만들어 준다(개인이 여러 개를 질적으로 선택하고, 그중에서 다수가 질적으로 높이 평가한 것을 선정하게 함으로써 소수의 의견이 무시되지 않으면서도 합의에 이를 수 있도록 해 준다. 때에 따라서는 만장일치의 효과도 얻을 수 있다).

 4 주의할 점이나 활동의 팁

❶ 한 가지 의견에 모의 화폐를 몰아서 의사표현을 하지 않도록 한다(올인하지 않기).

❷ 어느 한 가지 의견에만 가치를 표현하지 않는 일도 없어야 한다는 규칙이 반드시 필요하다. 왜냐하면 대체로 수많은 의견들은 나름대로의 가치를 포함하고 있기 때문이다(의견 가운데 마음에 들지 않는 것이 있더라도 최소한의 가치 표현은 반드시 하기).

❸ 화폐의 종류, 나누어 가진 모의 화폐의 액수, 가치를 표현해야 할 의견의 가짓수 등 여러 가지 변수에 따라 상당히 흥미진진한 상황이 전개된다. 따라서 교사는 할 수 있는 한 다양한 상황에 대하여 예측하고 대비책을 마련해 두어야 한다(이 구조를 많이 활용하다 보면 어느 정도는 예측이 가능해진다).

❹ 화폐가 아니어도 된다(도미노 칩, 스티커, 별표 등 — 최고 3개, 중간 2개, 보통 1개). 또한 모의 화폐가 없을 경우 가상의 화폐가 주어진 상태에서 각각의 대안에 가치를 부여할 수 있도록 안내하는 방법도 있다(예 : 각자에게 1만 원씩 가상 화폐가 주어졌다고 생각하고, 모둠에서 나온 각각의 대안에 분산해서 가치를 부여하기).

❺ 모둠 내에서 의견을 제시할 때 근거까지 명확하게 말하고, 다른 사람들은 그 의견과 근거에 대한 타당성, 실현 가능성 등을 충분히 검토하며 듣는 자세가 필요하다.

❻ 의견은 비판하되 사람은 비판하지 않도록 하며, 되도록 적극적으로 수용하며 듣는 자세를 갖도록 해야 한다.

❼ 질적 의사결정이라는 것에 대한 확실한 설명이 필요하다. 왜냐하면 학생들이 이에 대한 확실한 이해를 갖고 있다면 의사결정 결과에 따르는 마음이 보다 편안해질 수 있기 때문이다(다수결에서 소수의 의견은 그냥 무시되지만, 이 활동에서는 의사결정이 질적으로 이루어지면서 내 생각이 각각의 의견에 어떤 식으로든 반영되어 있기 때문에 마음속에 거부감이 그만큼 사라지게 된다).

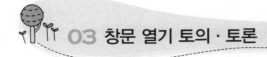

03 창문 열기 토의 · 토론

1 기본이해

창문 열기 구조는 모둠 내에서 토의 · 토론을 통해 정보(생각이나 의견)를 나누고 정리하는 방법으로 주로 활용되고 있다. 하지만 모둠원들끼리 다양한 정보를 내놓고 '찬반 혹은 가부'의 의사결정 과정을 거쳐 다양한 생각이나 의견들을 분류함과 동시에 공통점과 차이점을 쉽게 찾아낼 수 있도록 해 주고, 서로의 생각에 대한 차이점을 이해하고 존중할 수 있도록 해 주는 활동에도 많이 활용되고 있다. 『협동학습』(Kagan 저)에서는 모둠세우기 과정 가운데 '서로에 대해 알기'에 목적을 두고 할 수 있는 구조로 소개하고 있다. 그러나 구조라는 것이 생각의 폭을 좀 더 확장시켜 보면 얼마든지 다른 곳에 적용 가능한 것이라는 것을 깨닫는다면 모둠세우기뿐만 아니라 교과 활동에도 적용할 수 있는 곳이 많다는 점을 알게 될 것이다.

2 진행방법

'혼자 생각하기'단계는 모든 활동을 시작하기 전에 선행되는 필수 활동!!!

❶ 4명의 모둠원은 자신에게서 가장 가까운 백지의 꼭짓점으로부터 종이의 중앙을 향하여 약 5cm 정도의 선을 1개씩만 긋는다(4명이 동시에 그리도록 한다).

❷ 4명의 모둠원은 꼭짓점으로부터 나온 선의 끝에서 다른 선의 끝을 연결하여 종이의 중앙에 네모를 그리도록 한다(4명이 동시에 그리도록 하되, 각자 선을 1개씩만 긋도록 한다. 꼭 자를 이용하지 않아도 좋다).

❸ 4명의 모둠원은 나누어진 가장자리 네 부분에 각자의 고유 자리 번호 1, 2, 3, 4를 하나씩 쓴다(여기에서 각각의 번호는 모둠 내에서 각각의 의견이나 대안에 찬성하는 사람의 수라고 안내를 해 준다).

 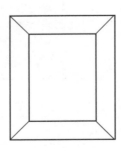 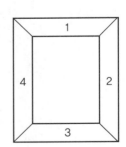

④ 교사는 토의·토론 주제를 제시한다(예 : 교실 내 욕설 문제 해결 방안).

⑤ 학생들은 주어진 주제를 중앙에 큰 글씨로 쓰고, 그와 관련하여 개인적인 의견 또는 대안을 마련할 충분한 시간을 갖는다.

⑥ 4명의 모둠원 가운데 1번 모둠원부터(순서는 임의로 정해도 좋다) 자신이 생각한 의견이나 대안을 한 가지만 제시한다(예 : 욕하는 사람은 벌로 1일 청소).

⑦ 이 의견에 대하여 모든 모둠원이 찬성한다면 번호 '4'의 칸에 '욕하는 사람은 벌로 1일 청소'라고 쓴다. 만약 2명만이 찬성하였다면 번호 '2'의 칸에 '욕하는 사람은 벌로 1일 청소'라고 쓰면 된다.

⑧ 그다음에는 2번 모둠원이 6단계, 7단계의 과정을 되풀이한다. 2번 모둠원 끝나면 3번 모둠원, 3번 모둠원이 끝나면 4번 모둠원이 앞의 과정을 되풀이한다. 다시 1번 모둠원의 차례가 돌아오면 계속 반복해 나간다(시간을 정해 놓고 할 수도 있고, 모둠 내에서 생각한 의견이 더 이상 없을 때까지 할 수도 있다).

⑦ 활동이 끝나면 4번 칸에 있는 의견이나 대안에 따르는 것(의사결정)으로 하고, 4번에 있는 의견이나 대안을 정리하여 모둠별로 학급 전체에 발표한다.

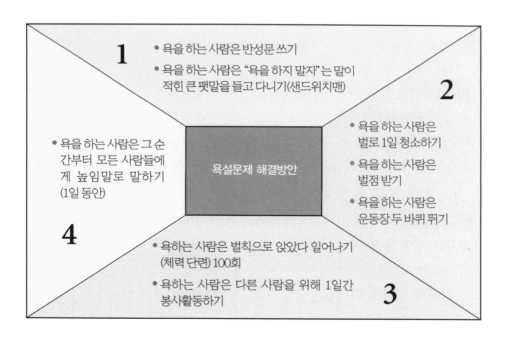

3　활동 효과

❶ 실제로 필자의 반에서 '욕설문제 해결방안'을 모둠별로 활동 후 전체 활동으로 확장시켜서 토의·토론을 해 보았고, 그 과정에서 나온 사례를 앞에 창문 열기 사례로 제시해 본 것인데 다양한 의견들이 나오게 됨과 동시에 자연스럽게 의사결정으로 이어질 수 있도록 해 준다.

❷ 흥미를 가지고 참여하며 서로의 공통점과 차이점을 느낄 수 있도록 해 준다.

❸ 모둠 이름 만들기 활동에도 쓸 수 있다.

❹ 문제 해결 방안을 놓고 고민하거나 학급회의 시간에 다양한 의견을 놓고 각 의견마다 몇 명이 찬성하고 반대하였는가에 대하여 알아보며, 가장 많은 사람이 찬성한 의견이나 문제 해결 방안을 결정하기 위한 방법으로 활용할 수도 있다.

4　주의할 점이나 활동의 팁

❶ 활동지에 낱말이나 문장을 쓸 때에도 자기 차례가 와서 질문을 한 사람이 쓸 수 있도록 하는 것이 협동학습의 네 가지 원리를 잘 적용한 것이라 할 수 있다. 자칫하면 질문은 돌아가며 하지만 기록은 한 사람이 가지고 하기 십상이다. 활동지를 돌려 가면서 질문을 한 사람이 기록을 할 수 있도록 하자(연필을 1개만 가지고 활동하면 좋다).

❷ 이 활동은 아동들이 많은 흥미와 재미를 느낄 수 있고 기본적으로 말을 할 수밖에 없는 활동이기 때문에 소음이 많이 발생하게 된다. 이럴 때는 이런 규칙을 정하고 해 보자. 그러면 굉장히 조용한 상태에서 활동을 마무리할 수 있다.

(예) "각 모둠별로 질문을 하는 사람만 이야기할 수 있습니다. 질문에 대한 찬성/반대 표시는 조용히 손만 들어서 표현하도록 합니다."

❸ 모둠원들끼리 하는 활동이므로 목소리 크기는 2단계 '도란도란' 크기로 하며, 지킴이가 목소리의 크기를 조절하는 책임을 지도록 한다.

❹ 각 단계별로 적절하게 시간 배분을 하여 계획적인 활동을 할 수 있도록 한다(예를 들면 혼자 생각하는 시간 10분, 모둠 내에서 의견 나누기 10분, 모둠에서 결정한 사항 정리하기 3분 등).

돌아가며 질문하고 기록하기

손을 들어서 의사표시하기

모둠 이름을 정하기

협동작품 ― 모둠 상징 그리기

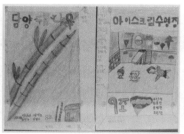

완성된 모둠 이름과 상징 (1)

완성된 모둠 이름과 상징 (2)

모둠 구호를 만들고 연습하기

모둠별로 만든 구호 외치기 (1)

모둠별로 만든 구호 외치기 (2)

완성된 모둠 이름 및 모둠 상징 작품 사례

5 수업의 실제

'창문 열기'를 활용한 6학년 국어과 토의·토론 수업

단원	6-2. 4. 문제와 해결	일시	○○년 ○월 ○일 ○교시	장소	교실
주제	문제의 해결 방안 찾기(말/듣/쓰)	차시	국어 5~6/9(80분)	지도 교사	○○○
학습 목표	"텔레비전 시청 시간 2시간 넘어"를 읽고 문제 해결 방안을 찾을 수 있다.				
사회적 기술 목표	개인적인 책임 다하기, 시간 지키기, 타인의 생각 수용하기				
학습 자료	타이머, 창문 열기 활동지				

단계	학습내용 및 학습구조	교수·학습활동	시간	자료 및 유의점
도입	동기유발 및 전체 학습 학습 문제 확인	● 동기유발하기 : 개인별 TV 시청 시간 알아보기 　－ 우리 반 TV 시청 시간 알아보기 　－ "텔레비전 시청 시간 2시간 넘어" 읽기 ● 학습 문제 확인 "텔레비전 시청 시간 2시간 넘어"를 읽고 문제 해결 방안을 찾을 수 있다.	15´	● 돌아가며 읽기로 교과서 내용 살펴보기(시간이 부족하다고 판단될 경우 교과서 내용은 미리 집에서 읽어 오도록 해도 좋다)
전개	전체 학습	● 내용 파악하기 [교사] 글쓴이가 제시한 문제는 무엇인가? [학생] TV 시청 시간이 너무 길다. [교사] 문제가 되는 것은 무엇인가? [학생] TV 시청 시간이 너무 길고, 문제가 되는 프로그램도 많다. [교사] TV를 유익하게 활용하지 못하는 까닭은 무엇인가? [학생] 학습계획이 없기 때문, 좋은 프로그램과 그렇지 못한 프로그램을 구별할 줄 모르기 때문	10´	
	모둠 활동 창문 열기	【활동 1】 TV를 유익하게 활용하기 위한 좋은 방법 찾기 [교사] 각자 개인별로 바람직한 방향으로 TV를 시청하기 위한 좋은 방법을 찾아보도록 하자. [학생] 먼저 좋은 방안을 찾기 위해 혼자 생각한다. 　－ 혼자 생각한 내용을 바탕으로 모둠 내에서 한 가지씩 돌아가며 말하기를 한다(근거도 함께 말하기). 　－ 발표된 의견에 대한 자신의 찬반 의견을 표시한다. 　－ 찬성하는 사람의 수에 따라 창문 열기 활동지에 기록한다. 　－ 각 모둠에서 나온 의견을 전체적으로 공유(발표)	20´	● 창문 열기 활동지 준비
	전체 활동	【활동 2】 문제와 해결의 짜임으로 글쓰기 [교사] 각 모둠에서 찾은 해결 방안을 바탕으로 하여 문제와 해결의 짜임으로 글쓰기를 해 보도록 하자. 　－ 서론 부분에 들어가야 할 내용, 본론 부분에 들어가야 할 내용, 결론 부분에 들어가야 할 내용에 대한 설명을 통해 학생들의 이해 및 글쓰기 활동을 돕는다.	30´	● 예시자료를 통해 설명하기
	개별 학습	[학생] 선생님의 설명을 듣고, 그것을 바탕으로 개별 활동에 들어간다. 　－ 서론, 본론, 결론으로 나누어 개요 짜기 　－ 개요 짜기가 끝나면 글쓰기 활동으로 들어간다.		● 글쓰기를 위한 개별 활동지 준비 ● 발표시간이 부족하면 글쓰기 결과물을
정리	전체 학습	● 정리 및 다음 차시 안내 　－ 학생들의 발표 들어 보기(자신이 쓴 글 발표) 　－ 학생들의 결과물은 수합하여 형성평가로 활용하기	5´	수합하여 형성평가 자료로만 활용한다.

04 피라미드 토의 · 토론

1 기본이해

피라미드 토의 · 토론이란 엄밀히 말하면 역피라미드 토의 · 토론 방식의 의견 수렴 및 합의 방식으로 이해하면 좋을 것 같다. 이 활동은 주어진 논제에 대한 각자의 의견을 브레인라이팅 기법에 의해 1인당 의견이 적힌 종이 카드를 4매씩 작성한 후, 옆 사람과 1 : 1 토의 · 토론 과정을 거쳐 카드 매수를 4매로 줄인 다음, 다시 다른 팀과 만나 2 : 2 토의 · 토론 과정을 거쳐 매수를 또다시 4매로 줄인다. 다시 다른 팀과 만나서 4 : 4의 토의 · 토론 과정을 거쳐 매수를 또 4매로 줄여 나가며 점차로 인원수를 확대해 간다(8 : 8명, 16 : 16명 등). 참여자 수에 따라 2~4개의 팀이 남을 때까지 진행하고 마지막 팀별로 발표자를 선정한다. 마지막 4장의 카드(의견)를 전지에 붙이거나 칠판에 기록하고 대표자가 전체 앞에서 발표한다.

　이 피라미드 토의 · 토론은 서로 다른 생각들이 토의와 토론의 과정을 거쳐 합의점을 찾아가는 과정을 시각화하여 보여 줌으로써 본격적인 토의 · 토론에 앞서 활동에 참석하는 패널의 입을 열게 하는 마음 열기 활동으로 많이 쓰는 방법이다. 그러나 학교 현장에서는 의견을 합의해 나가면서 하나의 의사결정으로 수렴해 나가기 위한 방안으로 많이 활용된다.

2 진행방법

　　'혼자 생각하기'단계는 모든 활동을 시작하기 전에 선행되는 필수 활동!!!

❶ 교사는 토의 · 토론 활동을 위한 주제를 제시한다.

(예) 도시의 교통문제를 해결하기 위한 좋은 방안 네 가지 생각하기

❷ 학생 모두에게 1인당 쪽지(이면지를 똑같은 크기로 자른 규격화된 종이, 즉 의견 카드)를 4장씩 나누어 준다(필기도구는 각자 준비하기, 받침대가 필요하다면 따로 마련하기, 받침대는 책으로 대신해도 무방하다. 종이 쪽지도 꼭 4장씩 나누어 줄 필요는 없다. 교사의 의도에 따라 장수의 조절은 얼마든지 가능하다).

❸ 토의할 주제에 대한 각자의 생각을 주어진 시간 동안 기록한다(쪽지 1장에 한 가지 의견을 기록한다. 모두 네 가지 의견을 기록한다).

❹ 각자 4장의 쪽지를 들고 두 사람(옆 사람 혹은 앞 사람)이 1 : 1로 짝을 이루어 앉는다.

❺ 짝을 이룬 사람들끼리 4장씩 모두 8장의 의견이 적힌 쪽지를 가운데 놓고 주어진 시간 동안 1 : 1 토의 · 토론 과정을 거쳐 4장의 쪽지만 남기고 나머지 4장은 버린다(의견 줄이기 과정. 이때 버린 쪽지를 모아 둘 바구니는 따로 마련한다. 교실 바닥에 그냥 버려지지 않도록 한다. 토의하여 의견 수를 줄이는 시간은 교사가 적절히 안배하여 조절한다. 보통은 5~7분 정도씩 할당하면 좋다. 남길 의견 수는 적절히 조절한다).

❻ 이러한 과정을 거쳐 2 : 2명, 4 : 4명 순으로 확장시켜 나간다. 이때도 의견 수는 항상 네 가지로 줄이도록 한다.

❼ 최종적으로 1개 팀이 남을 때까지 계속 진행한다.

❽ 최종적으로 4개의 대안이 정해지면 학급 전체의 의견으로 정리되어 모두에게 공유된다. 이후에는 교사가 모든 활동에 대한 정리를 해 준다.

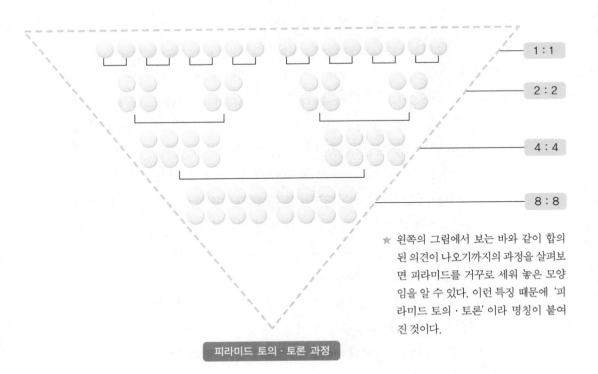

1 : 1

2 : 2

4 : 4

8 : 8

★ 왼쪽의 그림에서 보는 바와 같이 합의된 의견이 나오기까지의 과정을 살펴보면 피라미드를 거꾸로 세워 놓은 모양임을 알 수 있다. 이런 특징 때문에 '피라미드 토의 · 토론'이라 명칭이 붙여진 것이다.

피라미드 토의 · 토론 과정

활동 효과

❶ 이 활동을 통해 결정된 사항은 구성원 모두가 함께 여러 차례 토의·토론을 통해 합의한 의견이어서 신뢰도가 매우 높고, 그에 무게가 많이 실리게 된다.

❷ 같은 주제에 대하여 비슷한 주장을 반복해서 하게 되므로 발표력 및 표현력, 듣기능력이 점점 향상되어 가는 경험을 하게 된다.

❸ 피라미드 토의·토론을 많이 활용하는 이유는 학생들이 토의·토론 과정에 참여하여 자신의 생각과 의견을 내놓도록 하기 위함이요, 자기가 왜 그런 의견을 내놓게 되었는지에 대하여 충분한 근거를 바탕으로 논리적 설명이 가능하도록 하기 위함이며, 다른 사람의 생각을 듣고 내 생각과 비교해 가면서 좋은 의견에 대한 이해를 바탕으로 합의를 이끌어 내는 방법과 자세를 터득할 수 있도록 하기 위함이다(자기의 생각을 상대방에게 표현하고 양보와 관철을 위해 설득과 바람직한 대화를 경험하게 하는 것이 토의·토론 수업의 주된 목표라 할 수 있다).

❹ 어떤 사안에 대한 여러 가지 대안 중 우선순위를 정하고자 할 때나 조직의 구성원이 지켜야 할 규칙이나 합의안을 도출할 때 효과적이다(중·고학년 이상에서 학급 규칙 등을 만들 때).

❺ 처음에는 두 사람이 1:1로 만나서 논제에 대한 자신의 주장으로 상대방을 설득시키지만 합의가 끝나 두 사람의 의견이 정해지면 그 순간부터 두 사람은 상대편이 아니라 동지가 되어 짝 모둠을 형성하게 된다. 이 순간부터 두 사람은 앞으로 만나게 될 다른 상대편인 두 사람을 설득하기 위한 공동작전을 펼쳐야 한다는 점이 매우 특이한 점이다(오늘의 상대방이 내일의 동지가 되는 것). 이렇게 네 사람, 여덟 사람으로 확장시켜 나가는 과정에서 자신의 주장을 좀 더 논리적으로 체계화할 수 있고, 상대방을 잘 이해하고 받아들일 수 있는 기회가 되어 토론에 익숙하지 못한 학생들에게 적용하면 매우 효과적이라 할 수 있다. 단 수업 시간이 부족하여 여유 있게 토론을 하지 못하게 되는 경우가 많으므로 시간확보에 특별히 유의해야 한다.

❻ 학생들이 1:1, 2:2, 4:4 식으로 토의·토론 활동을 해 나가면서 여러 생각들을 줄이고 묶는 경험을 통해 이해력 및 종합적 사고력을 키우게 된다.

❼ 다수의 생각을 줄이는 과정에서 각각의 생각들에 대한 가치(중요성)나 경중(사소함 또는 핵심적인 것)을 따지거나 비교·분석(포함 관계 등)을 해 나가면서 분석적·평가적 사고력을 키우게 된다.

❽ 자신 및 타인의 생각이 적힌 의견 카드(시각적 자극)를 보면서 활동하게 되는데, 자신(또는 모둠) 및 타인(또는 타 모둠)의 생각이 적힌 카드가 결정되거나 그 반대의 경우를 직접 지켜보면서 활동을 하게 되므로 집중도가 매우 높아진다.

4 주의할 점이나 활동의 팁

❶ 의견 카드는 꼭 4매로 한정 지어서 생각할 필요는 없다. 상황 또는 학년 수준에 따라서 2~3매 혹은 5매, 또는 더 이상으로 약속을 할 수도 있다.

❷ 의견을 줄이는 과정에서 각각의 의견들은 수정될 수도 있고, 새롭게 떠오른 생각을 제시하여 토의 · 토론 활동을 진행할 수도 있다.

❸ 학급의 학생 수가 홀수일 경우 어느 한 사람은 처음부터 둘이 한 팀이 되어 시작하면 된다. 이 경우 '상' 수준의 학생과 '하' 수준의 학생이 한 팀을 이루어 시작할 수 있도록 하는 것이 좋다. 또한 학급 전체 인원이 4의 짝수 배수(8명, 16명, 24명 등)가 안 될 경우에는 '팀 : 팀'을 이루어 활동하는 데 있어서 활동을 못하는 팀이 생길 수 있다. 이럴 경우 그 팀은 토너먼트 방식의 게임에서의 부전승 개념으로 이해하여 다음 팀을 만날 때까지 기다릴 수 있도록 하면 된다.

❹ 한 팀의 수가 커지면 토의 · 토론 활동에서 소외되는 학생 또는 관심을 갖지 못하여 주변에서 배회하는 학생이 발생할 수 있고, 합의를 이끌어 내는 시간도 많이 걸릴 수 있다. 따라서 적정한 크기의 팀(보통은 8 : 8 토의 · 토론을 통해 16명의 팀이 만들어질 때까지 진행하는 경우가 많다)이 만들어지게 되면 최종적으로 한 팀으로 의견이 모아지지 않더라도 그 단계까지 모아진 각 팀들의 의견들을 바탕으로 학급 전체 토의 · 토론을 통해 의사결정을 하는 것이 좋다.

❺ 이 활동은 팀별 인원수가 그다지 중요하지는 않다. 제일 중요한 것은 주장과 설득을 위한 근거, 그리고 대화의 요령이다(합의 과정에서 다수결 등의 과정이 없도록 하는 것이 좋다. 오직 상대방 의견에 대한 이해와 설득, 그리고 양보와 타협에 의한 합의만이 필요할 뿐이다).

❻ 자리에서 일어선 채로 토의 활동을 하게 되면 질서가 없고 산만해지기 때문에 팀을 만난 다음에는 주변에 있는 자리에 앉아 토의할 준비를 하고, 교사의 신호에 따라 동시에 토의를 시작하고 동시에 끝낼 수 있도록 한다.

❼ 팀을 이루어 토의 · 토론하는 시간은 교사가 타이머를 이용하여 적절히 조절할 수 있도

록 한다.

❽ 이 활동을 하기 전에 개인별로 브레인스토밍하는 것이 도움이 된다.

❾ 교실 속에서 현실적으로 8 : 8, 그 이상까지 가는 것이 매우 힘들 수도 있다고 판단된다면 모둠 내에서의 피라미드 토의 · 토론으로 변화를 주어서 해 보는 것도 좋다(예 : 주제에 대하여 개인별로 두 가지(2장의 의견 쪽지에 기록)씩 생각해 두기 ➡ 얼굴짝끼리 1 : 1로 토의 · 토론을 하여 의견 쪽지의 수를 두 가지로 줄이기 ➡ 모둠 내에서 2 : 2 토의 · 토론을 하여 의견 쪽지의 수를 다시 두 가지로 줄이기 ➡ 모둠 내에서 한 가지만 결정해야 할 경우에는 동전 내놓기로 한 가지 결정하기).

5 수업의 실제

'피라미드 토의·토론'을 활용한 4학년 특활 & 재량 수업(학급 규칙 제정을 위한 어린이 회의)

단원	특별활동 및 재량시간(어린이 회의)	일시	○○년 ○월 ○일 ○교시	장소	교실
주제	학급 규칙 제정	차시	재량, 특활 80분	지도 교사	○○○
학습 목표	1년 동안 생활하게 될 우리 반의 학급 규칙을 만들어 본다.				
사회적 기술 목표	개인적인 책임 다하기, 타인의 생각 수용하기, 도란도란 말하기				
학습 자료	타이머, 의견을 기록할 쪽지(1인당 4장씩)				

단계	학습내용 및 학습구조	교수·학습활동	시간	자료 및 유의점
도입	동기유발 번호순으로 구조	● 동기유발하기 : 지금까지 학교생활을 해 오면서 어렵고 힘들었던 점들에 대하여 나누기 [학생] 남을 괴롭히는 아이들이 많았다, 욕하는 아이들이 많았다, 남을 배려하지 않는 아이들이 있다. [교사] 그런 모습들이 사라질 수 있도록 하기 위해 우리 반만의 학급 규칙을 만들어 보도록 하자.	10′	● 다음과 같은 방법으로 학년 초에 학급 규칙 제정을 위한 회의를 한다.
	학습 문제 확인	● 학습 문제 확인 – 1년 동안 생활하게 될 우리 반의 학급 규칙을 만들어 본다. – 한 나라에는 질서 유지를 위한 법이 있듯이 우리 교실에도 질서 유지 및 행복한 교실을 만들기 위한 최소한의 규칙이 필요하다. 우리 교실이 행복해지기 위해서는 어떤 규칙이 있으면 좋겠는지 생각해 보도록 한다.		
전개	개별 활동	【활동 1】 개인적인 생각 [교사] 우리 교실에 꼭 있어야 할 학급 규칙 네 가지만 생각해 보도록 하자. [학생] 개인적으로 네 가지 규칙을 생각하여 적는다.	10′	● 개인적으로 생각한 것들은 쪽지(의견 카드)에 기록한다. ● 선택된 의견 쪽지만 남기고 나머지는 버린다(버린 쪽지를 모아 두는 바구니를 마련해 둔다).
	피라미드 토의·토론	【활동 2】 모둠 내 1:1, 2:2 토의·토론 [교사] 모둠 내에서 얼굴짝끼리 1:1, 2:2 토의·토론을 하여 규칙을 네 가지로 정리해 보도록 하자. [학생] 토의·토론을 하여 모둠 내에서 의견을 네 가지로 줄인다.	10′	
		【활동 3】 모둠 간 4:4, 8:8 토의·토론 [교사] 모둠 간 4:4, 8:8 토의·토론을 하여 규칙을 네 가지로 정리해 보도록 하자. [학생] 모둠 간에 토의·토론을 하여 의견을 네 가지로 정리한다.	30′	
정리	전체 학습	【활동 4】 학급 규칙 결정하기 [교사] 8:8 토의·토론을 통해 정해진 학급 규칙을 칠판에 적어 보고, 최종 합의에 도달해 보도록 하자. [학생] 이전 활동까지의 결과로 정리된 학급 규칙을 바탕으로 전체 회의를 통해 학급 규칙에 최종 합의한다. – 마지막 점검을 통해 수정, 삭제, 추가해야 할 규칙을 생각해 본다. – 최종 합의가 이루어지면 학급 규칙으로 선포하고, 문건으로 작성하여 각 가정으로 안내한다.	20′	● 최종 합의에 이른 학급 규칙은 문건으로 만들어 각 가정에 알리고, 학급에 게시한다.

05 Stahl의 의사결정 모형

1 기본이해

Stahl은 개인적 의사결정과 집단적 의사결정을 통합한 상황 의사결정 모형을 제시하였는데, 의사결정과정에서 집단의 만장일치를 고려하면서 어떤 전략을 사용하여 의사결정을 해야 하는지를 직접 익히게 하는 모형을 개발하여 의사결정과정이 대립과 논쟁의 과정으로서 토론이 아니라 대안 제시와 협상의 과정으로서 토론임을 보여 주었다. '에피소드 모형'이라고 불리는 이 모형은 학생들이 배워야 할 내용을 하나의 일화(에피소드)로 만들어 그 일화를 완성하는 과정에서 자연히 달성해야 할 목표와 내용을 학습할 수 있도록 한 것이다. 이 모형의 특징을 살펴보면 다음과 같다(구정화, 2009, pp. 214~218 참고).

- 이미 대안들이 제시되어 있다.
- 제시된 대안을 평가하고 대안에 대한 개인적인 결정을 먼저 내린다.
- 각 개인들이 내린 결정에 비추어 집단 의사결정과정에서 협상을 어떻게 해야 하는지를 배울 수 있도록 구성되어 있다.
- 의사결정 자체가 목적이 아니라 그 과정에 필요한 기능(대안의 평가 및 서열화, 강제 선택, 협상 능력, 창안 결정)을 익히도록 하는 데 목적이 있다.
- 다수결 의사결정의 단점을 막기 위해 만장일치를 원칙으로 삼는다.
- 미완성 상황을 제시하고, 학생들이 완성해 가는 과정에서 집단 내 토의 · 토론 활동이 왕성하게 일어나도록 하여 달성해야 할 목표와 내용을 자연스럽게 배워 나갈 수 있게 하였다.

2 진행방법

가 학습지 만들기

❶ 상황의 제시 : 의사결정을 위한 단초를 제시하는 일상의 상황을 말한다. 가능하면 현실 상황이면서도 학생들이 일화 속의 실제 주인공이 될 수 있는 상황을 제시하는 것이 훨씬 더 효과적이다(역사적 사실, 현실 속의 사례 바탕).

〈학습지 사례〉 관련단원 및 교과 : 사회 5-1학기 3-3. 국토 가꾸기, 도덕 7. 서로 다른 주장

은평구 진관동 주민의 선택

당신은 은평구 진관동에서 태어나고 자란 사람으로 은평구 진관동에 거주하고 있으면서 누구보다도 은평구의 자연환경을 사랑하고 아끼고 있는 구민이자 구의회 의원이다.

은평구는 본래 숲이 많고 잘 가꾸어져 공기가 맑고 자연환경이 잘 보존된 곳이었으나 최근 은평 뉴타운이 들어서면서 은평구의 쓰레기 발생량이 증가하게 되자 쓰레기 문제를 자체적으로 해결하기 위해 새로운 방법을 모색하게 되었고, 여러 가지 방안을 모색한 결과 쓰레기 소각장을 건설하기로 결정하였다. 이에 따라 몇 군데 후보지를 선정하여 입지 조건 및 경제성과 타당성을 고려한 결과 은평구 진관동이 가장 적합한 매립지로 확정되었다. 그리고 이 결과를 각종 방송 매체와 신문사를 통해 보도하면서 쓰레기 소각장 설치에 따른 여러 문제에 대해서는 적절한 보상과 예방을 할 것을 약속했다.

그러나 소각장이 설치됨으로써 생기는 악취 및 대기오염, 소각 시 발생되는 환경오염물질, 각종 질병, 쓰레기 운반 문제, 분리수거 문제, 땅값의 하락 등을 우려하여 구의원인 당신은 은평구 진관동 주민대표들로 '쓰레기 소각장 설치 반대 위원회'를 구성하여, 그 대책회의를 하였다. 대책회의 결과 대다수 위원들은 소각장이 이미 결정되어 진관동 주민들이 반대를 한다고 해도 은평구가 결정을 철회하지 않을 것을 예상하였고 그렇다고 살던 지역을 떠날 수도 없다는 것에 의견일치를 보았다. 그리하여 은평구의 결정인 '쓰레기 소각장 설치'와 진관동 주민들의 희망인 '우리 고장 지키기'를 모두 만족시킬 수 있는 대안 및 조건을 은평구청에 제시하기로 결정했다. 그 내용은 다음과 같다.

① 쓰레기 소각장이 들어서는 토지의 보상금에 대해서는 세금을 전액 면제한다.

② 일일 소각하는 쓰레기의 양은 주민대표와 협의하여 한정한다.

③ 생활쓰레기 가운데 환경오염물질이 발생되는 쓰레기는 절대로 소각하지 않도록 약속하고, 그 분류 방안을 마련한다.

④ 소각장이 들어서는 것에 반대하여 이사를 결정한 주민에 대해서는 이사에 필요한 모든 비용을 은평구에서 부담한다.

⑤ 관리 및 운영은 은평구가 하되, 철저하게 감독하고 감시할 수 있도록 감독권을 은평 구민 대표에게 일임한다.

⑥ 소각장 설치로 인한 각종 질병 예방 및 치료는 전액 은평구에서 부담한다.

⑦ 은평구 거주 주민들에 한하여 쓰레기 종량제 봉투 보급을 구청이 1/2 부담, 구민이 1/2 부담할 수 있도록 한다.

⑧ 공기정화시설 및 환경오염물질 발생 억제 시설을 갖추어 은평구의 공기가 오염되지 않도록 대책을 마련하고, 기준치 이상의 오염물질 발생 시 즉시 가동을 중지한다.

⑨ 은평구 이외의 지역에서 발생하는 쓰레기는 절대로 반입하지 않는다.

그러나 이 조건을 은평구가 모두 받아들이지 않을 것을 잘 알고 있다. 그래서 협상하기 전에 다음과 같은 계획을 세웠다.

가. 진관동 주민들의 건강과 재산권 보호를 위해 반드시 은평구청이 받아들이도록 해야 할 조건 세 가지를 선택한다.

나. 지금 당장은 아니지만 차후에라도 협상에 임하여 은평구청이 받아들이도록 해야 할 세 가지 조건을 선택한다(위의 '가' 항보다는 덜 중요한 것).

다. 최악의 경우 포기할 수 있는 세 가지 조건을 선택한다(은평구청이 강력하게 거부할 수 있는 것이면서도 진관동 주민에게 가장 덜 중요한 것).

쓰레기 소각장 설치는 진관동 주민 개개인 모두에게 중요한 문제이므로 주민 모두가 참여하여 제시된 안건에 대해 다수결이 아닌 만장일치제로 단일한 의사결정을 해야 한다. 그러므로 당신은 위의 가, 나, 다를 먼저 결정하고, 주민들을 상대로 합리적으로 설득하여 당신의 의견이 반영되도록 한다면 주민들로부터 장래 은평구청장이 될 인물로 인정받게 될 것이다.

개인 의사결정표

선택 기준	선택 내용	이유
가. 진관동 주민들의 건강과 재산권 보호를 위해 반드시 은평구청이 받아들이도록 해야 할 조건 세 가지를 선택한다.		
나. 지금 당장은 아니지만 차후에라도 협상에 임하여 은평구청이 받아들이도록 해야 할 세 가지 조건을 선택한다(위의 '가' 항보다는 덜 중요한 것).		
다. 최악의 경우 포기할 수 있는 세 가지 조건을 선택한다(은평구청이 강력하게 거부할 수 있는 것이면서도 진관동 주민에게 가장 덜 중요한 것).		

모둠 의사결정표

선택 기준	선택 내용	이유
가. 진관동 주민들의 건강과 재산권 보호를 위해 반드시 은평구청이 받아들이도록 해야 할 조건 세 가지를 선택한다.		
나. 지금 당장은 아니지만 차후에라도 협상에 임하여 은평구청이 받아들이도록 해야 할 세 가지 조건을 선택한다(위의 '가' 항보다는 덜 중요한 것).		
다. 최악의 경우 포기할 수 있는 세 가지 조건을 선택한다(은평구청이 강력하게 거부할 수 있는 것이면서도 진관동 주민에게 가장 덜 중요한 것).		

❷ 대안의 제시 : 제시된 상황에서 행위자가 그 상황에서 선택할 수 있는 여러 가지 대안을 세우는데, 일반적으로 대안의 수는 3배수로 제시해 준다. 왜냐하면 세 범주로 분류하는 것이 학습과제이기 때문이다(보통 6~9개 정도를 제시한다).

❸ 범주의 제시 : 주어진 대안에 대하여 세 가지 범주로 묶을 수 있도록 하는 안내 역할을 하는 것이다('반드시 관철시킬 것', '논의를 보류할 수 있는 것', '포기할 수 있는 것' 등과 같이 세 가지 범주로 제시한다).

❹ 격려문과 의사결정 기록표 제시 : 의사결정을 해야 할 당사자라는 것, 의사결정방식은 만장일치제라는 것, 개인의 의사결정이 집단의 의사결정에 많이 반영될수록 성공이라는 것 등의 격려문을 주어 토론에 적극 참여하도록 유도한다.

나 수업 절차

❶ 수업 목표 설정 및 제시 : 교사는 수업 목표에 따라 교과 내용을 구조화된 열린 상황 이야기(일화)로 만든 후 학생들에게 목표를 제시하고 설명한다.

❷ 교사의 배경 설명 : 교사는 수업하고자 하는 내용에 대해 필요하다고 생각되는 기본적인 배경을 설명해 준다.

❸ 학습 과제지 배부 : 교사는 일화가 적혀 있는 학습지를 나누어 준 다음 학생들에게 이를 읽게 하고 더 필요한 정보들을 공부하도록 안내한다. 그리고 집단 토의 · 토론을 통해 모둠 구성원 모두가 그 정보들을 충분히 검토 및 이해하고 있는지 확인한다.

❹ 개인 의사결정 학습지 배부 및 개인 의사결정 : 개인 의사결정 학습지는 집단 결정을 하기 전에 개인적인 의사결정을 내려 보도록 하기 위해 준비된 것이다. 개인적인 의사결정이 끝나면 집단 토론을 통해 자신의 생각과 다른 구성원들의 생각을 나누어 수정 · 보완

필자의 반 사례 — 개인 생각 정리하기 단계 활동

하게 된다.

❺ 집단 의사결정 학습지 배부 및 집단 의사결정 : 집단 의사결정 학습지를 배부한 다음 모둠원들이 충분히 토의·토론 활동을 통해 ○개의 규칙 중에서 반드시 성사시켜야 할 ○개 규칙, 양보할 수 있는 ○개 규칙, 차후에 협상해도 되는 ○개 규칙을 결정할 수 있도록 한다. 이때 다수결이 아닌 만장일치로 단일한 의사결정을 해야 한다.

필자의 반 사례 — 개인 생각을 바탕으로 모둠별 토의·토론을 통해 집단 의사결정하기

❻ 각 모둠의 의사결정 발표 : 소집단의 의사결정이 끝났으면 학급 전체를 대상으로 각 소집단의 집단 의사결정 결과를 보고하고, 교사는 미흡한 부분을 보완해 주도록 한다. 이때 각 모둠의 학생들은 다른 모둠에서 나온 결과를 자신들의 모둠과 비교해 보면서 어떤 점이 같고, 어떤 점이 다른지 비교해 본다.

필자의 반 사례 — 전체 발표

❼ 평가 : 활동이 모두 끝나면 개인적인 평가를 한다(활동 전체에 대한 소감 및 반성 등).

필자의 반 사례 — 의사결정표 및 활동 결과물 사례

3 활동 효과

❶ Stahl의 모형은 수업을 진행하는 동안 학생들이 다음과 같은 네 가지 의사결정능력을 신장시킬 전략을 사용하도록 구조화해 놓은 것이 장점이다.

- 서열화 능력 전략(ranking-order decision strategy) : 여러 대안들의 장단점을 신중

히 검토한 후 현실성 있게 우선순위를 정하는 것을 말한다. 또한 학생들은 서열화를 한 이유에 대해서도 합리적인 기준을 제시하면서 논할 수 있어야 한다.

- 강제 선택 전략(forced-choice decision strategy) : 여러 대안 중 어떤 대안을 선택하면 나머지는 포기해야만 한다는 전략이다. 의사결정에 있어서 현실적으로 강제 선택은 필수 과정인데, 서열화 단계를 잘 거쳤다면 선뜻 결정하기 어려워도 서열이 1순위에 가까울수록 포기할 수 없는 것이고, 후순위일수록 포기할 수 있도록 해 주어 선택의 중요성을 깨닫게 해 준다.

- 협상 전략(negotiation strategy) : 의사결정에는 찬성과 반대만 있는 것이 아니다. 특히 타협은 민주주의 사회에서 가장 필수적인 전략이다. 그러므로 이러한 경험이 의사결정 모형에 포함되어야 한다. 이 전략은 여러 대안들을 몇 가지로 범주화하여 정리하는 것이다. 보통은 세 가지로 범주화한다. 첫째는 가장 선호하는 대안, 둘째는 기꺼이 포기할 수 있거나 첫 번째 범주를 선택하기 위해 버릴 수 있는 대안, 셋째는 차후에 선택할 수도 있는 대안으로 범주화하는 것이다. 이 과정에서 학생들은 범주화 및 협상 능력을 신장시키게 된다.

- 창안 결정 전략(invention decision strategy) : 학생들의 선택 기회는 열려 있어야 한다는 생각에 따라 학생들이 제시된 대안을 중심으로 수정, 결합, 창안할 수 있도록 한 것이다. 이때는 새로운 대안을 내놓을 수도 있고, 여러 개의 대안을 결합하여 새로운 대안을 제시할 수도 있다. 그리고 최후의 대안을 제시하기 전에 예상되는 결과들, 손해와 이익, 얻는 것과 잃는 것 등을 기술하도록 하는 것이 좋다. 이는 성급한 표면적인 의사결정을 막기 위해서이다.

❷ 모둠 내 토의·토론 활동 속에서 현실적인 상황과 비슷한 경험을 하게 함으로써 학생들의 의사결정능력을 향상시켜 준다.

❸ 역사나 사회 수업 등에 활용할 경우 학습자들이 실제적인 의사결정의 주인공처럼 생각하고 활동할 수 있다. 또 만장일치제이기 때문에 반대하는 사람을 설득하는 과정에서 논리적이고 비판적인 사고를 기를 수 있다.

❹ 개인적 의사결정과 집단적 의사결정이 통합되는 것을 볼 수 있다.

❺ 학생들이 배워야 할 내용을 하나의 일화(에피소드)로 만들고, 그 일화를 완성해 나가는 과정에서 자연스럽게 학습 목표를 달성하고 내용을 익힐 수 있도록 하였다.

❻ 의사결정과 관련하여 특히 사회과 수업에서 많은 효과를 볼 수 있다. 사회과 교육의 목표는 훌륭한 민주시민을 양성하는 데 있고, 최근에는 의사결정능력이 사회과의 중요한

목표로서 부각되었는데, 이는 현대사회가 다원적이라는 인식에 바탕을 두고 있기 때문이다. 복잡하고 다원화된 현대 사회의 다양한 특징 중 하나는 '개인 및 집단 간 가치 갈등의 심화'인데, 이를 극복하기 위한 방안으로 사회과에서 개인적 · 집단적 문제에 적극적으로 참여하고 이를 합리적으로 해결할 수 있는 의사결정능력이 중요하게 부각되었다고 볼 수 있다.

4 주의할 점이나 활동의 팁

❶ 대안을 만들어 제공하거나 직접 만들어 보도록 할 때는 3의 배수로 제시하거나 만들도록 한다. 왜냐하면 범주화할 때 보통 세 가지 영역으로 나누는데, 이때 대안을 동일한 수로 분류시키는 것이 혼란스러움을 줄일 수 있다. 물론 학생들의 수준이나 상황에 따라서 각 범주마다 동일한 수로 대안을 분류하지 않아도 된다고 말해 주는 것도 하나의 방법이 될 수 있다.

❷ 일화는 무엇보다도 현실성이 있어야 하고, 학생들의 피부에 와 닿을 만큼의 상황이어야만 한다. 때문에 보통은 실제 있었던 사건이나 역사적 사실을 바탕으로 하여 일화를 제시하는 경우가 많다. 이를 통해 학생들은 자신의 의사결정과 실제 현실에서 이루어진 의사결정을 비교해 보면서 많은 것들을 깨닫고 느끼게 된다.

❸ 일화는 교사 혼자의 힘으로 제작하려고 하기보다는 여러 교사들(예를 들자면 동학년 교사들)의 조언을 받아 수정, 보완하는 것이 더 좋다.

❹ 교사가 제시한 대안에서만 개선 방안을 찾는 것보다는 학습자 스스로도 대안을 창안할 수 있도록 기회를 제공한다면 사고의 폭과 깊이가 더 넓고 깊어질 수 있다. 따라서 일화를 제작할 때 학년 수준에 따라 학생들의 의견을 적을 수 있는 자리를 적절하게 비워 두는 것이 좋다(예 : 초등학교 중학년은 모두 제시, 초등학교 고학년은 2~3개 비워 두기, 중학생은 4~6개 비워 두기, 고등학생 이상은 모두 비워 두고 요구사항을 스스로 만들어 보기).

❺ 의사결정 과정상의 시간적 제약(시간이 많이 필요)을 극복하기 위하여 상황 설명에 필요한 시간을 줄이고 집단 의사결정 시간을 늘려서 토의 · 토론 시간을 충분히 확보하도록 한다.

❻ 주어진 시간 내에 마무리하지 못한 모둠이 발생할 경우 시간을 더 주지 말고, 일단 의사결정이 마무리된 모둠을 먼저 발표하게 한 뒤 마무리되지 못한 모둠에서는 왜 그런 일이 일어났는지를 생각하고 발표하게 함으로써 어떤 점들이 힘들고 어려운지, 어떤 전략이

부족했는지 등에 대하여 고민해 볼 수 있도록 한다. 이 경우 교사는 만장일치를 통해 의사결정이 마무리된 모둠이나 서로 다른 의견을 끝까지 조정하면서 토의 · 토론 활동을 했던 모둠도 모두 훌륭한 활동이며 좋은 경험을 한 것이라는 사실을 반드시 알리고 격려해 주어야 한다.

 참고 : 의사결정이란?

의사결정(decision-making)이란 어떤 문제 상황에 직면하였을 때 문제해결을 위하여 최종적인 판단을 내리는 과정과 그에 따른 행위를 뜻한다. 의사결정을 하기 위해서는 정확한 사실에 대한 정보를 획득해야 하고 과학적인 방법을 통해 결과를 예측할 수 있어야 하며 일반화가 가능한지에 대해 판단해야 한다.

1) 의사결정의 특징

❶ 의사결정의 방법에는 여러 가지가 있을 수 있는데 사회과에서 의도하는 의사결정은 무엇보다 문제를 합리적으로 해결하기 위해서 이성에 바탕을 둔 반성적 사고과정이어야 한다.

❷ 의사결정의 토대는 정확한 사실(exact fact)이어야 한다. 정확한 사실이란 문제 상황과 관련된 '참' 인 사실정보라는 의미뿐만 아니라 사실정보가 그 상황을 전체적으로 설명함에 있어서 한쪽으로 치우치지 않도록 균형을 이루면서도 광범위한 사실을 나타내는 정보여야 한다는 것이다. 즉 문제 상황과 관련된 지식은 타당하다고 입증된 사실이어야 하며, 한 영역으로부터의 지식이 아닌 다양한 원천으로부터의 지식, 즉 다학문적 · 간학문적 지식이 필요하다.

❸ 의사결정과정이 합리적이고 타당하기 위해서는 대안의 발생가능성과 의사결정자의 유용성이 충족되어야 한다. 아무리 바람직한 결과를 초래할 것이라고 판단되는 대안이라 하더라도 그 실행에 어려움이 크거나, 그 결과가 합리적이지 못할 것으로 예측된다면 그 대안에 따르는 의사결정을 할 수 없을 것이다.

❹ 의사결정은 사회적, 도덕적으로 공정해야 한다. 즉 사회정의에 부합해야 한다. 이렇게 볼 때 합리적 의사결정능력은 학교 교육 내용의 지식적인 면과 정의적인 면을 포함하는 것으로 자신의 지식과 가치를 적용하여 문제를 해결하는 종합적인 능력이라고 볼 수 있다(최명숙, 2002).

5 수업의 실제

'Stahl의 의사결정 모형'을 활용한 5학년 도덕과 & 사회과 토의·토론 수업

단원	사회 3. 환경 보전과 국토 개발 도덕 7. 서로 다른 주장	일시	○○년 ○월 ○일 ○교시	장소	교실
주제	민주적으로 문제 해결하기 환경 문제의 합리적 해결	차시	사회 9/17(40분) 도덕 3/3(40분)	지도 교사	○○○
학습 목표	도시에서 일어나는 환경 문제를 합리적(민주적)으로 해결할 수 있다.				
사회적 기술 목표	개인적인 책임 다하기, 타인의 생각 수용하기				
학습 자료	타이머, 일화 자료, 의사결정을 위한 활동지				

단계	학습내용 및 학습구조	교수·학습활동	시간	자료 및 유의점
도입	동기유발 번호순으로 구조	● 동기유발하기 : 지난 시간에 공부한 내용을 다시 한 번 생각해 보기(환경 문제 해결을 위한 우리들의 노력) 　– 번호순으로 구조 활동(4문항을 미리 준비) 　– 번호순으로 돌아가며 답하기(답하기 전에 모둠원들과 답을 공유할 시간 갖기)	10′	● 퀴즈 문항을 PPT로 만들어 미리 준비하기
전개	학습 문제 확인 개별 학습	● 학습 문제 확인 　도시에서 일어나는 환경 문제를 합리적(민주적)으로 해결할 수 있다. ● 일화 자료 제시 및 개별 활동 　[교사] 지금 나누어 주는 일화 자료를 읽고 개인 의사결정표에 자신의 선택과 그렇게 결정한 이유를 정리해 보도록 하자. 　[학생] 나누어 준 일화 자료를 읽고, 주어진 대안에 대한 서열화 작업을 진행한다. 또한 이를 바탕으로 개인적인 강제 선택 작업에 들어간다(3개씩).	20′	● 일화 자료와 개인 의사결정 활동지 준비 및 배부하기
	모둠 활동 Stahl의 의사결정 모형	【활동 1】 모둠원들끼리 협상 및 결정하기 　[교사] 각 모둠에서는 개인적인 결정을 바탕으로 토의·토론을 시작하고, 협상을 통해 3단계로 나누어 세 가지씩 의사결정을 내리도록 하자. 　[학생] 먼저 모둠 내에서 개인적인 결정 및 그 이유를 들어 보도록 한다(돌아가며 말하기). 　– 먼저 동일한 결정을 한 항목을 추출해 낸다(이 항목은 더 이상 논의할 필요가 없다). 　– 서로 다른 의사결정을 내린 항목에 대하여 토의·토론을 진행하고, 합리적인 의사결정을 내리도록 한다.	25′	● 모둠 의사결정 활동지 배부하기 ● 결정 단계에서 제시된 대안의 수정, 결합, 창안 등이 잘 일어날 수 있도록 안내한다.
	전체 학습	【활동 2】 모두 함께 나누기 　[교사] 각 모둠에서 결정한 내용을 돌아가며 발표하면서 공통점 및 차이점에 대하여 생각해 보도록 하자. 　[학생] 모둠 순서에 따라 돌아가며 발표한다. 　– 다른 모둠 학생들은 들으면서 공통점과 차이점을 비교·분석해 본다.	15′	
정리	개별 학습	● 정리 및 다음 차시 안내 　– 전체 발표를 바탕으로 느낀 점 및 소감을 정리한다. 　– 소감문은 학급 홈페이지에 등록한다.	10′	

저자 소개

이상우

서울교육대학교 윤리교육과 졸업
협동학습을 주제로 수업개선연구교사 및 수업방법 혁신 연구팀 활동(2회)

2002년 ~현재까지	전국 각 지역별, 학교별 자율연수, 맞춤식 직무연수에서 협동학습을 주제로 다수 강의
2005년 ~ 현재까지	서울초등협동학습 연구회 아해미래 주관 "협동학습 직무연수(30시간)"에서 주 강사로 활동(서울을 비롯한 전국 각지 : 2011년 2월 현재 28기 진행)
2006년 ~ 현재까지	서울시 지역 교육청별로 신규교사 추수연수, 수업개선연구교사를 대상으로 한 직무연수에서 협동학습을 주제로 강의
2007년 ~ 현재까지	서울, 대전, 충청, 탐라, 인천, 경기, 전북 교원연수원 등에서의 초등복직임용예정교사 직무연수, 신규임용예정교사 직무연수, 초등 1, 2급 정교사 자격연수, 초등 보건교사 직무연수 등에서 협동학습을 주제로 다수 강의
2008년 ~ 현재까지	"온라인 원격연수원 — 티처원 및 아이스크림"에서 온라인 직무연수 "협동학습의 이해와 실천 1, 2" 강의 중
2009년~현재까지	서울과 경기도 각 교육청 및 교육연수원 주관 혁신학교 관련 연수에서 협동학습을 주제로 다수 강의
2009년~현재까지	혁신학교로 지정된 경기도 지역의 초등학교에서 협동학습을 주제로 다수 강의(한빛, 도창, 월문, 구름산 등)
2010~2011년	서울시 교육청 혁신학교 자문단 자문위원으로 위촉받아 활동 중
2011년	전북 교육연수원 E-러닝 컨텐츠 개발 — 협동학습의 이해와 실천

현재 서울은빛초등학교 재직 중(2011년부터 혁신학교로 지정되어 운영됨)
현재 서울초등협동학습연구회 "아해미래" 전문연구위원으로 활동 중